MW00951732

Derechos de Autor

"Alteño Soy" está protegido por las leyes de derechos de autor y propiedad intelectual. Ninguna parte de esta obra puede ser reproducida, distribuida, transmitida o almacenada en un sistema de recuperación, en ninguna forma ni por ningún medio, ya sea electrónico, mecánico, fotocopiado, grabado o de otro tipo, sin el permiso previo y por escrito del autor.

Exención de Responsabilidad

La información contenida en *"Alteño Soy"* tiene fines informativos y educativos únicamente. Aunque se ha puesto el máximo esfuerzo para asegurar la precisión y validez de los datos presentados, el autor no asume ninguna responsabilidad por posibles errores, omisiones o interpretaciones incorrectas de la información proporcionada. Cualquier acción tomada basada en este contenido es bajo la exclusiva responsabilidad del lector.

Uso Justo

El uso de citas breves de *"Alteño Soy"* con fines no comerciales o educativos está permitido siempre que se dé el debido crédito al autor. Para cualquier otro uso, es necesario obtener permiso por escrito.

Contacto

Para solicitar permisos, realizar consultas o enviar comentarios, por favor contactarse con el autor:

Email: rodriguez@emc2genealogy.com / www.genearcas.com

© 2024 Ricardo Rodríguez Camarena @ Emc2Genealogy LLC. Todos los derechos reservados.

Dedicatoria

Esta obra está dedicada con mucho cariño:

A mi madre y padre, quienes inculcaron en mí la importancia de la familia y de nuestras raíces. Su amor por nuestra historia familiar ha sido la chispa que encendió mi pasión por la genealogía.

A los valientes hombres y mujeres que se aventuraron en tierras desconocidas, buscando un futuro mejor para sus descendientes. Este libro es un tributo a su coraje y determinación.

A todos aquellos que buscan entender las raíces de su existencia, con la esperanza de que este libro ilumine sus caminos y revele las historias ocultas en sus genes.

Agradecimientos

Este libro no habría sido posible sin el apoyo constante y la colaboración de colegas y amigos que, a lo largo de los años, han compartido sus conocimientos, su experiencia y, sobre todo, su amistad. A **Aaron Casillas, Alfonso Álvarez y Juan Frajoza**, mi más profundo agradecimiento por su compromiso y su contribución incansable a la preservación de nuestra historia y genealogía. Ellos, junto con tantos otros historiadores y genealogistas que no alcanzo a mencionar aquí, me han inspirado a seguir adelante, incluso cuando los obstáculos parecían insuperables. Cada uno de ustedes ha sido un pilar fundamental en este proyecto, y su apoyo me ha dado la fuerza para continuar en esta labor de rescatar y honrar nuestras raíces.

Quiero también rendir un homenaje especial a **Chema Vallejo, Pepe Vázquez y Tomás Alejandro Villegas**, miembros de nuestra Sociedad de Genealogía de Los Altos de Jalisco, quienes ya se nos adelantaron en el camino. Su legado y pasión por nuestra historia siguen vivos en cada página de este libro, y su recuerdo será siempre una inspiración para todos los que seguimos en esta búsqueda de nuestras raíces.

Finalmente, mi reconocimiento va también para todas las participantes que contribuyeron genéticamente a este proyecto y que, lamentablemente, no pudieron ver el fruto de su valiosa aportación antes de que este trabajo culminara. Su contribución es una parte esencial de esta obra, y su memoria vive en cada avance que logramos en la reconstrucción de nuestro pasado común.

A todos ustedes, muchas gracias por su apoyo y amistad a través de los años.

Genearcas de Nueva Galicia

¡Alteño Soy!

Origen Genético de las Familias de

Los Altos de Jalisco

Tomo I

ADN-Y

Construcción de la Identidad Alteña

Tomo I de la serie

Genearcas de Nueva Galicia

Tabla de Contenido

Aviso Legal

La información contenida en este libro se proporciona únicamente con fines educativos e informativos. No constituye asesoramiento legal, médico, genético, psicológico ni profesional en ningún sentido. El autor y el editor no pretenden sustituir el asesoramiento o la consulta con profesionales especializados en genética, derecho, medicina u otras áreas relevantes. Cualquier uso de la información presentada en este libro es bajo el propio riesgo del lector.

Advertencias sobre la Genealogía Genética

El uso de pruebas y la genealogía genéticas puede revelar información inesperada, como la existencia de parientes desconocidos, cambios en la percepción de la ascendencia familiar, discrepancias en los linajes biológicos o condiciones genéticas que podrían tener implicaciones de salud. Estos descubrimientos pueden generar efectos emocionales o legales que no siempre se pueden prever. El lector debe ser consciente de los riesgos antes de realizar cualquier tipo de prueba genética.

El autor y el editor no garantizan la precisión, exhaustividad o veracidad de la información contenida en este libro ni la derivada de cualquier prueba genética que el lector pueda realizar. Se recomienda encarecidamente que cualquier persona que utilice pruebas genéticas para fines de genealogía consulte con consejeros genéticos, abogados y otros profesionales para comprender completamente las implicaciones de los resultados obtenidos.

Exclusión de Responsabilidad Legal y Médica

El autor y el editor no serán responsables de ninguna pérdida, daño o perjuicio, ya sea directo, indirecto, incidental o consecuente, que surja del uso de la información contenida en este libro o de los resultados de cualquier prueba genética realizada. Esto incluye, sin limitación, la responsabilidad relacionada con la interpretación de los resultados de las pruebas genéticas, las implicaciones emocionales o psicológicas, las disputas legales sobre parentesco o herencia, o cualquier otro asunto que pueda surgir como consecuencia de la genealogía genética.

Protección de Datos Personales

El lector también debe tener en cuenta que la realización de pruebas genéticas implica el manejo de datos personales sensibles. Se recomienda encarecidamente revisar las políticas de privacidad y los términos de servicio de cualquier empresa de pruebas genéticas para garantizar que sus datos estén protegidos de acuerdo con la normativa de protección de datos aplicable, como el Reglamento General de Protección de Datos (RGPD) de la Unión Europea o las leyes locales de privacidad. Ni el autor ni el editor asumen responsabilidad alguna por el uso o mal uso de los datos genéticos por parte de terceros.

Aceptación de los Términos

Al continuar leyendo este libro, el lector reconoce que ha comprendido y aceptado los términos de este aviso legal. El lector asume toda responsabilidad por cualquier decisión que tome basada en la información proporcionada en este libro y por cualquier resultado derivado del uso de la genealogía genética.

Prólogo

La búsqueda de nuestras raíces es una travesía tan antigua como la humanidad misma. Durante las últimas dos décadas, he dedicado mi vida a desentrañar las intrincadas redes que conectan a generaciones pasadas con el presente. Este libro es el fruto de esos veinte años de incesante investigación genealógica y genética, una odisea que me ha llevado a través de innumerables archivos polvorientos, registros históricos olvidados y los más avanzados laboratorios de análisis de ADN. El viaje no ha sido sencillo. Ha habido miles de horas de noches sin dormir, sacrificando momentos personales y enfrentando desafíos que parecían insuperables. Cada descubrimiento, por pequeño que fuera, requería una tenacidad inquebrantable y una paciencia que, en ocasiones, parecía rozar lo imposible. Sin embargo, cada obstáculo superado y cada eslabón añadido a la cadena de nuestra historia familiar ha hecho que cada segundo de insomnio valiera la pena.

Mi interés por la genealogía comenzó con una simple curiosidad sobre mis antepasados. Lo que empezó como un pasatiempo pronto se transformó en una pasión absorbente. Cada nuevo hallazgo, cada nombre añadido a mi árbol genealógico, alimentaba mi deseo de saber más. Me encontré viajando a pequeñas aldeas, explorando iglesias antiguas y consultando registros civiles y eclesiásticos. La emoción de descubrir un nuevo ancestro, de leer su historia en viejos documentos, se convirtió en una fuerza motriz que me mantenía despierto noche tras noche. La integración de la genética en la genealogía ha sido un avance revolucionario. Al principio, me limité a métodos tradicionales, basándome en documentos y relatos familiares. Pero con el tiempo, la tecnología del ADN se convirtió en una herramienta indispensable. Realizar pruebas de ADN me permitió confirmar hipótesis, descubrir conexiones inesperadas y resolver misterios que habían perdurado durante generaciones. A través de análisis de ADN mitocondrial, cromosoma Y y autosomal, pude trazar linajes con una precisión que antes era inimaginable.

La investigación genealógica está llena de desafíos. He enfrentado muros impenetrables en mi investigación, documentos perdidos en incendios, registros mal escritos o inexistentes. Pero cada obstáculo fue una oportunidad para aprender y mejorar mis habilidades. Las noches sin dormir, los viajes a archivos lejanos, las conversaciones con genealogistas y expertos de todo el mundo, todo formó parte de un proceso de aprendizaje continuo. Y con cada pequeño triunfo, con cada nueva conexión descubierta, sentí una profunda satisfacción y una conexión más fuerte con mi pasado. La genealogía no es solo una ciencia de nombres y fechas; es una narrativa de vidas vividas, de decisiones tomadas y de destinos entrelazados. En este libro, he intentado capturar no solo los datos, sino también las historias que dan vida a esos datos. Cada ancestro descubierto nos ofrece una ventana a su mundo, permitiéndonos entender mejor de dónde venimos y cómo llegamos a ser quienes somos hoy. Desde historias de inmigración y aventuras hasta relatos de supervivencia y perseverancia, estas páginas están llenas de vidas que merecen ser recordadas y honradas.

Este libro no es solo un registro de mi investigación, sino también un legado para las futuras generaciones. Conocer nuestro pasado es fundamental para comprender nuestra identidad y, en última instancia, para construir nuestro futuro. Al documentar estos hallazgos, espero proporcionar a mis descendientes una comprensión más profunda de su herencia y una apreciación de las historias que nos han moldeado. No podría haber llegado tan lejos sin el apoyo de mi familia y amigos, que comprendieron y compartieron mi pasión por la genealogía. También estoy inmensamente agradecido a los muchos genealogistas y expertos que me ofrecieron su conocimiento y experiencia. Este libro es, en muchos sentidos, un esfuerzo colectivo, y estoy agradecido por cada consejo, cada pista y cada colaboración que me ayudó a avanzar en mi búsqueda.

Esta es una invitación a acompañarme en este recorrido fascinante y arduo, una celebración de la perseverancia y la pasión que han guiado cada paso de esta aventura genealógica. Al adentrarse en estas historias, espero que encuentren la misma fascinación y maravilla que yo he encontrado en cada descubrimiento. Bienvenidos a un viaje a través del tiempo, las generaciones y la esencia misma de lo que significa ser humano. En la era de la ciencia avanzada y la tecnología de vanguardia, el eco de nuestros ancestros resuena de manera más clara que nunca a través del ADN que llevamos en nuestro interior. La genealogía genética ha surgido como una herramienta poderosa, capaz de ofrecer una visión sin precedentes de nuestra herencia, identidad y la compleja trama de la historia humana. Este libro es una invitación a embarcarse en un viaje fascinante, donde el pasado y el presente se entrelazan a través de los hilos del ADN que nos conectan a todos. Durante siglos, la genealogía ha dependido de historias orales, registros escritos y documentos cuidadosamente preservados. Las familias transmitían relatos sobre sus orígenes, migraciones y transformaciones, a menudo coloreados por el paso del tiempo y los sesgos de la memoria. Si bien estos relatos siguen siendo invaluables, solo ofrecen fragmentos de un panorama más amplio. Aquí es donde entra en juego la genealogía genética, donde la ciencia complementa y, a menudo, redefine nuestra comprensión de los linajes.

Este libro busca cerrar la brecha entre la genealogía tradicional y la genética moderna. Es una guía tanto para el genealogista novato como para el experimentado, una exploración de las metodologías y tecnologías que nos permiten descubrir nuestro pasado genético. Nos adentraremos en la ciencia del ADN, desmitificaremos las complejidades de las pruebas genéticas y exploraremos las consideraciones éticas que acompañan a esta poderosa herramienta. En este viaje, conoceremos a individuos que han utilizado la genealogía genética para descubrir capítulos ocultos de sus historias familiares, resolver misterios antiguos y conectarse con parientes distantes en todo el mundo. Sus historias ilustran el profundo impacto de los conocimientos genéticos en la identidad personal y los lazos familiares. También exploraremos las implicaciones más amplias de la genealogía genética. ¿Cómo ha reformulado nuestra comprensión de los patrones de migración humana? ¿Qué luz arroja sobre los movimientos e interacciones de las poblaciones antiguas? ¿Cómo desafía o confirma los relatos históricos? Al responder a estas preguntas, veremos cómo la genealogía genética contribuye a una comprensión más profunda y matizada de nuestra historia humana compartida.

Sin embargo, este viaje no está exento de desafíos. La intersección de la genética y la genealogía plantea importantes preguntas éticas. ¿Quién posee nuestra información genética? ¿Cómo protegemos la privacidad de los individuos mientras perseguimos el conocimiento colectivo de nuestra ascendencia? Este libro abordará estas preocupaciones, proporcionando una perspectiva equilibrada sobre las responsabilidades y oportunidades que trae consigo la exploración genética. En las páginas que siguen, encontrará una guía completa sobre las herramientas y técnicas de la genealogía genética. Aprenderá a interpretar sus resultados de ADN, construir un árbol genealógico genético y colaborar con otros en la búsqueda global de mapear nuestro patrimonio genético. Ya sea que esté rastreando sus raíces a través de unas pocas generaciones o miles de años, este libro le proporcionará el conocimiento y las habilidades necesarias para emprender su propio viaje genético. La historia de quiénes somos está escrita en nuestro ADN. Al descifrar sus mensajes, no solo descubrimos los caminos de nuestros ancestros, sino también los hilos que unen a toda la humanidad. Bienvenidos al mundo de la genealogía genética, donde la ciencia y la historia se entrelazan para revelar las conexiones profundas que nos hacen quienes somos.

Ricardo Rodríguez Camarena

Noviembre de 2024

Introducción

La historia de Los Altos de Jalisco y de la antigua región de Nueva Galicia es una narrativa de encuentros, migraciones y mestizaje que ha dado lugar a una identidad cultural y social única en el corazón de México. Este libro busca explorar las raíces genéticas de las familias alteñas y sus conexiones ancestrales con los pueblos indígenas de Mesoamérica, los conquistadores y colonos españoles, y los pueblos africanos traídos a la región en tiempos coloniales. A través de la genealogía genética y un análisis profundo de los registros históricos, nos proponemos reconstruir una visión amplia y detallada de los orígenes de esta región y de las personas que la habitan.

Los estudios genéticos han permitido rastrear los linajes maternos y paternos de los habitantes de Los Altos de Jalisco, descubriendo una fascinante mezcla de influencias que se extienden desde el África Occidental y la Península Ibérica hasta los primeros pobladores indígenas de América. En este libro, analizaremos cómo los haplogrupos del ADN-Y y el ADN mitocondrial han revelado conexiones genéticas insospechadas, mostrando una historia de intercambios y encuentros que, lejos de ser una simple adición de linajes, forman un entramado profundo y complejo. Desde las migraciones humanas más antiguas hasta la llegada de los españoles y el surgimiento de un mestizaje que reconfiguró la región, cada generación ha dejado su huella en el ADN de las familias alteñas, creando una continuidad que desafía las percepciones tradicionales y muestra un rico mosaico de influencias.

La llegada de los españoles durante el virreinato de Nueva España trajo consigo una transformación profunda en la región. Conquistadores, misioneros y colonos europeos llegaron a estas tierras con el objetivo de expandir sus dominios, implantar su religión y organizar una nueva estructura social. Las poblaciones indígenas de la región, entre las que se encontraban los cazcanes, tecuexes y guamares, enfrentaron un proceso de asimilación forzada, que resultó en el mestizaje tanto cultural como biológico. Los colonos españoles no solo impusieron su sistema de gobierno y religión, sino que también establecieron una sociedad de castas, que jerarquizó a las personas en función de su ascendencia. En este sistema, los mestizos comenzaron a ocupar un lugar intermedio, dando inicio a una dinámica de mezcla y sincretismo que perduraría durante siglos y que es fundamental para comprender la estructura social y la identidad de Los Altos.

La llegada de esclavos africanos a Nueva Galicia, aunque no fue tan masiva como en otras regiones, también dejó una huella importante en el patrimonio genético de la región. Estos individuos, arrancados de sus tierras y familias en África Occidental, llegaron a Los Altos para trabajar en haciendas, minas y en la construcción de ciudades coloniales. A pesar de las barreras sociales y legales, las familias de origen africano se entremezclaron con las comunidades indígenas y mestizas, contribuyendo a la diversidad genética y cultural de la región. Los rastros de estos linajes africanos aún son visibles hoy en día en los marcadores genéticos de algunas familias alteñas, así como en ciertas costumbres y prácticas culturales que perduran en las tradiciones locales.

El mestizaje en Los Altos de Jalisco fue un proceso largo y multifacético. Al estudiar los haplogrupos genéticos, podemos observar cómo ciertos linajes europeos predominaron en las líneas paternas, mientras que los linajes indígenas se mantuvieron en las líneas maternas. Esta dinámica se debe en gran parte a las estructuras coloniales, donde la mayoría de los colonos y soldados españoles eran hombres que tomaron esposas indígenas o africanas, dando lugar a una mezcla que se consolidó en las generaciones siguientes. A través del análisis de ADN-Y, podemos rastrear los apellidos y linajes masculinos que datan de la época colonial, mientras que el ADN mitocondrial revela una conexión profunda con las mujeres indígenas que, desde tiempos prehispánicos, fueron las guardianas de una rica herencia cultural.

Este libro también explora cómo la identidad alteña, más allá de la genética, se ha construido a lo largo de los siglos en torno a valores y tradiciones comunes. La vida rural, marcada por el trabajo agrícola, la ganadería y una religiosidad intensa, ha cimentado un sentido de pertenencia y de comunidad que se ha transmitido de generación en generación. En Los Altos, el orgullo por la historia familiar y los linajes es palpable, y se refleja en la conservación de registros, la transmisión de historias orales y en el respeto hacia las costumbres y tradiciones ancestrales. A través de la vida en comunidad, las familias alteñas han mantenido vivas estas tradiciones, resistiendo la influencia de la modernidad y adaptándola a su propia identidad cultural.

Los resultados de los estudios genéticos también nos muestran la conexión de los alteños con pueblos más allá de las fronteras de México. Los haplogrupos nos hablan de linajes antiguos que trazan rutas migratorias desde Europa, África y Asia hacia América, mostrándonos que la historia de Los Altos está interconectada con la historia global. En este sentido, la genética nos permite ver la región no solo como un espacio culturalmente único, sino también como parte de una historia compartida por toda la humanidad.

A lo largo de este libro, analizaremos los diferentes componentes que han dado forma a la sociedad alteña. Cada capítulo explorará en profundidad aspectos específicos, desde la resistencia y asimilación de las poblaciones indígenas y la influencia de los españoles y africanos, hasta los efectos del mestizaje en la conformación de una identidad común. Examinaremos también los desafíos y adaptaciones de esta identidad alteña en tiempos contemporáneos, en los que la globalización y la migración han añadido nuevas capas a la ya compleja estructura social de la región.

Este recorrido histórico y genético nos permitirá comprender que la identidad alteña no es estática, sino que sigue siendo un proceso en constante evolución, en el cual la genética, la cultura y la historia se entrelazan para formar una narrativa rica y diversa. Este libro es, en última instancia, un homenaje a las raíces profundas de Los Altos de Jalisco y de Nueva Galicia, un testimonio de las luchas y adaptaciones que han dado lugar a una identidad fuerte, resiliente y orgullosa. En cada uno de sus capítulos, se invita al lector a descubrir los lazos invisibles que conectan a los alteños con sus ancestros y con el vasto tejido de la historia humana.

También trataremos acerca de que la historia de la humanidad es, en su esencia, una historia de movimiento. Desde los primeros pasos titubeantes de nuestros ancestros homínidos en las vastas llanuras de África hasta las intrépidas travesías que llevaron a nuestros antepasados a poblar cada rincón del planeta, las rutas de migraciones humanas antiguas representan la más formidable epopeya jamás narrada. Este libro se propone desentrañar los intrincados caminos recorridos por nuestros predecesores y explorar las múltiples razones y consecuencias de estos desplazamientos.

Nuestro viaje comienza en el corazón de África, donde los primeros Homo sapiens emergieron hace aproximadamente 200,000 años. A partir de este punto de origen, exploraremos cómo pequeños grupos de cazadores-recolectores, impulsados por una combinación de factores climáticos, ecológicos y sociales, comenzaron a expandirse más allá de su tierra natal. Las herramientas de piedra, el control del fuego y el desarrollo del lenguaje jugaron un papel crucial en esta etapa inicial de migración. A medida que nos adentramos en la migración hacia Eurasia, examinaremos cómo nuestros ancestros enfrentaron y superaron barreras geográficas imponentes, como desiertos, montañas y mares. Las rutas a través del Cuerno de África hacia el Levante, y posteriormente a través de Asia Central, nos muestran cómo los humanos se adaptaron a climas diversos y desarrollaron nuevas tecnologías para sobrevivir en ambientes desafiantes.

En Europa, los primeros Homo sapiens encontraron no solo nuevos territorios, sino también a los neandertales, con quienes coexistieron y, en algunos casos, se cruzaron genéticamente. Este capítulo explorará la compleja interacción entre estas dos especies humanas y cómo las migraciones hacia Europa fueron moldeadas por el clima glacial y la competencia por recursos. El cruce del estrecho de Bering y la posterior expansión hacia el sur por el continente americano representan una de las fases más recientes y dramáticas de la migración humana. Analizaremos las teorías sobre las rutas seguidas por los primeros americanos y cómo estas migraciones llevaron al desarrollo de civilizaciones avanzadas en Mesoamérica y los Andes. La migración hacia Oceanía muestra el ingenio y valentía de los navegantes antiguos que, utilizando canoas y conocimientos astronómicos avanzados, colonizaron islas dispersas en el vasto Océano Pacífico. Este capítulo se adentrará en las rutas marítimas seguidas por los austronesios y las interacciones entre las culturas insulares.

En este primer volumen, el enfoque principal será el estudio profundo de los haplogrupos ADN-Y, esos marcadores genéticos que, a través del ADN, nos permiten rastrear las migraciones humanas y la evolución de poblaciones a lo largo de miles de años. Este libro examinará cómo los haplogrupos, particularmente los paternos (ADN-Y), han jugado un papel clave en la dispersión de los humanos modernos desde África hacia el resto del mundo, y cómo estas rutas migratorias han definido tanto la diversidad genética como la formación de culturas y sociedades en distintas regiones. A lo largo de los capítulos, nos sumergiremos en temas fascinantes como la conexión entre ciertos haplogrupos y civilizaciones antiguas, los descubrimientos que han revolucionado la comprensión de los orígenes de linajes específicos y las herramientas científicas que permiten seguir estas huellas genéticas en el tiempo.

Además, el análisis abarcará otros aspectos de interés, como los hallazgos recientes en la arqueogenética, que han permitido una reconstrucción más detallada de las trayectorias migratorias humanas, así como las implicaciones históricas y antropológicas que estos descubrimientos conllevan. Exploraremos también cómo los patrones genéticos han interactuado con factores geográficos, ambientales y sociales, moldeando así las identidades étnicas y nacionales.

Este primer libro servirá como una base fundamental para entender el papel de los haplogrupos en la genealogía genética y las migraciones humanas, preparando el terreno para el siguiente tomo. En el segundo volumen, nos enfocaremos en los haplogrupos mitocondriales (ADN-mt), que siguen la línea materna, y en el análisis del ADN autosómico, que permite una visión más amplia y compleja al rastrear la mezcla de genes heredados de todos nuestros ancestros recientes. Este enfoque ofrecerá una comprensión más equilibrada de la historia genética, integrando tanto las líneas paternas como maternas y proporcionando una visión más rica de la ascendencia y diversidad humana.

A lo largo del libro, consideraremos cómo estas migraciones han dejado una huella indeleble en la genética y la cultura humana. Las evidencias genéticas revelan la mezcla de poblaciones y la adaptación a nuevos ambientes, mientras que las tradiciones culturales reflejan los intercambios y sincretismos que ocurrieron a lo largo de milenios.

Los Altos de Jalisco, una región de tradiciones profundas y paisajes vastos, ha forjado una identidad única que se entrelaza con la historia y el carácter de su gente. Este libro se adentra en los múltiples aspectos que han dado forma a la sociedad alteña, desde sus raíces agrícolas hasta la influencia de la religión y el papel de la familia. Exploramos cómo estos elementos no solo definen la vida cotidiana, sino también cómo impactan en la manera en que la comunidad se percibe a sí misma y es percibida por el mundo exterior. Esta introducción ofrece una mirada a los temas que se desarrollarán a lo largo del texto, enfocándose en los factores históricos, culturales y económicos que han cimentado los valores y costumbres de esta región.

Además de su historia y valores, este libro también examina los desafíos contemporáneos que enfrentan los alteños en su búsqueda de conservar su identidad en un mundo en constante cambio. En un contexto globalizado, la sociedad alteña lidia con las tensiones entre la modernización y la preservación de sus tradiciones ancestrales. Así, los capítulos abarcan temas como la migración, la transformación económica, el papel de la religión y la cultura local en un mundo cada vez más interconectado. A través de estos temas, se explora cómo la sociedad alteña continúa construyendo y reconstruyendo su identidad, manteniendo vivos los lazos que los conectan a su tierra y sus costumbres.

Finalmente, reflexionaremos sobre cómo el estudio de las migraciones antiguas no solo nos ayuda a entender nuestro pasado, sino que también ofrece lecciones valiosas para el presente y el futuro. En un mundo donde las migraciones modernas siguen siendo un tema crucial, comprender nuestras raíces migratorias nos brinda una perspectiva más amplia sobre la resiliencia y adaptabilidad humanas.

¿Qué es la Genealogía genética?

Un puente entre el pasado y el futuro

La genealogía genética ha emergido en las últimas décadas como una poderosa herramienta que combina la ciencia del ADN con la historia familiar. Este campo multidisciplinario no solo ha revolucionado la forma en que entendemos nuestras raíces, sino que también ha permitido a millones de personas descubrir conexiones familiares perdidas, afinar líneas genealógicas ancestrales y desenterrar historias ocultas de sus antepasados. A medida que la tecnología de análisis de ADN avanza, los impactos éticos, sociales y científicos de la genealogía genética siguen expandiéndose.

En este análisis, se explorarán las principales dimensiones de la genealogía genética: sus fundamentos científicos, las aplicaciones prácticas en la investigación familiar y ancestral, las implicaciones socioculturales de los descubrimientos personales, y las posibles cuestiones éticas que plantea el uso de esta tecnología.

Fundamentos científicos de la genealogía genética

La genealogía genética se basa en el análisis de varios tipos de ADN: el ADN mitocondrial (ADN-mt), que se transmite por la línea materna; el ADN del cromosoma Y (ADN-Y), que se hereda por la línea paterna; y el ADN autosómico, que proviene de todos los antepasados y permite investigar tanto el linaje paterno como materno. Cada uno de estos tipos de ADN ofrece distintas perspectivas para rastrear la historia familiar.

- **ADN mitocondrial (ADN-mt):** Al transmitirse exclusivamente de madres a hijos, el ADN-mt nos permite rastrear la línea materna directa hasta los orígenes más remotos. Su estabilidad a lo largo de generaciones lo convierte en una herramienta poderosa para estudiar la migración humana desde los tiempos prehistóricos. De hecho, se ha utilizado para identificar "Eva mitocondrial", una hipotética mujer que vivió en África hace aproximadamente 150,000 años, de la cual todos los humanos actuales descendemos por la línea materna.

- **ADN del cromosoma Y (ADN-Y):** Solo los hombres poseen un cromosoma Y, lo que significa que se puede rastrear una línea paterna ininterrumpida a través de generaciones. Este tipo de ADN ha sido clave para estudiar apellidos, tradiciones patriarcales y la evolución de linajes masculinos a lo largo del tiempo.

- **ADN autosómico (ADN-at):** El análisis autosómico ha sido crucial para genealogistas aficionados, ya que puede rastrear parientes hasta cinco o seis generaciones atrás, incluyendo ancestros de ambos sexos. Las bases de datos que utilizan ADN autosómico han permitido a personas en todo el mundo encontrar primos, tíos o incluso hermanos perdidos, brindando una visión amplia y detallada del árbol genealógico.

Aplicaciones prácticas: Más allá del árbol genealógico

La genealogía genética tiene aplicaciones que van más allá de la mera creación de árboles genealógicos. Una de las más poderosas es la reconstrucción de la historia de migraciones. Las pruebas de ADN permiten a los usuarios identificar los orígenes geográficos de sus ancestros, rastreando movimientos migratorios históricos a través de continentes y regiones. Esto es especialmente valioso para personas de ascendencia mixta o para aquellos cuyos antepasados fueron desplazados por razones políticas, económicas o bélicas.

Otro uso importante es en la identificación de ancestros desconocidos, un fenómeno que ha cobrado relevancia en adopciones o casos de familias separadas. A través de comparaciones de ADN autosómico en bases de datos globales, muchas personas han logrado conectar con parientes lejanos y, en algunos casos, descubrir sus padres biológicos.

Implicaciones socioculturales: Redefiniendo la identidad

La genealogía genética plantea una serie de preguntas sobre identidad y pertenencia. A medida que las pruebas de ADN se hacen más accesibles, muchas personas descubren que sus identidades, tal como las entendían, pueden no coincidir con la realidad genética. Por ejemplo, algunos usuarios han encontrado linajes que contradicen tradiciones familiares o mitos sobre su ascendencia. Este fenómeno ha generado debates sobre la construcción social de la identidad y su relación con la biología.

Además, las pruebas de genealogía genética han tenido un impacto profundo en comunidades que históricamente han enfrentado la diáspora, como los afrodescendientes en las Américas. Gracias a estas herramientas, muchos han podido rastrear sus raíces a regiones específicas de África Occidental, un hecho que desafía siglos de desplazamiento forzado y borrado cultural. Para otros, como los descendientes de pueblos indígenas, la genealogía genética ha ayudado a validar lazos ancestrales y a resistir narrativas coloniales.

Sin embargo, estos descubrimientos también generan preguntas éticas sobre el uso y acceso a los datos genéticos, ya que muchas de las empresas que realizan estas pruebas de ADN son corporaciones privadas con fines de lucro. La cuestión de quién posee los datos, cómo se utilizan y si los usuarios tienen pleno control sobre su información genética es un tema que preocupa tanto a científicos como a activistas de derechos humanos.

Cuestiones éticas en la genealogía genética

Uno de los principales desafíos éticos que plantea la genealogía genética es la privacidad. Los datos genéticos son increíblemente personales y pueden revelar información no solo sobre el individuo que realiza la prueba, sino también sobre sus parientes cercanos. Esto ha planteado preocupaciones sobre la posibilidad de que terceros, como gobiernos o compañías de seguros, accedan a esta información sin el consentimiento adecuado.

La cuestión del consentimiento informado también es fundamental, especialmente cuando se trata de compartir datos genéticos en bases de datos públicas o con familiares lejanos. Muchos usuarios no son plenamente conscientes de las implicaciones a largo plazo de compartir su información genética, lo que puede resultar en la revelación involuntaria de secretos familiares o vulnerabilidades médicas.

Además, el uso de genealogía genética en investigaciones criminales ha generado un debate sobre los límites del uso de datos privados con fines públicos. Aunque la resolución de crímenes es un resultado positivo, algunos críticos argumentan que se debe proteger la privacidad de los individuos que no han dado explícitamente su consentimiento para que sus datos se utilicen en estas investigaciones.

Resumen

La genealogía genética es una herramienta revolucionaria que está cambiando la forma en que entendemos nuestra historia y nuestra identidad. Al combinar los avances en genética con la investigación genealógica tradicional, esta disciplina ha permitido a individuos y comunidades conectar con su pasado de maneras antes inimaginables. Sin embargo, con estos avances también vienen importantes desafíos éticos y sociales, que deberán ser abordados para garantizar que el uso de los datos genéticos sea seguro, justo y respetuoso.

ADN del Cromosoma Y (ADN-Y)

Los seres humanos tenemos un par de cromosomas sexuales que determinan nuestro sexo biológico: XX en mujeres y XY en hombres. El cromosoma Y es exclusivo de los hombres y se hereda de padre a hijo. Contiene varias regiones importantes, incluidas las regiones que determinan el desarrollo de características masculinas, así como genes que son cruciales para el desarrollo masculino y también una serie de marcadores genéticos que se utilizan en estudios genealógicos.

El ADN-Y se hereda directamente del padre al hijo sin recombinación, lo que significa que permanece casi inalterado a través de las generaciones masculinas. Esta característica permite rastrear la línea paterna directa (es decir, de padre a hijo, a nieto, etc.) de manera efectiva.

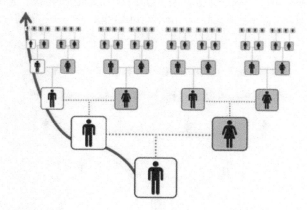

Aunque el ADN-Y se hereda sin recombinación, puede experimentar mutaciones espontáneas. Estas mutaciones pueden ser útiles para diferenciar linajes y estimar el tiempo de divergencia entre diferentes ramas familiares.

Aplicaciones del ADN-Y

- Rastreo de la Línea Paterna: Permite rastrear la ascendencia paterna directa, proporcionando información sobre el apellido y la historia familiar en la línea masculina. Es utilizado para estudiar la migración y evolución de poblaciones humanas masculinas, identificando haplogrupos específicos que pueden vincularse a regiones geográficas y eventos históricos.
- Evolución Humana: El ADN-Y ha sido fundamental para estudiar la dispersión de los primeros humanos y las migraciones históricas de poblaciones masculinas. Se puede extraer de restos antiguos, proporcionando información sobre linajes y poblaciones extintas.
- Identificación Forense: El ADN-Y es útil en investigaciones criminales, especialmente en casos de agresión sexual, donde puede ayudar a identificar al perpetrador masculino, así como para identificar restos humanos masculinos cuando no hay otros métodos disponibles.
- Importancia Genealógica: Los haplogrupos son grandes grupos de linajes que comparten un ancestro común. Se identifican mediante variaciones específicas en el ADN-Y conocidas como polimorfismos de un solo nucleótido (SNPs). Se utilizan para rastrear las migraciones humanas y la expansión de poblaciones a lo largo de la historia. Los haplogrupos pueden proporcionar información sobre los orígenes geográficos y la historia ancestral de la línea paterna.

Limitaciones del ADN-Y

El ADN-Y solo proporciona información sobre la línea paterna directa. No ofrece datos sobre la ascendencia materna ni sobre las líneas colaterales femeninas. Al igual que el ADN-mt, proporciona una visión muy estrecha del árbol genealógico de una persona, rastreando solo una pequeña porción del linaje.

ADN Mitocondrial (ADN-mt)

Las mitocondrias son orgánulos celulares que generan la mayor parte de la energía química necesaria para alimentar las reacciones bioquímicas de la célula. Tienen su propio ADN, que es distinto del ADN nuclear que se encuentra en los cromosomas del núcleo celular. El ADN-mt es una molécula circular y pequeña en comparación con el ADN nuclear. Contiene aproximadamente 16,569 pares de bases. Contiene 37 genes esenciales para el funcionamiento de la mitocondria, incluyendo genes para el ARN ribosómico (rRNA), ARN de transferencia (tRNA) y proteínas implicadas en la cadena de transporte de electrones.

El ADN-mt se hereda exclusivamente de la madre. Cuando un espermatozoide fecunda un óvulo, las mitocondrias del espermatozoide no contribuyen al embrión. Por lo tanto, todas las mitocondrias (y su ADN) en un individuo provienen de su madre. Esto significa que el ADN-mt puede rastrear la línea materna de generación en generación sin cambios significativos, a menos que ocurran mutaciones.

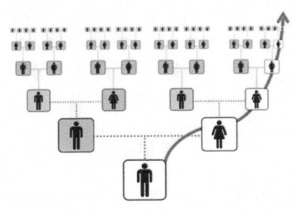

Aplicaciones del ADN-mt

- Rastreo de la Línea Materna: Permite rastrear la ascendencia materna directa. Esto es útil para genealogistas que desean conocer más sobre su herencia materna. También es utilizado para estudiar la migración y evolución de poblaciones humanas. Por ejemplo, ha sido clave para identificar los haplogrupos mitocondriales, que son linajes ancestrales que pueden vincularse a regiones geográficas específicas.
- Evolución Humana: El ADN-mt ha sido fundamental para estudiar la evolución humana y la dispersión de los primeros humanos fuera de África. El ADN-mt se puede extraer de restos antiguos, proporcionando información sobre poblaciones extintas y su relación con las poblaciones modernas.
- Enfermedades Mitocondriales: Algunas enfermedades genéticas están relacionadas con mutaciones en el ADN-mt. Estas enfermedades suelen afectar órganos con alta demanda de energía, como el cerebro y los músculos. Las pruebas de ADN-mt pueden ayudar a diagnosticar estas enfermedades y a comprender mejor su transmisión y progresión.
- Casos Forenses: El ADN-mt es útil en casos forenses cuando el ADN nuclear no está disponible o está degradado. Dado que hay muchas copias de ADN-mt en cada célula, es más probable que se recupere de muestras antiguas o dañadas Es utilizado para identificar restos humanos cuando no hay otros métodos disponibles.

Limitaciones del ADN-mt

El ADN-mt solo proporciona información sobre la línea materna directa. No ofrece datos sobre la ascendencia paterna o sobre las líneas colaterales (como tías, tíos o primos). Proporciona una visión muy estrecha de la genealogía de una persona, ya que solo rastrea una pequeña porción del árbol genealógico. El ADN-mt tiene una tasa de mutación más baja en comparación con el ADN nuclear, lo que puede limitar su utilidad en ciertos contextos genealógicos.

ADN Autosómico (ADN-at)

Los seres humanos tienen 46 cromosomas en cada célula (excepto en las células sexuales, que tienen 23). De estos, 22 pares son autosómicos y un par es el cromosoma sexual (XX o XY). Los cromosomas autosómicos están numerados del 1 al 22 y contienen la mayoría del ADN de una persona, determinando una gran parte de nuestras características físicas y biológicas.

Cada persona hereda 22 cromosomas autosómicos de su madre y 22 de su padre. Debido a la recombinación genética que ocurre durante la formación de los óvulos y espermatozoides, los cromosomas autosómicos de cada progenitor se mezclan, creando un nuevo conjunto único de cromosomas en el hijo. Este proceso de recombinación asegura que cada persona tenga una combinación única de ADN de sus ancestros.

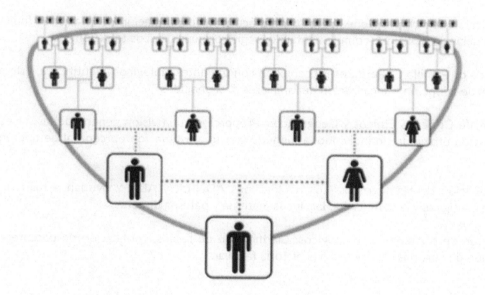

Aplicaciones del ADN Autosómico (ADN-at)

- Ayuda a construir y confirmar árboles genealógicos, identificando parientes desconocidos y conectando con familiares lejanos, así como también permite a las personas entender mejor su herencia étnica y los movimientos migratorios de sus ancestros.

- Algunas pruebas pueden identificar variantes genéticas asociadas con un mayor riesgo de enfermedades como cáncer, enfermedades cardíacas, y trastornos genéticos, así como proporcionar información sobre rasgos físicos (como color de ojos, propensión a la calvicie) y ciertas características de salud (como intolerancia a la lactosa).

- Utilizado en investigaciones criminales para identificar a sospechosos o víctimas. Ayuda en la identificación de víctimas en desastres naturales o accidentes masivos.

Proceso de las Pruebas de ADN

Recolección de Muestras, Análisis y Resultados

Generalmente se realiza mediante un hisopo bucal o una muestra de saliva, que se envía a un laboratorio para su análisis. El laboratorio secuencia y analiza el ADN, comparando los marcadores genéticos con una base de datos. Los resultados incluyen coincidencias con otros individuos en la base de datos, información sobre haplogrupos, y estimaciones de etnicidad y regiones geográficas ancestrales.

Aplicaciones de la Genealogía Genética

La Genealogía Genética se utiliza principalmente para cada una de las siguientes aplicaciones:

- **Construcción de Árboles Genealógicos:** Identificación y confirmación de relaciones familiares a través de coincidencias de ADN, que complementan los registros genealógicos tradicionales.

- **Búsqueda de Familiares Perdidos**: Reconexión con parientes biológicos, identificación de padres biológicos en casos de adopción, y localización de familiares desconocidos.

- **Estudios de Orígenes Étnicos y Geográficos:** Proporciona una visión general de las raíces ancestrales y la composición étnica de un individuo, a menudo con una estimación porcentual de diferentes regiones del mundo.

- Determinación de Haplogrupos: Los haplogrupos ADN-mt y ADN-Y ayudan a rastrear las migraciones humanas antiguas y la herencia de las líneas materna y paterna directas.

- **Resolución de Misterios Genealógicos**: Clarificación de linajes, verificación de parentescos disputados, y resolución de enigmas históricos en la historia familiar.

Limitaciones y Consideraciones

Las pruebas autosómicas tienen un alcance limitado de aproximadamente 5-7 generaciones, mientras que las pruebas ADN-mt y ADN-Y pueden rastrear más atrás en el tiempo, pero solo en líneas directas. Es importante considerar las políticas de privacidad de las compañías de pruebas de ADN y cómo manejan y comparten la información genética. Las estimaciones de etnicidad y coincidencias de ADN deben interpretarse con cautela, ya que las bases de datos y los algoritmos pueden variar entre diferentes compañías.

Futuro de la Genealogía Genética

El campo de la genealogía genética está en constante evolución, con mejoras en la tecnología de secuenciación y el análisis de datos que prometen ofrecer una mayor precisión y nuevas herramientas para explorar la historia familiar. Con el tiempo, es probable que las bases de datos se amplíen, proporcionando más coincidencias y una comprensión más detallada de la herencia genética de las personas.

Haplogrupos, Haplotipos y Subclados

Los términos "haplogrupo" y "haplotipo" se utilizan frecuentemente en genética, pero tienen significados distintos y específicos. A continuación, se detallan las diferencias entre estos dos conceptos.

Haplogrupo

Un haplogrupo es un grupo grande de haplotipos que comparten un ancestro común con una mutación específica en su ADN. Los haplogrupos son designados con letras y números, y representan linajes ancestrales que se pueden rastrear a través de muchas generaciones. Los haplogrupos se definen por mutaciones genéticas que ocurrieron hace miles o incluso decenas de miles de años. Estas mutaciones se transmiten a lo largo de generaciones y pueden utilizarse para trazar la migración y la evolución de poblaciones humanas.

Existen dos tipos principales de haplogrupos en la genealogía genética:

- Haplogrupos del cromosoma Y (ADN-Y): Transmitidos de padre a hijo, reflejan la línea paterna directa.
- Haplogrupos mitocondriales (ADN-mt): Transmitidos de madre a hijo/a, reflejan la línea materna directa.

Haplotipo

Un haplotipo es una combinación específica de alelos o variaciones genéticas en una secuencia de ADN que se heredan juntos. Los haplotipos son más detallados y específicos que los haplogrupos y se utilizan para identificar relaciones cercanas y patrones de herencia dentro de una población. Un haplotipo puede incluir un conjunto de SNPs (polimorfismos de un solo nucleótido), STRs (repeticiones cortas en tándem) u otros marcadores genéticos en una región del genoma. Cada individuo tiene un haplotipo único para cada segmento de ADN analizado. Los haplotipos se utilizan para estudiar la herencia de características genéticas específicas, identificar relaciones familiares y parentescos cercanos, así como para analizar patrones de diversidad genética dentro de poblaciones.

Subclado

En genética, un subclado de ADN (o subgrupo) se refiere a una subdivisión dentro de un haplogrupo o más grande. Los haplogrupos son grupos de individuos que comparten un ancestro común y, por lo tanto, tienen mutaciones genéticas específicas que los diferencian de otros grupos. Los subclados se forman cuando un haplogrupo principal se divide en subgrupos más pequeños debido a mutaciones adicionales que ocurren con el tiempo. Cada subclado se caracteriza por su propia serie de mutaciones específicas, lo que permite a los genetistas rastrear la evolución y migración de poblaciones humanas a lo largo del tiempo. En términos simples, si piensas en un árbol genealógico, el haplogrupo principal sería como el tronco del árbol, y los subclados serían las ramas y subramas que se extienden a partir del tronco, cada una representando linajes descendientes con su propia historia genética. Diferencias Clave

Los haplogrupos, haplotipos y subclados son conceptos fundamentales en la genealogía genética, pero sirven a diferentes propósitos. Los haplogrupos proporcionan una visión general de los linajes ancestrales y las migraciones a lo largo de miles de años, mientras que los haplotipos ofrecen una visión detallada de las variaciones genéticas y las relaciones cercanas dentro de esas líneas ancestrales. Los subclados son subdivisiones de un haplogrupo. Todos son esenciales para entender la historia genética y la diversidad de las poblaciones humanas.

Importancia de los Haplogrupos

Los haplogrupos son fundamentales en la genealogía genética porque además de trazar linajes directos, los cuales permiten rastrear la ascendencia paterna o materna directa a lo largo de miles de años, son necesarios para revelar migraciones antiguas, ayudando a comprender las migraciones y expansiones de poblaciones humanas antiguas, así como conectar personas que comparten un ancestro común distante, facilitando el descubrimiento de nuevas ramas familiares.

Es importante tener en cuenta que los haplogrupos representan solo una pequeña fracción de nuestra ascendencia total. Mientras que el ADN-Y y el ADN-mt proporcionan información valiosa sobre las líneas paternas y maternas directas, no capturan el panorama completo de la diversidad genética heredada de todos nuestros antepasados.

Además, la interpretación de los haplogrupos puede ser compleja debido a la mezcla de poblaciones y la migración a lo largo de la historia. A pesar de estas limitaciones, el estudio de los haplogrupos sigue siendo una herramienta poderosa para explorar nuestra historia genética y comprender mejor nuestra herencia compartida.

Adán y Eva genéticos

Antes de comenzar a meterme de lleno a los resultados de mi investigación genética-genealógica, quisiera explicar un poco lo que es el concepto de "Adán y Eva genéticos". Este se refiere a los ancestros más recientes de todos los humanos vivos hoy que transmitieron sus genes por las líneas paterna y materna, respectivamente. Estos términos se utilizan en genética para describir el ancestro común más reciente (ACMR) del cromosoma Y (para Adán genético) y el ADN mitocondrial (para Eva mitocondrial). A continuación, se detallan estos conceptos y su significado en la genética moderna.

Concepto de Adán Genético

El "Adán genético" es un concepto que se refiere al hombre más reciente del cual todos los humanos vivos han heredado su cromosoma Y, el cual se transmite de padre a hijo, lo que permite rastrear las líneas paternas a lo largo del tiempo. Estudios sugieren que vivió hace entre 200,000 y 300,000 años, aunque hay estimaciones más recientes que indican que pudo haber vivido hace entre 100,000 y 200,000 años. Probablemente vivió en África, al igual que la Eva mitocondrial.

Imagina un árbol genealógico donde cada persona tiene un padre y un abuelo paterno. A medida que retrocedes en las generaciones, las ramas del árbol se unen en puntos comunes. El Adán genético sería el punto más reciente donde todas las ramas paternas convergen. Cabe aclarar que, aunque muchos otros hombres vivieron en la época del Adán genético, sus linajes del cromosoma Y no llegaron hasta la actualidad porque en algún punto no tuvieron hijos que continuaran la línea.

El Adán genético es un concepto clave en la genética de poblaciones humanas que nos permite rastrear nuestras raíces paternas. A través del estudio del cromosoma Y, los científicos han logrado reconstruir la historia de la evolución humana, revelando patrones de migración y diversidad genética. Al igual que la Eva mitocondrial, el Adán genético es una pieza fundamental en el rompecabezas de la historia genética de la humanidad, proporcionando una visión más completa y detallada de nuestros ancestros comunes. Adán genético Y y Eva mitocondrial no fueron contemporáneos. Vivieron en diferentes tiempos y no necesariamente se conocieron ni pertenecieron a la misma población.

Concepto de Eva Mitocondrial

Eva mitocondrial es un concepto complementario al de la "Adán genético" y es la mujer más reciente de la cual todos los humanos vivos han heredado su ADNmt. Esto no implica que sea la única mujer viva en su tiempo, sino que es la última mujer cuyo linaje materno directo no se ha extinguido. Estudios basados en la tasa de mutación del ADNmt sugieren que Eva mitocondrial vivió hace entre 150,000 y 200,000 años, durante el Pleistoceno, en el este de África, posiblemente en regiones que hoy forman parte de Etiopía, Kenia o Tanzania.

Proporciona evidencia crucial de que los humanos modernos tienen un origen común en África, y los estudios de ADNmt han revelado patrones de migración que llevaron a la colonización de otros continentes, además de ayudar a entender la diversidad genética actual y cómo ha sido moldeada por eventos históricos como cuellos de botella poblacionales y expansiones demográficas.

Como ya se ha mencionado, la Eva mitocondrial no fue la primera mujer ni la única mujer viva en su tiempo. Es simplemente la más reciente en el linaje materno directo de todos los humanos vivos. Imagina un árbol genealógico donde cada persona tiene una madre y una abuela. A medida que retrocedes en las generaciones, las ramas del árbol se unen en puntos comunes. La Eva mitocondrial sería el punto más reciente donde todas las ramas maternas convergen.

Es un concepto esencial para entender la evolución humana. A través del estudio del ADN mitocondrial, los científicos pueden rastrear nuestros ancestros comunes y reconstruir la historia de la migración y la diversidad humana. Aunque el término "Eva mitocondrial" pueda sonar simplista, representa un conjunto complejo de hallazgos científicos que iluminan la rica y diversa historia de la humanidad.

Haplogrupos del Cromosoma Y

Orígenes y Evolución

Haplogrupos ADN-Y

Origen y Distribución de Cada Haplogrupo de ADN-Y

Los haplogrupos del cromosoma Y son grupos de linajes genéticos definidos por mutaciones específicas en el cromosoma Y, que se transmiten de padre a hijo. Estos haplogrupos permiten rastrear la ascendencia paterna y las migraciones humanas. A continuación, se presentan los principales haplogrupos de ADN-Y, junto con sus orígenes y distribuciones:

Haplogrupo	Orígen	Edad	Distribución
A	África	232,000 AC	Principalmente en África, especialmente en África Oriental y Meridional. Es el haplogrupo más antiguo, presente en algunas poblaciones Khoisan y entre ciertos grupos nilóticos.
B	África	85,000 AC	Común en África Central y Occidental. Se encuentra en diversas poblaciones africanas, incluyendo los pigmeos y algunos grupos bantúes.
C	Asia	63,000 AC	Amplia distribución en Asia, Australia y las islas del Pacífico. Subclados específicos se encuentran en Asia Oriental, Siberia, las islas de Oceanía y entre los pueblos indígenas de América.
D	Asia	55,000 AC	Principalmente en el Tíbet, Japón (particularmente entre los Ainu) y las islas Andamán. Tiene una distribución geográfica más limitada en comparación con otros haplogrupos.
E	África	49,000 AC	Amplia distribución en África, especialmente en el norte y el este de África. También se encuentra en Europa y el Medio Oriente. E1b1a es común en África Subsahariana, mientras que E1b1b es frecuente en el norte de África, el Cuerno de África, y el sur de Europa.
F	Asia	46,000 AC	Este haplogrupo es ancestral a muchos otros haplogrupos fuera de África y se encuentra en Asia, Europa y el Medio Oriente.
G	Asia	26,000 AC	Principalmente en el Cáucaso, Asia Menor y Europa. Es común entre ciertos grupos étnicos en el Cáucaso y se encuentra en menor frecuencia en Europa y el Medio Oriente.
H	India	43,000 AC	Predominante en el subcontinente indio. También se encuentra en algunas poblaciones romaníes en Europa, reflejando una migración desde la India hace aproximadamente 1,000 años.
I	Europa	33,000 AC	Frecuente en Europa, especialmente en Escandinavia, los Balcanes y Europa Central. Subclados como I1 son comunes en Escandinavia, mientras que I2 se encuentra en los Balcanes y Europa Oriental.
J	Medio Oriente	28,000 AC	Amplia distribución en el Medio Oriente, el Cáucaso, y el sur de Europa. J1 es común en la Península Arábiga y el Levante, mientras que J2 se encuentra en el Mediterráneo, el Cáucaso y el sur de Europa.
K	Asia	43,000 AC	Amplia distribución en Asia, Oceanía y Europa. Es ancestral a muchos haplogrupos importantes, incluidos R, Q, O, N, y otros.
L	Sur de Asia	22,000 AC	Principalmente en el subcontinente indio y algunas partes del Medio Oriente.
M	Nueva Guinea	41,000 AC	Común en Melanesia, Papua Nueva Guinea y partes de Australia
N	Asia	21,000 AC	Predominantemente en el noreste de Asia y Siberia. También se encuentra entre los pueblos indígenas de Europa del Norte, como los Sami.
O	Asia	29,000 AC	Muy común en el Este y Sudeste de Asia. Se encuentra en alta frecuencia en China, Japón, Corea y el sudeste asiático.
P	Asia Central	42,000 AC	Es ancestral a los haplogrupos Q y R. Se encuentra en Asia Central y el sur de Siberia.
Q	Asia Central	28,000 AC	Común en Siberia, Asia Central y entre los pueblos indígenas de las Américas. Es un marcador importante de las migraciones hacia las Américas.
R	Asia Central	26,000 AC	Ampliamente distribuido en Europa, Asia y las Américas. R1a es frecuente en Europa del Este y Asia Central, mientras que R1b es común en Europa Occidental. R2 se encuentra en el subcontinente indio.
S	Nueva Guinea	41,000 AC	Común en Melanesia y partes de Australia.
T	Noreste de África	26,000 AC	Se encuentra en el noreste de África, el Medio Oriente, y el Mediterráneo. También se ha encontrado en menor frecuencia en Europa y Asia Central.

Fig. # 1 - Origen, Edad y Distribución de cada Haplogrupo ADN-Y

Haplogrupo A
Origen y Evolución

El haplogrupo A es el linaje más antiguo conocido del ADN del cromosoma Y, lo que lo convierte en uno de los marcadores genéticos más importantes para rastrear el origen y la evolución humana. Se estima que surgió en África hace más de 100,000 años, lo que lo sitúa en los primeros estadios de la evolución del Homo sapiens. El haplogrupo A se encuentra mayormente en poblaciones africanas, especialmente en el noreste de África y entre grupos cazadores-recolectores como los san (bushmen) del sur de África. Debido a su antigüedad, el haplogrupo A proporciona información valiosa sobre las primeras poblaciones humanas y sus migraciones dentro de África.

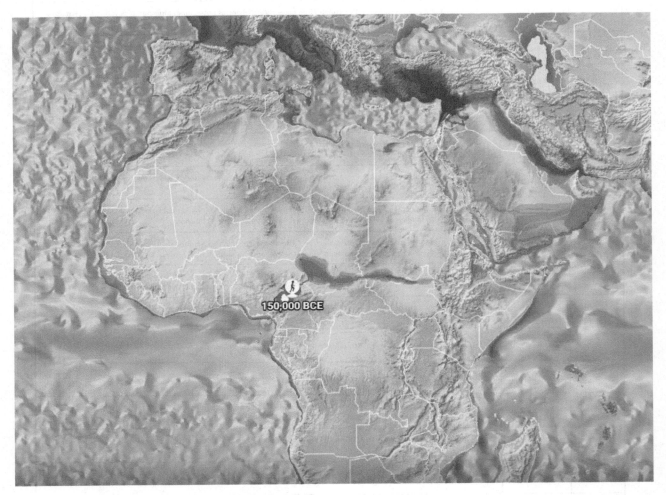

** El haplogrupo A del cromosoma Y es uno de los linajes más antiguos y fundamentales en la genealogía humana. Representa el origen mismo de la diversidad del cromosoma Y en los seres humanos modernos.

Conexiones con Otros Haplogrupos

El haplogrupo A del ADN del cromosoma Y es el haplogrupo padre de todos los haplogrupos humanos actuales. Otros haplogrupos como B, C, D, E, F, G, H, I, J, K, L, M, N, O, P, Q, R, S, T y otros derivan en última instancia de linajes ancestrales que tienen sus raíces en el haplogrupo A.

Distribución Geográfica

Aunque las frecuencias fuera de África son extremadamente bajas, existen casos documentados de haplogrupo A en poblaciones no africanas debido a migraciones antiguas y movimientos de esclavos. Por ejemplo:

- **Estados Unidos y Brasil**: Descendientes de africanos esclavizados pueden portar linajes del haplogrupo A.

- **Europa y Asia**: Casos muy raros debido a migraciones antiguas.

Subclados Principales

El haplogrupo A se divide en varios subclados, cada uno con una distribución geográfica específica en África. Algunos de los subclados principales incluyen:

- ❖ **A00 (PR2921)** Principalmente encontrado en África Occidental, especialmente entre los pueblos Mbo de Camerún. Es el subclado más antiguo conocido del cromosoma Y, con una separación genética de otros haplogrupos que data de hace aproximadamente 270,000 a 300,000 años.

  - ➢ **A0 (L1090)** Encontrado en varias poblaciones africanas, pero es bastante raro. Este subclado muestra una antigüedad significativa y proporciona información sobre la diversidad temprana del cromosoma Y en África.

  - ➢ **A1 (V168)** Se encuentra en diferentes regiones de África, especialmente en África Central y Oriental. Este subclado representa una de las ramas tempranas que divergen del linaje ancestral común del haplogrupo A.

    - ▪ **A1a (M31)** Presente en el Noreste de África, especialmente en Etiopía, Sudán y Egipto.

    - ▪ **A1b (V221)** Común en África Oriental y Meridional. Se ha encontrado en Europa en pequeñas frecuencias.

Estos subclados han sido cruciales para entender la expansión de las poblaciones humanas dentro de África, ya que permiten trazar las rutas migratorias y los patrones de asentamiento de diversas comunidades a lo largo del tiempo. Gracias al análisis genético de estos subclados, los investigadores han podido identificar relaciones evolutivas y eventos históricos que contribuyeron a la diversidad genética del continente. Esto ha proporcionado una visión más clara de cómo las diferentes poblaciones se desplazaron, interactuaron y adaptaron a distintos entornos, revelando detalles esenciales sobre la historia evolutiva de los humanos en África.

Importancia Histórica

Los estudios genéticos han utilizado secuenciación de ADN y análisis de variaciones del cromosoma Y para rastrear la ascendencia y las migraciones de las primeras poblaciones humanas. Además, la evidencia arqueológica en África, incluyendo herramientas de piedra y restos fósiles, apoya los hallazgos genéticos y proporciona un contexto histórico para la evolución de los Homo sapiens.

Importancia en la investigación genética

El haplogrupo A es esencial para los estudios de genética evolutiva porque ofrece una ventana única a los orígenes del ser humano. Al ser el linaje paterno más antiguo, los genetistas lo utilizan como referencia para rastrear las primeras migraciones humanas y entender cómo los humanos modernos se han diversificado a lo largo del tiempo.

Descubrimientos y Estudios Importantes

El haplogrupo A del ADN-Y es el linaje más antiguo conocido en los humanos modernos y tiene una gran importancia en la genética humana debido a su relación directa con los primeros Homo sapiens. A continuación, se detallan algunos de los descubrimientos más importantes sobre este haplogrupo:

- El haplogrupo A es el linaje paterno más antiguo, y su origen se estima en hace más de 200,000 años en África oriental. Este descubrimiento ha sido clave para comprender que África es el continente de origen de los humanos modernos. La presencia del haplogrupo A en algunas de las poblaciones más antiguas de África, como los bosquimanos (san) y los hadza en África oriental, ha respaldado la teoría de que los humanos modernos evolucionaron en África y desde allí se dispersaron hacia otras partes del mundo.

- El análisis de poblaciones que portan este haplogrupo ha sido crucial para establecer la Teoría del Origen Africano del Homo sapiens, apoyando la hipótesis de que todas las poblaciones humanas actuales descienden de un ancestro común que vivió en África hace entre 100,000 y 200,000 años.

- En 2013, el subclado **A00** fue descubierto en una población de Camerún, específicamente entre el grupo étnico Mbo. Este subclado es extraordinario porque se separó de otros linajes humanos hace aproximadamente 300,000 años, mucho antes de lo que se pensaba inicialmente para los linajes de ADN-Y. El subclado **A00** representa el linaje humano más antiguo conocido hasta la fecha.

- Este descubrimiento ha cambiado la forma en que los genetistas entienden la evolución de los humanos modernos, sugiriendo que la diversidad genética en África es mucho más profunda y compleja de lo que se pensaba anteriormente. También plantea la posibilidad de que pudieran haber existido poblaciones humanas arcaicas que se separaron tempranamente del resto de los Homo sapiens.

- El haplogrupo A se encuentra en algunas de las poblaciones más antiguas de cazadores-recolectores de África, como los san del sur de África, quienes han mantenido linajes genéticos muy antiguos a lo largo de decenas de miles de años. Estas poblaciones han sido fundamentales para entender cómo los humanos modernos han sobrevivido y se han adaptado a diferentes entornos durante períodos prolongados de tiempo.

- Estudios genéticos recientes han encontrado que los san portan uno de los linajes más antiguos del haplogrupo A, lo que indica que esta población ha estado en África meridional durante al menos 100,000 años, y es probable que hayan estado entre los primeros grupos de humanos en evolucionar como Homo sapiens.

- Las investigaciones genéticas han demostrado que África tiene la mayor diversidad genética de cualquier continente, en gran parte debido a la antigüedad y la diversificación del haplogrupo A. Los diferentes subclados de A se encuentran dispersos en poblaciones de África oriental, meridional, y central. Este hallazgo es importante porque revela que los humanos modernos evolucionaron y se diversificaron en África durante decenas de miles de años antes de migrar hacia otras partes del mundo.

- La diversidad genética del haplogrupo A ha sido clave para entender los orígenes y las primeras migraciones humanas, proporcionando evidencia de la larga historia de la evolución humana en el continente africano.

- Los estudios sobre el haplogrupo A han sido esenciales para refinar la teoría del Adán genético, el ancestro masculino más reciente de todos los humanos modernos. Los descubrimientos relacionados con el haplogrupo A han permitido identificar a un "Adán genético" más antiguo de lo que se había estimado anteriormente, que vivió hace entre 200,000 y 300,000 años. Esto ha proporcionado una mayor comprensión sobre la evolución de los linajes masculinos humanos.

- Los estudios sobre los subclados más antiguos del haplogrupo A, como A00 y A0, han desafiado las ideas previas sobre la estructura genética de las primeras poblaciones humanas, mostrando que existió una mayor diversidad genética en las primeras fases de la evolución humana.

Resumen

El haplogrupo A es fundamental para los estudios antropológicos y genéticos debido a varias razones. La existencia y la diversidad del haplogrupo A en África refuerzan la hipótesis del origen africano de los humanos modernos. Este haplogrupo es una de las pruebas genéticas de que los primeros Homo sapiens surgieron en África. Además, el haplogrupo A muestra una diversidad genética significativa, lo que sugiere que las primeras poblaciones humanas ya tenían una variabilidad considerable antes de migrar fuera de África. Analizar la distribución de los subclados del haplogrupo A ayuda a comprender las migraciones y expansiones de las primeras poblaciones humanas dentro del continente africano.

Referencias

1) **Cruciani, F., Trombetta, B., Massaia, A., Destro-Bisol, G., Sellitto, D., & Scozzari, R. (2011)**. "A Revised Root for the Human Y Chromosomal Phylogenetic Tree: The Origin of Patrilineal Diversity in Africa." *American Journal of Human Genetics*, 88(6), 814–818

2) **Mendez, F. L., Krahn, T., Schrack, B., Krahn, A. M., Veeramah, K. R., Woerner, A. E., Fomine, F. L. M., Bradman, N., Thomas, M. G., Karafet, T. M., & Hammer, M. F. (2013)**. "An African American paternal lineage adds an extremely ancient root to the human Y chromosome phylogenetic tree." *American Journal of Human Genetics*, 92(3), 454–459

3) **Scozzari, R., Massaia, A., Trombetta, B., Bellusci, G., Myres, N. M., Novelletto, A., & Cruciani, F. (2014)**. "Multiple Deep Lineages of the Y Chromosome in Africa." *Genome Research*, 24(3), 454–462

En el siguiente esquema genealógico se muestran las relaciones que existen entre cada uno de los haplogrupos del cromosoma Y, desde el haplogrupo A hasta el haplogrupo T:

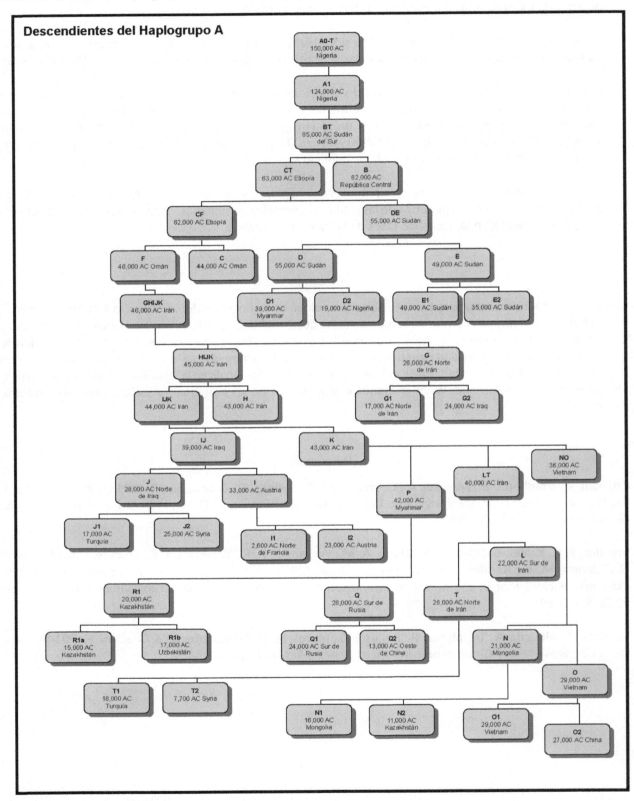

Fig. 2 - Cuadro de haplogrupos descendientes del haplogrupo ADN-Y A

Haplogrupo B
Origen y Evolución

El haplogrupo B del ADN del cromosoma Y es uno de los linajes genéticos más antiguos, con un origen estimado en África hace unos 70,000 a 80,000 años. Este haplogrupo se asocia particularmente con las poblaciones indígenas de África subsahariana, como los pueblos pigmeos y khoisan, quienes poseen algunas de las variantes más antiguas de este linaje. El haplogrupo B proporciona pistas cruciales sobre la diversidad genética y las primeras migraciones humanas dentro de África, especialmente en la parte central y sur del continente, y es clave para comprender la historia evolutiva de las poblaciones africanas tempranas.

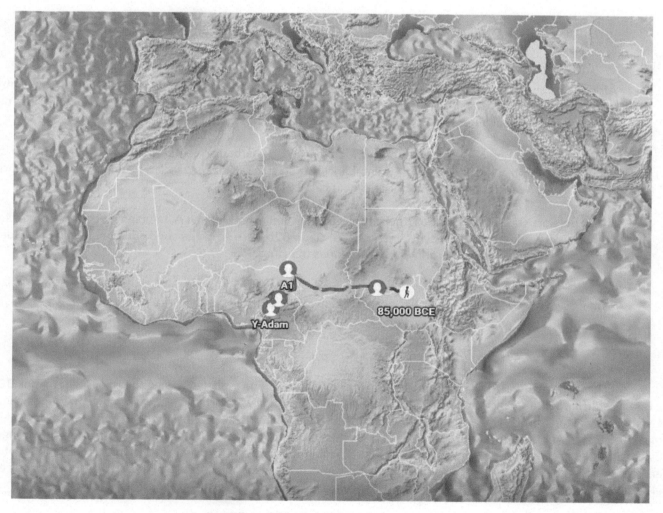

** El haplogrupo B del cromosoma Y es uno de los linajes más antiguos y diversos, con un origen que se remonta a hace aproximadamente 50,000 a 70,000 años en África. Su estudio también es crucial para comprender la historia temprana de la humanidad y la diversidad genética en el continente africano.

Conexiones con Otros Haplogrupos

El haplogrupo B del ADN del cromosoma Y es un linaje genético que se originó en África hace aproximadamente 70,000 a 80,000 años. Este haplogrupo es especialmente prevalente en poblaciones del continente africano, siendo más común en regiones del centro y el sur de África, donde se encuentra en grupos indígenas como los khoisan y los pigmeos. A medida que los humanos modernos comenzaron a migrar fuera de África, el haplogrupo B se diversificó, dando lugar a subclados que se han registrado en Asia y algunas poblaciones de Oceanía. Las conexiones de haplogrupo B con otros haplogrupos, como el haplogrupo **B2**, sugieren un patrón de migración y adaptación que se correlaciona con la historia evolutiva de los humanos. Además, estudios genéticos han indicado que algunas variantes de este haplogrupo también se encuentran en poblaciones de América del Sur, lo que plantea la posibilidad de que ciertos linajes se hayan introducido en el continente americano durante las primeras migraciones humanas.

Distribución Geográfica

África

- **África Central**: Poblaciones Pigmias en la Cuenca del Congo: Este haplogrupo es especialmente común entre los pigmeos Mbuti y Biaka, quienes tienen frecuencias significativas del subclado **B2a**. Los pigmeos del Congo representan algunos de los grupos humanos más antiguos y aislados genéticamente.

- **África Oriental**: Etiopía, Kenia y Tanzania: El haplogrupo B, particularmente el subclado **B2a**, también se encuentra en poblaciones de África Oriental, incluyendo a los Hadza y Sandawe, quienes son grupos de cazadores-recolectores con antiguas raíces genéticas.

- **África del Sur**: Khoisan: Los grupos Khoisan, al igual que con el haplogrupo A, también muestran frecuencias notables del haplogrupo B, específicamente el subclado **B2b**. Este grupo es conocido por su gran diversidad genética y su conexión con las primeras poblaciones humanas.

- **África Occidental**: Nigeria y Camerún: En esta región, el haplogrupo B se encuentra en frecuencias más bajas, pero es significativo en ciertas poblaciones. Los subclados **B2a y B2b** son los más comunes en estas áreas.

Subclados Principales

El haplogrupo B del ADN del cromosoma Y se diversifica en varios subclados, siendo los más destacados **B2a** y **B2b**. El subclado **B2a** se encuentra principalmente en África Oriental y Sudáfrica, y está asociado con grupos como los khoisan y algunas poblaciones de cazadores-recolectores. Por otro lado, el subclado **B2b** tiene una distribución más centrada en África Central y Occidental, siendo común en comunidades indígenas como los pigmeos del Congo. Estos subclados reflejan la rica diversidad genética de las poblaciones africanas y sus adaptaciones a diferentes entornos a lo largo del tiempo, además de proporcionar información sobre la historia migratoria de los humanos en el continente.

- ❖ **B (M181)** Es el haplogrupo principal y se divide en dos subclados importantes.
  - ➢ **B1 (M236)** Menos común, encontrado en algunas poblaciones específicas de África.
  - ➢ **B2 (M182)** Común en pigmeos y algunos grupos cazadores-recolectores.
    - ○ **B2a (M150)** Encontrado en Khoisan y algunas otras poblaciones del sur de África.
    - ○ **B2b (M112)** Encontrado en Congo, Camerún y Gabón y otras poblaciones de África

Esta distribución subraya la importancia del haplogrupo B en la comprensión de la historia genética humana, especialmente en el contexto africano, donde se originaron las primeras poblaciones modernas.

Frecuencias y Contexto Histórico

- **Frecuencia Alta:** En poblaciones aisladas y antiguas, como los pigmeos y los cazadores-recolectores Khoisan, las frecuencias del haplogrupo B pueden ser bastante altas, reflejando su aislamiento genético y continuidad histórica.

- **Frecuencia Baja a Moderada:** En poblaciones más diversas y urbanas, la frecuencia del haplogrupo B tiende a ser más baja debido a la mezcla genética con otros linajes más recientes.

Importancia Histórica

El haplogrupo B del cromosoma Y es importante por varias razones. Al ser uno de los haplogrupos más antiguos, proporciona información valiosa sobre la historia temprana de la humanidad y las primeras migraciones dentro de África. Los diversos subclados del haplogrupo B pueden ayudar a comprender cómo las poblaciones humanas se adaptaron a diferentes entornos dentro de África, como las selvas tropicales y las llanuras, además de contribuir a la gran diversidad genética observada en África, lo que es crucial para los estudios de evolución humana y genética de poblaciones.

Importancia en la Investigación Genética

El haplogrupo B es crucial para los estudios de genética evolutiva y antropología, proporcionando información esencial sobre las primeras migraciones humanas dentro de África y la diversidad genética entre las poblaciones africanas.

Descubrimientos y Estudios Importantes

- El haplogrupo B está concentrado principalmente en poblaciones indígenas de África Central y del Sur, como los pigmeos y los san (bosquimanos). Estas poblaciones están entre las más antiguas y genéticamente diferenciadas del continente africano, lo que refleja su aislamiento y su relativa falta de mezcla con otras poblaciones africanas más recientes.

- Los estudios genéticos han demostrado que el haplogrupo B tiene una diversidad genética significativa en África Central, lo que indica que esta región podría haber sido un área clave para la evolución temprana de los humanos modernos. Este haplogrupo es especialmente prevalente en los grupos cazadores-recolectores de la región, quienes conservan estilos de vida ancestrales.

- El haplogrupo B se divide en dos grandes subclados: **B1 y B2.** El subclado **B2** es más común y tiene una mayor presencia en las poblaciones actuales, mientras que **B1** es mucho más raro. El subclado B2a se encuentra especialmente en las poblaciones de África Central y del sur. Estos subclados son utilizados para trazar rutas migratorias antiguas dentro de África y para estudiar la dispersión de las poblaciones prehistóricas.

- Los análisis de Y-DNA B han sido clave para comprender la historia de la migración interna en África, que es mucho más diversa y compleja de lo que se pensaba anteriormente. Las poblaciones que portan este haplogrupo han mantenido sus linajes por decenas de miles de años, lo que sugiere una larga historia de asentamientos humanos en las mismas áreas.

- El haplogrupo Y-DNA B es fundamental para entender la evolución humana temprana y las migraciones internas dentro de África. Debido a su antigüedad y prevalencia en poblaciones indígenas aisladas, los estudios sobre este haplogrupo han proporcionado una visión profunda sobre las primeras divergencias en las líneas paternas humanas. Además, su análisis ha permitido entender mejor la estructura poblacional del continente africano antes de las migraciones más recientes que llevaron a la expansión de otras ramas genéticas africanas hacia el norte y el este del continente.

Resumen

El haplogrupo B se divide principalmente en dos subclados: **B1 y B2**, siendo el subclado **B2** el más común y extendido. **B1-M236** es mucho menos frecuente y se ha encontrado en poblaciones dispersas de África occidental y central. Estas poblaciones tienden a ser menos estudiadas y más aisladas, lo que ha llevado a una limitada comprensión de su historia genética. Sin embargo, **B1-M236** aún juega un papel importante en la comprensión de la diversidad genética africana y las antiguas migraciones dentro del continente.

El subclado **B2-M182**, por otro lado, es mucho más predominante y se encuentra en varias poblaciones de África central y meridional, especialmente entre los pigmeos y grupos cazadores-recolectores como los Mbuti y Biaka. Este subclado ha sido clave para estudiar las antiguas conexiones genéticas entre diferentes grupos africanos y ha revelado la diversidad que aún persiste en el continente. **B2-M182** se asocia con estilos de vida tradicionales, particularmente en grupos que han mantenido prácticas de caza y recolección a lo largo de milenios.

Referencias

4) **Tishkoff, S. A., et al. (2009)**. "The Genetic Structure and History of Africans and African Americans." *Science*.

5) **Cruciani, F., et al. (2002)**. "A Back Migration from Asia to Sub-Saharan Africa Is Supported by High-Resolution Analysis of Human Y-Chromosome Haplotypes." *The American Journal of Human Genetics*.

6) **Batini, C., et al. (2011)**. "Insights into the demographic history of African Pygmies from complete mitochondrial genomes." *Molecular Biology and Evolution*.

7) **Schlebusch, C. M., et al. (2012)**. "Genetic variation in Khoisan populations." *Genome Biology* and *Evolution*.

8) **Henn, B. M., et al. (2011)**. "Hunter-gatherer genomic diversity suggests a southern African origin for modern humans." *Proceedings of the National Academy of Sciences*.

9) **Underhill, P. A., et al. (2000)**. "Y chromosome sequence variation and the history of human populations." *Nature Genetics*.

10) **Scozzari, R., et al. (1999)**. "Combined use of biallelic and microsatellite Y-chromosome polymorphisms to infer affinities among African populations." *The American Journal of Human Genetics*.

Haplogrupo C
Origen y Evolución

El haplogrupo C del ADN del cromosoma Y es uno de los linajes más antiguos que se dispersó fuera de África, y se cree que surgió hace entre 50,000 y 55,000 años. Se originó probablemente en Asia, poco después de la migración de los humanos modernos desde África. Este haplogrupo es común en poblaciones indígenas de Asia Central, el sur de Asia, el sudeste asiático, Oceanía y algunas partes de América. Los subclados de haplogrupo C son particularmente comunes entre los aborígenes australianos, los melanesios, y algunas poblaciones de Siberia y Mongolia. Su amplia distribución refleja las primeras olas de migración humana fuera de África y su adaptación a diversos entornos geográficos.

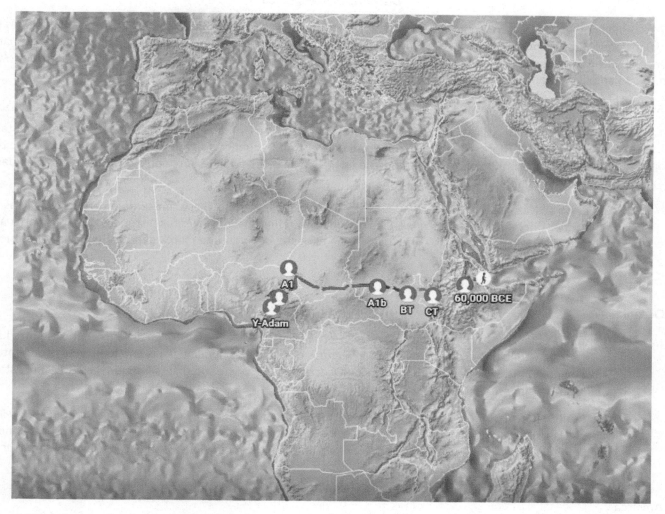

** El haplogrupo C del cromosoma Y es un linaje antiguo que se originó en Asia hace entre 50,000 y 55,000 años y se dispersó ampliamente por Asia, Oceanía y las Américas. Su estudio ofrece valiosa información sobre las primeras migraciones humanas y la diversidad genética de las poblaciones humanas en diferentes regiones del mundo.

Conexiones con Otros Haplogrupos

El haplogrupo ADN-Y C, que se originó en Asia hace aproximadamente 50,000 años, presenta conexiones interesantes con otros haplogrupos a través de las migraciones humanas. Este haplogrupo se ha asociado principalmente con poblaciones de Asia Central y del Este, y su distribución se extiende a regiones como Siberia y el sudeste asiático. C comparte ancestros comunes con haplogrupos cercanos, como el haplogrupo C1, que se ha encontrado en poblaciones de Mongolia y el norte de Asia. Estas conexiones genéticas sugieren que, a medida que los grupos humanos se desplazaban y se adaptaban a nuevos entornos, el haplogrupo C se diversificó, contribuyendo a la diversidad genética actual. Además, se han identificado vínculos entre el haplogrupo C y otros linajes en América del Norte, lo que indica que algunos de sus portadores migraron hacia el continente americano a través del estrecho de Bering, enriqueciendo así el acervo genético de las poblaciones nativas americanas.

Distribución Geográfica

El haplogrupo C se encuentra en varias regiones fuera de su origen asiático debido a antiguas migraciones y expansiones. En América, aunque raro, se ha documentado en algunos indígenas del Ártico, y en Europa se han encontrado casos muy raros debido a migraciones y mezcla genética. Después de su origen, el haplogrupo C se dispersó ampliamente, y sus subclados se establecieron en diversas regiones de Asia, Oceanía y las Américas:

Asia

- **Asia Oriental: Mongolia, Japón y China**: Este haplogrupo es notable en poblaciones de Asia Oriental, especialmente en Mongolia y Japón, donde se encuentran frecuencias significativas del haplogrupo C. Este patrón sugiere asentamientos tempranos de linajes ancestrales en la región, contribuyendo a la diversidad genética de sus habitantes actuales.

- **Asia Central: Kazajistán y Uzbekistán**: En Asia Central, el haplogrupo C está presente en grupos nómadas y poblaciones originarias de las estepas. Esta distribución refleja los movimientos históricos de tribus antiguas que migraron desde las regiones orientales hacia el oeste, dejando una marca genética en las poblaciones actuales de Asia Central.

Oceanía

- **Australia: Poblaciones Aborígenes**: En Australia, el haplogrupo C se encuentra en altas frecuencias entre los aborígenes australianos, quienes representan algunos de los linajes humanos más antiguos en el continente. Esto sugiere una migración temprana hacia Oceanía y una posterior diversificación genética en estas poblaciones aisladas.

- **Melanesia: Nueva Guinea y las Islas Salomón**: Las poblaciones de Melanesia, especialmente en Nueva Guinea y las Islas Salomón, también presentan frecuencias considerables del haplogrupo C. Estas poblaciones muestran una diversidad genética profunda y son testimonio de migraciones antiguas hacia el Pacífico Sur.

América

- **Norte de América: Poblaciones Indígenas en Canadá y Alaska**: El haplogrupo C está presente en algunas comunidades indígenas del norte de América, particularmente en Alaska y Canadá. Aunque en bajas frecuencias, su presencia sugiere conexiones migratorias adicionales desde Asia a través del estrecho de Bering, contribuyendo a la genética indígena de la región.

- **Sudamérica: Pueblos Andinos**: En Sudamérica, el haplogrupo C aparece en ciertas poblaciones andinas, aunque de forma esporádica. Estas variantes comparten similitudes con linajes asiáticos, lo que respalda teorías sobre migraciones múltiples y una herencia genética de Asia Oriental.

Subclados Principales

Dentro del haplogrupo C, se identifican varios subclados, siendo **C1** y **C2** los más conocidos. El subclado **C1** es común entre las poblaciones de Mongolia y Siberia, mientras que el subclado **C2** se ha encontrado en comunidades indígenas de Australia y Papúa Nueva Guinea, lo que sugiere que los portadores de este haplogrupo fueron algunos de los primeros en poblar estas regiones. A pesar de su fuerte presencia en ciertas áreas, el haplogrupo C es relativamente raro en otras partes del mundo, lo que indica un patrón migratorio específico a lo largo de la historia humana. Además, la conexión del haplogrupo C con otros linajes proporciona información valiosa sobre las migraciones humanas y la evolución de las poblaciones en Asia y Oceanía.

- ❖ **C (M216)** Este es el subclado principal del haplogrupo C y representa el clado raíz. Es el ancestro común de todos los demás subgrupos del haplogrupo C.
  - ➢ **C1 (F3393)**
    - ○ **C1a (CTS11043)** Encontrado principalmente en poblaciones de Japón, como los Ainu, y otras regiones de Asia oriental.
    - ○ **C1b (F1370)** Principalmente en Europa. Se ha encontrado en restos antiguos del Mesolítico en Europa, lo que sugiere que estuvo presente en las primeras poblaciones de cazadores-recolectores de la región.
  - ➢ **C2 (M217)** - Este subclado es muy diverso y se ha encontrado en varias regiones de Asia y Oceanía.
    - ○ **C2a (F1906)** Este subclado se encuentra ampliamente distribuido en Asia del Norte y Central, particularmente en Mongolia, Siberia y entre las poblaciones túrquicas y mongolas.
    - ○ **C2b (F1067)** Predominante en las poblaciones de las islas del Pacífico, incluyendo Melanesia y Polinesia.

Frecuencias y Contexto Histórico

- **Frecuencia Alta**: En poblaciones aisladas y nómadas, como los mongoles y ciertas tribus en Oceanía, las frecuencias del haplogrupo C pueden ser bastante altas.

- **Frecuencia Baja a Moderada**: En poblaciones urbanas y mezcladas, la frecuencia del haplogrupo C tiende a ser más baja debido a la mezcla genética con otros linajes.

Importancia Histórica

El haplogrupo C del ADN-Y tiene una gran importancia histórica debido a su antigüedad y a su rol en la dispersión temprana de los humanos modernos fuera de África. Este haplogrupo permite trazar algunas de las primeras migraciones humanas hacia Asia, Oceanía y América, lo que lo convierte en un marcador clave para entender la expansión humana prehistórica.

Descubrimientos y Estudios Importantes

- El haplogrupo C se originó hace aproximadamente 50,000 años y está estrechamente relacionado con las primeras migraciones humanas fuera de África hacia Asia. Los estudios genéticos han identificado subclados de haplogrupo C en poblaciones indígenas de Siberia, Asia Central, y Asia Oriental, lo que sugiere que los portadores de este haplogrupo fueron algunos de los primeros humanos modernos en poblar vastas áreas de Eurasia. Un estudio clave mostró que los individuos portadores del subclado **C2 (M217)** en Siberia están relacionados con las migraciones hacia América a través del estrecho de Bering, lo que vincula este linaje con las poblaciones indígenas americanas.

- El haplogrupo C ha sido crucial para entender la colonización temprana de Oceanía y Australia. Los subclados **C1 y C2** están presentes en las poblaciones indígenas de Australia y Melanesia, lo que sugiere que los portadores de este linaje fueron parte de las primeras migraciones humanas que cruzaron por la región de Sundaland hacia el sudeste asiático insular y Australia. Un descubrimiento importante es que el subclado **C2** está estrechamente vinculado a los primeros australianos aborígenes, quienes llegaron a Australia hace aproximadamente 50,000 años, lo que proporciona pruebas de las primeras migraciones marítimas humanas.

- El subclado **C2 (M217)** ha sido asociado con el Imperio Mongol y los pueblos nómadas de Asia Central. Estudios genéticos realizados en Mongolia y sus alrededores han encontrado una alta frecuencia de este subclado, lo que sugiere que los descendientes de Gengis Kan y su expansión militar podrían haber contribuido a la propagación de este haplogrupo en Asia. Este hallazgo refuerza la importancia del haplogrupo C en la historia de las migraciones nómadas de Asia Central y su impacto en las poblaciones actuales de la región.

- **C2a1 (P39)** es un subclado importante que se ha encontrado en algunas poblaciones nativas americanas, especialmente en los pueblos indígenas del norte de América del Norte, como los navajos y los algonquinos. Estos descubrimientos son cruciales para comprender las migraciones que cruzaron el estrecho de Bering durante la última glaciación, hace más de 15,000 años, y que dieron lugar a las primeras poblaciones de las Américas. Los estudios de ADN han mostrado una clara conexión entre los portadores de **C2a1** en Siberia y las poblaciones indígenas americanas, lo que refuerza las teorías sobre la ruta migratoria de Asia hacia América.

Resumen

El haplogrupo C es un marcador genético crucial que evidencia las primeras migraciones humanas fuera de África, desempeñando un papel clave en la expansión hacia Asia y Oceanía. Su importancia se extiende a la colonización de nuevas tierras, como Australia y las islas del Pacífico, y también se sugiere su presencia en las primeras migraciones hacia América. Además, este haplogrupo está presente en poblaciones nómadas, como los mongoles, que tuvieron un impacto considerable en la historia de Eurasia.

En Europa, subclados del haplogrupo C estuvieron presentes antes de ser desplazados por las migraciones neolíticas, lo que sugiere que estas poblaciones formaron parte de las primeras oleadas de asentamientos en el continente. A través de su dispersión, el haplogrupo C ha dejado una huella profunda en la diversidad genética y la historia migratoria de la humanidad.

Referencias

1) **Zegura, S. L., et al. (2004)**. "High-Resolution SNPs and Microsatellite Haplotypes Point to a Single, Recent Entry of Native American Y Chromosomes into the Americas." *Molecular Biology and Evolution*.

2) **Karafet, T. M., et al. (2001)**. "Paternal lineages of Indigenous peoples of the Americas." *American Journal of Human Genetics*.

3) **Zhong, H., et al. (2010)**. "Global distribution of Y-chromosome haplogroup C-M130 reveals ancient population movements during the peopling of Eurasia." *Journal of Human Genetics*.

4) **Underhill, P. A., et al. (2001)**. "The phylogeography of Y chromosome binary haplotypes and the origins of modern human populations." *Annals of Human Genetics*.

5) **Redd, A. J., et al. (2002)**. "Gene flow from the Indian subcontinent to Australia: evidence from the Y chromosome." *Current Biology*.

Haplogrupo D

Origen y Evolución

El haplogrupo D del cromosoma Y se originó hace aproximadamente 50,000 a 60,000 años. Es uno de los linajes más antiguos y es más estrechamente relacionado con el haplogrupo E. Se piensa que surgió en Asia, posiblemente en el sudeste asiático o en las regiones circundantes, antes de dispersarse hacia otras áreas.

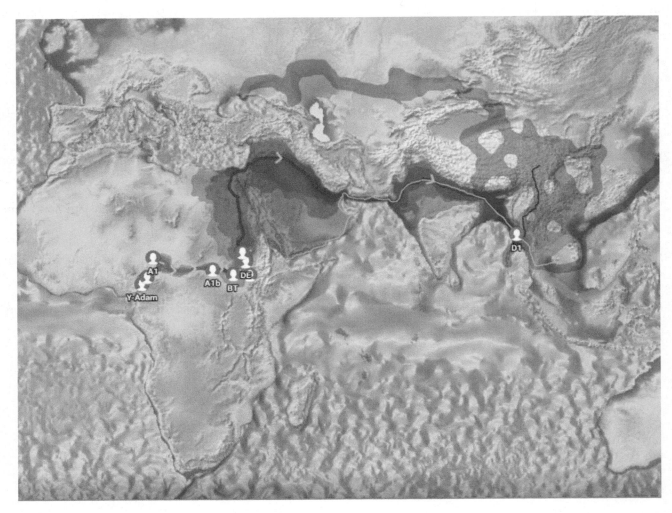

** El haplogrupo D del cromosoma Y es una herramienta valiosa para comprender la diversidad genética humana y la historia evolutiva de las poblaciones en Asia y más allá.

Conexiones con Otros Haplogrupos

El haplogrupo D del ADN del cromosoma Y se conecta con otros haplogrupos a través de su origen común y las migraciones humanas. Surgió hace aproximadamente 40,000 a 50,000 años de un ancestro que también dio lugar a haplogrupos como C. Este haplogrupo se estableció principalmente en Asia oriental y el Himalaya, siendo común en poblaciones indígenas como los ainu de Japón. Las variantes de D, como D1 y D2, muestran cómo los portadores se han diversificado y adaptado a diferentes entornos. Además, se han encontrado trazas de haplogrupo D en algunas poblaciones de América del Norte, sugiriendo migraciones humanas desde Asia. Estas conexiones reflejan la compleja historia de la diversidad genética humana y las interacciones entre diferentes poblaciones a lo largo del tiempo.

Distribución Geográfica

Asia Oriental

- **Japón:** El haplogrupo **D1b** (anteriormente conocido como **D2**) es particularmente común entre los japoneses, especialmente en la población Ainu, los cuales son indígenas del norte de Japón. Este subclado se cree que llegó a Japón hace más de 12,000 años.

- **Tíbet**: El haplogrupo **D1 (D-M174)** es muy frecuente en la población tibetana. Los tibetanos tienen una alta frecuencia del subclado **D1a**, que está asociado con adaptaciones a grandes altitudes, facilitando la vida en el entorno extremo del Tíbet.

- **Islas Andamán:** Los nativos de las islas Andamán muestran una alta frecuencia del haplogrupo **D1a3** (anteriormente **D-M174**). Estos grupos indígenas tienen una de las mayores frecuencias de este haplogrupo, reflejando su antiguo linaje y aislamiento genético.

- **Asia Central y del Sur**: Regiones Montañosas de Pakistán y Afganistán: Algunas poblaciones en las regiones montañosas de Pakistán y Afganistán tienen frecuencias bajas pero significativas del haplogrupo **D1**, lo cual sugiere antiguas migraciones a través de las montañas de Asia Central.

Subclados Principales

A medida que los humanos modernos se dispersaban por Asia, el haplogrupo D comenzó a dividirse en diferentes subclados. Esta diversificación temprana llevó al desarrollo de varios linajes principales, muchos de los cuales permanecieron en poblaciones geográficamente aisladas.

- ❖ **D (F974)** El haplogrupo principal con varias ramificaciones importantes.
  - ➢ **D1 (M174)** Encontrado en Japón, Asia Central y del Sur, con subclados que se dispersaron a otras regiones.
    - ▪ **D1a (CTS11577)** Presente en Myanmar y Tailandia
    - ▪ **D1b (L1378)** Frecuente en Japón y los Ainu.
  - ➢ **D2 (FT75)** Presente en Nigeria y Chad desde aprox. 19,000 a.C.

Esta distribución del haplogrupo D subraya su importancia en la comprensión de las migraciones humanas tempranas en Asia, así como las adaptaciones genéticas a entornos únicos como las grandes altitudes y el aislamiento insular.

Frecuencias y Contexto Histórico

Las frecuencias del haplogrupo D del ADN del cromosoma Y varían significativamente según la región. Aquí hay un resumen de sus frecuencias en diferentes poblaciones:

- **Japón**: En Japón, el haplogrupo D1 puede representar hasta el 20-30% de la población total, siendo más prevalente entre los pueblos ainu, donde se estima que más del 60% de los hombres portan este haplogrupo.

- **Siberia**: En ciertas poblaciones siberianas, la frecuencia del haplogrupo D puede oscilar entre el 10% y el 20%, con algunas tribus específicas mostrando una mayor prevalencia.

- **Tíbet y Himalaya**: En estas regiones, las frecuencias del haplogrupo D son más bajas, rondando entre el 5% y el 10% de la población.

- **Asia Central:** El haplogrupo D se encuentra en frecuencias menores en Asia Central, típicamente menos del 5%.

- **América del Norte**: Aunque el haplogrupo D es relativamente raro, algunas poblaciones indígenas pueden mostrar frecuencias de hasta el 2-5%, sugiriendo posibles migraciones desde Asia.

Estos porcentajes reflejan la historia migratoria y la adaptación de los portadores del haplogrupo D, destacando su predominancia en ciertas áreas mientras que su presencia es escasa en otras.

Descubrimientos y Estudios Importantes

A continuación, se presentan descubrimientos importantes y los estudios clave sobre este haplogrupo:

- Los estudios genéticos sugieren que el haplogrupo D se originó hace aproximadamente 40,000 a 50,000 años en Asia Oriental, probablemente en algún lugar cercano a la región del Tíbet o el norte de Asia. Los primeros humanos que portaban este linaje habrían sido cazadores-recolectores que se dispersaron por el este de Asia en tiempos prehistóricos. Este hallazgo ha sido clave para rastrear las migraciones humanas tempranas dentro del continente asiático.

- Un descubrimiento importante es la alta prevalencia del haplogrupo D en las poblaciones del Tíbet. Hasta el 50% de los hombres tibetanos pertenecen a subclados del haplogrupo D, lo que sugiere una fuerte conexión entre este linaje y las poblaciones que se adaptaron a vivir en altitudes extremas. Estudios recientes han indicado que estos individuos poseen variantes genéticas que les permiten adaptarse a la vida en altitudes elevadas, incluyendo la capacidad de resistir los efectos de la hipoxia. Este hallazgo subraya el impacto del haplogrupo D en la evolución de las poblaciones tibetanas, proporcionando un ejemplo claro de selección natural en condiciones extremas.

Resumen

El haplogrupo D del ADN del cromosoma Y se originó hace aproximadamente 40,000 a 50,000 años y está estrechamente asociado con las migraciones humanas desde África hacia Asia. Este linaje se ha consolidado principalmente en Asia oriental, donde se encuentra en altas frecuencias en poblaciones como los japoneses y los pueblos ainu. En Japón, el subclado D1 es especialmente prevalente, representando entre el 20% y el 30% de la población total, con algunas comunidades ainu mostrando frecuencias que superan el 60%. Esto resalta la importancia del haplogrupo D como un marcador de la herencia genética de estas poblaciones.

Además de su presencia en Japón, el haplogrupo D también se ha identificado en varias poblaciones de Siberia, donde puede oscilar entre el 10% y el 20%. En el Tíbet y el Himalaya, las frecuencias son más bajas, rondando entre el 5% y el 10%, lo que sugiere una adaptación a diferentes entornos y climas a lo largo del tiempo. En Asia Central, el haplogrupo D es menos común, con frecuencias generalmente inferiores al 5%. Estas variaciones geográficas indican que el haplogrupo D ha seguido trayectorias migratorias específicas, contribuyendo a la diversidad genética de las poblaciones en estas regiones.

A pesar de su predominancia en Asia, el haplogrupo D es relativamente raro en otras partes del mundo. Algunas evidencias sugieren que ciertos linajes de este haplogrupo pudieron haber llegado a América del Norte a través del estrecho de Bering, encontrando frecuencias de hasta el 2-5% en algunas poblaciones indígenas. Este contexto histórico y genético del haplogrupo D no solo proporciona información sobre la migración y adaptación de los humanos, sino que también resalta su relevancia en la comprensión de la diversidad genética actual en diferentes poblaciones.

Referencias

1) **Shi, H., et al. (2008).** "Y Chromosome Evidence of Earliest Modern Human Settlement in East Asia and Multiple Origins of Tibetan and Japanese Populations." *BMC Biology*.

2) **Basu, A., et al. (2003).** "Ethnic India: A Genomic View, With Special Reference to Peopling and Structure." *Genome Research*.

3) **Derenko, M., et al. (2007).** "Contrasting patterns of Y-chromosome variation in South Siberian populations from Baikal and Altai-Sayan regions." *Human Genetics*.

4) **Thangaraj, K., et al. (2005).** "Reconstructing the origin of Andaman Islanders." *Science*.

Haplogrupo E
Origen y Evolución

El haplogrupo E del ADN del cromosoma Y se originó en África hace aproximadamente 25,000 a 30,000 años. Este linaje es particularmente prevalente en el continente africano, donde se ha encontrado en diversas poblaciones, especialmente en el noreste de África. A partir de su origen, el haplogrupo E se diversificó en varios subclados, siendo E1b1a uno de los más comunes, que se asocia con poblaciones de África subsahariana y se ha extendido a través de la diáspora africana en el mundo. La migración de los portadores de este haplogrupo ha llevado a su presencia en Europa y partes de Asia, donde ha contribuido a la diversidad genética de las poblaciones modernas. Las conexiones del haplogrupo E con otros linajes resaltan su importancia en la historia evolutiva y migratoria de los humanos.

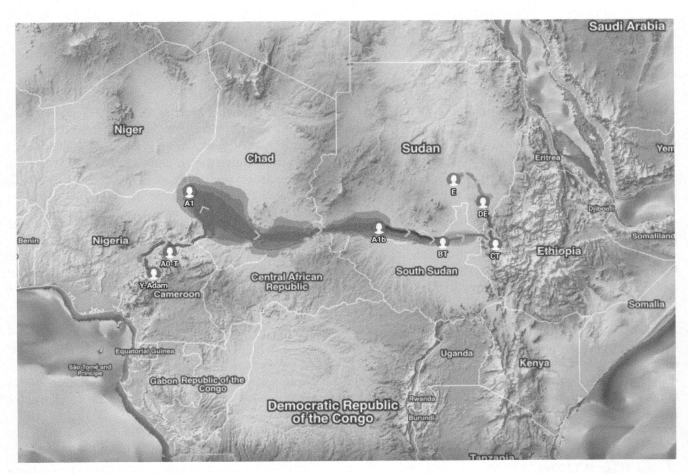

** El haplogrupo E del cromosoma Y es un linaje genético fundamental para entender la evolución y migración de las poblaciones humanas, especialmente en África y su diáspora. Su amplia distribución y diversidad proporcionan una rica fuente de información para estudios genéticos, antropológicos e históricos.

Conexiones con Otros Haplogrupos

El haplogrupo E del ADN del cromosoma Y se conecta con otros haplogrupos a través de su origen común y la diversificación en África. Surgido hace aproximadamente 25,000 a 30,000 años, este haplogrupo comparte un ancestro común con otros linajes, como el haplogrupo D. A medida que los humanos se asentaron en diferentes regiones de África, el haplogrupo E se diversificó en varios subclados, como **E1b1a** y **E1b1b**, reflejando la adaptación a diversos entornos. Su prevalencia en el noreste de África y su posterior expansión a otras regiones muestran su relevancia en la historia evolutiva de los humanos.

La migración de los portadores del haplogrupo E ha llevado a su presencia en Europa, el Medio Oriente y, a través de la diáspora africana, en América y otras partes del mundo. Estas migraciones han enriquecido la diversidad genética de las poblaciones modernas, evidenciando interacciones genéticas entre diferentes haplogrupos. Los estudios genéticos han demostrado cómo los linajes han interactuado y mezclado a lo largo del tiempo, destacando la importancia del haplogrupo E no solo como un marcador de linaje, sino también como un testimonio de la historia de la migración y la mezcla cultural de las poblaciones humanas.

Es uno de los linajes más importantes y extendidos entre las poblaciones humanas, con una historia evolutiva que se remonta a entre 50,000 y 70,000 años. Se originó probablemente en el noreste de África o cerca del Cuerno de África, y se ha dispersado ampliamente tanto en África como en Europa, el Mediterráneo y partes de Asia. Su diversidad y dispersión están profundamente conectadas con importantes movimientos migratorios, incluyendo la expansión de la agricultura y varias civilizaciones del norte de África y el Mediterráneo.

Dentro de África, el haplogrupo E se diversificó y dio lugar a varios subclados importantes. Esta diversificación coincide con la evolución de los grupos humanos que poblaron el continente, incluyendo algunos de los primeros grupos de cazadores-recolectores y, más tarde, los agricultores.

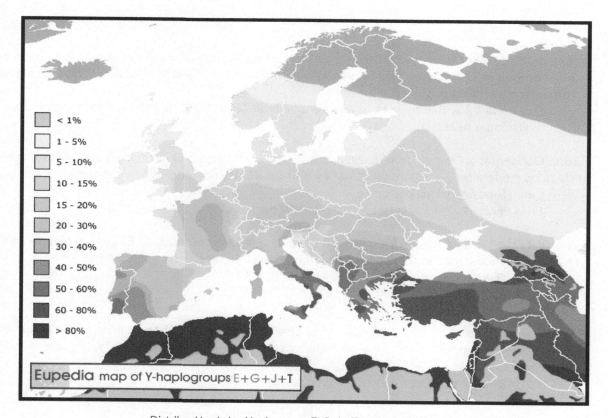

Distribución de los Haplogrupos E, G, J y T, cortesía de Eupedia

Distribución Geográfica

África

- **África Occidental**: Nigeria, Ghana, Senegal y Camerún: En África Occidental, el subclado **E1b1a** es extremadamente común. Este subclado es una de las marcas genéticas más prominentes en las poblaciones bantúes, que se dispersaron por gran parte del África subsahariana durante las migraciones bantúes.
    - En muchas poblaciones de África Occidental, la frecuencia del subclado **E1b1a** puede superar el 80%, destacando su prominencia en esta región.

- **África Oriental**: Etiopía, Somalia, Eritrea y Kenia: En África Oriental, el subclado **E1b1b** es predominante, especialmente entre los pueblos cusitas y otras poblaciones del Cuerno de África. Este subclado también es común en los pueblos afroasiáticos de la región.
    - En Etiopía y Somalia, la frecuencia de **E1b1b** puede ser extremadamente alta, reflejando una larga historia de asentamiento y expansión en esta región.

- **África del Norte**: Egipto, Libia, Túnez, Argelia y Marruecos: En el norte de África, el subclado **E1b1b** es muy común entre las poblaciones bereberes y árabes. Este subclado es una evidencia de las antiguas migraciones desde el noreste de África hacia el norte de África.
    - En las poblaciones bereberes del Atlas, la frecuencia de **E1b1b** puede ser superior al 50%.

- **África Central y Meridional**: República Democrática del Congo, Angola y Sudáfrica: El subclado **E1b1a** es también común en estas regiones, reflejando las migraciones bantúes hacia el sur. En Sudáfrica, las poblaciones bantúes muestran altas frecuencias de este subclado.
    - En algunas comunidades, la frecuencia puede ser muy alta, destacando la influencia bantú en la región.

Europa

- **Europa del Sur**: Italia, Grecia, y los Balcanes: El haplogrupo E, especialmente el subclado **E1b1b**, es común en el sur de Europa. Las antiguas migraciones desde el norte de África y el Medio Oriente durante el Neolítico contribuyeron a su presencia.
    - En Grecia y los Balcanes, la frecuencia puede llegar al 20%, reflejando influencias históricas de migraciones neolíticas.

- **Europa Occidental y Central**: Francia, Alemania, España y Portugal: El subclado **E1b1b** está presente en frecuencias moderadas. La expansión romana y las migraciones posteriores han contribuido a la dispersión de este haplogrupo en Europa occidental.
    - En la Península Ibérica, la frecuencia puede ser del 10-15%.

- **Europa del Este**: Ucrania, Rusia y los Balcanes: En Europa del Este, el subclado **E1b1b** también se encuentra en frecuencias moderadas, indicando la dispersión desde el sur de Europa y el Medio Oriente.
    - En los Balcanes, la frecuencia puede ser del 15-20%.

Medio Oriente y Asia

- **Medio Oriente**: Israel, Palestina, Jordania, Siria y Líbano: El subclado **E1b1b** es relativamente común en el Levante. Las migraciones neolíticas y posteriores expansiones han contribuido a la presencia de este haplogrupo en la región.
    - En Israel y Palestina, la frecuencia puede ser del 10-20%.

- **Península Arábiga**: Arabia Saudita, Yemen y Omán: En la Península Arábiga, el subclado **E1b1b** se encuentra en frecuencias bajas a moderadas, reflejando antiguas rutas comerciales y migratorias.
    - Las frecuencias pueden variar entre el 5-10%.

- **Asia Central**: Irán, Turquía y el Cáucaso: En estas regiones, el subclado E1b1b está presente, pero en frecuencias bajas. Las antiguas migraciones y expansiones han llevado a la dispersión de este haplogrupo.
  - En Irán y Turquía, las frecuencias pueden ser del 5-10%.

América

- **Afroamericanos y Afrocaribeños**: Estados Unidos, Brasil, Caribe: Debido a la diáspora africana, el haplogrupo E, especialmente **E1b1a**, es común entre los afroamericanos y afrocaribeños. La trata transatlántica de esclavos llevó a la dispersión de estos linajes en las Américas.
  - En estas poblaciones, la frecuencia de **E1b1a** puede ser muy alta, reflejando sus orígenes africanos.

Subclados Principales

- ❖ **E (M96)** El haplogrupo principal del cual derivan varios subclados importantes.
  - ➤ **E1 (CTS9073)** Incluye subclados principales como E1a y E1b.
    - ▪ **E1a (M132)** Común en África Occidental.
      - **E1a1 (M44)** Frecuente en ciertas poblaciones del oeste de África.
    - ▪ **E1b (P177)** Amplia distribución en África, Europa y el Medio Oriente.
      - **E1b1 (P2)** Predominante en África Occidental y Central, asociado con las migraciones bantúes.
  - ➤ **E2 (M75)** Común en Sudán.

Frecuencias y Contexto Histórico

- **Frecuencia Alta:** En muchas regiones de África, los subclados del haplogrupo E pueden alcanzar frecuencias extremadamente altas, reflejando su antigüedad y amplia dispersión en el continente.

- **Frecuencia Baja a Moderada:** En Europa, Medio Oriente y las Américas, la frecuencia del haplogrupo E es más baja, reflejando migraciones y mezclas genéticas más recientes.

Importancia en la Investigación Genética

El haplogrupo E es esencial en los estudios de genética evolutiva y antropología, proporcionando información valiosa sobre las migraciones humanas tempranas dentro de África, la dispersión hacia Europa y Asia, y la diversificación genética en diversas regiones del mundo. Este haplogrupo es de suma importancia en la comprensión de las migraciones humanas, la expansión agrícola durante el Neolítico y la diversificación genética a lo largo del tiempo en diferentes regiones del mundo.

Descubrimientos y Estudios Importantes

A continuación, se describen algunos de los descubrimientos más importantes y estudios relacionados con el haplogrupo E:

- El haplogrupo E se originó en África y es uno de los linajes más comunes en el continente, particularmente entre las poblaciones del norte y este de África. Investigaciones genéticas han confirmado que el haplogrupo E probablemente surgió en el noreste de África antes de expandirse hacia otras regiones del continente y hacia el Mediterráneo. Esta dispersión está vinculada con las primeras migraciones de los humanos modernos dentro de África. Un análisis de ADN-Y de varios grupos africanos y no africanos reveló que el haplogrupo E está dividido en dos ramas principales: **E1a** y **E1b1**. **E1b1** es particularmente notable por su amplia distribución y ha sido el foco de numerosos estudios sobre la expansión de los humanos fuera de África.

- Uno de los descubrimientos más significativos relacionados con el haplogrupo E es su vínculo con la expansión bantú. El subclado **E1b1a** está asociado con las poblaciones bantúes, quienes migraron desde África occidental hacia el sur y el este de África hace aproximadamente 3,000 a 5,000 años. Este movimiento fue responsable de una gran dispersión de las lenguas bantúes y la tecnología agrícola en todo el continente. Un estudio realizado por Henn et al. (2008) mostró que las poblaciones que portan E1b1a están presentes en gran parte de África subsahariana, lo que respalda la idea de que este haplogrupo acompañó las migraciones bantúes.

- **E1b1b** (anteriormente **E3b**) es otro subclado importante, común en África del Norte, el Cuerno de África, y las costas del Mediterráneo. Estudios han demostrado que este subclado está relacionado con las migraciones de los pueblos bereberes y otras poblaciones del norte de África, extendiéndose también hacia Europa y el Medio Oriente. **E1b1b** está presente en frecuencias elevadas en las poblaciones del norte de África y en algunas poblaciones de Europa del Sur, como en Grecia e Italia. Cruciani et al. (2007) realizaron un estudio exhaustivo sobre **E1b1b**, mostrando su dispersión desde África hacia Europa y su posible conexión con la expansión del neolítico y el comercio transmediterráneo. Este linaje también ha sido encontrado en restos arqueológicos de la Grecia minoica, lo que sugiere su participación en las primeras civilizaciones mediterráneas.

- El haplogrupo **E1b1b** ha sido encontrado en estudios de ADN antiguo de momias egipcias, lo que sugiere que este linaje estaba presente en las poblaciones del antiguo Egipto. Esto apoya la idea de una conexión genética entre las antiguas civilizaciones del valle del Nilo y las poblaciones del norte y el este de África. Un análisis del ADN de momias de la dinastía faraónica realizado por Schuenemann et al. (2017) mostró la presencia de linajes E1b1b, lo que proporciona evidencia de la continuidad genética entre los antiguos egipcios y las poblaciones modernas del noreste de África.

- Uno de los hallazgos más importantes en relación con el haplogrupo E es su presencia significativa en las poblaciones afrodescendientes de las Américas. El subclado **E1b1a** es el más común entre los descendientes de africanos en América, y está relacionado con la trata transatlántica de esclavos, que transportó millones de africanos hacia las Américas entre los siglos XVI y XIX. Un estudio realizado por Tishkoff et al. (2009) sobre la diversidad genética de africanos y afrodescendientes demostró que **E1b1a** es el linaje predominante entre las poblaciones afrodescendientes en las Américas, lo que subraya la importancia del haplogrupo E en la historia de la diáspora africana.

Resumen

El haplogrupo E es uno de los linajes genéticos más antiguos y diversos, originado en África hace decenas de miles de años. Se asocia principalmente con las poblaciones africanas, pero también se ha extendido hacia Europa y el Medio Oriente a lo largo de las migraciones humanas. Dentro de África, este haplogrupo está relacionado con la expansión de los primeros agricultores y pastores en la región subsahariana, particularmente en África oriental y septentrional. Fuera del continente, subclados del haplogrupo E se encuentran en poblaciones mediterráneas, resultado de antiguas migraciones y contactos a través de rutas comerciales y expansiones históricas, como las que ocurrieron durante la antigüedad y el Imperio Romano. El haplogrupo E es clave para comprender tanto la diversidad genética africana como las conexiones entre África y otras regiones del mundo.

Referencias

1) **Tishkoff, S. A., et al. (2009)**. "The Genetic Structure and History of Africans and African Americans." *Science*.

2) **Cruciani, F., et al. (2007)**. "Tracing Past Human Male Movements in Northern/Eastern Africa and Western Eurasia: New Clues from Y-Chromosomal Haplogroups E-M78 and J-M12." *Molecular Biology and Evolution*.

3) **Schuenemann, V. J., et al. (2017)**. "Ancient Egyptian mummy genomes suggest an increase of Sub-Saharan African ancestry in post-Roman periods." *Nature Communications*.

4) **Hughes, M., et al. (2015)**. "Y Chromosome Haplogroup E Distribution and its Implications in the Mediterranean and Europe." *Human Genetics*.

5) **Henn, B. M., et al. (2008)**. "Y-chromosomal evidence of a pastoralist migration through Tanzania to southern Africa." *Proceedings of the National Academy of Sciences*.

Haplogrupo F
Origen y Evolución

El haplogrupo F del ADN-Y es fundamental para comprender la dispersión de los humanos modernos fuera de África y la evolución genética de numerosas poblaciones no africanas. Se estima que este haplogrupo surgió hace aproximadamente 48,000 a 55,000 años, posiblemente en el sur de Asia o el Medio Oriente, poco después de que los primeros humanos modernos comenzaran a migrar desde África hacia Eurasia. A partir de este linaje, se desarrollaron muchos de los principales haplogrupos que poblaron Europa, Asia, Oceanía y América.

** El haplogrupo F del cromosoma Y es un linaje ancestral que se originó en el suroeste de Asia hace unos 50,000 a 55,000 años. Es el progenitor de muchos de los haplogrupos que se encuentran fuera de África, desempeñando un papel crucial en la diversificación y expansión de las poblaciones humanas modernas. Su estudio es esencial para comprender la historia genética y las migraciones de los humanos fuera de África.

Conexiones con Otros Haplogrupos

El haplogrupo F es uno de los linajes más antiguos y fundamentales dentro del árbol del ADN-Y, que se origina en un momento temprano de la historia humana fuera de África. Se estima que surgió hace unos 50,000 a 60,000 años en el sur de Asia o en Oriente Medio. El haplogrupo F es especialmente importante porque de él descienden una gran mayoría de los haplogrupos Y que se encuentran en las poblaciones actuales fuera de África. Prácticamente todos los haplogrupos que se encuentran en Eurasia, Oceanía y América, como los famosos haplogrupos R, Q, I, J, K, entre otros, descienden del haplogrupo F. Este haplogrupo es como un "ancestro común" para una gran parte de los linajes masculinos no africanos. A medida que los descendientes del haplogrupo F migraron hacia nuevas regiones, acumularon mutaciones en su ADN-Y que dieron lugar a nuevas ramas y subclados. Así, por ejemplo, el haplogrupo G es común en el Cáucaso y partes de Europa, mientras que el haplogrupo H se encuentra predominantemente en el subcontinente indio. Cada uno de estos linajes lleva una conexión genética con el haplogrupo F, que es como una "raíz" para muchas de las ramas que hoy se distribuyen por el mundo.

Distribución Geográfica

Asia

- **Asia Meridional:** India y Pakistán: En el subcontinente indio, el haplogrupo F y sus subclados son bastante comunes. Los subclados F* (sin mutaciones adicionales específicas), **F1 (F15527)**, y **F2 (M427)** se encuentran en diversas poblaciones. En particular, el subclado **F1** se encuentra en frecuencias significativas en algunas regiones del sur de India.

- **Asia Central y Occidental:** Irán, Turquía y el Cáucaso: El haplogrupo F y sus subclados, como **F3 (M481)**, están presentes en poblaciones de Asia Central y Occidental. Estas regiones han sido históricamente puntos de mezcla y migración, lo que ha contribuido a la dispersión del haplogrupo F.

- **Sudeste Asiático:** Tailandia, Myanmar, Malasia y Filipinas: En el Sudeste Asiático, el haplogrupo F y sus subclados se encuentran en frecuencias moderadas. Este haplogrupo llegó a esta región a través de antiguas migraciones desde el sur de Asia y Asia Central.

Oceanía

- **Papúa Nueva Guinea y Melanesia:** El haplogrupo F y sus subclados, como **F1a1**, son prevalentes en estas regiones, reflejando antiguas migraciones humanas hacia Oceanía. Los habitantes de Papúa Nueva Guinea muestran frecuencias significativas de estos subclados, indicando una larga historia de asentamiento.

Europa

- **Sur de Europa:** (Italia, Grecia y Balcanes): Los subclados del haplogrupo F, como **F1** y **F3**, están presentes en el sur de **Europa**. Estos subclados llegaron a Europa a través de migraciones desde Asia y el Medio Oriente.

- **Centro y Norte de Europa:** Aunque en frecuencias más bajas, el haplogrupo F está presente en algunas poblaciones, reflejando antiguas rutas migratorias y mezclas genéticas.

Medio Oriente

- **Península Arábiga y Levante**: El haplogrupo F es relativamente común en estas regiones, con subclados como **F1** y **F3**. Estas áreas han sido históricamente importantes para la migración y mezcla genética, lo que ha contribuido a la presencia del haplogrupo F.

África del Norte

- **Egipto, Libia y Túnez**: Aunque menos común, el haplogrupo F y sus subclados se encuentran en algunas poblaciones del norte de África, reflejando antiguas migraciones desde el Medio Oriente y Asia.

Subclados Principales

- ❖ **F (M89)** El haplogrupo principal, del cual derivan muchos subclados.
  - ➢ **F1 (F15527)**   Común en el sur de Asia y algunas partes de Europa.
  - ➢ **F2 (M427)**   Encontrado en Asia Central y Occidental.
  - ➢ **F3 (M481)**   Presente en el Medio Oriente y algunas partes de Asia.

Derivados del Haplogrupo F: De F derivan muchos otros haplogrupos importantes:

- ❖ **G (M201)**   Frecuente en el Cáucaso y Europa.
- ❖ **H (L901)**   Común en India.
- ❖ **I (L758)**   Presente en Europa.
- ❖ **J (M304)**   Común en el Medio Oriente.
- ❖ **K (M9)**   Ancestro de muchos haplogrupos encontrados en Asia y Oceanía.

Frecuencias y Contexto Histórico

- **Frecuencia Alta**: En algunas poblaciones de Asia meridional y Oceanía, las frecuencias del haplogrupo F pueden ser bastante altas, reflejando su antigüedad y dispersión en estas áreas.

- **Frecuencia Baja a Moderada:** En Medio Oriente, Europa y Asia Central, la frecuencia del haplogrupo F es más baja debido a la mezcla genética con otros linajes más recientes.

Importancia en la Investigación Genética

El haplogrupo F es esencial en los estudios de genética evolutiva y antropología, proporcionando información valiosa sobre las primeras migraciones humanas fuera de África y la diversificación genética en diversas regiones del mundo. Esta distribución del haplogrupo F subraya su importancia en la comprensión de las migraciones humanas tempranas y la diversificación genética a lo largo del tiempo en diferentes regiones del mundo.

Descubrimientos y Estudios Importantes

A continuación, se describen algunos de los descubrimientos y estudios más importantes relacionados con el haplogrupo F:

- El haplogrupo F se originó aproximadamente 50,000 años atrás, poco después de que los humanos modernos comenzaran a migrar desde África hacia otras partes del mundo. Este linaje es esencial para entender la dispersión de las poblaciones humanas hacia Eurasia y Oceanía. Los estudios han mostrado que el haplogrupo F es uno de los primeros linajes en separarse de los haplogrupos africanos, y es el antepasado de la mayoría de los linajes que existen fuera de África.

- Un descubrimiento clave es que el haplogrupo F es el linaje del cual derivan casi todos los haplogrupos Y fuera de África, incluyendo G, H, I, J, K, R, y muchos otros. Este haplogrupo es, por tanto, la base de la dispersión genética de las poblaciones de Eurasia, que incluye tanto a los primeros agricultores neolíticos como a las poblaciones de pastores de las estepas euroasiáticas.

Resumen

El haplogrupo F es uno de los linajes genéticos más importantes en la historia de la humanidad, ya que es el ancestro común de la mayoría de los haplogrupos presentes fuera de África. Se originó hace aproximadamente 50,000 años, probablemente en el sur de Asia o en el subcontinente indio, poco después de las primeras migraciones humanas fuera de África. Este haplogrupo dio lugar a múltiples subclados que se ramificaron en gran parte del mundo, incluidos los haplogrupos G, H, I, J, K, y sus descendientes, que poblaron Eurasia, Oceanía y las Américas.

Haplogrupo G
Origen y Evolución

El haplogrupo G del ADN-Y es uno de los linajes clave que emergieron después del haplogrupo F y se originó hace aproximadamente 45,000 años. Se cree que surgió en el suroeste de Asia o en el Cáucaso, y desde allí se dispersó hacia Europa, Asia y el Medio Oriente. Aunque no es tan común como otros haplogrupos como R o J, el haplogrupo G ha desempeñado un papel importante en la historia genética de varias regiones, particularmente en Europa y el Cáucaso. Los descendientes del haplogrupo G están asociados con las primeras migraciones neolíticas y la expansión de la agricultura.

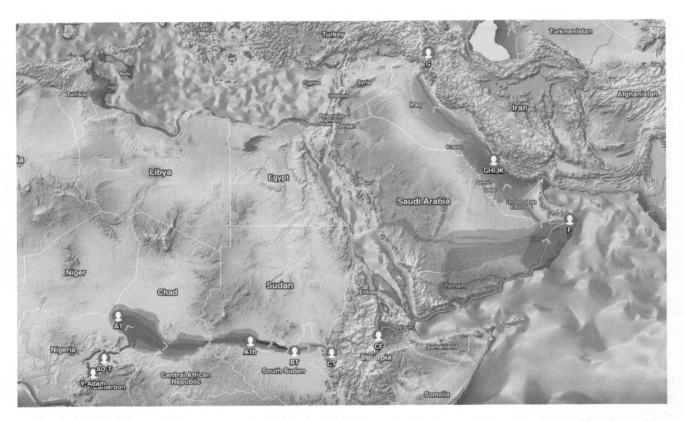

** El haplogrupo G del cromosoma Y es un linaje antiguo y significativo que ofrece una visión profunda de la historia genética y las migraciones de las poblaciones humanas. Su estudio no solo ayuda a rastrear las migraciones tempranas desde Asia hacia Europa y otras regiones, sino que también ilumina la historia evolutiva y la diversidad de las poblaciones humanas a lo largo del tiempo.

Conexiones con Otros Haplogrupos

Los haplogrupos de ADN-Y se conectan entre sí a través de un proceso evolutivo que sigue las ramificaciones de un árbol filogenético. Este árbol refleja cómo los distintos linajes masculinos se han ido diversificando a lo largo de miles de años desde un ancestro común. El ancestro más antiguo de todos los haplogrupos Y, conocido como "Adán cromosómico", vivió en África hace aproximadamente 200,000 a 300,000 años. A partir de este punto, las mutaciones acumuladas en el cromosoma Y han dado lugar a diferentes haplogrupos, cada uno con sus propias características genéticas y geográficas. Este haplogrupo se diversificó y contribuyó a las poblaciones tempranas de Eurasia, especialmente a medida que los humanos modernos comenzaron a dispersarse por el continente.

Distribución Geográfica

Europa

- **Europa del Sur**

  - **Italia**: El haplogrupo G, especialmente **G2a**, es común en Italia, particularmente en la región de los Alpes y Cerdeña. Esto refleja la llegada de los agricultores neolíticos a esta región hace aproximadamente 8,000 años.

  - **Grecia y Balcanes**: En Grecia y los Balcanes, el subclado **G2a** es bastante frecuente. Las migraciones neolíticas trajeron la agricultura a esta región, y los hombres portadores del haplogrupo G jugaron un papel significativo en esta expansión.

  - **España y Portugal**: En la Península Ibérica, el haplogrupo G, especialmente **G2a**, se encuentra en frecuencias moderadas, indicando antiguas migraciones y mezclas con otras poblaciones neolíticas y posteriores.

- **Europa Central y Occidental**

  - **Francia**: El haplogrupo **G2a** es notablemente común en Francia, especialmente en la región del suroeste. Los agricultores neolíticos que llegaron a esta región contribuyeron a la dispersión de este linaje.

  - **Alemania**: En Alemania, el haplogrupo G se encuentra en frecuencias moderadas. Los subclados **G2a** y **G2a3** son frecuentes, reflejando la expansión agrícola y las migraciones posteriores.

  - **Reino Unido e Irlanda**: Aunque menos común, el haplogrupo G, especialmente **G2a**, está presente en frecuencias bajas, reflejando las migraciones neolíticas y posteriores influencias continentales.

- **Europa del Este**

  - **Ucrania y Rusia**: En Europa del Este, el haplogrupo G, particularmente **G2a**, es frecuente. Las migraciones neolíticas y la expansión desde el Cáucaso hacia el norte y el oeste jugaron un papel en su dispersión.

  - **Balcanes**: Los Balcanes tienen frecuencias significativas de **G2a**, reflejando la influencia de las migraciones neolíticas y las posteriores mezclas genéticas.

Asia

- **Cáucaso**

  - **Georgia, Armenia, Azerbaiyán**: El haplogrupo G, especialmente **G2a** y sus subclados como **G2a1** y **G2a3b**, es extremadamente común en la región del Cáucaso. Estas poblaciones tienen algunas de las frecuencias más altas de este haplogrupo, reflejando una larga historia de asentamiento y continuidad genética.

- Chechenia y Daguestán: En estas regiones, el haplogrupo **G2a1** es muy frecuente, destacando la antigua presencia de este linaje en las montañas del Cáucaso.

- **Medio Oriente**

  - **Irán**: En Irán, los subclados **G1 (M285)** y **G2a** son comunes. El subclado **G1a** es frecuente en esta región, reflejando antiguas migraciones y asentamientos.

  - **Siria, Líbano e Israel**: El haplogrupo G, especialmente **G2a**, se encuentra en frecuencias moderadas en el Levante. Las migraciones neolíticas y posteriores influencias de grupos agrícolas y nómadas contribuyeron a su dispersión.

  - **Península Arábiga**: En menor frecuencia, el haplogrupo G está presente en algunas poblaciones de la Península Arábiga, reflejando antiguas rutas comerciales y migratorias.

- **Asia Central**

  - **Kazajistán, Uzbekistán y Turkmenistán**: El haplogrupo G y sus subclados, como **G2a**, se encuentran en frecuencias bajas a moderadas en Asia Central. Esto refleja antiguas migraciones y mezclas genéticas a lo largo de las rutas comerciales y las expansiones nómadas.

África

- **África del Norte**

  - **Egipto, Libia y Túnez**: Aunque menos común, el haplogrupo G, especialmente G2a, está presente en algunas poblaciones del norte de África. Esto refleja antiguas migraciones desde el Medio Oriente y el Cáucaso hacia el norte de África a través de rutas comerciales y expansiones agrícolas.

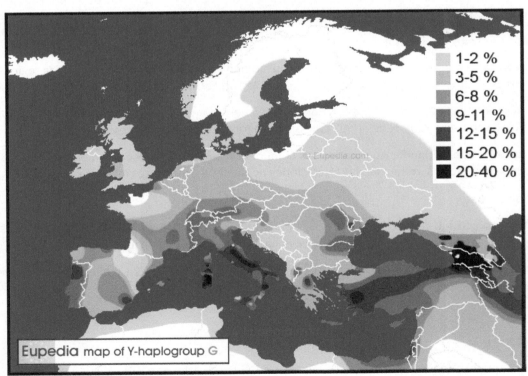

Distribución del Haplogrupo G, cortesía de Eupedia

Subclados Principales

❖ **G (M201)** El haplogrupo principal, del cual derivan varios subclados importantes.

➢ **G1 (M285)** Común en el Medio Oriente y Asia Central.

▪ **G1a** Frecuente en Irán y otras partes del Medio Oriente.

➢ **G2 (L89)** Amplia distribución en Europa y Asia.

▪ **G2a** Predominante en Europa y el Cáucaso.

○ **G2a1** Muy frecuente en el Cáucaso, especialmente en Chechenia y Daguestán.

○ **G2a2** Común en el Mediterráneo oriental, incluyendo Turquía y Grecia.

○ **G2a3** Presente en Europa, especialmente en el sur y centro de Europa.

▪ **G2b** Menos común, encontrado en algunas poblaciones de Asia y Europa.

Frecuencias y Contexto Histórico

- **Frecuencia Alta**: En regiones del Cáucaso y algunas áreas del sur de Europa, las frecuencias del haplogrupo G pueden ser bastante altas, reflejando su antigüedad y la expansión agrícola neolítica.

- **Frecuencia Baja a Moderada**: En Europa occidental y central, el Medio Oriente y Asia Central, la frecuencia del haplogrupo G es más baja debido a la mezcla genética con otros linajes más recientes.

Importancia en la Investigación Genética

El haplogrupo G es esencial en los estudios de genética evolutiva y antropología, proporcionando información valiosa sobre las primeras migraciones humanas hacia Europa y Asia, así como la expansión de la agricultura durante el Neolítico. La presencia del haplogrupo G en diferentes regiones del mundo refleja complejas interacciones históricas y movimientos de población a lo largo del tiempo.

Estudios y Descubrimientos

A continuación, se presentan algunos de los descubrimientos y estudios más importantes relacionados con el haplogrupo G:

- **Asociación con la expansión neolítica en Europa**

El haplogrupo G está estrechamente vinculado con la expansión de la agricultura desde el Creciente Fértil hacia Europa durante el Neolítico, hace aproximadamente 9,000 años. Este descubrimiento ha sido fundamental para entender cómo las primeras poblaciones de agricultores se movieron desde el Medio Oriente y Anatolia hacia Europa, trayendo consigo no solo la agricultura, sino también nuevas tecnologías y formas de vida sedentaria. Los restos arqueológicos de los primeros agricultores encontrados en sitios neolíticos en Europa central y occidental, como en Alemania y Francia, muestran una alta prevalencia del haplogrupo G, especialmente del subclado G2a.

- **Dispersión hacia Europa y Oriente Medio**

El haplogrupo G, especialmente el subclado G2a, fue encontrado en varios sitios arqueológicos de la Edad de Cobre y Edad de Bronce en Europa, lo que sugiere que los portadores de este haplogrupo jugaron un papel importante en las migraciones y la formación de civilizaciones tempranas en Europa. En regiones como Italia y los Balcanes, los estudios de ADN antiguo han detectado este linaje en poblaciones neolíticas, lo que indica que las primeras oleadas de agricultores en Europa portaban predominantemente este haplogrupo. Además, el haplogrupo G también se encuentra en Irán y partes del Medio Oriente, lo que subraya su papel en las antiguas rutas comerciales y migratorias que conectaban Eurasia y Oriente Medio.

- **Estudios de ADN antiguo en Europa neolítica**

En 2010, estudios de ADN antiguo de restos neolíticos en Alemania, Francia, y otros sitios de Europa revelaron que el haplogrupo G2a era dominante entre los primeros agricultores que llegaron a Europa desde el este. Los investigadores concluyeron que este haplogrupo fue uno de los principales linajes genéticos responsables de la expansión agrícola en Europa, sustituyendo en gran parte a las poblaciones de cazadores-recolectores que previamente habitaban el continente. Este descubrimiento fue fundamental para confirmar que los portadores del haplogrupo G estuvieron entre los primeros en domesticar plantas y animales y difundir estas tecnologías agrícolas a lo largo del continente europeo.

Resumen

El haplogrupo G es un linaje genético que se originó en el oeste de Asia hace aproximadamente 30,000 años. Está asociado principalmente con las primeras migraciones de agricultores que contribuyeron a la difusión de la agricultura desde el Creciente Fértil hacia Europa durante el Neolítico. Los estudios genéticos han revelado que los portadores de este haplogrupo jugaron un papel clave en la transición de las sociedades cazadoras-recolectoras hacia la vida agrícola, lo que provocó importantes cambios sociales, económicos y demográficos en Europa. A lo largo de los milenios, el haplogrupo G se expandió hacia regiones del Cáucaso, el Medio Oriente, y partes de Asia Central, dejando una huella en diversas poblaciones.

Aunque en la actualidad es menos frecuente en Europa occidental, el haplogrupo G sigue siendo relativamente común en el Cáucaso, el Mediterráneo oriental y algunas áreas del sur de Europa, como Italia y los Balcanes. Se ha mantenido en poblaciones de montañeses en estas regiones, lo que indica que ciertas subramas del haplogrupo G lograron sobrevivir en comunidades más aisladas. El estudio de este haplogrupo proporciona información valiosa sobre las primeras migraciones agrícolas y su impacto en la configuración genética de las poblaciones modernas, así como sobre las conexiones entre el oeste de Asia y Europa en la prehistoria.

Referencias

1) **Balanovsky, O., et al. (2011)**. "Parallel Evolution of Genes and Languages in the Caucasus Region." *Molecular Biology and Evolution*.

2) **Bramanti, B., et al. (2009)**. "Genetic discontinuity between local hunter-gatherers and Central Europe's first farmers." *Science*.

3) **Haak, W., et al. (2010)**. "Ancient DNA from early European Neolithic farmers reveals their near Eastern affinities." *PLoS Biology*.

4) **King, R. J., et al. (2008)**. "Differential Y-chromosome Anatolian influences on the Greek and Cretan Neolithic." *Annals of Human Genetics*.

5) **Lacan, M., et al. (2011)**. "Ancient DNA reveals male diffusion through the Neolithic Mediterranean route." *Proceedings of the National Academy of Sciences*.

6) **Myres, N. M., et al. (2011)**. "A major Y-chromosome haplogroup G in Europe and Asia." *European Journal of Human Genetics*.

Haplogrupo H
Origen y Evolución

El haplogrupo H del ADN-Y es un linaje que se originó hace aproximadamente 30,000 a 40,000 años, probablemente en el subcontinente indio o en Asia Central. Este haplogrupo es particularmente importante en el contexto de las poblaciones de Asia del Sur, donde es más común, aunque también está presente en otras partes del mundo en menor frecuencia. Los portadores de este haplogrupo están vinculados con las primeras migraciones humanas en la región y con importantes expansiones culturales y poblacionales.

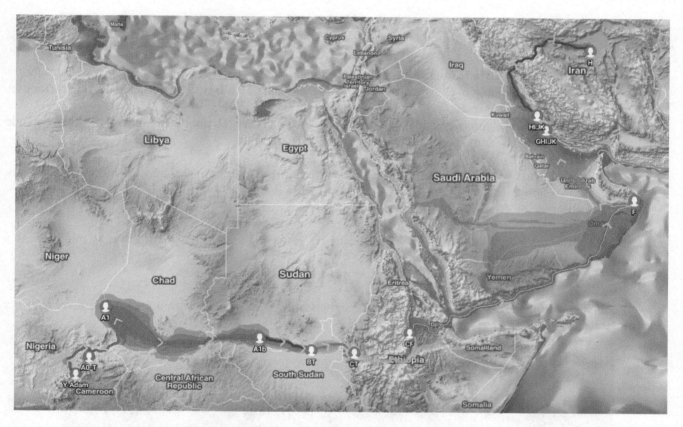

** El haplogrupo H del ADN-Y es un linaje antiguo y diverso, que se originó hace aproximadamente 30,000 a 40,000 años en el sur de Asia. Este haplogrupo se encuentra predominantemente en el subcontinente indio, pero también se distribuye en otras regiones debido a antiguas migraciones.

Conexiones con Otros Haplogrupos

El haplogrupo H, como todos los haplogrupos del ADN-Y, está conectado a otros a través de una serie de mutaciones genéticas que se han ido acumulando a lo largo de miles de años. Estos linajes forman parte de un árbol evolutivo donde cada haplogrupo es una "rama" que surge de un linaje ancestral. En el caso del haplogrupo H, este desciende del haplogrupo F, que es uno de los linajes más antiguos que surgió fuera de África y que dio lugar a muchas otras ramas.

Este haplogrupo está conectado con los demás a través de su relación con linajes anteriores y sus subclados. Por ejemplo, tanto el haplogrupo H como el haplogrupo G, I, J y otros, derivan de un antepasado común: el haplogrupo F. A medida que los descendientes de F migraron y se asentaron en diferentes partes del mundo, nuevas mutaciones en el cromosoma Y dieron lugar a haplogrupos como H, que prosperó en el sur de Asia.

Distribución Geográfica

Asia

- **Asia del Sur:** India, **Pakistán**, Bangladés, Sri Lanka: El haplogrupo H, especialmente **H1a** y sus subclados, es extremadamente común en el subcontinente indio. Este linaje refleja la historia de las migraciones y expansiones dentro del sur de Asia.
  - Frecuencias: En algunas regiones de India, la frecuencia de H puede superar el 25-30%, siendo especialmente alta entre algunas castas y comunidades tribales.

- **Asia Central:** Nepal y Bután: **H1a** y sus subclados están presentes en frecuencias moderadas a altas, reflejando las antiguas migraciones desde el subcontinente indio.
  - Frecuencias: En Nepal, la frecuencia de H puede ser del 10-20%.

- **Medio Oriente:** Irán, Afganistán. **H2a** es común en estas regiones, reflejando antiguas migraciones y conexiones comerciales con el sur de Asia.
  - Frecuencias: En Irán y Afganistán, la frecuencia de H puede ser del 5-10%.

- **Península Arábiga:** **H2a** está presente en frecuencias bajas, reflejando las antiguas rutas comerciales y migratorias desde el sur de Asia.
  - Frecuencias: En Arabia Saudita y Yemen, la frecuencia de H puede ser del 1-3%.

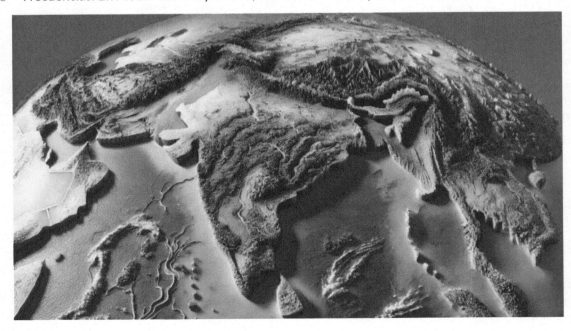

Europa

- **Europa del Sur y Central:** Italia, Grecia, Balcanes, Alemania: El haplogrupo H y sus subclados, especialmente **H1a**, están presentes en frecuencias bajas, reflejando las migraciones históricas desde el sur de Asia hacia Europa.
  - Frecuencias: En estas regiones, la frecuencia de H puede ser del 1-2%.

- **Europa del Este:** Rusia, Ucrania, Polonia: El haplogrupo H está presente en frecuencias bajas, reflejando las migraciones antiguas desde Asia Central hacia Europa del Este.
  - Frecuencias: En estas regiones, la frecuencia de H puede ser del 1-2%.

África

- **África del Norte:** Egipto, Libia, Túnez, Marruecos: El haplogrupo H está presente en frecuencias muy bajas, reflejando las antiguas migraciones desde Asia hacia el norte de África.
  - Frecuencias: En estas regiones, la frecuencia de H puede ser inferior al 1%.

América

- **Población General:** Estados Unidos, Canadá, Brasil: Debido a la migración de personas de origen indio y de otras regiones de Asia, el haplogrupo H está presente en frecuencias bajas entre los descendientes de estas poblaciones en las Américas.
  - Frecuencias: En la población general de ascendencia asiática, la frecuencia de H puede ser del 1-2%.

Subclados Principales

El haplogrupo H presenta una rica diversidad genética y una amplia distribución, con varios subclados que se encuentran en diferentes regiones del mundo, particularmente en Europa y Asia del Sur. A continuación, se ofrece un poco más de detalle sobre sus subclados principales:

❖ **H1 (M2826).** Predominante en el subcontinente indio, especialmente en el noroeste de India y Pakistán. También es muy común en poblaciones romaníes o gitanas de Europa, debido a sus orígenes en el noroeste de la India. Su frecuencia es alta en comunidades indias y gitanas, con una dispersión significativa en Europa.

➢ **H1a (M69)** Es común en los Balcanes y el Cáucaso, pero también presente en menor medida en Europa occidental. Es más frecuente en áreas montañosas y aisladas de los Balcanes la cual es moderada en Europa oriental y en algunas partes de Europa occidental.

➢ **H1b (B108)** Se concentra en Europa del Este, especialmente en los Balcanes, y también se encuentra en Europa del Norte. Su frecuencia es significativa en Europa oriental y septentrional, especialmente en áreas rurales y más aisladas.

❖ **H2 (P96).** Se encuentra principalmente en Europa, con concentraciones en los Balcanes, el Cáucaso y Europa occidental, aunque es menos común en comparación con otros subclados. Su frecuencia es baja en general, pero presente en áreas localizadas de Europa, sobre todo en regiones montañosas y aisladas.

❖ **H3 (Z5857)** Principalmente en la península ibérica (España y Portugal), así como en el sur de Francia. Es uno de los subclados más frecuentes en el suroeste de Europa. Su frecuencia es alta en Iberia, lo que lo convierte en uno de los subclados más estudiados en esa región.

Importancia Histórica y Antropológica

- **Migraciones Antiguas:** El haplogrupo H está asociado con algunas de las migraciones más antiguas y significativas en el sur de Asia. Los portadores de H se dispersaron ampliamente dentro del subcontinente indio y hacia el Medio Oriente y Europa, llevando consigo tecnologías y culturas que influyeron en las civilizaciones tempranas.

- **Comercio y Rutas Migratorias:** Los subclados de H, especialmente **H1a**, están vinculados con las antiguas rutas comerciales y migratorias entre el sur de Asia y otras regiones. Este linaje es un marcador genético clave de las interacciones culturales y económicas en estas regiones.

- **Civilizaciones Antiguas:** El haplogrupo H y sus subclados jugaron un papel crucial en las civilizaciones antiguas del sur de Asia y el Medio Oriente. Los subclados de H se encuentran en frecuencias significativas en muchas regiones que fueron centros de innovación cultural y tecnológica.

Estudios y Descubrimientos

A continuación, se describen algunos de los descubrimientos y estudios más importantes relacionados con el haplogrupo H:

- **Frecuencia en Asia del Sur y expansión en el subcontinente indio**

Uno de los descubrimientos más significativos sobre el haplogrupo H es su alta frecuencia en India, Pakistán, y Sri Lanka, donde está presente en diversas poblaciones, tanto tribales como no tribales. Los estudios genéticos sugieren que este haplogrupo ha estado en la región desde tiempos prehistóricos y ha jugado un papel clave en la formación genética de las poblaciones del sur de Asia. Investigaciones arqueo genéticas han mostrado que las primeras civilizaciones agrícolas del sur de Asia, como la civilización del valle del Indo, podrían haber estado relacionadas con portadores de este haplogrupo.

- **Subclado H1a entre las poblaciones romaní**

Un descubrimiento notable es la identificación del subclado **H1a** entre las poblaciones roma (gitanos) de Europa. Este subclado, común entre los roma, sugiere que sus ancestros migraron desde el noroeste de la India hacia Europa hace aproximadamente 1,000 años. Este hallazgo ha proporcionado una perspectiva genética única sobre las migraciones de los pueblos roma a través de Europa y su origen en el subcontinente indio. Este subclado se ha utilizado para rastrear las rutas migratorias históricas de los roma, que han jugado un papel importante en la expansión del haplogrupo H fuera de Asia.

- **Haplogrupo H en la prehistoria europea**

Aunque el haplogrupo H es raro en Europa, estudios genéticos han encontrado restos que portan este haplogrupo en sitios arqueológicos prehistóricos. Estos restos han sido vinculados a migraciones tempranas de poblaciones del sur de Asia o del Cáucaso hacia Europa durante el Neolítico. La presencia del haplogrupo H en Europa es un testimonio de las conexiones antiguas entre el subcontinente indio y Europa a través de rutas migratorias en el oeste de Asia y el Mediterráneo oriental.

- **Distribución del haplogrupo H en el sudeste asiático**

El haplogrupo H también se encuentra en frecuencias más bajas en el sudeste asiático, donde estudios han indicado una antigua expansión desde el sur de Asia hacia regiones como Myanmar y Tailandia. Este descubrimiento apoya la teoría de antiguas rutas migratorias desde el subcontinente indio hacia el sudeste asiático. Estos estudios también han ayudado a mapear las conexiones genéticas y culturales entre las poblaciones del sudeste asiático y las de Asia meridional, subrayando el papel del haplogrupo H en la expansión humana por esta región.

- **Diversificación del haplogrupo H en grupos tribales**

En la India, los estudios genéticos han revelado una alta diversidad de subclados del haplogrupo H en poblaciones tribales, como los austro-asiáticos y dravídicos. Estas poblaciones muestran una rica variedad de subclados, lo que sugiere una presencia temprana y una diversificación dentro del subcontinente indio. Los estudios sugieren que estas poblaciones han mantenido una alta diversidad genética debido a su relativo aislamiento y baja mezcla con otras poblaciones indias, lo que convierte al haplogrupo H en una herramienta crucial para estudiar la evolución genética de los grupos indígenas de la India.

Resumen

El haplogrupo H es uno de los linajes genéticos más comunes en Europa y Asia del Sur, y se originó hace aproximadamente 30,000 a 40,000 años en el sur de Asia. Este haplogrupo está asociado con las primeras migraciones de seres humanos modernos hacia el subcontinente indio, y posteriormente se expandió hacia Europa y otras partes de Asia. En Europa, el haplogrupo H es especialmente prevalente en la península ibérica, el sur de Francia y los Balcanes, siendo uno de los principales linajes identificados entre las primeras poblaciones neolíticas que introdujeron la agricultura en Europa.

El haplogrupo H se encuentra particularmente entre las poblaciones de gitanos o romaníes, que tienen su origen en el noroeste de la India y se expandieron por Europa en tiempos más recientes. Además, el haplogrupo H es también común en muchas áreas de Asia central y occidental, así como en poblaciones indígenas de América del Sur, reflejando las migraciones y expansiones históricas a lo largo de milenios. Esta diversidad geográfica y cultural del haplogrupo H demuestra su papel clave en la dispersión de los seres humanos y en la formación de poblaciones modernas en varios continentes.

Referencias

1) **Metspalu, M., et al. (2004)**. "Most of the extant mtDNA boundaries in South and Southwest Asia were likely shaped during the initial settlement of Eurasia by anatomically modern humans." *BMC Genetics*.

2) **Sengupta, S., et al. (2006)**. "Polarity and Temporality of High-Resolution Y-Chromosome Distributions in India Identify Both Indigenous and Exogenous Expansions and Reveal Minor Genetic Influence of Central Asian Pastoralists." *The American Journal of Human Genetics*.

3) **Thangaraj, K., et al. (2003)**. "Genetic Affinities of the Andaman Islanders, a Vanishing Human Population." **Current** *Biology*.

4) **Mendizabal, I., et al. (2012)**. "Reconstructing the population history of European Romani from genome-wide data." *Current Biology*.

5) **Moorjani, P., et al. (2013)**. "Genetic evidence for recent population mixture in India." *The American Journal of Human Genetics*.

Haplogrupo I
Origen y Evolución

El haplogrupo I del ADN-Y es uno de los linajes paternos más importantes en Europa, habiéndose originado hace aproximadamente 25,000 a 30,000 años, posiblemente durante el Último Máximo Glacial, cuando grandes partes de Europa estaban cubiertas de hielo y las poblaciones humanas se refugiaban en áreas más cálidas del sur del continente. Se cree que surgió en Europa o Asia Occidental, y está estrechamente asociado con las poblaciones de cazadores-recolectores que vivieron en Europa durante el Paleolítico y el Mesolítico. Este haplogrupo es uno de los linajes distintivos de los europeos nativos y ha tenido una presencia significativa en el continente desde hace miles de años. Se cree que surgió directamente en Europa, lo que lo convierte en un marcador genético fundamental para las poblaciones indígenas del continente.

** El haplogrupo I es un marcador genético fundamental para comprender la historia y evolución de las poblaciones europeas. Desde su origen en el Paleolítico Superior hasta su presencia en las diversas culturas y civilizaciones europeas, el haplogrupo I proporciona una rica narrativa sobre las migraciones humanas, las adaptaciones ambientales y las interacciones culturales. El estudio continuo de este haplogrupo arrojará más luz sobre la compleja historia de Europa y sus habitantes.

Conexiones con Otros Haplogrupos

El haplogrupo I, como todos los haplogrupos del cromosoma Y, está conectado con los demás a través de un árbol genealógico que representa las mutaciones genéticas acumuladas a lo largo de miles de años. Este árbol genético sigue una estructura de ramas que tienen un ancestro común. En el caso del haplogrupo I, su origen se remonta al haplogrupo IJ, que es un linaje ancestral compartido con el haplogrupo J, un grupo importante que se encuentra en el Medio Oriente, el Cáucaso y Europa. El haplogrupo IJ a su vez desciende del haplogrupo F, uno de los linajes más antiguos fuera de África.

La conexión del haplogrupo I con otros haplogrupos se debe a la descendencia común que todos estos grupos comparten a través de linajes anteriores. Por ejemplo:

- **Haplogrupo F**: El haplogrupo I y muchos otros, como J, G, H, R, Q, etc., descienden del haplogrupo F, que surgió fuera de África y es el ancestro común de una gran parte de los haplogrupos que se encuentran en Eurasia y más allá.

- **Haplogrupo IJ**: El haplogrupo I y J se separaron en ramas distintas a partir de un antepasado común, el haplogrupo IJ. El haplogrupo J se expandió por el Medio Oriente, el Cáucaso y partes de Europa, mientras que el haplogrupo I se diversificó principalmente en Europa.

Distribución Geográfica

Europa

- **Europa del Norte**: Escandinavia (Noruega, Suecia, Dinamarca): El haplogrupo I1 (I-M253) es particularmente común en Escandinavia. Se cree que este subclado se originó hace aproximadamente 5,000 años y es un marcador genético de los antiguos nórdicos y vikingos.
  - Frecuencias: En Suecia, la frecuencia de I1 puede superar el 35%, mientras que en Noruega y Dinamarca puede llegar al 30%.

- **Europa Occidental**: Reino Unido e Irlanda: El subclado I1 también se encuentra en frecuencias moderadas en el Reino Unido e Irlanda, reflejando las migraciones y asentamientos vikingos durante la Edad Media. En Alemania, el haplogrupo I1 y sus subclados son comunes, reflejando la expansión germánica durante la Edad de Hierro y las migraciones posteriores.
  - Frecuencias: En el Reino Unido e Irlanda, la frecuencia de I1 puede ser del 10-15%, mientras que en Alemania puede ser del 15-20%.

- **Europa Central y Oriental:** Polonia, República Checa, Eslovaquia, Hungría: El haplogrupo I2 (I-M438) es más común en Europa Central y Oriental. Este subclado está asociado con las antiguas poblaciones mesolíticas y neolíticas de Europa. En Los Balcanes (Serbia, Croacia, Bosnia y Herzegovina): I2a1 (I-M423) es especialmente frecuente en los Balcanes, donde se cree que tiene una larga historia que se remonta a las poblaciones paleolíticas.
  - Frecuencias: En los Balcanes, la frecuencia de I2a1 puede superar el 30%, mientras que en Europa Central y Oriental la frecuencia de I2 puede ser del 10-20%.

- **Europa del Sur:** Italia, Grecia y la Península Ibérica: El haplogrupo I, especialmente I2a (I-M223), también está presente en el sur de Europa, aunque en frecuencias más bajas comparadas con el norte y el este de Europa.
  - Frecuencias: En Italia y Grecia, la frecuencia de I2 puede ser del 5-10%, mientras que en la Península Ibérica es generalmente inferior al 5%.

Medio Oriente y el Cáucaso

- **Turquía, Irán y el Cáucaso:** Aunque en frecuencias bajas, el haplogrupo I y sus subclados, como I2, están presentes en el Medio Oriente y el Cáucaso, reflejando antiguas migraciones y conexiones con Europa.
  - o Frecuencias: En estas regiones, la frecuencia de I puede ser del 1-5%.

América

- **América del Norte:** Euroamericanos y Población General: Debido a la migración europea, especialmente durante los últimos 500 años, el haplogrupo I está presente en frecuencias moderadas entre los descendientes de europeos en América del Norte.
  - o Frecuencias: En la población general de ascendencia europea, la frecuencia de I puede ser del 15-20%.

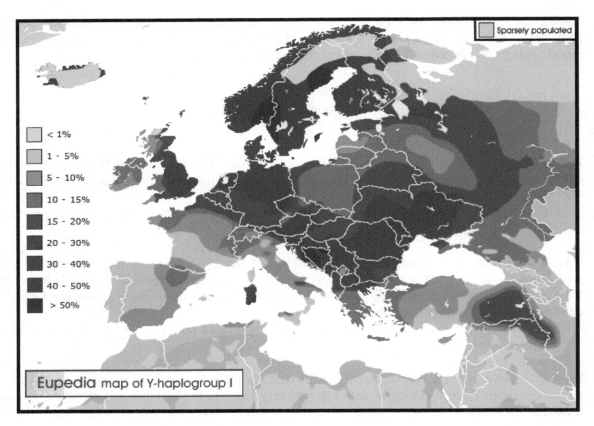

Distribución del Haplogrupo I, cortesía de Eupedia

Subclados Principales

❖ **I (M170)** El haplogrupo principal del cual derivan varios subclados importantes.

   ➢ **I1 (M253)** Principalmente encontrado en Europa del Norte.

      ▪ **I1a (DF29)** Común en Escandinavia.

         o **I1a1 Subclado** menos frecuente pero presente en algunas poblaciones del norte de Europa.

         o **I1a2 Frecuente** en Escandinavia y el norte de Europa.

> **I2 (P215)** Amplia distribución en Europa Central y Oriental.

  - **I2a (CTS1799)** Principalmente en los Balcanes y Europa Central.

    o **I2a1** Muy **común** en los Balcanes.

    o **I2a2 Encontrado** en Europa Central y Occidental.

  - **I2b (L415)** Menos común, presente en Europa Occidental y Central.

    o **I2b1** Subclado encontrado en Europa Occidental.

Frecuencias y Contexto Histórico

- **Frecuencia Alta:** En Escandinavia y los Balcanes, las frecuencias del haplogrupo I pueden ser extremadamente altas, reflejando su antigüedad y dispersión en estas áreas.

- **Frecuencia Baja a Moderada:** En Europa occidental y central, la frecuencia del haplogrupo I es más baja, pero aún significativa debido a migraciones y mezclas genéticas.

Importancia Histórica

- **Último Máximo Glacial:** Durante el último máximo glacial, los ancestros portadores del haplogrupo I se refugiaron en áreas más cálidas de Europa, como los Balcanes. Después del final de la glaciación, se expandieron hacia el norte y el oeste.

- **Cultura de los Cazadores-Recolectores:** Los portadores del haplogrupo I están asociados con las culturas de cazadores-recolectores que habitaron Europa antes de la llegada de la agricultura.

- **Pueblos Germánicos y Vikingos:** El subclado I1 está estrechamente relacionado con las migraciones de los pueblos germánicos y las expansiones vikingas, que dejaron una huella genética en muchas regiones de Europa.

Descubrimientos y Estudios Importantes

A continuación, se presentan algunos de los descubrimientos más importantes y estudios relacionados con el haplogrupo I:

- **Asociación con cazadores-recolectores europeos**

Cazadores-recolectores paleolíticos: El haplogrupo I está estrechamente relacionado con las poblaciones de cazadores-recolectores que habitaban Europa durante el Paleolítico y el Mesolítico (hace más de 10,000 años). Se ha encontrado ADN de este haplogrupo en varios sitios arqueológicos de Europa central y occidental, lo que indica que los portadores de este linaje fueron de los primeros humanos modernos en habitar Europa antes de la llegada de los agricultores neolíticos. Un estudio fundamental publicado por Lazaridis et al. (2014) identificó que las poblaciones de cazadores-recolectores del Mesolítico europeo estaban mayoritariamente relacionadas con el haplogrupo I. Los restos genéticos de individuos hallados en sitios como Loschbour en Luxemburgo y La Braña en España presentaban una alta frecuencia de este linaje, lo que confirma su presencia continua desde tiempos prehistóricos.

- **Impacto del Neolítico en Europa**

Interacción con los agricultores neolíticos: Durante el Neolítico (hace unos 7,000 años), las poblaciones de cazadores-recolectores portadoras del haplogrupo I se mezclaron con los agricultores llegados desde el Creciente Fértil, quienes introdujeron linajes como el haplogrupo G. Los estudios han demostrado que, a pesar de la llegada de nuevas poblaciones, el haplogrupo I continuó siendo común, particularmente en el norte y este de Europa, lo que indica una mezcla significativa entre los antiguos cazadores-recolectores y los nuevos agricultores. Investigaciones de Skoglund et al. (2012) muestran cómo las poblaciones portadoras de I contribuyeron de manera importante a la mezcla genética en el Neolítico temprano en Escandinavia, manteniéndose especialmente en regiones menos influenciadas por las oleadas neolíticas.

- **Haplogrupo I1: Prevalencia en Escandinavia**

I1 y su asociación con las poblaciones germánicas y vikingas: Uno de los subclados más importantes del haplogrupo I es I1, que es el linaje predominante en Escandinavia y está estrechamente vinculado con los pueblos germánicos y vikingos. Estudios genéticos muestran que I1 está altamente concentrado en Suecia, Noruega, Dinamarca, e Islandia. Se ha sugerido que los portadores de este haplogrupo desempeñaron un papel clave en las expansiones vikingas hacia el resto de Europa durante la Edad Media. Un estudio de Karlsson et al. (2006) encontró que I1 es el linaje masculino más frecuente en Suecia, alcanzando más del 40% de la población masculina, lo que indica una fuerte continuidad genética desde tiempos prehistóricos. Los estudios en restos vikingos de enterramientos en Inglaterra e Islandia también muestran una alta frecuencia de I1, lo que apoya su asociación con la expansión vikinga.

- **Haplogrupo I2: Persistencia en los Balcanes**

I2 y los refugios glaciares: El subclado I2 se encuentra principalmente en los Balcanes y partes del sur de Europa, y está relacionado con las poblaciones que sobrevivieron durante el Último Máximo Glacial (hace unos 20,000 años) en los refugios del sur de Europa. Durante la expansión postglacial, las poblaciones portadoras de I2 repoblaron Europa Central y Oriental, manteniendo este linaje en la región de los Balcanes. Un estudio publicado por Hofmanová et al. (2016) identificó que el haplogrupo I2 estaba presente en los primeros agricultores neolíticos de los Balcanes, lo que sugiere que los linajes locales de cazadores-recolectores se mezclaron con los recién llegados.

- **Migraciones postglaciales y repoblación de Europa**

Expansión desde los refugios glaciares: Después del Último Máximo Glacial, las poblaciones portadoras del haplogrupo I repoblaron gran parte de Europa desde los refugios en el sur, particularmente en los Balcanes y la Península Ibérica. Los estudios muestran que a medida que los glaciares se retiraban, las poblaciones de cazadores-recolectores del haplogrupo I se expandieron hacia el norte y el centro de Europa. Los estudios de Haak et al. (2015) han vinculado la repoblación del norte de Europa después de la Edad de Hielo con poblaciones que portaban el haplogrupo I, quienes se establecieron en regiones que van desde la península ibérica hasta Escandinavia.

- **La Edad del Hierro y las migraciones germánicas**

I1 y las migraciones germánicas: Durante la Edad del Hierro, los portadores del subclado I1 participaron en las migraciones germánicas, que llevaron a la expansión de este linaje en el norte de Europa. Los estudios han encontrado rastros de este haplogrupo en poblaciones germanas que migraron hacia el Reino Unido y otras partes de Europa occidental, coincidiendo con las invasiones bárbaras posteriores a la caída del Imperio Romano. El análisis de ADN en entierros antiguos, como los asociados con la cultura germánica en Alemania y Escandinavia, ha mostrado que I1 se mantuvo como un linaje importante durante las migraciones germanas, consolidándose en el norte de Europa.

Resumen

El haplogrupo ADN-Y I, parte del linaje paterno de la genética humana, surgió en Europa hace entre 20,000 y 30,000 años. Se asocia principalmente con poblaciones europeas, con mayor prevalencia en los Balcanes, Escandinavia y regiones del centro y norte de Europa. Su origen se cree que está en los refugios glaciales de Europa del Este durante la última Edad de Hielo, donde grupos humanos sobrevivieron y se expandieron al retirarse los glaciares, contribuyendo así a la configuración genética de la región.

Este haplogrupo se divide en varias subclases, entre las cuales destacan I1 e I2, que representan diferentes rutas de migración y adaptación en el continente europeo. El haplogrupo I1 predomina en Escandinavia y el norte de Europa, mientras que I2 se encuentra más comúnmente en el sur y sureste. Estas divisiones reflejan patrones históricos de migración y asentamiento, y cada subclase aporta información sobre los movimientos de las poblaciones y sus adaptaciones al entorno europeo en la antigüedad.

Además de su relevancia en la genética moderna, el haplogrupo I ha tenido un impacto en la cultura y demografía europeas. Estudios arqueológicos y genéticos sugieren que sus portadores estuvieron involucrados en diversas culturas prehistóricas, especialmente después de la última glaciación. Estas poblaciones contribuyeron a la creación de sociedades agrícolas y cazadoras-recolectoras que sentaron las bases para el desarrollo de la Europa moderna, reflejando la importancia de este linaje en la historia evolutiva de las poblaciones europeas.

Referencias

1) **Lazaridis, I., et al. (2014)**. "Ancient human genomes suggest three ancestral populations for present-day Europeans." *Nature*.

2) **Skoglund, P., et al. (2012)**. "Origins and genetic legacy of Neolithic farmers and hunter-gatherers in Europe." *Science*.

3) **Karlsson, A. O., et al. (2006)**. "Y-chromosome diversity in Sweden—a long-time perspective." *European Journal of Human Genetics*.

4) **Hofmanová, Z., et al. (2016)**. "Early farmers from across Europe directly descended from Neolithic Aegeans." *Proceedings of the National Academy of Sciences*.

5) **Haak, W., et al. (2015)**. "Massive migration from the steppe was a source for Indo-European languages in Europe." *Nature*.

6) **Underhill, P. A., & Kivisild, T. (2007)**. Use of Y Chromosome and Mitochondrial DNA Population Structure in Tracing Human Migrations. Annual Review of Genetics

7) **Rootsi, S., Magri, C., Kivisild, T., Benuzzi, G., Help, H., Bermisheva, M., ... & Villems, R. (2004)**. Phylogeography of Y-chromosome haplogroup I reveals distinct domains of prehistoric gene flow in Europe. American Journal of Human Genetics

8) **Malyarchuk, B., Derenko, M., Denisova, G., & Rogalla, U. (2008)**. Y-chromosome diversity in the Kalmyks at the ethnogenesis of a population: The relationship between the Y-chromosome haplogroup I and European ancestry. Journal of Human Genetics

Haplogrupo J
Origen y Evolución

El haplogrupo J del ADN-Y es uno de los linajes más importantes en la historia genética del Medio Oriente, el Cáucaso, y Europa, y tiene un papel clave en la expansión de las culturas neolíticas y las primeras civilizaciones de estas regiones. Se originó hace aproximadamente 30,000 a 40,000 años, probablemente en el Medio Oriente o en las cercanías del Creciente Fértil, que es una región fundamental en la historia de la agricultura y el desarrollo de las primeras sociedades sedentarias. Está muy relacionado con la expansión de la agricultura en el Neolítico, lo que llevó a su dispersión hacia Europa, Asia Central y el norte de África.

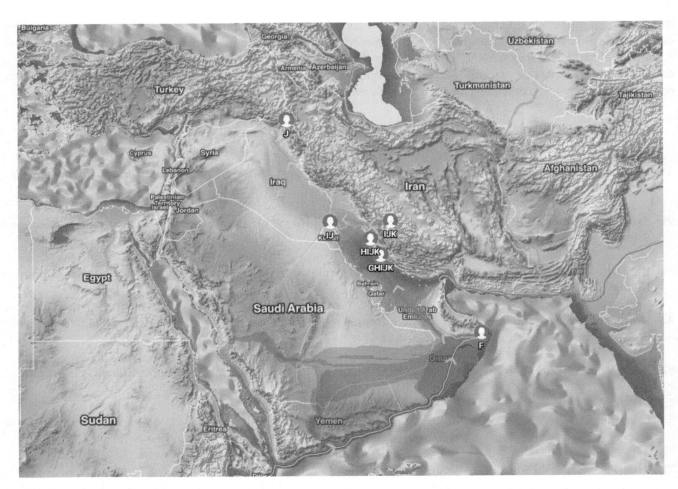

** El haplogrupo J del cromosoma Y es un linaje genético clave para entender la historia de las migraciones humanas y la formación de civilizaciones. Su origen en el Levante y su amplia dispersión a través de Europa, Asia y África reflejan movimientos y expansiones significativas en la prehistoria y la historia temprana de la humanidad.

Conexiones con Otros Haplogrupos

El haplogrupo J, como todos los haplogrupos de ADN-Y, se conecta con los demás a través de un árbol evolutivo que rastrea los linajes masculinos hasta un ancestro común. Este árbol filogenético muestra cómo las mutaciones genéticas que ocurren en el cromosoma Y, que se transmite de padres a hijos, crean nuevas ramas (haplogrupos) a lo largo del tiempo.

El haplogrupo J desciende del haplogrupo IJ, que a su vez es un descendiente directo del haplogrupo IJK. El haplogrupo IJ se dividió en dos linajes principales: I, que es común en Europa, y J, que se encuentra principalmente en el Cercano Oriente, el Cáucaso, y partes del Mediterráneo.

El haplogrupo IJK es clave en la conexión de J con otros haplogrupos, ya que este linaje también es el ancestro de los haplogrupos I y K. El haplogrupo K, a su vez, es el antecesor de muchos otros haplogrupos importantes, como R (común en Europa y Asia Central), Q (que se encuentra en América y partes de Asia), y H (predominante en el sur de Asia). Todos estos haplogrupos, incluida la rama de IJ de la que proviene J, descienden de un linaje más antiguo llamado haplogrupo F, que surgió hace unos 50,000 a 60,000 años fuera de África.

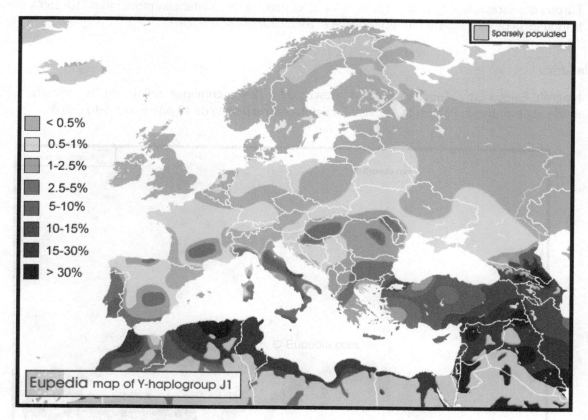

Distribución del Haplogrupo J1, cortesía de Eupedia

Distribución Geográfica

Medio Oriente

- **Levante y Mesopotamia**: Israel, Palestina, Jordania, Siria, Líbano e Irak: **J1** y **J2** son comunes en esta región, con frecuencias especialmente altas en **J1** (30-40%). Estos linajes están vinculados a las antiguas poblaciones semíticas y las civilizaciones mesopotámicas.

71

- **Península Arábiga:** Arabia Saudita, Yemen, Omán, Emiratos Árabes Unidos: **J1** es extremadamente frecuente (50-70%), reflejando la antigüedad y la expansión de las poblaciones árabes. La expansión islámica amplió aún más su distribución.

- **Irán:** El subclado **J2** es particularmente común (20-30%), indicando una antigua presencia y expansión en esta región. Está asociado con las antiguas civilizaciones elamitas y persas.

Europa

- **Europa del Sur:** Italia, Grecia, y los Balcanes: **J2** es común debido a las migraciones neolíticas y las influencias de las civilizaciones griega y romana. En Grecia y el sur de Italia, la frecuencia de **J2** puede llegar al 20-25%.

- **Europa Central y Occidental:** Francia, España, Portugal: **J2** está presente en frecuencias más bajas (5-10%), reflejando las migraciones históricas desde el Mediterráneo y el Medio Oriente.

- **Europa del Este:** Rusia, Ucrania, Balcanes: **J2** se encuentra en frecuencias moderadas (10-15%), destacando la influencia de migraciones antiguas desde el Medio Oriente.

Norte de África

- **Magreb:** Egipto, Libia, Túnez, Argelia, Marruecos: **J1** y **J2** son comunes, reflejando las antiguas migraciones desde el Levante y la Península Arábiga. En Egipto, la frecuencia de **J2** puede ser del 15-20%.

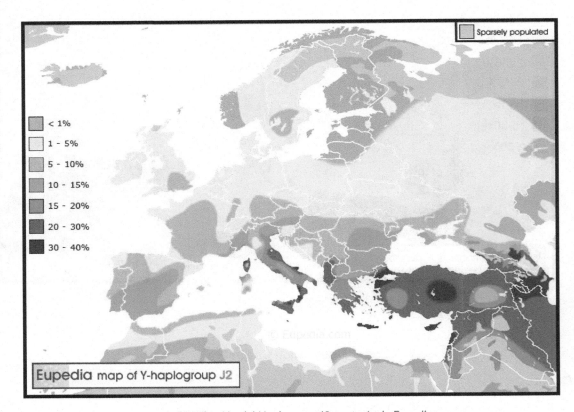

Distribución del Haplogrupo J2, cortesía de Eupedia

Asia

- **Anatolia y Cáucaso**: Turquía, Armenia, Georgia, Azerbaiyán: **J2** es particularmente frecuente (20-25%) en Anatolia y el Cáucaso, indicando una antigua presencia y expansión. Las civilizaciones hititas y urartianas están vinculadas a estos linajes.

- **Asia Central**: Uzbekistán, Turkmenistán, Kazajistán: **J2** se encuentra en frecuencias moderadas (5-10%), reflejando las antiguas rutas comerciales y migratorias, como la Ruta de la Seda.

América

- **Afroamericanos y Población General**: Estados Unidos, Brasil, Caribe: Debido a la migración europea y la diáspora africana, el haplogrupo J está presente en frecuencias moderadas entre los descendientes de europeos y africanos en las Américas (5-10%).

Subclados Principales

❖ **J (M304)** Subclado principal del haplogrupo J, del cual derivan **J1 (M267)** y **J2 (M172)**.

➤ **J1 (M267)**

- **J1a (P58)** Este subclado es muy frecuente en la Península Arábiga y está asociado con las tribus árabes. Se dispersó ampliamente con la expansión del Islam.

  o **J1a1** Se encuentra en el Medio Oriente y partes de Europa.

  o **J1a2** Común en la Península Arábiga y el norte de África.

➤ **J2 (M172)**

- **J2a (M410)** Este subclado es frecuente en el Medio Oriente y Europa y está asociado con las primeras civilizaciones agrícolas del Creciente Fértil.

  o **J2a1** Común en el sur de Europa y Anatolia.

  o **J2a2** Presente en el Cáucaso y el sur de Europa.

- **J2b (M12)** Encontrado en los Balcanes y el sur de Asia.

  o **J2b1** Frecuente en los Balcanes y el sur de Europa.

Importancia Histórica

- **Civilizaciones Antiguas:** El haplogrupo J está estrechamente asociado con algunas de las civilizaciones más antiguas del mundo. Los portadores de **J2**, en particular, estuvieron entre los primeros agricultores del Creciente Fértil y jugaron un papel crucial en la difusión de la agricultura hacia Europa y Asia.

- **Expansión Islámica:** El subclado **J1**, especialmente **J1a2 (P58)**, se expandió significativamente con la expansión islámica desde el siglo VII en adelante, llevando este linaje desde la Península Arábiga a grandes partes de África del Norte, el Levante y más allá.

- **Migraciones Neolíticas:** El haplogrupo **J2** se expandió notablemente durante el Neolítico, llevando la agricultura desde el Creciente Fértil hacia Europa y Asia. Este linaje es un marcador genético clave de las migraciones agrícolas y la formación de las primeras sociedades complejas.

Descubrimientos y Estudios Importantes

A continuación, se destacan algunos de los descubrimientos más importantes y estudios relacionados con el haplogrupo J:

- **Asociación con la expansión agrícola neolítica**

Uno de los descubrimientos más importantes relacionados con el haplogrupo J es su conexión con la expansión agrícola desde el Creciente Fértil. Los portadores de este haplogrupo fueron fundamentales en la propagación de la agricultura, que comenzó hace aproximadamente 10,000 años en la región de Mesopotamia y se expandió hacia Europa y el norte de África. Estudios genéticos han revelado que los agricultores neolíticos portaban frecuentemente el haplogrupo J, y su expansión está asociada con el crecimiento de las primeras sociedades sedentarias.

- **Haplogrupo J y las primeras civilizaciones del Medio Oriente**

Se ha encontrado una alta prevalencia del haplogrupo J en restos arqueológicos de antiguas civilizaciones del Medio Oriente, como los sumerios, los habitantes del Levante, y los antiguos egipcios. Estos descubrimientos muestran que el haplogrupo J estuvo presente en las primeras sociedades urbanas que surgieron en la región. En particular, el subclado **J1** ha sido vinculado con poblaciones seminómadas del desierto arábigo, lo que indica que los portadores del haplogrupo J desempeñaron un papel en la formación de las primeras civilizaciones del Cercano Oriente.

- **Expansión islámica y haplogrupo J1**

El subclado **J1 (M267)** está particularmente asociado con las migraciones árabes y la expansión del Islam. Durante el siglo VII, la expansión islámica llevó este haplogrupo desde la península Arábiga hacia el norte de África, el Mediterráneo, y partes de Asia. El haplogrupo **J1** es común entre las poblaciones árabes de la península arábiga, así como entre los judíos y bereberes. Este linaje está vinculado con la propagación cultural y religiosa del islam, lo que ha ayudado a entender los movimientos migratorios históricos a lo largo del Mediterráneo y África del Norte.

- **Subclado J2 y la expansión hacia Europa y el Mediterráneo**

El subclado **J2 (M172)** se ha asociado con la expansión de las civilizaciones mediterráneas, incluidas las griegas, etruscas, y fenicias. Estudios genéticos en sitios arqueológicos de la civilización minoica en Creta y la antigua Grecia han revelado la presencia del haplogrupo **J2**, lo que sugiere que los portadores de este linaje estuvieron involucrados en el desarrollo de las culturas marítimas y comerciales de la región. **J2** es también frecuente en las zonas del sur de Italia, lo que refuerza la conexión entre este haplogrupo y las antiguas rutas comerciales del Mediterráneo.

- **Conexiones con poblaciones judías y diáspora**

El haplogrupo J es común entre las poblaciones judías, particularmente los judíos asquenazíes y sefardíes. Los estudios genéticos han mostrado que tanto el subclado **J1** como **J2** están presentes en estas poblaciones, lo que ha sido clave para rastrear las migraciones históricas de los judíos durante la diáspora. Estos descubrimientos sugieren que los linajes J han estado presentes en las poblaciones judías desde la antigüedad, y su dispersión está asociada con los movimientos desde el Levante hacia Europa, África del Norte, y otras partes del mundo.

- **Diversidad en el Cáucaso y Oriente Medio**

El haplogrupo J tiene una alta diversidad en el Cáucaso y el Medio Oriente, lo que ha llevado a estudios que sugieren una antigua presencia y expansión en estas regiones. En particular, en Armenia y Georgia, se ha encontrado una notable frecuencia de **J2**, lo que refuerza la idea de que estas áreas fueron importantes puntos de dispersión durante la prehistoria y la antigüedad. La presencia del haplogrupo J en estas áreas está vinculada con rutas comerciales antiguas como la Ruta de la Seda.

Resumen

El haplogrupo J es un linaje genético que se originó en el Cercano Oriente hace aproximadamente 30,000 a 40,000 años y ha jugado un papel clave en la historia de las migraciones humanas. Este haplogrupo está fuertemente asociado con la expansión de las primeras sociedades agrícolas desde el Creciente Fértil hacia Europa, el norte de África y Asia durante el Neolítico. Se ha encontrado ampliamente en las poblaciones del Medio Oriente, el Cáucaso, el Mediterráneo y partes del sur de Europa, y su dispersión refleja el movimiento de los primeros agricultores y pastores que propagaron la agricultura y otras innovaciones culturales a lo largo de estas regiones.

El haplogrupo J se divide principalmente en dos subclados: **J1** y **J2**. El subclado **J1** es más común en el Medio Oriente y África del Norte, donde está relacionado con poblaciones árabes y beduinas. **J2**, por otro lado, es más frecuente en el Mediterráneo, el sur de Europa, y partes del Cáucaso y el sur de Asia, asociado con las antiguas civilizaciones del mundo grecorromano, fenicio y mesopotámico. Ambos subclados muestran la importancia del haplogrupo J en la historia de la civilización humana, vinculando movimientos históricos clave como la expansión agrícola, el comercio y el desarrollo de las grandes civilizaciones del Mediterráneo y Oriente Próximo.

Referencias

1) **King, R. J., et al. (2008)**. "Differential Y-chromosome Anatolian Influences on the Greek and Cretan Neolithic." *Annals of Human Genetics*.

2) **Semino, O., et al. (2004)**. "Origin, diffusion, and differentiation of Y-chromosome haplogroups E and J: Inferences on the neolithization of Europe and later migratory events in the Mediterranean area." *American Journal of Human Genetics*.

3) **Chiaroni, J., et al. (2010)**. "The emergence of Y-chromosome haplogroup J1e among Arabic-speaking populations." *European Journal of Human Genetics*.

4) **Behar, D. M., et al. (2004)**. "Multiple Origins of Ashkenazi Levites: Y Chromosome Evidence for Both Near Eastern and European Ancestries." *American Journal of Human Genetics*.

Haplogrupo K
Origen y Evolución

El haplogrupo K del ADN-Y es uno de los linajes más importantes y antiguos que se ramificó del haplogrupo F, con una antigüedad estimada de 35,000 a 40,000 años. Este haplogrupo es notable por ser el antepasado común de muchos otros haplogrupos que se extendieron por todo el mundo, y ha jugado un papel crucial en la dispersión de los humanos modernos a lo largo de Eurasia, Oceanía, y las Américas.

** El haplogrupo K es un linaje fundamental para comprender la historia genética de la humanidad. Sus subclados reflejan una rica historia de migraciones y expansiones que han dado forma a las poblaciones modernas en Asia, Oceanía, Europa y más allá. El estudio del haplogrupo K y sus variantes proporciona información valiosa sobre las primeras migraciones humanas, la expansión cultural y la diversificación genética en diversas regiones del mundo.

Conexiones con Otros Haplogrupos

El haplogrupo K se conecta con otros haplogrupos a través del linaje común IJK, que también dio origen a los haplogrupos I y J. Estos tres linajes descendieron del haplogrupo F, que surgió hace unos 50,000 a 60,000 años fuera de África. Esta conexión ancestral coloca al haplogrupo K en una posición central dentro del árbol genético humano, ya que lo une a linajes europeos (haplogrupo I) y del Cercano Oriente (haplogrupo J), lo que indica una relación genética que data de tiempos prehistóricos, cuando las primeras migraciones humanas llevaron a la diversificación de estos grupos.

El haplogrupo K también es significativo porque dio lugar a muchas de las ramas más diversas y extendidas del ADN-Y, especialmente a través del subclado **K2**. De este clado descienden los haplogrupos R y Q, que desempeñaron un papel crucial en la expansión de las poblaciones indoeuropeas en Europa, Asia Central y en las migraciones hacia las Américas. Otros subclados como M, S, y O se encuentran en Oceanía, el sudeste asiático y el este de Asia, lo que demuestra la vasta dispersión de los descendientes de K a lo largo de miles de años.

Este haplogrupo conecta genéticamente una amplia gama de linajes a nivel mundial. Su diversificación y expansión a través de sus subgrupos permiten rastrear las migraciones humanas desde Europa y Asia hasta Oceanía y América. Este haplogrupo es fundamental para entender cómo los seres humanos se dispersaron por diferentes continentes, y su linaje ancestral común lo une a otras ramas importantes como los haplogrupos I y J, todos descendientes de los antiguos linajes que surgieron fuera de África.

Distribución Geográfica

Asia

- **Asia Central y Oriental**: China, Mongolia, Corea y Japón: Los subclados de **K2a** y **K2b** se encuentran en frecuencias variables. Estos subclados están asociados con las antiguas poblaciones nómadas y las expansiones hacia el este de Asia.
  - Frecuencias: En estas regiones, la frecuencia de subclados de K puede variar del 5-15%.

- **Asia Meridional**: India, Pakistán, Bangladés, Sri Lanka: El haplogrupo K y sus subclados, como K2b, son comunes en el subcontinente indio. Este linaje refleja antiguas migraciones y expansiones desde el sudeste asiático hacia el sur de Asia.
  - Frecuencias: En India y Pakistán, la frecuencia de **K2** puede ser del 10-20%.

- **Sudeste Asiático**: Tailandia, Vietnam, Malasia, Indonesia, Filipinas: K y sus subclados, como **K2b,** están presentes en frecuencias significativas en esta región. Estas poblaciones muestran una alta diversidad genética, reflejando antiguas migraciones desde el sudeste asiático.
  - Frecuencias: En esta región, la frecuencia de K puede variar del 15-30%.

Oceanía

- **Melanesia, Micronesia y Polinesia**: Papúa Nueva Guinea, Islas Salomón, Fiji: El haplogrupo K y sus subclados, especialmente **K2b1**, son extremadamente comunes en Oceanía, reflejando la antigua dispersión de poblaciones austronesias.
  - Frecuencias: En Papúa Nueva Guinea, la frecuencia de **K2b1** puede superar el 60%.

- **Australia**: Aborígenes Australianos: Los aborígenes australianos muestran altas frecuencias del haplogrupo K y sus subclados, especialmente **K2b1.**
  - Frecuencias: En algunas poblaciones aborígenes, la frecuencia de **K2b1** puede ser superior al 50%.

Europa

- **Europa del Sur y Central:** Italia, Grecia, Balcanes, Alemania: El haplogrupo K y sus subclados, como **K2**, están presentes en frecuencias bajas a moderadas, reflejando antiguas migraciones desde Asia y el sudeste asiático hacia Europa.
    - o Frecuencias: En estas regiones, la frecuencia de K puede variar del 1-5%.

- **Europa del Este:** Rusia, Ucrania, Polonia: El haplogrupo K está presente en frecuencias bajas a moderadas, reflejando las migraciones antiguas desde Asia Central y Oriental hacia Europa del Este.
    - o Frecuencias: En estas regiones, la frecuencia de K puede ser del 2-5%.

África

- **África del Norte:** Egipto, Libia, Túnez, Marruecos: El haplogrupo K y sus subclados se encuentran en frecuencias bajas, reflejando las antiguas migraciones desde Asia hacia el norte de África.
    - o Frecuencias: En estas regiones, la frecuencia de K puede ser del 1-3%.

América

- **Población General:** Estados Unidos, Canadá, Brasil: Debido a la migración de europeos y asiáticos, el haplogrupo K está presente en frecuencias bajas a moderadas entre los descendientes de estas poblaciones en las Américas.
    - o Frecuencias: En la población general de ascendencia europea y asiática, la frecuencia de K puede ser del 1-5%.

78

Subclados Principales

❖ **K (M9)** Subclado principal del haplogrupo K, del cual derivan muchos otros haplogrupos importantes.

➢ **K1 (L298)** Se encuentra en pequeñas frecuencias principalmente en el sudeste asiático y el sur de Asia

➢ **K2 (M526)**

▪ **K2a (M2308)** Incluye haplogrupos presentes en Asia Central y Oriental.

  ○ **K2a1** Presente en Asia Central y Oriental.

▪ **K2b (M2056)** Amplia distribución en Asia, Oceanía y más allá.

  ○ **K2b1** Común en Asia y Oceanía.

  ○ **K2b2** Diversos subclados presentes en diferentes regiones.

Importancia Histórica y Antropológica

- **Antiguas Migraciones:** El haplogrupo K está asociado con algunas de las migraciones más antiguas y significativas de la humanidad. Los portadores de K se dispersaron ampliamente desde Asia hacia Oceanía y Europa, llevando consigo tecnologías y culturas que dieron forma a las civilizaciones tempranas.

- **Expansión Austronesia:** Los subclados de K, especialmente K2b1, están estrechamente vinculados con la expansión austronesia. Esta expansión llevó a la colonización de vastas áreas del Pacífico, incluyendo Melanesia, Micronesia y Polinesia, y dejó una huella genética duradera en las poblaciones modernas de estas regiones.

- **Civilizaciones Antiguas:** El haplogrupo K y sus subclados jugaron un papel crucial en las civilizaciones antiguas de Asia y Europa. Los subclados de K se encuentran en frecuencias significativas en muchas regiones que fueron centros de innovación cultural y tecnológica.

Descubrimientos y Estudios Importantes

A continuación, se describen algunos de los descubrimientos más importantes y estudios relacionados con el haplogrupo K:

- **Antecesor de múltiples linajes globales**

Haplogrupo K y su diversificación: Uno de los descubrimientos más importantes sobre el haplogrupo K es que es el ancestro directo de varios haplogrupos muy extendidos y diversos. A partir de K surgieron haplogrupos como R, Q, N, y O, que son predominantes en Eurasia, Asia y América. Este hallazgo destaca la importancia del haplogrupo K como un linaje clave en la dispersión de los humanos modernos fuera de África hacia diversas partes del mundo. Estudio de Karafet et al. (2008): Este trabajo demostró que el haplogrupo K se diversificó en Asia Central o el sur de Asia hace entre 40,000 y 50,000 años, lo que dio lugar a la expansión de sus subclados a varias regiones, incluyendo Europa, Asia, Oceanía y América.

- **Colonización de Oceanía**

Haplogrupo K y las poblaciones de Oceanía: Uno de los subclados más importantes del haplogrupo K, K2b, jugó un papel crucial en la colonización de Melanesia, Papúa Nueva Guinea, y otras áreas de Oceanía. El subclado K2b1, a través de sus derivados, es clave para entender la historia genética de las poblaciones indígenas de estas regiones. Estudio de Kayser et al. (2006): Esta investigación demostró que los portadores del haplogrupo K fueron los primeros en llegar a Papúa Nueva Guinea y otras islas del Pacífico hace más de 40,000 años, lo que ayudó a establecer las bases para las poblaciones indígenas modernas de Melanesia y Oceanía.

- **Subclado K2 y su rol en la dispersión hacia Asia y América**

Haplogrupo K2 (K-M526): Este subclado es uno de los más importantes de K y es el ancestro directo de los haplogrupos Q y R, que desempeñaron un papel clave en la colonización de América y Eurasia. La migración de los portadores de K2 a lo largo de las estepas de Asia Central permitió la diversificación genética que dio lugar a algunas de las civilizaciones más importantes de Europa y Asia. Estudio de Underhill et al. (2010): El análisis de ADN antiguo realizado en poblaciones de Asia Central mostró que el haplogrupo K2b se encuentra en frecuencias significativas en los pueblos que habitaron las estepas euroasiáticas, lo que conecta este linaje con las primeras migraciones hacia el este de Asia y Siberia, y finalmente hacia América.

- **Haplogrupo K en poblaciones aborígenes australianas**

Descubrimiento en aborígenes australianos: Uno de los subclados de K, K2b1a, se encuentra en frecuencias significativas en las poblaciones aborígenes de Australia, lo que respalda la teoría de que las migraciones tempranas hacia Australia ocurrieron hace al menos 40,000 a 50,000 años. Este linaje es clave para rastrear las rutas migratorias costeras seguidas por los humanos modernos a medida que se expandían hacia el sudeste asiático y Oceanía. Estudio de Malaspinas et al. (2016): Este estudio confirmó que el haplogrupo K2b1a tiene una alta frecuencia en los aborígenes australianos y muestra una continuidad genética a lo largo de decenas de miles de años, lo que refuerza la importancia del haplogrupo K en la historia genética de las poblaciones de Oceanía.

- **Rutas migratorias hacia Europa y Asia Central**

Haplogrupo K y sus subclados en Europa: Aunque el haplogrupo K en su forma basal es raro en Europa, algunos estudios han demostrado su presencia en ciertas regiones de Europa del Este y Asia Central. Estos hallazgos sugieren que los portadores de K pudieron haber formado parte de las primeras migraciones hacia Europa desde el Cáucaso y las estepas de Asia Central, lo que influyó en la genética de las primeras poblaciones europeas. Estudio de Karmin et al. (2015): Este trabajo mostró que las rutas migratorias seguidas por los portadores de K1 y K2 en Europa del Este y Asia Central contribuyeron a la dispersión de linajes que más tarde dieron lugar a los haplogrupos predominantes en la región, como R y N.

Resumen

El haplogrupo K es un linaje genético que se originó hace unos 40,000 años, probablemente en el oeste de Asia o el sur de Asia, y es uno de los haplogrupos más ampliamente distribuidos, con descendientes que se encuentran en poblaciones de Europa, Asia, Oceanía y las Américas. Es importante porque se considera un grupo ancestral de varios otros haplogrupos importantes, como R, Q, N, O, y T, que abarcan una vasta porción de la población mundial actual. El haplogrupo K ha sido clave en el estudio de la dispersión de los humanos modernos desde Eurasia hacia otras partes del mundo.

Haplogrupo L

Origen y Evolución

El haplogrupo L del ADN-Y es un linaje relativamente antiguo que se originó hace aproximadamente 25,000 a 30,000 años. Se cree que surgió en el sur de Asia, específicamente en la región del subcontinente indio o en áreas cercanas como Irán o Pakistán, y ha tenido una presencia importante en varias partes de Asia. Aunque es menos común que otros haplogrupos, el haplogrupo L ha desempeñado un papel clave en la historia genética de las poblaciones del sur de Asia, así como en algunas regiones de Oriente Medio, Asia Central y Europa.

** El haplogrupo L del cromosoma Y es un linaje antiguo con raíces en el subcontinente indio. Su estudio revela importantes aspectos de la migración y la evolución humana, mostrando cómo las poblaciones antiguas se dispersaron y evolucionaron en diferentes regiones. A través de su distribución y subclados, proporciona valiosa información sobre la historia genética y la diversidad de las poblaciones humanas.

Conexiones con Otros Haplogrupos

El haplogrupo L se conecta con otros haplogrupos a través de su origen común en el haplogrupo F, que es el ancestro de muchas de las ramas del ADN-Y fuera de África. Surgido hace aproximadamente 30,000 a 40,000 años en el sur de Asia, el haplogrupo L se relaciona estrechamente con otros linajes derivados de F, como G, H, I, J, y K. Estos haplogrupos comparten un ancestro común en el haplogrupo F, lo que significa que sus linajes se separaron a medida que las poblaciones humanas se expandieron hacia diferentes regiones de Eurasia.

Se ha encontrado principalmente en el subcontinente indio, Irán y Asia Central, lo que lo conecta con migraciones tempranas en estas regiones. A través de su linaje ancestral en F y su relación con otros haplogrupos como H y K, el haplogrupo L forma parte de un amplio árbol genético que representa la diversificación de las poblaciones humanas en Eurasia. Su distribución geográfica y conexiones genéticas reflejan las migraciones y expansiones de los primeros grupos humanos que se movieron hacia el sur de Asia y áreas circundantes.

Distribución Geográfica

Asia

- **Asia del Sur**: India, Pakistán, Bangladés, Sri Lanka. El haplogrupo L, especialmente **L1a (M2481)** y sus subclados, es común en el subcontinente indio. Este linaje refleja la historia de las migraciones y expansiones desde el sur de Asia.
    - o Frecuencias: En algunas regiones de India, la frecuencia de **L1a** puede ser del 10-15%, mientras que en Pakistán y Bangladés puede ser del 5-10%.

- **Asia Occidental y Medio Oriente**: Irán: El subclado **L1a (M2481)** es particularmente común en Irán, reflejando la antigua presencia y expansión de este linaje en la región.
    - o Frecuencias: En Irán, la frecuencia de **L1a** puede ser del 10-15%.

- **Península Arábiga**: Arabia Saudita, Omán, Emiratos Árabes Unidos: **L1a** está presente en frecuencias bajas, reflejando las antiguas rutas comerciales y migratorias
    - o
    - o Frecuencias: En la Península Arábiga, la frecuencia de L puede ser del 1-5%.

Europa

- **Europa del Sur y Central**: Italia, Grecia, Balcanes, Alemania. El haplogrupo L y sus subclados, como **L1a**, están presentes en frecuencias bajas a moderadas, reflejando antiguas migraciones desde Asia hacia Europa.
    - o Frecuencias: En estas regiones, la frecuencia de L puede variar del 1-3%.

- **Europa del Este:** Rusia, Ucrania, Polonia: El haplogrupo L está presente en frecuencias bajas, reflejando las migraciones antiguas desde Asia Central hacia Europa del Este.
    - o Frecuencias: En estas regiones, la frecuencia de L puede ser del 1-2%.

África

- **África del Norte**: Egipto, Libia, Túnez, Marruecos: El haplogrupo L y sus subclados se encuentran en frecuencias bajas, reflejando las antiguas migraciones desde Asia hacia el norte de África.
    - o Frecuencias: En estas regiones, la frecuencia de L puede ser del 1-2%.

América

- **Población General**: Estados Unidos, Canadá, Brasil: Debido a la migración de europeos y asiáticos, el haplogrupo L está presente en frecuencias bajas a moderadas entre los descendientes de estas poblaciones en las Américas.
  - Frecuencias: En la población general de ascendencia europea y asiática, la frecuencia de L puede ser del 1-2%.

Subclados Principales

❖ **L (M20)** Subclado principal del haplogrupo L, del cual derivan **L1 (M22)** y **L2 (L595)**.

➢ **L1 (M22)**

  - **L1a (M2481)** Común en el subcontinente indio y partes de Irán.

➢ **L2 (L595)**

  - **L2a (L596)** Frecuente en partes de Irán y el subcontinente indio.

Importancia Histórica y Antropológica

- **Migraciones Antiguas:** El haplogrupo L está asociado con algunas de las migraciones más antiguas y significativas en el sur de Asia y el Medio Oriente. Los portadores de L se dispersaron ampliamente desde el sur de Asia, llevando consigo tecnologías y culturas que influyeron en las civilizaciones tempranas.

- **Comercio y Rutas Migratorias:** Los subclados de L, especialmente **L1a**, están vinculados con las antiguas rutas comerciales y migratorias entre el sur de Asia, Irán y el Medio Oriente. Este linaje es un marcador genético clave de las interacciones culturales y económicas en estas regiones.

- **Civilizaciones Antiguas:** El haplogrupo L y sus subclados jugaron un papel crucial en las civilizaciones antiguas del sur de Asia y el Medio Oriente. Los subclados de L se encuentran en frecuencias significativas en muchas regiones que fueron centros de innovación cultural y tecnológica.

Descubrimientos y Estudios Importantes

A continuación, se destacan algunos de los descubrimientos más importantes sobre el haplogrupo L, junto con estudios relevantes:

- ### Migraciones hacia el sur de Asia

Los estudios genéticos han demostrado que el haplogrupo L es particularmente frecuente en el sur de Asia, especialmente en India, Pakistán y Sri Lanka. Un descubrimiento importante es la alta prevalencia de este haplogrupo entre grupos tribales y algunas castas superiores en el subcontinente indio, lo que sugiere una larga historia de este linaje en la región. El subclado **L1a** es común en poblaciones dravídicas y en tribus de los Ghats Occidentales en India, lo que refuerza la idea de que el haplogrupo L fue uno de los linajes que participó en la expansión neolítica en esta región.

- ### Conexión con la civilización del Valle del Indo

El haplogrupo L ha sido identificado en restos genéticos de la antigua civilización del Valle del Indo, una de las primeras y más avanzadas civilizaciones urbanas del mundo, situada en lo que ahora es Pakistán e India. Los estudios de ADN antiguo han encontrado evidencia de linajes del haplogrupo L en muestras genéticas de esta civilización, lo que sugiere que sus portadores jugaron un papel en la formación de las primeras ciudades del sur de Asia. Este descubrimiento también ha sido clave para rastrear la evolución de las culturas sedentarias y agrícolas en el subcontinente indio.

Resumen

El haplogrupo L es un linaje genético que se originó hace aproximadamente 30,000 años en el sur de Asia, específicamente en la región que hoy comprende Pakistán y el noroeste de la India. Este haplogrupo es común en el subcontinente indio, donde se encuentra principalmente en las poblaciones dravídicas y en algunos grupos de pastores y agricultores. También se ha identificado en pequeñas proporciones en el Medio Oriente, Asia Central, y el Cuerno de África, reflejando migraciones antiguas y conexiones comerciales a lo largo de estas regiones.

El haplogrupo L se divide en varios subclados, entre los que destacan **L1**, **L2** y **L3**. **L1** es común en el sur de Asia, particularmente en el noroeste de India y Pakistán, mientras que **L2** ha sido encontrado en poblaciones de Oriente Medio y el Cáucaso. **L3** es menos frecuente, pero se ha identificado en áreas como el sur de Asia y algunas poblaciones de África oriental. En general, el haplogrupo L refleja la profunda historia genética del sur de Asia y su papel en las antiguas rutas comerciales y migratorias que conectaban esta región con otras partes del mundo.

Haplogrupo M

Origen y Evolución

El haplogrupo M del ADN-Y es un linaje que se originó hace aproximadamente 40,000 a 50,000 años, probablemente en Asia o en las cercanías del sudeste asiático. Este haplogrupo es importante por su papel en la dispersión de los humanos modernos hacia Oceanía y partes de Melanesia y Papúa Nueva Guinea. Se encuentra en altas frecuencias entre las poblaciones indígenas de Oceanía, lo que indica que los portadores del haplogrupo M participaron en algunas de las primeras migraciones hacia las islas del Pacífico y las regiones costeras del sudeste asiático.

Su surgimiento coincide con el momento en que los humanos modernos comenzaron a colonizar nuevas áreas del mundo, incluyendo algunas de las islas más remotas de Oceanía.

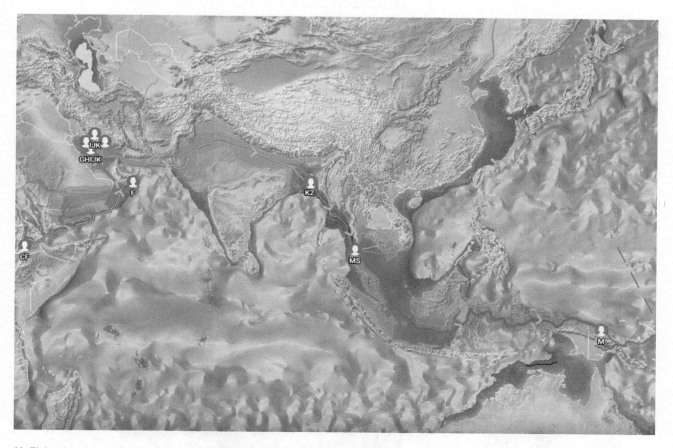

** El haplogrupo M del cromosoma Y es un linaje antiguo y significativo que proporciona una visión profunda de las migraciones y adaptaciones de las poblaciones humanas en Asia y Oceanía. Su estudio continúa revelando detalles importantes sobre la historia genética y la evolución de los humanos en estas regiones.

Conexiones con Otros Haplogrupos

El haplogrupo M se conecta con otros haplogrupos a través de su descendencia del haplogrupo K, que a su vez proviene del haplogrupo IJK. Esto lo vincula con otros haplogrupos como I, J, y R, todos descendientes del linaje común F, que surgió fuera de África hace más de 50,000 años. El haplogrupo M es una de las ramas que se separó temprano del haplogrupo K y se estableció principalmente en Oceanía y el sudeste asiático, formando parte de las migraciones humanas que se extendieron por esas regiones.

Está particularmente asociado con poblaciones indígenas de Melanesia, Papúa Nueva Guinea, y otras áreas de Oceanía, así como partes del sudeste asiático. Su conexión con otros haplogrupos refleja las primeras migraciones hacia el este de Asia y las islas del Pacífico. A través de su linaje común con K, M está conectado con una amplia gama de haplogrupos globales, todos descendientes de las primeras olas migratorias fuera de África, y representa un linaje que se especializó en áreas más aisladas del Pacífico.

Distribución Geográfica

Asia

- **Asia Meridional:** India, Pakistán, Bangladés, Sri Lanka: El haplogrupo M está presente en frecuencias bajas, reflejando las antiguas migraciones desde el sudeste asiático hacia el sur de Asia.
  - Frecuencias: En algunas regiones de India, la frecuencia de M puede ser del 1-3%.

- **Asia Sudoriental:** Tailandia, Vietnam, Malasia, Indonesia, Filipinas: M y sus subclados, como **M1**, son comunes en esta región. Estas poblaciones muestran una alta diversidad genética, reflejando antiguas migraciones.
  - Frecuencias: En esta región, la frecuencia de M puede variar del 5-10%.

- **Asia Oriental**: China, Japón, Corea: El haplogrupo M está presente en frecuencias bajas, reflejando las migraciones desde el sudeste asiático hacia el este de Asia.
  - Frecuencias: En estas regiones, la frecuencia de M puede ser del 1-2%.

Oceanía

- **Melanesia, Micronesia y Polinesia**: Papúa Nueva Guinea, Islas Salomón, Fiji: El haplogrupo M y sus subclados, especialmente **M1a1**, son extremadamente comunes en Oceanía, reflejando la antigua dispersión de poblaciones austronesias.
  - Frecuencias: En Papúa Nueva Guinea, la frecuencia de **M1a1** puede superar el 50-60%.

- **Australia:** Aborígenes Australianos: Los aborígenes australianos muestran altas frecuencias del haplogrupo M y sus subclados, especialmente **M1a1**.
  - Frecuencias: En algunas poblaciones aborígenes, la frecuencia de **M1a1** puede ser superior al 40-50%.

América

- **Poblaciones Indígenas:** América del Sur y Central: Algunas poblaciones indígenas muestran la presencia del haplogrupo M en frecuencias bajas, reflejando antiguas migraciones desde Asia hacia las Américas.
  - Frecuencias: En estas regiones, la frecuencia de M puede ser del 1-3%.

África

- **África del Norte:** Egipto, Libia, Túnez, Marruecos: El haplogrupo M está presente en frecuencias bajas, reflejando antiguas migraciones desde Asia hacia el norte de África.
  - Frecuencias: En estas regiones, la frecuencia de M puede ser del 1-2%.

Subclados Principales

❖ **M (SK1828)** Subclado principal del haplogrupo M, del cual derivan varios subclados importantes.

➤ **M1 (M5)** Presente en Nueva Guinea

▪ **M1a (Z30983)** Común en el sudeste asiático y Oceanía.

  - **M1a1** Subclado más frecuente en Melanesia y Australia.

  - **M1a2** Presente en el sudeste asiático y Polinesia.

➤ **M2 (M353)** Presente en Nueva Guinea

Importancia Histórica y Antropológica

- **Migraciones Antiguas:** El haplogrupo M está asociado con algunas de las migraciones más antiguas y significativas en Asia y Oceanía. Los portadores de M se dispersaron ampliamente desde el sudeste asiático hacia Oceanía, llevando consigo tecnologías y culturas que influyeron en las civilizaciones tempranas.

- **Comercio y Rutas Migratorias:** Los subclados de M, especialmente **M1a**, están vinculados con las antiguas rutas comerciales y migratorias entre el sudeste asiático, Oceanía y más allá. Este linaje es un marcador genético clave de las interacciones culturales y económicas en estas regiones.

- **Civilizaciones Antiguas:** El haplogrupo M y sus subclados jugaron un papel crucial en las civilizaciones antiguas del sudeste asiático y Oceanía. Los subclados de M se encuentran en frecuencias significativas en muchas regiones que fueron centros de innovación cultural y tecnológica.

Descubrimientos y Estudios Importantes

A continuación, se describen algunos de los descubrimientos más importantes relacionados con el haplogrupo M:

- **Colonización de Oceanía**

Los estudios han demostrado que el haplogrupo M está estrechamente relacionado con las primeras migraciones humanas hacia Melanesia, Papúa Nueva Guinea, y otras islas del Pacífico. Estos hallazgos confirman que los portadores del haplogrupo M fueron parte de las primeras oleadas de humanos modernos en cruzar el mar y colonizar Oceanía. Este linaje ha perdurado en estas áreas durante decenas de miles de años, lo que refleja la continuidad genética de las poblaciones indígenas de Oceanía. En particular, se ha encontrado que los subclados de M son predominantes en las poblaciones indígenas de Papúa Nueva Guinea y en las islas de Melanesia, lo que refuerza la teoría de una migración temprana a través de rutas marítimas hacia estas regiones. La presencia de M en estas áreas indica que estas poblaciones han mantenido su linaje a lo largo de miles de años sin una mezcla significativa con otras poblaciones migrantes.

- **Diversidad genética en Papúa Nueva Guinea y Melanesia**

Los estudios genéticos han demostrado que el haplogrupo M es particularmente diverso en las poblaciones indígenas de Papúa Nueva Guinea y Melanesia. Esta diversidad sugiere que el haplogrupo M ha estado presente en estas áreas desde hace al menos 40,000 años, haciendo de esta región uno de los focos más importantes para estudiar la evolución humana fuera de África. La preservación del haplogrupo M en estas áreas también refuerza la idea de que las poblaciones melanesias y papúes han estado relativamente aisladas desde su llegada a estas islas, lo que ha permitido que mantengan un linaje genético único en comparación con otras poblaciones de Asia y Oceanía.

Resumen

El haplogrupo M es un linaje genético que se originó en Asia hace aproximadamente 50,000 años, y es uno de los principales haplogrupos encontrados en las poblaciones indígenas de Melanesia, Australia y partes de Asia oriental y el sudeste asiático. Este haplogrupo es particularmente significativo por su papel en la colonización temprana de las islas del Pacífico y Oceanía, así como por su presencia en algunas áreas de Asia.

Los subclados del haplogrupo M son numerosos, y se han encontrado con alta frecuencia en grupos como los indígenas de Papúa Nueva Guinea y los aborígenes australianos. Estos subclados reflejan las antiguas rutas migratorias de los primeros humanos que dejaron África y se dispersaron por el sur de Asia antes de continuar hacia el sureste asiático y, finalmente, colonizar las islas de Oceanía. Aunque menos común en poblaciones actuales fuera de estas áreas, el haplogrupo M sigue siendo clave para comprender las primeras migraciones humanas hacia el este y sur de Asia y el Pacífico.

Referencias

1) **Friedlaender, J. S., et al. (2007)**. "The Genetic Structure of Pacific Islanders." *PLOS Genetics*.

2) **Kayser, M., et al. (2008)**. "Melanesian and Asian Origins of Polynesians: mtDNA and Y Chromosome Gradients Across the Pacific." *Molecular Biology and Evolution*.

3) **Karafet, T. M., et al. (2010)**. "Major East-West Division Underlies Y Chromosome Stratification Across Indonesia." *Molecular Biology and Evolution*.

Haplogrupo N

Origen y Evolución

El haplogrupo N del ADN-Y es un linaje que se originó hace aproximadamente 20,000 a 30,000 años en el norte de Eurasia, probablemente en la región que hoy comprende Siberia o el norte de China. Es uno de los haplogrupos más importantes en las regiones de Eurasia del norte, y su dispersión está asociada con las poblaciones urálicas, turcas y mongolas. Este haplogrupo es particularmente común en Europa del norte, Siberia, y partes de Asia Central.

Este linaje ha jugado un papel clave en la historia genética de las poblaciones nómadas y seminómadas de las estepas euroasiáticas.

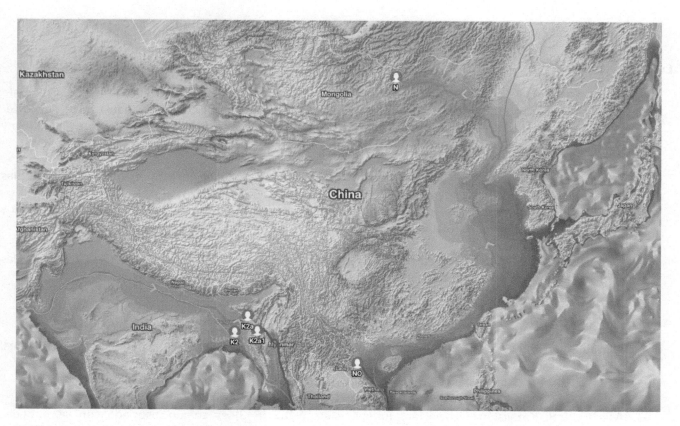

** El haplogrupo N del cromosoma Y se originó en el noreste de Asia hace entre 20,000 y 30,000 años y se dispersó hacia el norte y el oeste, dejando una huella genética significativa en Siberia y Europa del Norte. Su estudio proporciona valiosa información sobre las migraciones humanas y la adaptación a diferentes entornos en Eurasia.

Conexiones con Otros Haplogrupos

El haplogrupo N se conecta con otros haplogrupos a través de su descendencia del haplogrupo K2a, que es una subrama del haplogrupo K, un linaje muy diverso y extendido que se originó hace unos 40,000 a 50,000 años. El haplogrupo K es un descendiente del linaje común F, que dio origen a muchos otros haplogrupos importantes fuera de África, como I, J, R, Q, y O. Esto significa que el haplogrupo N comparte un ancestro común con estos linajes, lo que lo conecta con poblaciones de Europa, Asia, y América.

En particular, el haplogrupo N está estrechamente relacionado con el haplogrupo O, que se encuentra en gran parte de Asia Oriental y el sudeste asiático. Ambos haplogrupos descienden del mismo linaje K2a, y su separación refleja diferentes rutas migratorias en Asia. N también está conectado con haplogrupos como Q (común en las poblaciones indígenas americanas) y R (predominante en Europa), que descienden de K2b. Estas conexiones muestran cómo el haplogrupo N forma parte de una red de linajes que se expandieron a través de Eurasia y las Américas en diferentes oleadas migratorias.

Distribución Geográfica

Europa

- **Europa del Norte**: Finlandia, Estonia, Letonia, Lituania: El haplogrupo **N1a1 (L708)** es extremadamente común. Este subclado se dispersó con las migraciones de los pueblos urálicos y otras poblaciones del norte.
  - Frecuencias: En Finlandia, la frecuencia de **N1a1** puede superar el 60%, mientras que en Estonia y Letonia puede ser del 40-50%.

- **Europa del Este**: Rusia, Bielorrusia, Ucrania: **N1a1a (M178)** es común en esta región, asociado con las migraciones de pueblos urálicos y nómadas.
  - Frecuencias: En Rusia, la frecuencia de **N1a1a** puede ser del 30-40%, mientras que en Ucrania y Bielorrusia puede ser del 20-30%.

- **Europa Central**: Polonia, Alemania, Hungría: **N1a1a** está presente en frecuencias más bajas, reflejando las migraciones históricas desde el noreste de Europa.
  - Frecuencias: En estas regiones, la frecuencia de N puede ser del 5-10%.

Asia

- **Asia del Norte**: Siberia (Yakutia, Evenkia, Buriatia): **N1a** y sus subclados son extremadamente comunes, reflejando la antigüedad y la dispersión de los pueblos siberianos.
  - Frecuencias: En Yakutia y otras regiones de Siberia, la frecuencia de **N1a** puede superar el 70%.

- **Asia Central**: Kazajistán, Uzbekistán, Turkmenistán: **N1a2 (P43)** es común, asociado con las antiguas migraciones de pueblos nómadas.
  - Frecuencias: En estas regiones, la frecuencia de **N1a2** puede ser del 10-20%.

- **Asia Oriental**: China, Mongolia, Corea: El haplogrupo N está presente en frecuencias bajas a moderadas, reflejando las migraciones desde Siberia y Asia Central hacia el este de Asia.
  - Frecuencias: En estas regiones, la frecuencia de N puede ser del 1-5%.

América

- **Poblaciones Indígenas**: Norteamérica (Inuit, Chukchi): Algunas poblaciones indígenas del Ártico y el norte de América muestran la presencia del haplogrupo N en frecuencias moderadas, reflejando antiguas migraciones desde Siberia.
  - Frecuencias: En estas regiones, la frecuencia de N puede ser del 5-10%.

África

- **África del Norte:** Egipto, Libia, Túnez, Marruecos: El haplogrupo N está presente en frecuencias bajas, reflejando antiguas migraciones desde Asia hacia el norte de África.
    - Frecuencias: En estas regiones, la frecuencia de N puede ser del 1-2%.

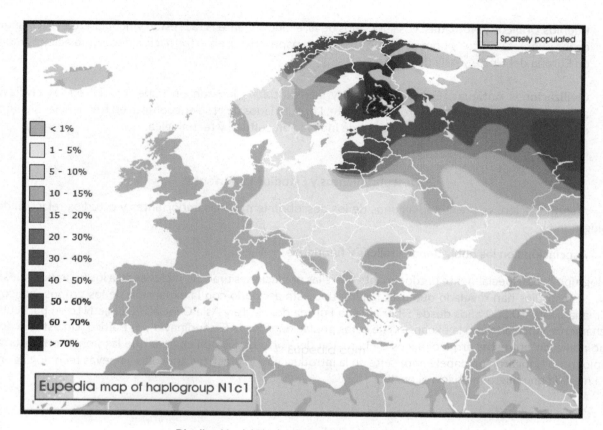

Distribución del Haplogrupo N, cortesía de Eupedia

Subclados Principales

❖ **N (M231)** Subclado principal del haplogrupo N, del cual derivan varios subclados importantes.

➢ **N1 (L735)**

- **N1a (F1206)** Común en el noreste de Europa y Siberia.

    - **N1a1** Subclado más frecuente en Europa del Norte y Asia del Norte.

    - **N1a2** Presente en Asia Central y Siberia.

➢ **N2 (B482)**

- **N2a (Y6514)** Frecuente en el sur de Siberia y partes de Asia Central.

Importancia Histórica y Antropológica

- **Migraciones Antiguas:** El haplogrupo N está asociado con algunas de las migraciones más antiguas y significativas en Asia del Norte y Europa del Norte. Los portadores de N se dispersaron ampliamente desde Siberia y Asia Central hacia Europa del Norte, llevando consigo tecnologías y culturas que influyeron en las civilizaciones tempranas.

- **Pueblos Urálicos y Nómadas:** Los subclados de N, especialmente N1a1, están vinculados con las migraciones de los pueblos urálicos y nómadas, que jugaron un papel crucial en la formación de las poblaciones modernas de Europa del Norte y Asia del Norte.

- **Civilizaciones Antiguas:** El haplogrupo N y sus subclados jugaron un papel crucial en las civilizaciones antiguas de Asia del Norte y Europa del Norte. Los subclados de N se encuentran en frecuencias significativas en muchas regiones que fueron centros de innovación cultural y tecnológica.

Descubrimientos y Estudios Importantes

A continuación, se presentan algunos de los descubrimientos más importantes y estudios relacionados con el haplogrupo N:

- **Asociación con las poblaciones urálicas y finoúgrias**

El haplogrupo N es especialmente predominante entre las poblaciones urálicas, incluyendo a los finlandeses, estonios, y sami. Los estudios han revelado que este haplogrupo está asociado con la expansión de los grupos urálicos hace aproximadamente 10,000 años desde Siberia hacia Europa del Norte y Asia Central. El linaje **N1c** en particular está estrechamente vinculado con la expansión de estas poblaciones hacia Escandinavia y el Báltico. Un estudio del ADN antiguo realizado en restos arqueológicos de la región del norte de Europa sugiere que las poblaciones portadoras del haplogrupo N jugaron un papel importante en la introducción de prácticas agrícolas y nuevas tecnologías en estas áreas a medida que migraban hacia el oeste.

- **Migraciones desde Siberia hacia el norte de Eurasia**

Los estudios genéticos han demostrado que el haplogrupo N es el linaje predominante entre las poblaciones indígenas de Siberia y el Ártico. Este haplogrupo se originó en Siberia hace aproximadamente 15,000 a 20,000 años, y sus portadores se dispersaron hacia el norte de Eurasia, poblando regiones extremadamente frías y desarrollando un estilo de vida nómada. Entre las poblaciones que portan el haplogrupo N se encuentran los yakutos, evenkis, y otros pueblos indígenas siberianos. Un descubrimiento clave fue el hallazgo del haplogrupo N en los restos de antiguos cazadores-recolectores en Siberia, lo que sugiere que este linaje estuvo presente en la región durante miles de años antes de la llegada de otros linajes desde el oeste.

- **Expansión hacia Europa del Norte**

En Escandinavia y las regiones bálticas, el haplogrupo N1c se ha identificado como el principal linaje masculino, lo que indica una migración significativa de poblaciones desde Siberia hacia el norte de Europa hace unos 4,000 a 5,000 años. Este hallazgo sugiere que las poblaciones finoúgrias llevaron este linaje hacia Finlandia, Estonia, y otras áreas del norte de Europa. Los estudios han relacionado el haplogrupo N con la difusión de la cultura finoúgria en Europa del Norte, destacando la importancia de este linaje en la conformación genética de las poblaciones actuales de la región.

- **Adaptaciones genéticas a climas fríos**

Un descubrimiento importante es la relación entre el haplogrupo N y las adaptaciones a los climas fríos de las regiones árticas. Los estudios genéticos han demostrado que los portadores del haplogrupo N desarrollaron adaptaciones biológicas para sobrevivir en condiciones extremadamente frías, incluyendo la capacidad de metabolizar grasas de manera más eficiente, lo que les permitió prosperar en áreas donde la dieta se basaba en alimentos de origen animal, como la carne de reno y pescado. Estas adaptaciones también sugieren que las poblaciones portadoras del haplogrupo N jugaron un papel importante en la expansión hacia los territorios más septentrionales de Eurasia, donde las temperaturas eran extremas.

- **Conexiones con Asia Oriental y Asia Central**

Aunque el haplogrupo N es más común en el norte de Eurasia, estudios genéticos han encontrado que también está presente en algunas poblaciones de Asia Oriental y Asia Central, lo que indica antiguos contactos entre las poblaciones siberianas y otras regiones de Asia. Se ha identificado una baja frecuencia del haplogrupo N en China, Mongolia, y Kazajistán, lo que sugiere posibles rutas migratorias y lazos comerciales entre estos grupos. Este descubrimiento refuerza la idea de que las antiguas rutas comerciales y migratorias entre el este de Asia y Siberia pudieron haber facilitado el intercambio genético entre estas regiones.

- **Estudios sobre la historia genética de los finlandeses y los pueblos bálticos**

Los estudios de ADN en las poblaciones finlandesas y bálticas han mostrado que el haplogrupo N tiene una alta frecuencia en Finlandia y Estonia, lo que sugiere que estas regiones fueron un punto clave en la expansión de los pueblos urálicos. Los portadores del haplogrupo N en Finlandia muestran una continuidad genética con las antiguas poblaciones del norte de Eurasia, lo que subraya la importancia de este linaje en la formación genética de las poblaciones del norte de Europa. Además, un estudio en la población sami de Escandinavia reveló que este grupo conserva una alta frecuencia del haplogrupo N, lo que indica que sus ancestros probablemente formaron parte de las primeras olas de migración desde Siberia hacia Europa del Norte.

Resumen

El haplogrupo N del ADN-Y es un linaje genético que se originó en Asia hace aproximadamente 15,000 a 20,000 años. Es uno de los haplogrupos más importantes y extendidos en el norte de Eurasia, particularmente entre las poblaciones de Siberia, Asia Central, el norte de Europa y partes del este de Asia. Se cree que el haplogrupo N se originó en el sur de Asia o en la región de Siberia, desde donde sus portadores migraron hacia el norte y el oeste, adaptándose a climas fríos y entornos extremos.

Referencias

1) **Rootsi, S., et al. (2007).** "Origin and Diffusion of Y-Chromosome Haplogroup N1c in Eurasia." *The American Journal of Human Genetics*.

2) **Lappalainen, T., et al. (2008).** "Migration Waves to the Baltic Sea Region." *Nature Genetics*.

3) **Derenko, M., et al. (2007).** "Y-chromosome haplogroup N dispersals from south Siberia to Europe." *Journal of Human Genetics*.

4) **Tambets, K., et al. (2004).** "The Western and Eastern Roots of the Saami - the Story of Genetic 'Outliers' Told by Mitochondrial DNA and Y Chromosomes." *The American Journal of Human Genetics*.

Haplogrupo O

Origen y Evolución

El haplogrupo O del ADN-Y es uno de los linajes más importantes en Asia Oriental, el sudeste asiático, y las islas del Pacífico, habiendo desempeñado un papel clave en la formación de las poblaciones de estas regiones. Se originó hace aproximadamente 25,000 a 30,000 años en Asia Oriental, y hoy en día es el haplogrupo más común entre los hombres en esta parte del mundo, particularmente en China, Japón, Corea, y las poblaciones del sudeste asiático.

Se originó en un período en el que las primeras poblaciones humanas comenzaban a asentarse en estas áreas, y su expansión está vinculada a las primeras migraciones en Asia, así como al desarrollo de la agricultura en esta región.

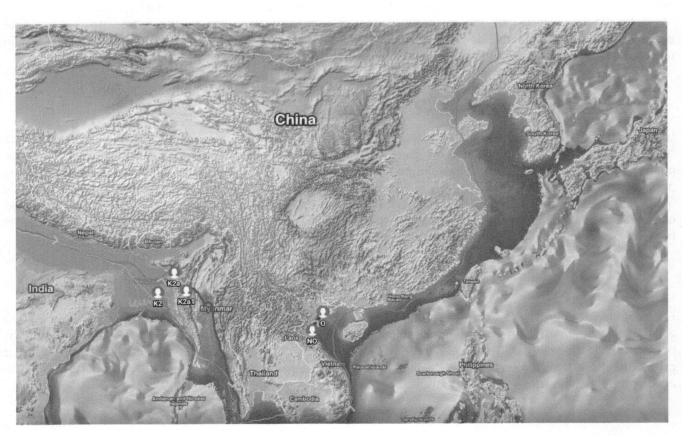

** El haplogrupo O del cromosoma Y se originó hace aproximadamente 35,000 a 40,000 años en el sudeste asiático. Desde allí, se dispersó ampliamente por el continente asiático, diversificándose en varios subclados que se establecieron en China, Japón, Corea, el sudeste asiático y las islas del Pacífico. Los estudios genéticos y arqueológicos han sido fundamentales para entender su origen, evolución y la influencia en las migraciones y el desarrollo cultural en Asia.

Conexiones con Otros Haplogrupos

El haplogrupo O se conecta con otros haplogrupos a través de su descendencia del haplogrupo **K2a**, que a su vez es una rama del haplogrupo K, un linaje antiguo y diversificado que se originó hace unos 40,000 a 50,000 años. K es descendiente del haplogrupo F, que es el ancestro común de muchos haplogrupos fuera de África, como I, J, G, H, R, Q, y N. Esto significa que el haplogrupo O comparte un linaje común con estos otros haplogrupos, lo que los conecta en un árbol filogenético que refleja la expansión de las poblaciones humanas fuera de África.

Más específicamente, el haplogrupo O está estrechamente relacionado con el haplogrupo N, ya que ambos derivan del subclado **K2a**. Mientras que O se expandió principalmente hacia el este y sudeste de Asia, N se movió hacia el norte, extendiéndose por Siberia y el noreste de Europa. Además, O está conectado con otros linajes como Q (encontrado en América y Asia) y R (común en Europa y Asia Central), que descienden de **K2b**, otra rama de K. Todas estas conexiones reflejan cómo las migraciones tempranas llevaron a la diversificación de los haplogrupos en diferentes regiones del mundo, con O concentrándose principalmente en Asia Oriental y Sudeste Asiático.

Distribución Geográfica

Asia

- **Asia Oriental**
  - **China**: El haplogrupo O, especialmente **O2 (M122)** y sus subclados, es extremadamente común en China. Este linaje refleja la historia de las migraciones y expansiones desde el sudeste asiático hacia el norte. Frecuencias: En China, la frecuencia de **O2** puede superar el 50%, siendo más alta en el sur de China.

  - **Japón**: **O2a2** es particularmente común en Japón, reflejando las antiguas migraciones desde Asia Continental. Frecuencias: En Japón, la frecuencia de **O2a2** puede ser del 30-40%.

  - **Corea**: **O2a1** es común en Corea, reflejando las migraciones desde China. Frecuencias: En Corea, la frecuencia de **O2a1** puede ser del 40-50%.

Sudeste Asiático

- o **Filipinas, Indonesia, Malasia, Vietnam**: El haplogrupo **O1a (M119)** y sus subclados son comunes en el sudeste asiático. Estas poblaciones muestran una alta diversidad genética, reflejando antiguas migraciones desde el sudeste asiático hacia las islas del Pacífico. Frecuencias: En Filipinas y Indonesia, la frecuencia de **O1a** puede ser del 30-40%.

- o **Tailandia, Camboya, Laos, Myanmar**: El haplogrupo O, especialmente **O2a (M324)**, es común en estas regiones, reflejando antiguas migraciones y expansiones. Frecuencias: En Tailandia y Camboya, la frecuencia de **O2a** puede ser del 20-30%.

Oceanía

- • **Polinesia, Melanesia, Micronesia**
  - o **Polinesia (Tonga, Samoa, Hawái)**: El haplogrupo **O1a2** es frecuente en Polinesia, reflejando la antigua dispersión de poblaciones austronesias.

  - o **Melanesia (Papúa Nueva Guinea, Islas Salomón)**: **O1a1** es común en Melanesia. Frecuencias: En estas regiones, la frecuencia de O puede ser del 10-30%.

América

- • **Poblaciones de ascendencia asiática**
  - o **Estados Unidos, Canadá, Brasil**: Debido a la migración reciente de asiáticos, el haplogrupo O está presente en frecuencias moderadas entre los descendientes de asiáticos en las Américas. Frecuencias: En la población general de ascendencia asiática, la frecuencia de O puede ser del 5-10%.

Subclados Principales

- ❖ **O (M175)** Subclado principal del haplogrupo O, del cual derivan varios subclados importantes.

  - ➢ **O1 (F265)**

    - ▪ **O1a (M119)** Común en el sudeste asiático y partes de Oceanía.

      - o **O1a1** Subclado frecuente en Taiwán y Filipinas.

      - o **O1a2** Presente en el sudeste asiático y Polinesia.

  - ➢ **O2 (M122)**

    - ▪ **O2a (M324)** Amplia distribución en Asia Oriental y Sudeste Asiático.

      - o **O2a1** Frecuente en China y Corea.

      - o **O2a1a** Común en China y el sudeste asiático.

      - o **O2a2** Presente en Japón, Corea y partes de China.

Importancia Histórica y Antropológica

- **Migraciones Austronesias:** El haplogrupo O, especialmente **O1a**, está estrechamente asociado con las migraciones austronesias que comenzaron hace unos 5,000 años. Estas migraciones llevaron a la colonización de vastas áreas del Pacífico, incluyendo Polinesia, Micronesia y partes de Melanesia, y dejaron una huella genética duradera en las poblaciones modernas de estas regiones.

- **Expansiones Neolíticas:** El haplogrupo **O2 (M122)** es un marcador clave de las migraciones neolíticas desde el sudeste asiático hacia Asia Oriental. Los portadores de este haplogrupo jugaron un papel crucial en la difusión de la agricultura y las tecnologías asociadas en China, Corea y Japón.

- **Civilizaciones Antiguas:** El haplogrupo O y sus subclados estuvieron presentes en muchas civilizaciones antiguas de Asia Oriental y el sudeste asiático. Los subclados de O se encuentran en frecuencias significativas en muchas regiones que fueron centros de innovación cultural y tecnológica.

Descubrimientos y Estudios Importantes

A continuación, se presentan algunos de los descubrimientos más importantes relacionados con el haplogrupo O y los estudios clave que han permitido comprender su impacto en las migraciones humanas y la historia genética de Asia:

- **Expansión agrícola desde China**

Relación con el Neolítico y la expansión agrícola: Uno de los descubrimientos más significativos es que el haplogrupo O está estrechamente relacionado con la difusión de la agricultura desde el valle del río Yangtsé en China hacia el sudeste asiático, hace aproximadamente 8,000 a 10,000 años. Estudios de ADN antiguo en restos arqueológicos han mostrado una alta prevalencia del haplogrupo O en las primeras poblaciones agrícolas de China, lo que lo vincula directamente con la transición de las sociedades cazadoras-recolectoras a las agrícolas. Este linaje fue clave en la expansión de las tecnologías agrícolas y en la fundación de las primeras civilizaciones estables en Asia oriental y el sudeste asiático. Investigaciones recientes sugieren que los portadores del haplogrupo O contribuyeron a la propagación de cultivos como el arroz y el mijo, lo que transformó las economías y las estructuras sociales de la región.

- **Distribución predominante en Asia Oriental**

Dominancia en China, Japón y Corea: Los estudios de diversidad genética han revelado que el haplogrupo O es el linaje más común entre los hombres de China, Japón, y Corea, alcanzando frecuencias superiores al 60% en algunos grupos. Esto refleja la expansión masiva de poblaciones que portaban este haplogrupo desde el este de Asia hacia nuevas regiones durante el Neolítico. En Japón, el haplogrupo O está presente en los Ainu y en las poblaciones Yamato, lo que sugiere una antigua conexión genética entre los primeros habitantes de Japón y las migraciones procedentes del continente asiático.

- **Migraciones austronesias**

Expansión hacia el sudeste asiático y el Pacífico: Otro hallazgo importante es la relación del haplogrupo O, especialmente el subclado **O1,** con las migraciones austronesias, que llevaron a los pueblos de Asia oriental hacia las islas del Pacífico, el sudeste asiático, y Oceanía. Los estudios han demostrado que los portadores de este haplogrupo fueron algunos de los primeros navegantes que colonizaron Filipinas, Indonesia, Taiwán, y las islas del Pacífico. Este descubrimiento ha sido fundamental para rastrear la expansión de las lenguas y culturas austronesias por todo el Pacífico, así como su papel en la formación de las poblaciones modernas en esta vasta región.

- **Presencia en el sur de Asia**

Introducción en India y el subcontinente indio: Aunque menos frecuente, el haplogrupo O ha sido identificado en India y otras partes del subcontinente indio, lo que indica antiguas conexiones entre el este de Asia y Asia meridional a través de rutas comerciales o migratorias. Este descubrimiento ha permitido a los investigadores comprender mejor cómo las poblaciones de diferentes partes de Asia interactuaron y se mezclaron a lo largo de la historia.

- **Impacto en la civilización Han**

Dominio entre los chinos Han: El haplogrupo O ha sido identificado como el linaje genético dominante entre los chinos Han, la etnia mayoritaria en China. Los estudios de ADN han demostrado que más del 60-70% de los hombres Han portan el haplogrupo O, lo que refuerza la importancia de este linaje en la evolución genética y cultural de la civilización china.

- **Relación con la expansión de la cerámica cordada en Asia**

Aunque más comúnmente asociado con Europa, algunos estudios han encontrado vínculos genéticos entre el haplogrupo O y ciertas tecnologías de la Edad del Bronce en Asia, como la cultura de la cerámica cordada. Estos hallazgos sugieren que las migraciones de las estepas euroasiáticas podrían haber tenido un impacto en la dispersión de este haplogrupo en el este de Asia.

Resumen

El haplogrupo O es un linaje genético que se originó en Asia hace aproximadamente 25,000 a 30,000 años y es uno de los más extendidos en el este y sureste de Asia. Es especialmente prevalente en las poblaciones de China, Japón, Corea, y el sudeste asiático. Este haplogrupo ha jugado un papel clave en la expansión de la agricultura, en particular en la difusión del cultivo de arroz, lo que facilitó la migración y asentamiento de diversas poblaciones en la región.

El haplogrupo O se subdivide en varios subclados importantes, como **O1** (común entre los pueblos austronesios), **O2** (que se encuentra ampliamente en China y Japón), y **O3** (presente en áreas de China y el sudeste asiático). Estos subclados reflejan las expansiones humanas asociadas con el desarrollo de la agricultura y el establecimiento de las primeras civilizaciones en Asia. La amplia dispersión del haplogrupo O demuestra su papel fundamental en la conformación genética de las poblaciones modernas de Asia oriental y el sudeste asiático.

Referencias

1) **Underhill, P. A., et al. (2001)**. "The Phylogeography of Y Chromosome Binary Haplotypes and the Origins of Modern Human Populations." *Annals of Human Genetics*.

2) **Su, B, et al. (1999)**. "Y-Chromosome Evidence for a Northward Migration of Modern Humans into Eastern Asia during the Last Ice Age." *The American Journal of Human Genetics*.

3) **Shi, H., et al. (2005)**. "Y-chromosome evidence of southern origin of the East Asian-specific haplogroup O3-M122." *American Journal of Human Genetics*.

4) **Hammer, M. F., et al. (2006)**. "Dual origins of the Japanese: Common ground for hunter-gatherer and farmer Y chromosomes." *Journal of Human Genetics*.

5) **Kayser, M., et al. (2000)**. "Melanesian origin of Polynesian Y chromosomes." *Current Biology*.

6) **Trejaut, J. A., et al. (2005)**. "Taiwanese aborigines and their Austronesian relatives." *Journal of Human Genetics*.

Haplogrupo P
Origen y Evolución

El haplogrupo P del ADN-Y es uno de los linajes más importantes que se originó hace aproximadamente 30,000 a 35,000 años, quizás en Asia Central o Siberia. Este haplogrupo es notable por ser el ancestro directo de dos de los haplogrupos más difundidos del mundo: Q y R, que han jugado roles clave en la colonización de Eurasia y América.

Este haplogrupo es uno de los linajes fundamentales para la dispersión de los humanos modernos a través de Eurasia y eventualmente hacia América.

** El haplogrupo P es fundamental para entender la historia de las migraciones humanas, ya que sus subclados han tenido un impacto significativo en la composición genética de poblaciones en varias partes del mundo, incluyendo las Américas, Europa y Asia.

Conexiones con Otros Haplogrupos

El haplogrupo P se conecta con otros haplogrupos a través de su descendencia del haplogrupo K2, que es una subrama del haplogrupo K. El haplogrupo P es un linaje clave que dio lugar a dos subclados muy importantes: Q y R. Estos subclados, a su vez, se dispersaron ampliamente por Eurasia y América, conectando a las poblaciones indígenas americanas (haplogrupo Q) y a gran parte de las poblaciones europeas y asiáticas (haplogrupo R). Como P desciende de K2, también está relacionado con otros haplogrupos derivados de K2, como O (común en Asia oriental) y N (predominante en Siberia y Europa del norte).

A través del haplogrupo K, el haplogrupo P también comparte un ancestro común con otros linajes importantes como I, J, y L, que derivan del haplogrupo IJK, que a su vez es descendiente del haplogrupo F. Esta relación muestra cómo P y sus descendientes se conectan a través de este ancestro común con linajes que se dispersaron por Europa, Asia, y América, representando una importante rama de la diversificación humana fuera de África hace más de 50,000 años. Las conexiones entre el haplogrupo P y otros haplogrupos reflejan las diferentes rutas migratorias y expansiones de las primeras poblaciones humanas.

Distribución Geográfica

Asia

- **Asia Central y Siberia:** Kazajistán, Uzbekistán, Siberia (Altái, Yakutia): El haplogrupo P y sus subclados, especialmente P1, están presentes en estas regiones, reflejando la antigüedad y la dispersión de los pueblos siberianos y nómadas.
  - Frecuencias: En algunas regiones de Siberia y Asia Central, la frecuencia de P puede ser del 5-10%.

- **Asia Oriental:** China, Mongolia, Japón, Corea: El haplogrupo P está presente en frecuencias bajas, reflejando las migraciones desde Asia Central hacia el este de Asia.
  - Frecuencias: En estas regiones, la frecuencia de P puede ser del 1-2%.

Europa

- **Europa del Este y Central:** Rusia, Ucrania, Polonia, Alemania: El haplogrupo P y sus subclados, especialmente R, están presentes en frecuencias moderadas, reflejando las migraciones históricas desde Asia Central hacia Europa.
  - Frecuencias: En estas regiones, la frecuencia de P puede ser del 1-5%.

América

- **Poblaciones Indígenas:** América del Norte, Central y del Sur: El haplogrupo **Q (M242)** es extremadamente común entre las poblaciones nativas americanas. Este linaje refleja la migración de los primeros pueblos a través del estrecho de Bering hacia las Américas.
  - Frecuencias: En las poblaciones indígenas de las Américas, la frecuencia de Q puede superar el 80-90%.

Oceanía

- **Melanesia y Micronesia:** Papúa Nueva Guinea, Islas Salomón: El haplogrupo P y sus subclados están presentes en frecuencias bajas, reflejando antiguas migraciones desde Asia hacia Oceanía.
  - Frecuencias: En estas regiones, la frecuencia de P puede ser del 1-3%.

África

- **África del Norte:** Egipto, Libia, Túnez, Marruecos: El haplogrupo P está presente en frecuencias muy bajas, reflejando las antiguas migraciones desde Asia hacia el norte de África.
  - Frecuencias: En estas regiones, la frecuencia de P puede ser inferior al 1%.

Subclados Principales

❖ **P (PF5850)** Subclado principal del haplogrupo P, del cual derivan **Q (M242)** y **R (M207)**.

➢ **P1 (M45)**

- **Q (M242)** Común en las Américas y partes de Asia.

  - **Q1 (MEH2)**

    - **Q1a (F1096)** Frecuente en las poblaciones nativas americanas.

    - **Q1b (M346)** Presente en Asia Central y Occidental.

  - **Q2 (L275)**

- **R (M207)** Amplia distribución en Europa y Asia.

  - **R1 (M173)** Subclado predominante en Europa y Asia.

    - **R1a (M420)** Común en Europa del Este y Asia Central.

    - **R1b (M343)** Predominante en Europa Occidental.

Importancia Histórica y Antropológica

- **Migraciones Antiguas:** El haplogrupo P está asociado con algunas de las migraciones más antiguas y significativas en Asia y las Américas. Los portadores de P se dispersaron ampliamente desde Asia Central y Siberia hacia Europa y las Américas, llevando consigo tecnologías y culturas que influyeron en las civilizaciones tempranas.

- **Pueblos Nómadas y Siberianos:** Los subclados de P, especialmente **P1**, están vinculados con las migraciones de los pueblos nómadas y siberianos, que jugaron un papel crucial en la formación de las poblaciones modernas de Asia Central y Siberia.

- **Poblaciones Nativas Americanas;** El haplogrupo **Q (M242)**, un subclado de P, es el marcador genético más común entre las poblaciones nativas americanas, reflejando la migración de los primeros pueblos a través del estrecho de Bering hacia las Américas hace más de 15,000 años.

Descubrimientos y Estudios Importantes

A continuación, se describen algunos de los descubrimientos más importantes relacionados con el haplogrupo P y los estudios que han contribuido a nuestro entendimiento de su historia:

- **Origen en Asia Central y Siberia**

Estudios genéticos han revelado que el haplogrupo P se originó en Siberia o Asia Central, hace entre 30,000 y 35,000 años. Los descubrimientos muestran que los primeros portadores de P formaban parte de grupos cazadores-recolectores que vivían en las estepas de Eurasia. Los análisis de ADN mitocondrial y ADN-Y sugieren que estos primeros grupos formaron parte de las poblaciones humanas que se adaptaron a climas fríos y montañosos antes de la última glaciación.

- **Descendencia y dispersión global a través de haplogrupos Q y R**

Uno de los descubrimientos más importantes sobre el haplogrupo P es que es el antecesor directo de los haplogrupos Q y R, que se diversificaron y se dispersaron ampliamente por Eurasia y las Américas. R se extendió por Europa, Asia Central, y partes de Asia Meridional, mientras que Q se desplazó hacia el norte de Asia y luego hacia las Américas a través del estrecho de Bering, hace entre 15,000 y 20,000 años. El haplogrupo P y sus descendientes han sido fundamentales para la formación genética de las poblaciones euroasiáticas y americanas actuales.

- **El haplogrupo P en poblaciones siberianas**

Se ha descubierto que el haplogrupo P en su forma original (sin subdivisión en Q o R) es extremadamente raro en la actualidad, pero aún se encuentra en pequeñas frecuencias entre algunas poblaciones indígenas de Siberia. Esto refuerza la hipótesis de que Siberia fue un importante punto de origen para las migraciones humanas que dieron lugar a la expansión hacia América a través del haplogrupo Q.

Las investigaciones genéticas han mostrado que ciertos grupos indígenas siberianos, como los ket y los selkups, conservan vestigios de este haplogrupo. Esto es importante para entender la conexión genética entre las poblaciones de Siberia y las de América.

- **Rastreo de antiguas migraciones en Asia Central**

El haplogrupo P ha sido vinculado con las primeras migraciones en Asia Central y las estepas euroasiáticas. Los estudios genéticos en restos antiguos de esta región muestran que las primeras poblaciones nómadas de cazadores-recolectores y pastores que habitaron las estepas podrían haber sido portadoras del haplogrupo P antes de que se diversificara en Q y R. Estos descubrimientos son importantes para trazar el movimiento de los humanos a través de las grandes estepas y la conexión de Asia con Europa y América.

- **Desconocida expansión en Oceanía**

Un hallazgo interesante es que vestigios del haplogrupo P han sido detectados en Oceanía, particularmente en algunas poblaciones de Papúa Nueva Guinea y Melanesia. Este descubrimiento es significativo, ya que sugiere posibles migraciones tempranas de poblaciones portadoras del haplogrupo P hacia áreas remotas, mucho antes de las migraciones más amplias de los haplogrupos Q y R. Aunque es raro, la presencia de P en estas regiones indica rutas migratorias poco exploradas en el pasado.

Resumen

El haplogrupo P es un linaje genético antiguo que se originó hace aproximadamente 30,000 a 40,000 años, probablemente en el sur de Asia o Asia Central. Este haplogrupo es particularmente importante porque es el ancestro directo de los haplogrupos Q y R, dos de los linajes más difundidos en el mundo moderno. Mientras que el haplogrupo P en sí mismo es raro en las poblaciones actuales, sus descendientes han tenido un gran impacto en la historia genética global.

El subclado **P1 (M45)**, el más conocido dentro de este haplogrupo, dio lugar al haplogrupo Q, que es prominente entre las poblaciones indígenas de las Américas, y al haplogrupo R, que es ampliamente predominante en Europa y Asia Central. Estos subclados de **P1** representan las grandes migraciones humanas que llevaron a la colonización de Eurasia, las Américas y partes de Oceanía. A pesar de que el haplogrupo P en su forma original es extremadamente raro hoy en día, sigue siendo crucial para entender las migraciones humanas antiguas y la dispersión de los linajes genéticos que conforman a gran parte de las poblaciones actuales.

Referencias

1) **Tamm, E., et al. (2007)**. "Beringian Standstill and Spread of Native American Founders." *PLoS One*.

2) **Underhill, P. A., et al. (2000)**. "Y chromosome sequence variation and the history of human populations." *Nature Genetics*.

3) **Haak, W., et al. (2015)**. "Massive migration from the steppe was a source for Indo-European languages in Europe." *Nature*.

4) **Allentoft, M. E., et al. (2015)**. "Population genomics of Bronze Age Eurasia." *Nature*.

5) **Raghavan, M., et al. (2014)**. "Upper Palaeolithic Siberian genome reveals dual ancestry of Native Americans." *Nature*.

6) **Bortolini, M. C., et al. (2003)**. "Y-chromosome evidence for differing ancient demographic histories in the Americas." *American Journal of Human Genetics*.

Haplogrupo Q
Origen y Evolución

El haplogrupo Q del ADN-Y se originó hace aproximadamente 25,000 a 30,000 años, probablemente en la región de Siberia o Asia Central. Surgió a partir del haplogrupo P, del cual también desciende el haplogrupo R. Este haplogrupo está estrechamente vinculado con las migraciones de los humanos modernos hacia el norte de Asia durante el Paleolítico Superior y posteriormente hacia las Américas.

El momento clave de la historia del haplogrupo Q fue la migración a través del estrecho de Bering, hace entre 15,000 y 20,000 años, cuando los portadores de este haplogrupo cruzaron desde Siberia hacia América del Norte durante el último período glacial, utilizando el puente terrestre conocido como Beringia

Esta migración marca el inicio de la colonización humana de las Américas, lo que convierte al haplogrupo Q en el principal linaje genético de las poblaciones indígenas de América.

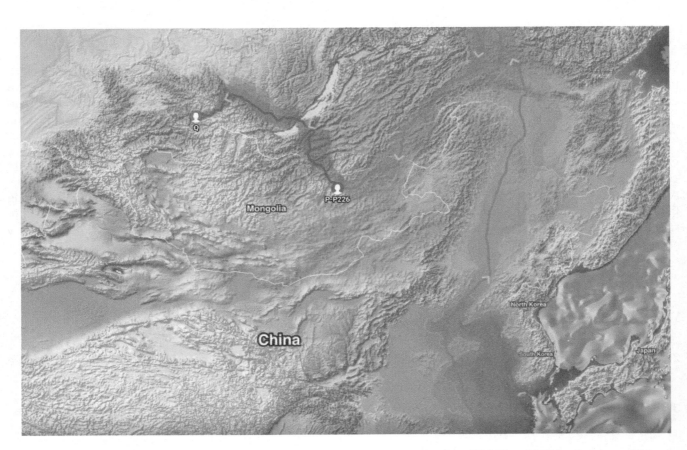

** El haplogrupo Q del cromosoma Y se originó en Asia hace aproximadamente 17,000 a 31,000 años y se dispersó ampliamente, con una migración significativa hacia las Américas a través del estrecho de Bering. Su estudio es crucial para entender la historia de las migraciones humanas y la diversidad genética de las poblaciones actuales.

Conexiones con Otros Haplogrupos

El haplogrupo Q se conecta con otros haplogrupos a través de su origen en el haplogrupo **K2b**, que es una rama del haplogrupo K. Este linaje **K2b** también dio lugar a haplogrupos como R, lo que vincula a Q estrechamente con los linajes que predominaron en Europa y Asia Central. Ambos haplogrupos, Q y R, comparten un ancestro común en **K2**, que a su vez desciende del haplogrupo F. Este vínculo con K y F conecta el haplogrupo Q con muchas otras ramas globales, como los haplogrupos N, O, I, y J, que se dispersaron por Eurasia en diferentes direcciones.

El haplogrupo Q es más conocido por su papel en las migraciones hacia el continente americano. Se estima que los portadores de este haplogrupo fueron parte de los primeros grupos humanos que cruzaron el estrecho de Bering desde Siberia hacia las Américas, hace unos 15,000 a 20,000 años. Este linaje se encuentra en gran parte de las poblaciones nativas de América del Norte, Central y del Sur, lo que lo convierte en un marcador clave para rastrear las migraciones paleoindias. Sin embargo, Q también se encuentra en pequeñas frecuencias en Asia Central y Siberia, lo que muestra sus raíces eurasiáticas.

Distribución Geográfica

Asia

- **Asia Central y Siberia**: Kazajistán, Uzbekistán, Siberia (Altái, Yakutia): El haplogrupo Q y sus subclados, especialmente **Q1a** y **Q1a2**, están presentes en estas regiones, reflejando la antigüedad y la dispersión de los pueblos siberianos y nómadas.
    - Frecuencias: En algunas regiones de Siberia y Asia Central, la frecuencia de Q puede ser del 10-20%.

- **Asia Oriental**: China, Mongolia, Japón, Corea: El haplogrupo Q está presente en frecuencias bajas, reflejando las migraciones desde Asia Central hacia el este de Asia.
    - Frecuencias: En estas regiones, la frecuencia de Q puede ser del 1-5%.

- **Asia Occidental y Medio Oriente**: Irán, Turquía, Armenia: **Q1a2** es común en estas regiones, reflejando antiguas migraciones y conexiones comerciales.
    - Frecuencias: En estas regiones, la frecuencia de Q puede ser del 5-10%.

Europa

- **Europa del Este y Central:** Rusia, Ucrania, Polonia, Hungría: El haplogrupo Q y sus subclados, especialmente **Q1a**, están presentes en frecuencias moderadas, reflejando las migraciones históricas desde Asia Central hacia Europa.
  - Frecuencias: En estas regiones, la frecuencia de Q puede ser del 5-10%.

América

- **Poblaciones Indígenas:** América del Norte, Central y del Sur: El haplogrupo **Q (M242)** es extremadamente común entre las poblaciones nativas americanas. Este linaje refleja la migración de los primeros pueblos a través del estrecho de Bering hacia las Américas.
  - Frecuencias: En las poblaciones indígenas de las Américas, la frecuencia de Q puede superar el 80-90%.

Oceanía

- **Melanesia y Micronesia:** Papúa Nueva Guinea, Islas Salomón: El haplogrupo Q y sus subclados están presentes en frecuencias bajas, reflejando antiguas migraciones desde Asia hacia Oceanía.
  - Frecuencias: En estas regiones, la frecuencia de Q puede ser del 1-3%.

África

- **África del Norte:** Egipto, Libia, Túnez, Marruecos: El haplogrupo Q está presente en frecuencias muy bajas, reflejando las antiguas migraciones desde Asia hacia el norte de África.
  - Frecuencias: En estas regiones, la frecuencia de Q puede ser inferior al 1%.

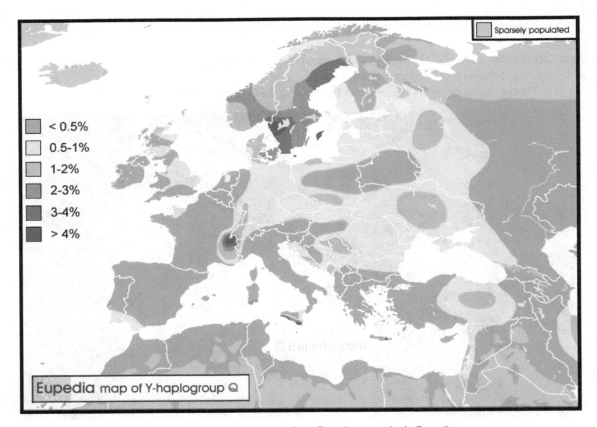

Distribución del Haplogrupo Q en Eurasia, cortesía de Eupedia

Subclados Principales

❖ **Q (M242)** Subclado principal del haplogrupo Q, del cual derivan varios subclados importantes.

➢ **Q1 (MEH2)**

▪ **Q1a (F1096)** Común en Asia Oriental y Central.

○ **Q1a1** Subclado frecuente en Asia Central y partes del Medio Oriente.

○ **Q1a2** Presente en Asia Central y Occidental.

▪ **Q1b1 (M3)** Predominante en los pueblos indígenas de las Américas

➢ **Q2 (L275)**

▪ **Q2a (F1213)** Amplia distribución en las Américas.

○ **Q2a1** Frecuente en las poblaciones nativas americanas.

Importancia Histórica y Antropológica

- **Migraciones Antiguas:** El haplogrupo Q está asociado con algunas de las migraciones más antiguas y significativas en Asia y las Américas. Los portadores de Q se dispersaron ampliamente desde Asia Central y Siberia hacia Europa y las Américas, llevando consigo tecnologías y culturas que influyeron en las civilizaciones tempranas.

- **Pueblos Nómadas y Siberianos:** Los subclados de Q, especialmente **Q1a**, están vinculados con las migraciones de los pueblos nómadas y siberianos, que jugaron un papel crucial en la formación de las poblaciones modernas de Asia Central y Siberia.

- **Poblaciones Nativas Americanas:** El haplogrupo **Q (M242)** es el marcador genético más común entre las poblaciones nativas americanas, reflejando la migración de los primeros pueblos a través del estrecho de Bering hacia las Américas hace más de 15,000 años. Este linaje es clave para entender la prehistoria y la historia temprana de las Américas.

Descubrimientos y Estudios Importantes

El haplogrupo Q del ADN-Y ha proporcionado a los científicos una ventana crucial para entender las primeras migraciones humanas hacia las Américas, así como la dispersión de los humanos modernos a través de Siberia y Asia Central. A continuación, se presentan algunos de los descubrimientos más importantes sobre este haplogrupo, que han permitido rastrear estas migraciones y su impacto en la historia genética de las poblaciones modernas:

- **Migración a través de Beringia y la colonización de América**

Uno de los descubrimientos más importantes asociados con el haplogrupo Q es su papel en la colonización de las Américas. Los estudios genéticos muestran que los portadores de este haplogrupo fueron los primeros en cruzar el estrecho de Bering durante la última glaciación, cuando el puente terrestre de Beringia conectaba Siberia con Alaska. Este cruce ocurrió hace entre 15,000 y 20,000 años, y se considera una de las migraciones más significativas de la historia humana.

○ Se ha encontrado evidencia arqueológica y genética que respalda la teoría de que los primeros habitantes de América provenían de Siberia, portando el haplogrupo Q. Este linaje es dominante entre los pueblos indígenas de América del Norte, Central y del Sur, lo que confirma que estas primeras migraciones dieron lugar a la población precolombina de todo el continente.

○ Los estudios de ADN antiguo en esqueletos de Clovis y otras culturas tempranas de América han revelado la presencia del subclado **Q-M3**, un derivado del haplogrupo Q que apareció poco después de la llegada a América. Este subclado se ha encontrado en restos humanos que datan de aproximadamente 13,000 años, lo que sugiere que las poblaciones portadoras de Q se extendieron rápidamente por el continente americano.

- **Diversificación genética en las Américas**

El haplogrupo Q se ha diversificado en una variedad de subclados en las Américas, y el descubrimiento más relevante es el del subclado **Q-M3**, que es el más común entre las poblaciones indígenas americanas. Este subclado se originó en América del Norte después de que los primeros migrantes cruzaran desde Asia, lo que sugiere un rápido crecimiento y expansión de las poblaciones fundadoras a lo largo del continente.

Investigaciones arqueogenéticas en civilizaciones precolombinas, como los mayas, aztecas, y incas, muestran que estos grupos también portaban el haplogrupo Q en diversos subclados. Este hallazgo revela la continuidad genética entre las primeras migraciones de cazadores-recolectores y las grandes civilizaciones que florecieron en Mesoamérica y Sudamérica miles de años después. Un estudio en restos humanos encontrados en la cueva Paisley Five Mile Point en Oregón, que datan de aproximadamente 14,300 años, ha mostrado haplogrupo Q, lo que respalda la idea de que las primeras migraciones humanas hacia América se produjeron antes de lo que inicialmente se pensaba.

- **Conexión con las poblaciones de Siberia y Asia Central**

Los descubrimientos en Siberia han revelado que el haplogrupo Q sigue presente en algunas poblaciones indígenas de la región, como los selkups y los ket. Estos grupos siberianos muestran una alta frecuencia del haplogrupo Q, lo que confirma la relación genética entre las poblaciones indígenas de Siberia y las de las Américas. Investigaciones genéticas sugieren que las poblaciones que portaban el haplogrupo Q en Siberia compartieron un ancestro común con las poblaciones que migraron hacia América. El descubrimiento de haplogrupo Q en Siberia refuerza la teoría de que los humanos modernos se adaptaron a las duras condiciones climáticas de Siberia antes de expandirse hacia el Nuevo Mundo.

Un descubrimiento notable fue el análisis del ADN de restos antiguos encontrados en Ust'-Ishim, en Siberia, que datan de hace aproximadamente 45,000 años. Aunque estos restos no portaban directamente el haplogrupo Q, mostraron una relación genética con las poblaciones siberianas ancestrales que posteriormente darían lugar al haplogrupo Q, lo que conecta estos hallazgos con la dispersión hacia América.

- **Conexión con los inuit y pueblos árticos**

El haplogrupo Q es dominante entre los pueblos del Ártico, como los inuit y los aleutianos, quienes son descendientes de las migraciones que cruzaron el estrecho de Bering. Los descubrimientos en genética poblacional de estos grupos han mostrado que comparten un origen común con las poblaciones indígenas de Siberia, lo que refuerza la idea de una migración a través de Beringia.

Un estudio en restos antiguos de la cultura Dorset, que habitó el Ártico antes de la llegada de los inuit modernos, mostró la presencia de haplogrupo Q, lo que indica que los portadores de este linaje fueron capaces de adaptarse a las duras condiciones árticas mucho antes de la llegada de los inuit actuales.

- **Hallazgos en Europa y Asia Central**

Aunque el haplogrupo Q es menos común en Europa y Asia Central, se ha descubierto en frecuencias bajas entre algunas poblaciones del norte de Europa y en grupos como los bashkirios de Rusia y los hunza de Pakistán. Estos hallazgos sugieren que las antiguas migraciones humanas que llevaban el haplogrupo Q pudieron haber alcanzado partes de Eurasia occidental.

En Escandinavia, algunos estudios genéticos han identificado el haplogrupo Q en pequeñas frecuencias, lo que podría estar relacionado con migraciones siberianas o contactos con grupos nómadas a lo largo de las estepas euroasiáticas. En Asia Central, se ha detectado haplogrupo Q en poblaciones como los tártaros y uighures, lo que podría indicar antiguas rutas comerciales y migratorias entre Asia Central y Siberia. Estos descubrimientos han sido esenciales para comprender la dispersión del haplogrupo Q y su papel en las migraciones hacia el continente americano, así como su presencia en Siberia y Asia Central.

Resumen

El haplogrupo Q es un linaje genético que se originó hace aproximadamente 17,000 a 30,000 años en Asia Central o el norte de Siberia. Es uno de los haplogrupos más importantes en la historia de las migraciones humanas, ya que sus portadores fueron los responsables de las primeras migraciones hacia las Américas a través del estrecho de Bering. Este haplogrupo se encuentra principalmente entre los pueblos indígenas de las Américas, lo que lo convierte en un marcador clave para entender la colonización temprana del continente americano. Su origen en Eurasia y su posterior dispersión hacia el Nuevo Mundo es un tema central en los estudios sobre las primeras migraciones humanas.

El subclado **Q-M3** es el más extendido entre las poblaciones nativas americanas y es considerado el principal linaje que atravesó el estrecho de Bering durante la última glaciación, cuando el nivel del mar era más bajo y un puente terrestre conectaba Asia con América del Norte. Este subclado está presente en casi todas las poblaciones indígenas de América del Norte y del Sur, desde los inuit en el Ártico hasta los pueblos indígenas de Sudamérica, como los guaraníes y los mapuches. La alta frecuencia de **Q-M3** en las Américas sugiere que fue uno de los linajes fundadores en la colonización del continente. Además de su presencia en las Américas, el haplogrupo Q también se encuentra en poblaciones de Eurasia. Subclados de Q se han identificado en Siberia, Asia Central, y en algunas partes de Europa oriental. Por ejemplo, **Q1a** es común entre los pueblos de Siberia, como los chukchi y los evenki, lo que indica una dispersión temprana de este haplogrupo en las regiones más frías de Asia. Esto demuestra que los antepasados portadores del haplogrupo Q no solo migraron hacia el este para poblar las Américas, sino que también se establecieron en regiones más cercanas a su lugar de origen en Asia Central.

Referencias

1) **Reich, D. (2018)**. *Who We Are and How We Got Here: Ancient DNA and the New Science of the Human Past*. Pantheon Books.

2) **Skoglund, P. & Reich, D. (2016)**. "A genomic view of the people of the Americas." *Current Opinion in Genetics & Development*, 41: 27–35.

3) **Rasmussen, M., et al. (2014)**. "The genome of a Late Pleistocene human from a Clovis burial site in western Montana." *Nature*, 506: 225–229.

4) **Mills, R., et al. (2018)**. "Ancient human DNA from Siberia provides insights into human migration and the people of the Americas." *Science Advances*, 4(12): eaav2625.

5) **Willerslev, E., et al. (2014)**. "The 12,600-year-old skeleton of a young child sheds light on the ancestry of Native Americans." *Nature*, 506: 225-229.

Haplogrupo R
Origen y Evolución

El haplogrupo R del ADN-Y es uno de los linajes más importantes y extendidos entre las poblaciones de Eurasia. Se originó hace aproximadamente 27,000 a 30,000 años, probablemente en la región de Asia Central o las estepas de Siberia. Este haplogrupo desciende del haplogrupo P, y sus dos subclados principales, **R1a** y **R1b**, han tenido un impacto significativo en la expansión de las poblaciones indoeuropeas y la formación de las civilizaciones de Europa y Asia.

Este linaje está asociado con las poblaciones de cazadores-recolectores que habitaron las regiones frías de Eurasia durante el Paleolítico Superior. A lo largo del tiempo, el haplogrupo R se diversificó y jugó un papel crucial en las migraciones humanas posteriores.

El subclado **R1** se originó poco después, y posteriormente se dividió en **R1a** y **R1b**, que hoy en día son los haplogrupos más comunes en gran parte de Europa y Asia Central. Estos linajes están asociados con las migraciones indoeuropeas y el surgimiento de las primeras civilizaciones europeas y asiáticas.

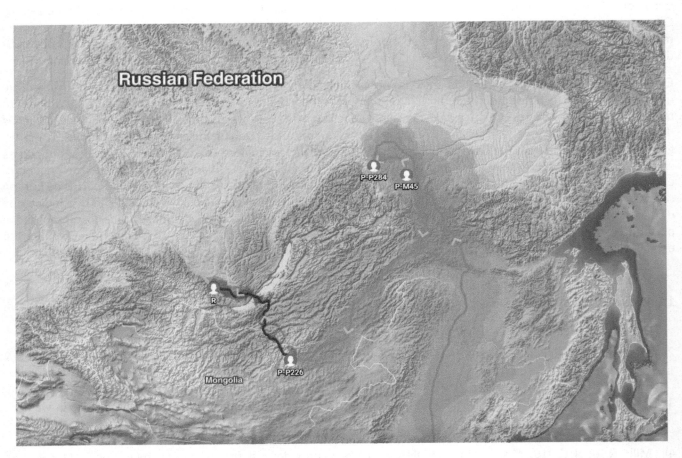

** El haplogrupo R del cromosoma Y tiene sus orígenes en Asia Central o el sur de Siberia hace unos 27,000 a 30,000 años y se ha dispersado ampliamente, especialmente a través de Europa y Asia. Su estudio proporciona importantes conocimientos sobre la historia de las migraciones humanas y la formación de las poblaciones contemporáneas.

Conexiones con Otros Haplogrupos

El haplogrupo R se conecta con otros haplogrupos a través de su descendencia del haplogrupo **K2b**, una subrama del haplogrupo K, que es un linaje clave en la expansión de poblaciones fuera de África. **K2b** también dio lugar a haplogrupos como Q, que es común en las poblaciones indígenas americanas, y M, que se encuentra en Oceanía. Todos estos linajes, incluido el haplogrupo R, comparten un ancestro común más antiguo en el haplogrupo F, que surgió hace más de 50,000 años. Esto conecta al haplogrupo R con una amplia red de linajes que se extendieron por Eurasia, Oceanía y las Américas.

Dentro del haplogrupo R, las subramas **R1** y **R2** reflejan diferentes rutas migratorias. **R1**, particularmente **R1b** y **R1a**, se dispersó ampliamente por Europa y Asia Central, vinculando el haplogrupo R con las poblaciones indoeuropeas y los pueblos de las estepas euroasiáticas. **R2**, aunque menos extendido, se encuentra en el sur de Asia. El haplogrupo R, por lo tanto, está relacionado con otros haplogrupos como Q, N, y O a través del linaje K, y su distribución actual refleja el impacto de las migraciones humanas desde Eurasia hacia Europa, Asia y América.

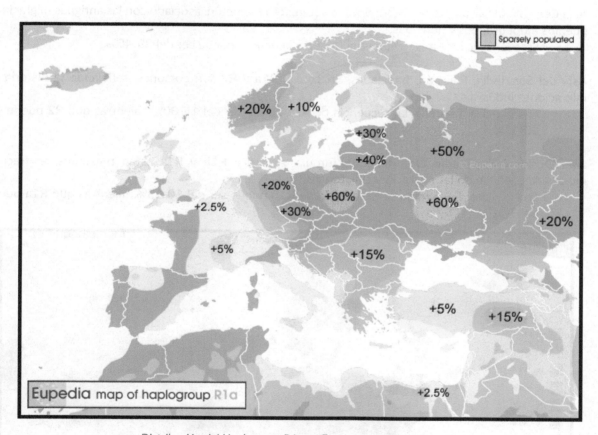

Distribución del Haplogrupo R1a en Europa, cortesía de Eupedia

Distribución Geográfica

Europa

- **Europa Occidental:** Reino Unido, Francia, España, Portugal: **R1b** es extremadamente común. Este subclado se dispersó con las migraciones de los pueblos indoeuropeos y las expansiones neolíticas.
  - Frecuencias: En el Reino Unido, la frecuencia de **R1b** puede superar el 60%, mientras que en España y Francia puede ser del 40-50%.

- **Europa Central y Oriental:** Alemania, Polonia, Ucrania, Rusia: **R1a** es común en esta región, asociado con las migraciones indoeuropeas.
  - o Frecuencias: En Polonia y Ucrania, la frecuencia de **R1a** puede ser del 40-50%, mientras que en Rusia puede ser del 30-40%.
- **Europa del Norte:** Escandinavia (Noruega, Suecia, Dinamarca): Tanto **R1a** como **R1b** son comunes, reflejando la historia de migraciones y mezclas.
  - o Frecuencias: En Suecia y Noruega, la frecuencia combinada de **R1a** y **R1b** puede ser del 40-50%.
- **Europa del Sur:** Italia, Grecia, Balcanes: **R1b** y **R1a** están presentes en frecuencias moderadas, reflejando las migraciones históricas desde el norte y el este.
  - o Frecuencias: En Italia y Grecia, la frecuencia de **R1b** puede ser del 10-20%, mientras que la de **R1a** puede ser del 5-10%.

Asia

- **Asia Central:** Kazajistán, Uzbekistán, Turkmenistán: **R1a** es común, asociado con las antiguas migraciones de pueblos indoeuropeos y nómadas.
  - o Frecuencias: En estas regiones, la frecuencia de **R1a** puede ser del 30-40%.

- **Asia del Sur:** India, Pakistán, Bangladés, Sri Lanka: **R1a** y **R2** son comunes, reflejando la historia de las migraciones indoarias.
  - o Frecuencias: En India, la frecuencia de **R1a** puede ser del 15-30%, mientras que **R2** puede ser del 10-15%.

- **Asia Occidental y Medio Oriente:** Irán, Turquía, Armenia: **R1b** y **R1a** están presentes en frecuencias moderadas, reflejando las migraciones históricas.
  - o Frecuencias: En Turquía, la frecuencia de **R1b** puede ser del 10-15%, mientras que **R1a** puede ser del 5-10%.

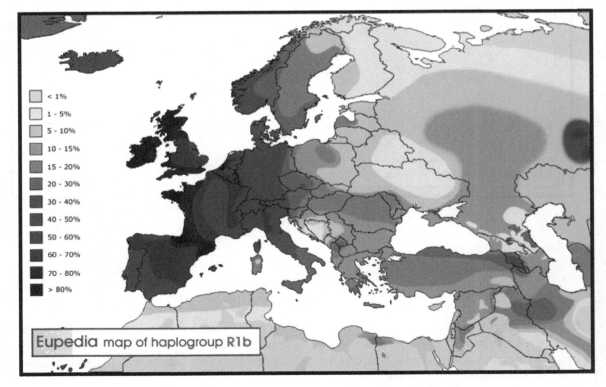

Distribución del Haplogrupo R1b en Europa, cortesía de Eupedia

África

- **Norte de África:** Egipto, Libia, Túnez, Marruecos: **R1b** está presente en frecuencias bajas, reflejando las migraciones desde Europa y el Medio Oriente.
  - Frecuencias: En estas regiones, la frecuencia de **R1b** puede ser del 1-5%.

América

- **Población General:** Estados Unidos, Canadá, Brasil: Debido a la migración europea, el haplogrupo R está presente en frecuencias altas entre los descendientes de europeos.
  - Frecuencias: En la población general de ascendencia europea, la frecuencia de R puede ser del 50-60%.

Subclados Principales

❖ **R (M207)** Subclado principal del haplogrupo R, del cual derivan **R1 (M173)** y **R2 (M479)**.

➢ **R1 (M173)**

  ▪ **R1a (M420)** Común en Europa del Este, Asia Central y el sur de Asia.

  ▪ **R1b (M343)** Predominante en Europa Occidental.

➢ **R2 (M479)**

Importancia Histórica y Antropológica

- **Migraciones Indoeuropeas:** El haplogrupo R, especialmente **R1a** y **R1b**, está estrechamente asociado con las migraciones indoeuropeas que comenzaron hace unos 5,000 años. Estas migraciones llevaron a la dispersión de lenguas indoeuropeas y tecnologías agrícolas a través de Europa y Asia.

- **Expansión Neolítica:** **R1b (M269)** es un marcador clave de las migraciones neolíticas desde el Cercano Oriente hacia Europa. Los portadores de este haplogrupo jugaron un papel crucial en la difusión de la agricultura y las tecnologías asociadas en el continente europeo.

- **Civilizaciones Antiguas:** El haplogrupo R y sus subclados estuvieron presentes en muchas civilizaciones antiguas, incluyendo las culturas indoeuropeas de Europa y Asia, los reinos medievales de Europa y las civilizaciones históricas de Asia Central y del Sur.

Descubrimientos y Estudios Importantes

El haplogrupo R ha revelado varios Descubrimientos y Estudios Importantes que han sido fundamentales para entender la evolución y migración de las poblaciones humanas en Europa, Asia Central, y Asia Meridional. A continuación, se detallan algunos de los descubrimientos más destacados:

- **Relación con las migraciones indoeuropeas (R1a)**

R1a y las migraciones indoeuropeas: Se ha descubierto que el subclado **R1a** está fuertemente asociado con las migraciones de los pueblos indoeuropeos desde las estepas de Eurasia. Las altas frecuencias de **R1a** en Europa del Este, Asia Central, y el sur de Asia están relacionadas con la expansión de las lenguas indoeuropeas.

Estudios genéticos de restos de la cultura Yamna (5,000 a.C.) en las estepas del sur de Rusia y Ucrania vinculan a los portadores de **R1a** con la difusión de tecnologías clave, como la domesticación del caballo y el uso de carros de guerra, lo que permitió la expansión rápida de los indoeuropeos.

- **R1b y su expansión en Europa occidental**

R1b y la Edad del Bronce: El subclado **R1b** es el más común en Europa occidental, especialmente en países como España, Francia, Irlanda, y Gran Bretaña. Los estudios de ADN antiguo muestran que **R1b** llegó a Europa occidental durante la Edad del Bronce (alrededor de 3,000 a.C.), desplazando a las poblaciones neolíticas europeas y trayendo nuevas tecnologías y culturas.

El hallazgo de esqueletos con haplogrupo **R1b** en sitios arqueológicos de la cultura de los túmulos y la cultura de la cerámica cordada refuerza la idea de que las migraciones desde las estepas de Eurasia hacia Europa occidental transformaron radicalmente la composición genética de la región.

- **Cultura de la cerámica cordada (R1a)**

R1a y la cultura de la cerámica cordada: Restos de individuos asociados con la cultura de la cerámica cordada en Europa central (alrededor de 2,900 a 2,350 a.C.) han revelado una alta prevalencia del haplogrupo **R1a**. Esta cultura es vista como una de las primeras en utilizar carros de guerra y desarrollar prácticas agrícolas avanzadas, lo que facilitó la rápida expansión de los pueblos indoeuropeos hacia Europa del Norte y Central.

- **R1b y las civilizaciones celtas y germánicas**

R1b y los celtas y germánicos: El haplogrupo **R1b** se ha identificado como predominante entre las antiguas civilizaciones celtas y germánicas de Europa occidental. Los estudios de ADN antiguo de restos arqueológicos de las culturas Hallstatt y La Tène en Europa central, vinculadas a los celtas, han mostrado que los celtas y los primeros germanos portaban predominantemente **R1b**.

Este descubrimiento ha sido fundamental para trazar la conexión genética entre los pueblos celtas históricos y las poblaciones actuales de Europa occidental.

- **R1b y la expansión hacia las Islas Británicas**

R1b en las Islas Británicas: Los estudios han revelado que el subclado **L21** es el más común en las Islas Británicas, especialmente en Irlanda y Escocia. Este subclado está vinculado con la llegada de las culturas celtas durante la Edad del Bronce (alrededor de 2,500 a.C.). Los restos en tumbas megalíticas de Irlanda han confirmado la presencia de **R1b**, lo que sugiere una expansión de poblaciones indoeuropeas hacia estas islas.

- **R1a en el sur de Asia**

R1a y las migraciones indoarias: En el sur de Asia, el subclado **Z93** ha sido vinculado con las migraciones indoarias que llevaron las lenguas y culturas indoeuropeas a India, Pakistán, y Afganistán. Los estudios han mostrado una alta prevalencia de **R1a** entre las castas superiores de la India, especialmente entre los brahmanes, lo que sugiere una migración significativa desde el norte de Eurasia hacia el subcontinente indio.

Resumen

El haplogrupo R es uno de los linajes genéticos más comunes y ampliamente distribuidos en el mundo. Se originó hace aproximadamente 20,000 a 30,000 años, probablemente en Asia Central o el sur de Siberia, y ha jugado un papel clave en la expansión de poblaciones humanas a través de Europa, Asia, y las Américas. Este haplogrupo es conocido por sus dos principales subclados, **R1a** y **R1b**, que son fundamentales para entender la migración y expansión de los pueblos indoeuropeos y otras poblaciones a lo largo de la historia.

R1a es especialmente prevalente en Europa del Este, Asia Central, y el sur de Asia. Se asocia comúnmente con los pueblos indoeuropeos, quienes llevaron su cultura y lengua a gran parte de Europa y Asia. Este subclado es particularmente frecuente en poblaciones eslavas, como los rusos y los polacos, así como en pueblos de Asia Central como los kirguises y los tayikos. También se encuentra en el subcontinente indio, en áreas como Pakistán y el norte de la India, lo que sugiere una expansión temprana desde las estepas euroasiáticas hacia el sur de Asia, vinculada a la difusión de las lenguas indoeuropeas.

R1b, por otro lado, es el haplogrupo paterno más común en Europa occidental, particularmente en las poblaciones de las Islas Británicas, Francia, y la península ibérica. Este subclado está asociado con la expansión de los pueblos que introdujeron la metalurgia y la cultura de la Edad del Bronce en Europa, como los pueblos que formaron parte de la cultura yamna, originaria de las estepas póntico-caspianas. Los portadores de **R1b** se dispersaron por gran parte de Europa occidental, contribuyendo significativamente a la composición genética de las poblaciones modernas de la región.

Referencias

1) **Underhill, P. A., et al. (2015).** The phylogenetic and geographic structure of Y-chromosome haplogroup R1a. European Journal of Human Genetics, 23(1), 124–131.

2) **Busby, G. B., et al. (2012).** The Role of Recent Admixture in Forming the Contemporary West Eurasian Y-Chromosome Landscape. PLoS Genetics, 7(7): e1002279.

3) **Poznik, G. D., et al. (2016).** Punctuated bursts in human male demography inferred from 1,244 worldwide Y-chromosome sequences. Nature Genetics, 48(6), 593–599.

4) **Myres, N. M., et al. (2011).** A major Y-chromosome haplogroup R1b Holocene era founder effect in Central and Western Europe. European Journal of Human Genetics, 19(1), 95–101.

5) **Eupedia** (Y-DNA Haplogroups in Europe).

6) **Haak, W., et al. (2015).** Massive migration from the steppe was a source for Indo-European languages in Europe. Nature, 522, 207–211.

Haplogrupo S
Origen y Evolución

El haplogrupo S del ADN-Y es un linaje relativamente antiguo que se originó hace aproximadamente 30,000 a 35,000 años, probablemente en la región de Sundaland (el actual sudeste asiático insular) o Oceanía. Este haplogrupo está estrechamente relacionado con las poblaciones indígenas de Melanesia, Papúa Nueva Guinea, y otras partes del Pacífico, así como con algunas poblaciones del sudeste asiático.

Los portadores del haplogrupo S se encuentran entre los primeros humanos modernos que llegaron a las islas del Pacífico y a las regiones costeras de Australasia.

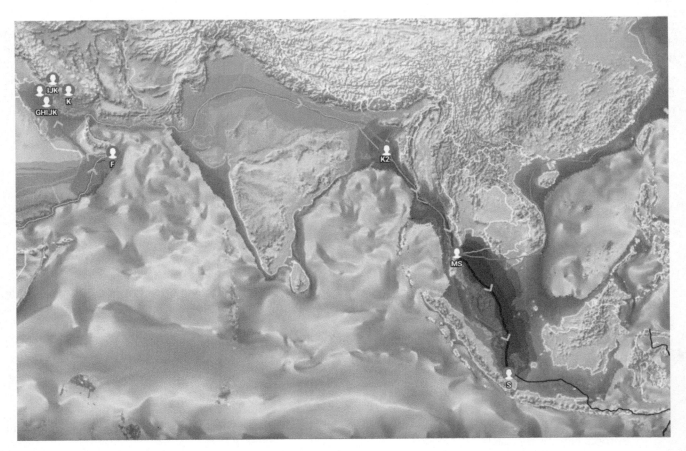

** El haplogrupo S del cromosoma Y se originó hace entre 30,000 y 40,000 años en la región de Australasia o el sudeste asiático y se encuentra principalmente en Nueva Guinea, las Islas Salomón, el norte de Australia y Melanesia. Su estudio proporciona valiosa información sobre las migraciones humanas tempranas, la diversidad genética y la historia evolutiva de las poblaciones en estas regiones.

Distribución Geográfica

Oceanía

- **Melanesia:** Papúa Nueva Guinea, Islas Salomón, Vanuatu: El haplogrupo S y sus subclados, especialmente S1a1 (S-M226.1), son extremadamente comunes en Melanesia, reflejando la antigüedad y la dispersión de los pueblos melanesios.
    - Frecuencias: En Papúa Nueva Guinea, la frecuencia de S puede superar el 50-60%.

- **Australia:** Aborígenes Australianos: Los aborígenes australianos muestran altas frecuencias del haplogrupo S y sus subclados, especialmente S1a2 (S-P308).
    - Frecuencias: En algunas poblaciones aborígenes, la frecuencia de S puede ser superior al 40-50%.

Asia

- **Sudeste Asiático:** El haplogrupo S y sus subclados, como S2a, son comunes en el sudeste asiático. Estas poblaciones muestran una alta diversidad genética, reflejando antiguas migraciones desde el sudeste asiático hacia las islas del Pacífico.
    - Frecuencias: En Indonesia y Filipinas, la frecuencia de S puede ser del 10-20%.

- **Tailandia, Camboya, Vietnam:** El haplogrupo S está presente en frecuencias bajas a moderadas, reflejando antiguas migraciones y expansiones.
    - Frecuencias: En estas regiones, la frecuencia de S puede ser del 5-10%.

- **Asia Oriental:** China, Japón, Corea: El haplogrupo S está presente en frecuencias muy bajas, reflejando las migraciones desde el sudeste asiático hacia el este de Asia.
    - Frecuencias: En estas regiones, la frecuencia de S puede ser inferior al 1%.

América

- **Poblaciones de ascendencia oceánica:** Estados Unidos, Canadá, Brasil: Debido a la migración reciente de personas de Oceanía, el haplogrupo S está presente en frecuencias bajas entre los descendientes de estas poblaciones en las Américas.
  - Frecuencias: En la población general de ascendencia oceánica, la frecuencia de S puede ser del 1-2%.

África

- **África del Norte:** Egipto, Libia, Túnez, Marruecos: El haplogrupo S está presente en frecuencias muy bajas, reflejando las antiguas migraciones desde Asia y Oceanía hacia el norte de África.
  - Frecuencias: En estas regiones, la frecuencia de S puede ser inferior al 1%.

Subclados Principales

- ❖ **S (B254)** Subclado principal del haplogrupo S, del cual derivan varios subclados importantes.

  - ➢ **S1 (B255)**
    - ▪ **S1a (Z41335)** Común en Melanesia y partes de Australia.

  - ➢ **S2 (P378)**
    - ▪ **S2a (B276)** Frecuente en el sudeste asiático y partes de Oceanía.
      - • **S2a1** Distribuido en Indonesia y Filipinas.

Importancia Histórica y Antropológica

- **Migraciones Austronesias y Melanesias:** El haplogrupo S, especialmente **S1a** y **S2a**, está estrechamente asociado con las migraciones austronesias y melanesias que comenzaron hace unos 5,000 años. Estas migraciones llevaron a la colonización de vastas áreas del Pacífico, incluyendo Melanesia, Micronesia y partes de Polinesia, y dejaron una huella genética duradera en las poblaciones modernas de estas regiones.

- **Poblaciones Aborígenes Australianas:** Los subclados de S, especialmente **S1a2**, están vinculados con las poblaciones aborígenes australianas, que jugaron un papel crucial en la formación de las poblaciones modernas de Australia. Este linaje es un marcador genético clave de las antiguas migraciones y expansiones dentro de Australia.

Descubrimientos y Estudios Importantes

A continuación, se presentan los descubrimientos más importantes y estudios clave acerca de este haplogrupo:

- **Asociación con las primeras migraciones en Oceanía**

Migración temprana hacia Oceanía: Uno de los descubrimientos más significativos es la relación entre el haplogrupo S y las primeras migraciones humanas hacia Oceanía. Los estudios genéticos han demostrado que este haplogrupo está ampliamente presente en las poblaciones indígenas de Papúa Nueva Guinea, Melanesia, y en menor medida en Australia. Esto indica que los portadores del haplogrupo S formaron parte de las primeras oleadas de migrantes que llegaron a estas islas hace entre 30,000 y 40,000 años. Un estudio importante sobre los indígenas de Papúa Nueva Guinea reveló que el haplogrupo S está muy presente en estas poblaciones, lo que respalda la teoría de que hubo una migración marítima temprana desde el sudeste asiático hacia las islas del Pacífico, lo que convierte a este linaje en un marcador importante para rastrear las primeras migraciones humanas en el Océano Pacífico.

- **Presencia en Papúa Nueva Guinea y Melanesia**

Papel en la historia genética de Melanesia: En Melanesia, el haplogrupo S ha sido identificado como uno de los linajes genéticos más importantes, especialmente en las islas de Vanuatu y las Islas Salomón. Los estudios han mostrado que los hombres de estas regiones portan este linaje en frecuencias elevadas, lo que refuerza la hipótesis de que el haplogrupo S es un marcador de las primeras poblaciones que poblaron estas islas después de migrar desde Asia hace más de 30,000 años.

La alta frecuencia del haplogrupo S en estas regiones también se asocia con un largo periodo de aislamiento genético, lo que ha permitido que este linaje se mantenga en las poblaciones locales sin una significativa mezcla genética con migrantes más recientes.

- **Relación con las poblaciones indígenas de Australia**

Australia: Aunque el haplogrupo S es menos frecuente en los aborígenes australianos que en otras poblaciones de Oceanía, su presencia en algunas regiones del norte de Australia es significativa. Esto sugiere que algunas de las primeras poblaciones que colonizaron Australia hace más de 40,000 años podrían haber portado este linaje, o que hubo contacto entre las poblaciones de Papúa Nueva Guinea y el norte de Australia a lo largo de la historia.

Resumen

El haplogrupo S de ADN-Y es un linaje genético que se originó hace aproximadamente 30,000 a 40,000 años, principalmente en el sudeste asiático o en la región de Oceanía. Es más común entre las poblaciones indígenas de Nueva Guinea, las islas de Melanesia, y en algunas partes de Indonesia. Este haplogrupo se ha asociado con las primeras migraciones humanas hacia las islas del Pacífico y las regiones circundantes, lo que lo convierte en un marcador clave para entender la dispersión de las poblaciones austronesias y melanesias en el sur del Pacífico.

Referencias

1) **Cox, M. P., et al. (2007).** "A Polynesian motif on the Y chromosome: population structure in remote Oceania." Human Biology.

2) **Kayser, M., et al. (2008).** "Melanesian and Asian origins of Polynesians: mtDNA and Y chromosome gradients across the Pacific." Molecular Biology and Evolution.

3) **Bergström, A., et al. (2016).** "Deep roots for Aboriginal Australian Y chromosomes." Current Biology.

4) **Hudjashov, G., et al. (2007).** "Revealing the prehistoric settlement of Australia by Y chromosome and mtDNA analysis." Proceedings of the National Academy of Sciences.

5) **Friedlaender, J. S., et al. (2007).** "The genetic structure of Pacific Islanders." PLoS Genetics.

Haplogrupo T
Origen y Evolución

El haplogrupo T del ADN-Y es un linaje antiguo que se originó hace aproximadamente 25,000 a 30,000 años, probablemente en el noreste de África o en la región de Medio Oriente. Este haplogrupo ha jugado un papel clave en la historia de las migraciones humanas, especialmente en África, el sur de Asia, Europa y el Mediterráneo.

Los primeros portadores del haplogrupo T estaban asociados con grupos nómadas y agricultores tempranos que se dispersaron a lo largo de África, el Mediterráneo, y partes de Asia.

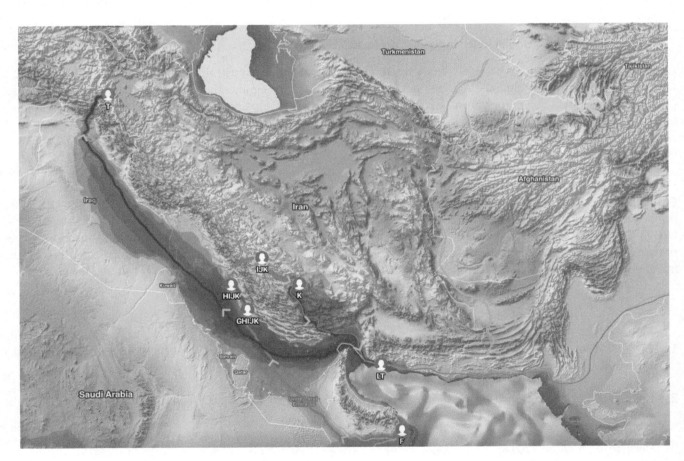

** El haplogrupo T del cromosoma Y se originó hace unos 45,000 a 50,000 años en el noreste de África o el suroeste de Asia y se dispersó ampliamente hacia África, el Medio Oriente, Europa y partes de Asia. Su estudio proporciona valiosa información sobre la historia de las migraciones humanas y la diversidad genética.

Distribución Geográfica

Medio Oriente y el Mediterráneo

- **Levante y Mesopotamia:** Israel, Palestina, Jordania, Siria, Líbano, Irak: El haplogrupo T, especialmente **T1a1**, es común en esta región. Este linaje refleja la antigua presencia y las migraciones desde el suroeste de Asia.
  - Frecuencias: En estas áreas, la frecuencia de T puede ser del 5-10%.

- **Península Arábiga:** Arabia Saudita, Yemen, Omán, Emiratos Árabes Unidos: **T1a1** es frecuente en la Península Arábiga, reflejando las antiguas migraciones y rutas comerciales.
  - Frecuencias: En Arabia Saudita y Yemen, la frecuencia de T puede ser del 5-10%.

- **Mediterráneo:** Italia, Grecia, Turquía, Chipre: El haplogrupo T y sus subclados, especialmente **T1a**, están presentes en frecuencias moderadas, reflejando la dispersión a través del Mediterráneo.
  - Frecuencias: En Italia y Grecia, la frecuencia de T puede ser del 3-8%.

África

- **Cuerno de África:** Etiopía, Somalia, Eritrea, Sudán: **T1a2** es común en el Cuerno de África, reflejando la antigua presencia y las migraciones dentro de esta región.
  - Frecuencias: En Etiopía y Somalia, la frecuencia de T puede ser del 10-20%.

- **África del Norte:** Egipto, Libia, Túnez, Marruecos: El haplogrupo T está presente en frecuencias bajas a moderadas, reflejando las antiguas migraciones desde el Medio Oriente y el Mediterráneo.
  - Frecuencias: En estas regiones, la frecuencia de T puede ser del 3-5%.

Europa

- **Europa del Sur:** Italia, Grecia, Balcanes: El haplogrupo T y sus subclados, especialmente **T1a**, están presentes en frecuencias moderadas, reflejando las migraciones históricas desde el Mediterráneo y el Cercano Oriente.
  - Frecuencias: En Italia y Grecia, la frecuencia de T puede ser del 3-8%.

- **Europa Occidental y Central:** Francia, Alemania, España, Portugal: El haplogrupo T está presente en frecuencias bajas, reflejando las migraciones históricas desde el Mediterráneo.
  - Frecuencias: En estas regiones, la frecuencia de T puede ser del 1-3%.

Asia

- **Asia del Sur:** India, Pakistán, Sri Lanka: **T1a** está presente en frecuencias bajas, reflejando las antiguas rutas comerciales y migratorias desde el suroeste de Asia.
  - Frecuencias: En estas regiones, la frecuencia de T puede ser del 1-2%.

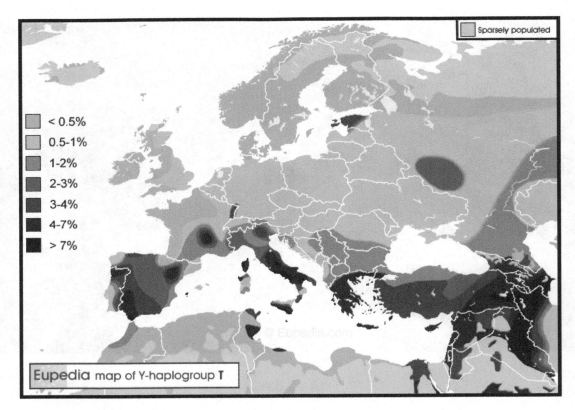

Distribución del Haplogrupo T en Eurasia, cortesía de Eupedia

América

El haplogrupo T del ADN-Y es relativamente raro en América, y su presencia en el continente es principalmente el resultado de migraciones recientes, como la llegada de poblaciones de origen europeo, africano, y del Medio Oriente. No es un linaje nativo de las Américas, ya que está más asociado con las regiones del Medio Oriente, noreste de África, y partes del sur de Europa y Asia. A continuación, se describe su distribución geográfica en América:

América del Norte

- **México, Estados Unidos y Canadá:** El haplogrupo T se encuentra en muy bajas frecuencias, y su presencia está asociada principalmente con la inmigración reciente de poblaciones europeas y del Medio Oriente. En los Estados Unidos, este haplogrupo puede encontrarse en descendientes de inmigrantes de origen judío, árabe, y europeo del sur, así como en algunas poblaciones afroamericanas debido a la diáspora africana.

América Central y el Caribe

- **América Central:** El haplogrupo T es extremadamente raro, con una presencia limitada y asociada principalmente a descendientes de migrantes europeos o de Oriente Medio que llegaron durante y después de la colonización. En América Central, al igual que en México, la presencia de este haplogrupo se debe principalmente a la mezcla con europeos y poblaciones de origen árabe o judío que llegaron durante el período colonial o en migraciones posteriores.

- **Caribe:** En las islas del Caribe, el haplogrupo T también está presente en frecuencias muy bajas. Esto se debe a la mezcla de poblaciones, ya que las islas fueron puntos de convergencia para migrantes europeos, africanos y del Medio Oriente. El haplogrupo T ha sido detectado en algunas poblaciones afrocaribeñas, probablemente a través de la diáspora africana y la mezcla con europeos.

América del Sur

- **Brasil, Argentina, y otros países sudamericanos:** En América del Sur, el haplogrupo T también es raro y generalmente está relacionado con descendientes de inmigrantes europeos (especialmente del sur de Europa) o de Oriente Medio. En países como Brasil, Argentina, y Uruguay, donde hubo una importante inmigración desde Europa y el Medio Oriente, se ha detectado en algunos grupos, aunque en frecuencias bajas.

- **Chile y Perú:** En estos países, la presencia del haplogrupo T es extremadamente baja y, al igual que en otras partes de América del Sur, está vinculada principalmente a la inmigración europea y de Oriente Medio en los siglos XIX y XX.

Subclados Principales

❖ **T (M184)** Subclado principal del haplogrupo T, del cual derivan varios subclados importantes.

➢ **T1 (L490)**

- **T1a (M70)** Común en el Mediterráneo, el Cercano Oriente y partes de África.

  - **T1a1** Subclado frecuente en el Cercano Oriente y Europa, y con menos frecuencia en Las Américas

  - **T1a2** Presente en el Mediterráneo y el Cuerno de África.

  - **T1a3** Presente en el Sur de Europa y el Mediterráneo

➢ **T2 (PH196)**

Importancia Histórica y Antropológica

- **Migraciones Antiguas:** El haplogrupo T está asociado con algunas de las migraciones más antiguas y significativas en el Mediterráneo, el Cercano Oriente y África del Este. Los portadores de T se dispersaron ampliamente desde el suroeste de Asia, llevando consigo tecnologías y culturas que influyeron en las civilizaciones tempranas.

- **Comercio y Rutas Migratorias:** Los subclados de T, especialmente **T1a**, están vinculados con las antiguas rutas comerciales y migratorias entre el Mediterráneo, el Cercano Oriente y África. Este linaje es un marcador genético clave de las interacciones culturales y económicas en estas regiones.

- **Civilizaciones Antiguas:** El haplogrupo T y sus subclados jugaron un papel crucial en las civilizaciones antiguas del Mediterráneo y el Cercano Oriente. Los subclados de T se encuentran en frecuencias significativas en muchas regiones que fueron centros de innovación cultural y tecnológica.

Descubrimientos y Estudios Importantes

El haplogrupo T del ADN-Y ha sido objeto de varios Descubrimientos y Estudios Importantes que han ayudado a comprender la historia de las migraciones humanas, especialmente en África, el Mediterráneo, y partes de Asia. Estos descubrimientos ofrecen una visión más profunda de cómo las poblaciones humanas se desplazaron y adaptaron a lo largo de miles de años.

- **Conexión con las primeras migraciones agrícolas**

Migración neolítica: El haplogrupo T ha sido vinculado con las primeras migraciones de agricultores desde el Creciente Fértil hacia Europa, África del Norte y el sur de Asia durante el período neolítico, hace aproximadamente 10,000 años. Los portadores de este haplogrupo probablemente fueron parte de las primeras olas de humanos que trajeron la agricultura a nuevas regiones, transformando las sociedades de cazadores-recolectores en comunidades agrícolas.

En sitios arqueológicos de Europa del Sur y el Mediterráneo, los restos de individuos con el haplogrupo T sugieren que este linaje jugó un papel importante en la difusión de la agricultura y la tecnología asociada con la vida sedentaria.

- **Presencia en momias egipcias**

Momias de Egipto: En estudios recientes, se ha detectado el haplogrupo T en análisis de ADN de momias egipcias, lo que indica que este linaje estuvo presente entre las élites y posiblemente en la población general del antiguo Egipto. Esto refuerza la idea de que las civilizaciones tempranas del noreste de África estaban conectadas con las migraciones desde el Medio Oriente y más allá.

Estos hallazgos resaltan las conexiones históricas entre Egipto, el Creciente Fértil, y las culturas circundantes, sugiriendo una mezcla genética significativa.

- **Importancia en las poblaciones del Cuerno de África**

Noreste de África: El haplogrupo T es relativamente común en el Cuerno de África, particularmente entre los somalíes y etíopes. Estos descubrimientos son importantes porque sugieren una antigua conexión entre las poblaciones del noreste de África y el Medio Oriente. La dispersión de este haplogrupo puede estar relacionada con migraciones tempranas a lo largo de la costa del Mar Rojo.

Esto refuerza la hipótesis de que el noreste de África ha sido un importante punto de encuentro entre las poblaciones de África y el Medio Oriente, donde se ha producido una importante mezcla genética durante milenios.

- **Presencia en poblaciones judías de la diáspora**

Judíos sefardíes y asquenazíes: El haplogrupo T ha sido detectado en varios estudios genéticos realizados en poblaciones judías, tanto en los sefardíes como en los asquenazíes. Esto sugiere que los portadores de este linaje estuvieron involucrados en las migraciones judías a lo largo del Mediterráneo, el Medio Oriente, y Europa.

Este descubrimiento destaca cómo las diásporas y migraciones históricas de los judíos pudieron haber involucrado a personas con linajes genéticos ancestrales que se originaron en el Creciente Fértil o en el noreste de África.

- **Relación con la migración marítima en el Mediterráneo**

Migraciones marítimas: El haplogrupo T está presente en varias islas del Mediterráneo, como Sicilia, Córcega, y Chipre, lo que indica que sus portadores pudieron haber estado involucrados en las primeras migraciones marítimas en esta región. Esto sugiere que los antiguos navegantes y comerciantes del Mediterráneo, como los fenicios o los micénicos, pudieron haber contribuido a la expansión de este haplogrupo a lo largo de las costas del sur de Europa, África del Norte y el Medio Oriente.

Estos descubrimientos aportan información sobre cómo las primeras civilizaciones marítimas influyeron en la mezcla genética de las poblaciones del Mediterráneo.

- **Hallazgos en poblaciones europeas y el Cáucaso**

Baja frecuencia en Europa: Aunque el haplogrupo T es relativamente raro en Europa, algunos hallazgos arqueogenéticos lo han detectado en poblaciones del sur de Europa, como en Italia y los Balcanes, lo que sugiere posibles migraciones antiguas desde el Medio Oriente o el noreste de África hacia el continente europeo.

También se ha encontrado en Georgia y otras áreas del Cáucaso, lo que sugiere una presencia temprana en estas regiones a través de antiguas rutas migratorias.

- **Hallazgos en cementerios judíos en Alemania**

Los restos de origen judío encontrados en cementerios de Alemania que pertenecen al **haplogrupo T** proporcionan información interesante sobre la diversidad genética de las comunidades judías a lo largo de la historia. El haplogrupo T, aunque menos común que otros linajes, ha sido identificado en algunas poblaciones judías, particularmente entre los **judíos sefardíes** y **mizrajíes** (del Medio Oriente), y también en algunos **judíos asquenazíes** de Europa. Este linaje tiene su origen hace unos 40,000 años, probablemente en el norte de África o el Medio Oriente, y su presencia en comunidades judías refleja las complejas migraciones y la diversidad de los pueblos judíos a lo largo de milenios.

En contextos como los cementerios judíos de Alemania, encontrar individuos pertenecientes al haplogrupo T es significativo, ya que sugiere una conexión con migraciones judías más amplias desde el Medio Oriente hacia Europa. Las comunidades judías medievales en Europa, como las de Alemania, que en su mayoría eran de origen asquenazí, se formaron a partir de migraciones desde regiones como Italia y el Imperio bizantino, donde este haplogrupo también ha sido encontrado. La identificación del haplogrupo T en estos restos contribuye a nuestra comprensión de la diversidad genética en las comunidades judías europeas y su conexión con los linajes ancestrales que se remontan a los tiempos antiguos en el Levante y el norte de África.

Conclusiones

El haplogrupo T ha sido clave para entender cómo las primeras poblaciones humanas se dispersaron desde el Creciente Fértil, el noreste de África, y el Medio Oriente, extendiéndose hacia Europa, Asia, y África. Los descubrimientos asociados con este haplogrupo han revelado su importante papel en la difusión de la agricultura, las migraciones marítimas en el Mediterráneo, y su presencia en antiguas civilizaciones, como las de Egipto y las poblaciones judías de la diáspora. Estos hallazgos subrayan la importancia del haplogrupo T en la historia genética de las civilizaciones tempranas.

El haplogrupo T del ADN-Y es un linaje genético que se originó hace aproximadamente 40,000 años en el noreste de África o el Medio Oriente. Este haplogrupo, aunque relativamente raro en las poblaciones modernas en comparación con otros linajes como el haplogrupo R o J, ha jugado un papel importante en la historia de las migraciones humanas, especialmente en las regiones de Oriente Medio, el norte de África, Europa, y partes de Asia. Su origen y distribución reflejan movimientos migratorios y expansiones culturales que conectan estas áreas, especialmente a través de rutas comerciales y diásporas antiguas.

El subclado más común es **T1a**, ampliamente presente en el Medio Oriente, el norte de África, Europa, y también entre comunidades judías, como los sefardíes y mizrajíes. Este subclado está relacionado con antiguos movimientos de pueblos semitas y posiblemente con los israelitas en tiempos antiguos. También se ha identificado en comunidades mediterráneas, lo que sugiere que estuvo involucrado en las expansiones hacia el oeste durante los periodos históricos de comercio y migración a lo largo del Mediterráneo.

Otro subclado importante es **T1a1**, frecuente en Europa del sur y el Mediterráneo, lo que refuerza la idea de que los portadores del haplogrupo T participaron en las migraciones y el comercio a través del Mediterráneo en tiempos antiguos y medievales. Este subclado también ha sido detectado en comunidades europeas antiguas, lo que indica que llegó a Europa a través de rutas migratorias que conectaban el Levante y las costas del Mediterráneo.

Referencias

1) **Hawass, Zahi, et al.** "Ancestry and Pathology in King Tutankhamun's Family." *JAMA*, vol. 303, no. 7, 2010, pp. 638-647.

2) **Schuenemann, Verena J., et al.** "Ancient Egyptian mummy genomes suggest an increase of Sub-Saharan African ancestry in post-Roman periods." *Nature Communications*, vol. 8, 2017, pp. 1-11

3) **Haak, Wolfgang, et al.** "Massive migration from the steppe was a source for Indo-European languages in Europe." *Nature*, vol. 522, 2015, pp. 207-211.

4) **Lazaridis, Iosif, et al.** "Genomic insights into the origin of farming in the ancient Near East." *Nature*, vol. 536, no. 7617, 2016, pp. 419-424.

5) **Behar, Doron M., et al.** "The Matrilineal Ancestry of Ashkenazi Jewry: Portrait of a Recent Founder Event." *The American Journal of Human Genetics*, vol. 78, no. 3, 2006, pp. 487-497.

6) **Nebel, Almut, et al.** "Y chromosome evidence for a founder effect in Ashkenazi Jews." *European Journal of Human Genetics*, vol. 9, no. 5, 2001, pp. 322-330.

7) **King, Roy J., et al.** "Differential Y-chromosome Anatolian influences on the Greek and Cretan Neolithic." *Annals of Human Genetics*, vol. 72, no. 2, 2008, pp. 205-214.

8) **Behar, D. M., et al. (2010).** "The genome-wide structure of the Jewish people." *Nature*.

Resultados de la Investigación

Haplogrupos ADN-Y

Aclaración

Es importante mencionar que, aunque la mayoría de los apellidos presentes en este estudio son de origen europeo y tienen raíces en el Viejo Mundo, esto no implica que todas las familias actuales de **Los Altos de Jalisco** y **Nueva Galicia** sean descendientes directos de los primeros colonos europeos que llegaron a estas tierras de los siglos XVI al XVIII, sobre los cuales se ha investigado extensamente. Tampoco significa que todos los que hoy en día comparten un mismo apellido provengan de una única línea genealógica del mismo, como se verá más adelante.

Hago esta aclaración porque se han encontrado apellidos similares en Los Altos con diferentes resultados genéticos, y no siempre es posible vincular a estas familias con las primeras europeas que llegaron a Nueva Galicia desde el continente. En cuanto a las líneas nativas indígenas mexicanas, rastrear al primer hombre que adoptó un apellido actual es casi imposible debido a varios factores. Entre ellos, la falta de uso de apellidos antes de la guerra de independencia de México, los cambios frecuentes de apellidos entre los indígenas en los años posteriores a dicho conflicto, y los numerosos casos de hijos naturales y de la iglesia que ocurrieron durante los primeros tiempos de la conquista y colonización.

"No todos los españoles son blancos, ni todos los blancos son españoles." R.R.C.

** Notas acerca de las REFERENCIAS en los resultados

- Las fuentes de información de las coincidencias genéticas cercanas son calculadas en base a la menor distancia genética que existe entre los que se han realizado pruebas de ADN-Y. Estas se encuentran en las bases de datos genéticas tanto públicas como privadas en el mundo.

- Para calcular las coincidencias más cercanas, solamente se consideran los valores en los primeros 37 marcadores genéticos, y que estos sean en los últimos 2000 años.

- Los parentescos genéticos a los que se hacen referencia solamente son por el lado directo paterno, correspondientes al mismo haplogrupo y subclado.

- #nnn = número de identificación correspondiente de la persona a quien se realizó el análisis genético

Haplogrupo A

Resultados

Haplogrupo A: 0

De los resultados de ADN-Y de personas con raíces comprobadas en Los Altos de Jalisco y que se les hizo análisis genéticos, ninguno de estos resultaron perteneciente al haplogrupo A o de sus subgrupos inmediatos, aunque sí voy a mencionar los siguientes apellidos con fuertes vínculos a la región o sus cercanías, quedando pendiente su comprobación genealógica para ver si estos son o no de familias Alteñas:

Aunque no hubo participantes que hayan resultado en este haplogrupo, estas son algunas de las familias con vínculos en Los Altos y que también están asociadas a este haplogrupo son los siguientes:

Avilés (#810)	González (#759)	Martínez (#848)
Díaz (#754)	González (#773)	Quintero (#728)
González (#700)	González (#787)	

Análisis

Estas personas pueden ser descendientes directos por línea paterna de algunos de los primeros pobladores varones africanos que llegaron a Los Altos de Jalisco, y quienes fueron esclavizados durante los primeros siglos desde la conquista hasta el fin de la guerra de independencia, cuando se abolió la esclavitud en nuestro país.

Esto no significa que los descendientes de estos primeros esclavos varones siguieran esclavizados en las siguientes generaciones, debido a que en nuestra sociedad Neo-Gallega durante este periodo de nuestra historia, como en muchas sociedades esclavistas, el estatus de esclavo se heredaba generalmente a través de la madre. Este principio se conoce como **"partus sequitur ventrem"** (la descendencia sigue el vientre). Según esta norma, los hijos de una esclava también eran esclavos, independientemente de la condición del padre.

Por lo tanto, si el padre era un esclavo y la madre era libre, los hijos de esta unión nacían libres. Esta regla se aplicaba en muchas partes del mundo, incluidas las colonias americanas bajo el dominio europeo. En consecuencia, los hijos de esclavos varones que nacían de mujeres libres no eran considerados esclavos, sino que heredaban la condición de libertad de sus madres. De esto hablaré más en detalle en capítulos posteriores.

Con seguridad, en cuanto se les vaya realizando más pruebas de ADN a personas de Los Altos, se irá conociendo más acerca de estas familias que lamentablemente fueron víctimas de este sistema esclavista.

Enseguida, parte del cuadro genealógico descendiente de A1, donde se muestran los subgrupos relacionados con los resultados obtenidos en esta investigación. En este cuadro genealógico-genético se muestra la relación entre las familias mencionadas en este capítulo del haplogrupo A, A0 y A1:

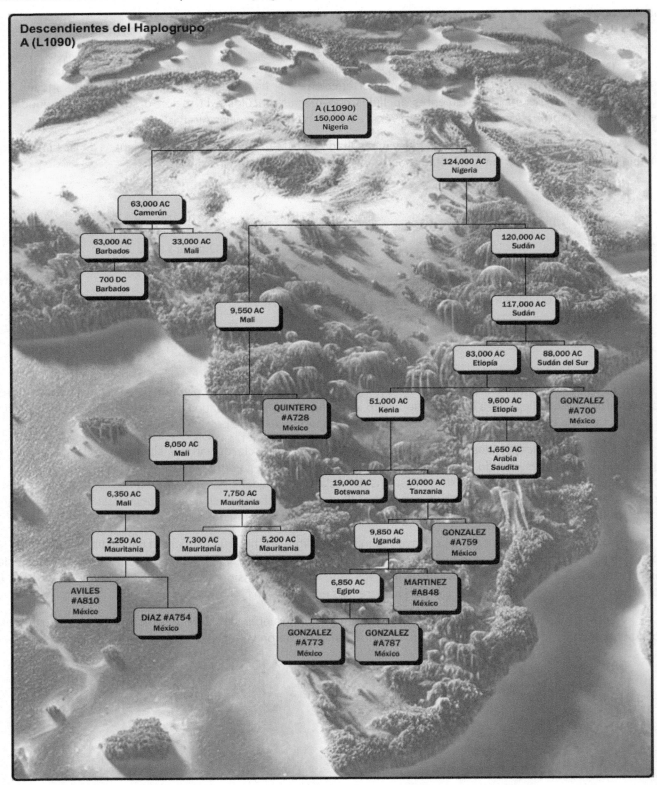

Fig. 3 - Cuadro genealógico de los descendientes del Haplogrupo ADN-Y A

Haplogrupo B

Resultados

Haplogrupo B: 0

De los resultados de ADN-Y de personas con raíces comprobadas en Los Altos de Jalisco, y a quienes se les hizo análisis genético, ninguno de estos resultaron pertenecientes al haplogrupo B, aunque sí voy a mencionar los siguientes apellidos con fuertes vínculos a la región o sus cercanías inmediatas, quedando pendiente su comprobación genealógica para ver si estos son o no de familias Alteñas:

Aunque tampoco hubo participantes que hayan resultado en este haplogrupo, estas son las familias con vínculos en Los Altos y que están asociadas a este haplogrupo son las siguientes:

Alonso (#702)	De la Cruz (#828)	Hinostrosa (#769)
Barajas (#846)	Díaz (#724)	Medrano (#739)
Blanco (#770)	Díaz (#743)	Mena (#795)
Cervantes (#774)	González (#827)	Quintero (#814)

Análisis

Estas personas pueden ser descendientes directos por línea paterna de algunos de los primeros pobladores varones africanos que llegaron a Los Altos de Jalisco, y quienes fueron esclavizados durante los primeros siglos desde la conquista hasta el fin de la guerra de independencia, cuando se abolió la esclavitud en nuestro país.

Esto no necesariamente significa que los descendientes de estos primeros esclavos varones siguieran esclavizados en las siguientes generaciones, debido a que en nuestra sociedad Neo-Gallega durante este periodo de nuestra historia, como en muchas sociedades esclavistas, el estatus de esclavo se heredaba generalmente a través de la madre. Este principio se conoce como **"partus sequitur ventrem"** (la descendencia sigue el vientre). Según esta norma, los hijos de una esclava también eran esclavos, independientemente de la condición del padre.

Por lo tanto, si el padre era un esclavo y la madre era libre, los hijos de esta unión nacían libres. Esta regla se aplicaba en muchas partes del mundo, incluidas las colonias americanas bajo el dominio europeo. En consecuencia, los hijos de esclavos varones que nacían de mujeres libres no eran considerados esclavos, sino que heredaban la condición de libertad de sus madres. De esto hablaré más en detalle en capítulos posteriores.

Con seguridad, en cuanto se les vaya realizando más pruebas de ADN a personas de Los Altos, se irá conociendo más acerca de estas familias que lamentablemente fueron víctimas de este sistema esclavista.

Enseguida, parte del cuadro genealógico descendiente de B, donde se muestran los subgrupos relacionados con los resultados obtenidos en esta investigación. En este cuadro genealógico-genético se muestra la relación entre las familias mencionadas en este capítulo del haplogrupo B:

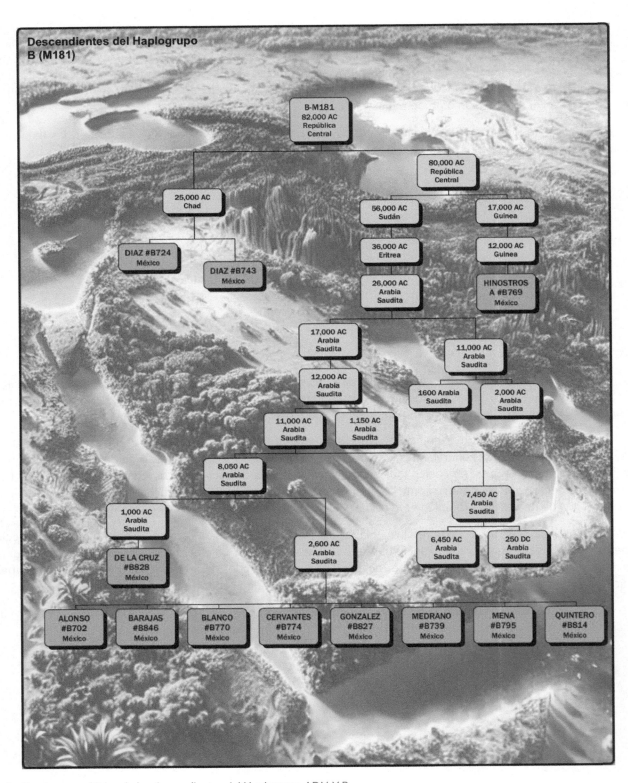

Fig. 4 - Cuadro genealógico de los descendientes del Haplogrupo ADN-Y B

Haplogrupo C

Resultados

Haplogrupo C: 0

De los estudios genéticos de ADN-Y de personas con raíces comprobadas en Los Altos de Jalisco, y que se los hizo análisis del cromosoma Y, al igual que el haplogrupo anterior, tampoco hubo personas que hayan resultado del haplogrupo C, pero aquí menciono los apellidos de las personas con fuertes vínculos a la región o sus cercanías inmediatas que pertenecen a este haplogrupo, quedando también pendiente el análisis de su genealogía para ver si estos son o no de familias Alteñas:

Entre las familias con vínculos en Los Altos que pertenecen al haplogrupo C se encuentran las siguientes:

Calvillo (#801)	Hernández (#719)	Osuna (#837)
Felizardo (#819)	Luna (#733)	Reina (#816)
Fernández (#809)	Martínez (#843)	
Garza (#786)	Nava (#725)	

Análisis

Al analizar los resultados de este haplogrupo, me fue grato conocer que, aunque pocos, este haplogrupo también tuvo descendientes entre los primeros pobladores de México y Estados Unidos. Aunque la gran mayoría de los que pertenecen al haplogrupo C se encuentran actualmente en el continente asiático, estos migrantes aventureros tomaron la ruta de la costa del Pacífico desde lo que hoy es Alaska, Canadá y la costa Oeste de Estados Unidos, siguiendo hacia el Sur hasta llegar al extremo de la península del actual Baja California.

Al parecer, los portadores del gen del haplogrupo C, a diferencia de los del haplogrupo Q (del cual hablaremos más adelante en otro capítulo), tomaron una ruta distinta, migrando en grupos hacia el sureste por el lado poniente del golfo de California, donde actualmente es Ensenada, Baja California, bajando por toda la costa hacia Cabo San Lucas, para algún tiempo después regresarse hacia el noroeste de nuevo, al encontrarse en la orilla de la península, sin tierra para continuar su viaje. Después de esto migraron hasta lo que hoy es el estado de Texas; todo esto en el transcurso de 5 generaciones, o 150 años, y permanecer en esta región de Norte América por miles de años, para enseguida migrar hacia el sur México con el transcurso de los siglos.

Como todo era territorio nuevo y virgen, tuvo que haber exploradores entre la población para determinar las mejores rutas y lugares para recolectad, cazar y hacer sus chozas temporales, ya que fueron nómadas, no sedentarios. De esto también hablare más adelante.

Este haplogrupo no está tan presente entre los descendientes de la actual población indígena de México como el haplogrupo Q. Esto es debido a lo siguiente:

- La cantidad de varones pertenecientes a este haplogrupo que tomaron la ruta migratoria del estrecho de Bering fue menor a las de los varones de otros haplogrupos
- Los portadores de este haplogrupo tuvieron menor cantidad de descendientes varones
- En algún momento durante los últimos 14,000 años, muchas de estas líneas se han extinguido

Cuadro descendiente del Haplogrupo C

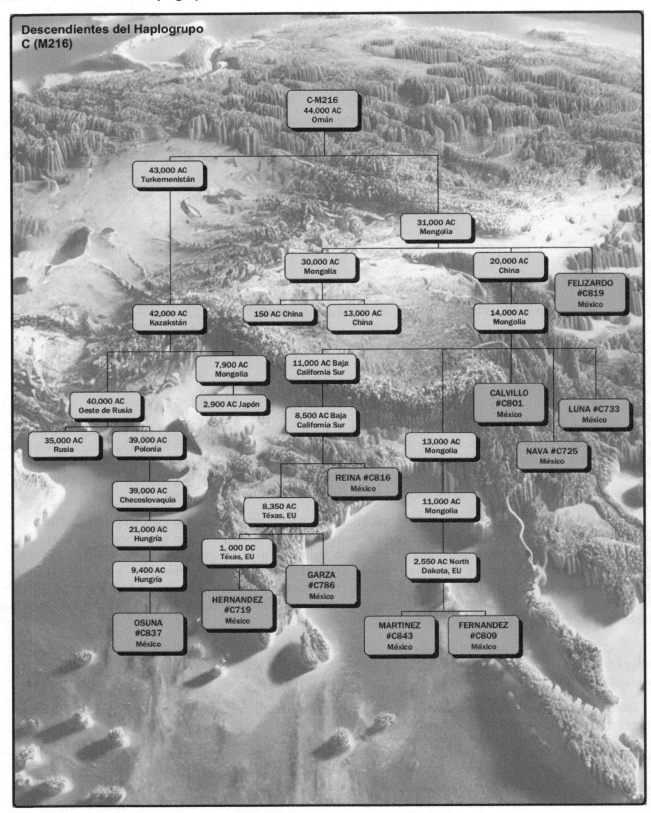

Fig. 5 - Cuadro genealógico de los descendientes del Haplogrupo ADN-Y C

Haplogrupo D
Resultados

Haplogrupo D: 4

Aunque este haplogrupo genético está muy presente en la actualidad en el continente asiático, los estudios de ADN-Y realizados a personas de Los Altos de Jalisco, o que tuvieran raíces presentes en la región y sus contornos cercanos, solamente arrojaron **4** personas de este haplogrupo.

Entre algunas de las familias con vínculos en Los Altos que pertenecen al haplogrupo D se encuentran las siguientes:

Argüelles (#188)   Argüelles (#697)   Morín (#698)   Terrazas (#699)

Análisis

Es altamente probable que estas personas de Los Altos que resultaron pertenecer al haplogrupo D, subgrupo D1, sean personas con ascendencia Japonesa o Filipina, debido a la ruta comercial que había entre Nueva España y las Filipinas, conocida como El Galeón de Manila.

Aquí un poco más de información: (véase también el capítulo acerca de este tema)

Esta ruta, también conocida como el Galeón de Acapulco o la Nao de China, fue una ruta comercial marítima crucial que operó entre Manila en las Filipinas y Acapulco en México durante más de 250 años, desde 1565 hasta 1815, establecida por el explorador español Miguel López de Legazpi en 1565, tras la expedición de Andrés de Urdaneta, quien descubrió la corriente del Pacífico Norte que permitía un viaje de regreso seguro desde Filipinas a México. Los galeones viajaban anualmente o semi-anualmente entre Manila y Acapulco. El viaje de ida desde Manila a Acapulco solía durar unos tres meses, mientras que el viaje de regreso tomaba unos cuatro meses debido a las corrientes oceánicas y los vientos.

Los galeones transportaban una amplia variedad de mercancías. Desde Manila, llevaban especias, porcelana, sedas, marfiles, joyas y otras mercancías de lujo provenientes de Asia. Desde Acapulco, enviaban plata, productos agrícolas, vino y otras mercancías europeas a Filipinas. Este comercio fue extremadamente lucrativo para España, ya que la plata mexicana se intercambiaba por bienes asiáticos que se vendían a precios altos en Europa y el Nuevo Mundo.

El Galeón de Manila facilitó un intercambio cultural significativo. Las influencias asiáticas llegaron a México, incluyendo aspectos culinarios, textiles y artesanales. A su vez, productos y cultura mexicana se introdujeron en Filipinas y otras partes de Asia. Además de mercancías, el galeón transportaba personas. Esto incluía a comerciantes, marineros, soldados, y también a *familias japonesas, filipinas y chinas que se asentaron en México*, especialmente en Acapulco y la Ciudad de México, las cuales se integraron a la sociedad mexicana, casándose con locales y participando en la vida económica y social de la colonia.

Enseguida, parte del cuadro genealógico descendiente del haplogrupo D, donde se muestran los subgrupos relacionados con los resultados obtenidos en esta investigación y la relación entre las familias mencionadas en este capítulo:

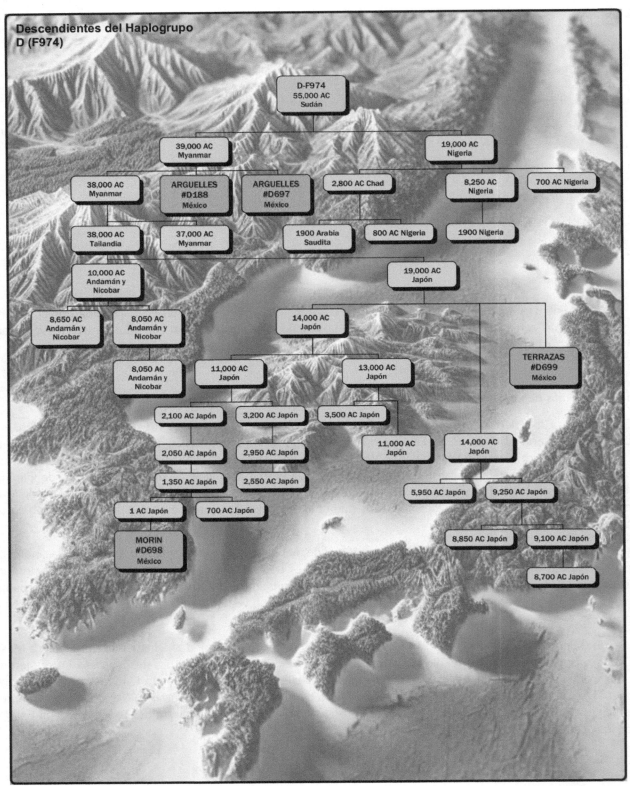

Fig. 6 - Cuadro genealógico de los descendientes del Haplogrupo ADN-Y D

Haplogrupo E

Resultados

Haplogrupo E: 35

El número de personas con raíces en Los Altos de Jalisco que resultaron descendientes del haplogrupo **E** o de alguno de sus subclados fueron **35**, los cuales representan **20** diferentes linajes de la región. Estos son algunos de los apellidos y linajes Alteños vinculados con el haplogrupo **E**, así como algunas notas genealógicas:

Apellido	Linaje/Familia	Portador	Raza
Bernal	Bernal	Antonio Bernal (n. 1765)	Español
Cornejo	Cornejo	Salvador Cornejo (n. 1750)	Español
Coronado	Coronado	Victoriano Coronado (n. 1785)	Mulato
Durán	Durán y Duque	Juan Durán (n. 1595)	Español
Flores	Flores de la Torre	Hernando Flores (n. 1510)	Español
González	González de Hermosillo	Juan González de Hermosillo (n. 1555)	Español
Hermosillo	De Hermosillo	Juan González de Hermosillo (n. 1555)	Español
Hernández	Hernández	Calisto Hernández (n. 1820)	Español
Ibarra	Ibarra	Juan de Ibarra (n. 1710)	Mulato
Legaspi	Legaspi	Antonio de Legaspi (n. 1640)	Español
Lomelí	De Lomelín	Juan Manuel de Lomelín (n. 1705)	Español
Martínez	Martín	Francisco Javier Martín (n. 1745)	Mulato
Muñoz	Muñoz	Antonio Muñoz (n. 1720)	Mestizo
Muñoz	Muñoz de León	Nicolás Muñoz de León (n. 1625)	Español
Negrete	Negrete	Antonio Negrete (n. 1656)	Español
Orozco	Orozco-Agüero	Francisco de Agüero (n. 1510)	Español
Pérez	Pérez de Paredes	Alonso Pérez-Torillo (n. 1630)	Español
Ramírez	Ramírez de Hermosillo	Juan González de Hermosillo (n. 1555)	Español
Santos	Santos de Bustos	Nicolás de los Santos (n. 1615)	Español
Vázquez	Vázquez	Joseph Vázquez (n. 1670)	Mestizo
Vázquez	Vázquez	Antonio Abad Vázquez (n. 1750)	Español

■ Notas y referencias genealógicas

o **Bernal** – Descendiente de José Antonio Bernal, nacido en la Hacienda de San Marcos, Aguascalientes, en aprox. 1765-1770, casado con Manuela Delgado en aprox. 1795, con parentescos genéticos cercanos en España. (#329, #721)

o **Cornejo** – Descendiente de Salvador Cornejo, nacido en aprox. 1750 en Teocaltiche, casado con Gertrudis de Aguayo en 1773. Hijo natural, español, con parentescos genéticos más cercanos en Italia, Irak y Siria. (#556)

o **Coronado** – Descendiente de Victoriano Coronado, nacido en aprox. 1785 en Magueyes, Pegueros, casado con Josefa Mena en 1813. Hijo natural, mulato, con parentescos genéticos cercanos en México, España, Ucrania, Italia y Polonia. (#162)

o **Durán** y **Duque** – Descendiente de Juan Durán (y Duque), nacido en aprox. 1595, casado con Regina de Aguayo en aprox. 1625. Español, con parentescos genéticos más cercanos en Italia, Libia, Mauritania y España. (#606)

o **Flores de la Torre** – Descendiente de Hernando Flores, nacido en aprox. 1510 en Salamanca, España, casado con María Alvarez de la Torre en aprox. 1535. Español, con parentescos genéticos cercanos en México, España e Inglaterra. (#453)

o **González de Hermosillo** – 6 personas de apellido González que se hicieron prueba de ADN-Y, con parentescos paternos no inmediatos, descendientes de Juan González de Hermosillo, quien nació en aprox. 1555 en Guadalcanal, España, casado con María Muñoz en aprox. 1587. Existen parentescos genéticos en los últimos 1000 años en España y Francia. (#006, #029, #166, #219, #248, #506)

o **Hermosillo** – Línea que coincide genéticamente con los González de Hermosillo, descendiente de Juan González de Hermosillo, mencionado en el párrafo anterior. (#218)

o **Hernández** – Descendiente de Calisto Hernández, español, quien nació en aprox. 1820 en Ojuelos de Jalisco, casado con Magdalena Peña. Línea distinta a los Hernández Gamiño, posiblemente de Arandas. Parentescos genéticos existentes en España, Turquía y Siria. (#004)

o **Ibarra** – Descendiente de Juan de Ibarra, mulato, quien nació en aprox 1710 en Teocaltiche, casado con Josefa de Dios en aprox. 1730. Con parentescos genéticos cercanos en Arabia Saudita y Alemania. (#156)

o **Legaspi** – Descendiente de Antonio de Legaspi, español, nacido en aprox. 1640, probablemente en Zacatecas o España, casado con Magdalena González. Con parentescos paternos cercanos en México, Angola, Haití y Jamaica. (#669)

o **Lomelí** – Descendiente de Juan de Lomelín, español nacido en aprox. 1705 en Mexticacán, casado con Juana Becerra. Cuenta con coincidencias genéticas cercanas en México, España, Italia, Ucrania, Polonia e Inglaterra. (#141)

o **Martínez** – Descendiente de Francisco Javier Martin, hijo natural, mulato, nacido en aprox. 1745 en La Llave, Valle de Guadalupe, casado con Magdalena Gutiérrez en 1766. Coincide genéticamente con varias personas de apellido Pérez-Franco y Pérez de Paredes, descendientes de Alonso Pérez-Torillo, quien nació en aprox. 1630 en España. (#126) o **Muñoz** – Descendiente de Antonio Muñoz, mestizo, nacido en aprox. 1720 en Nochistlán. Parentescos genéticos cercanos en México, Italia e Indonesia. (#099)

o **Muñoz de León** – Descendiente de Nicolás Muñoz de León, español, nació en aprox. 1625, casado con María Durán en Nochistlán. Esta línea tiene coincidencias genéticas en España, Túnez y Marruecos. (#098)

o **Negrete** – Descendiente de Antonio Negrete, nacido en aprox, 1656 en Guanajuato. Español, casado con Lucía Rodríguez, con parentescos genéticos cercanos en Escocia, Alemania, Bulgaria y Holanda. (#534)

o **Orozco Agüero** – Descendiente de Francisco de Agüero, español quien nació en aprox. 1510 en España, casado con Leonor de Orozco (familia sefardita de Sevilla, España). Con mucha descendencia en Teocaltiche y Aguascalientes. Con parentescos genéticos recientes en México y Rusia. (#566)

o **Pérez de Paredes** – Descendientes de Alonso Pérez-Torillo, genearca también de los **Pérez-Franco**, español, quien nació en aprox. 1630 en España, casado con Luisa de Paredes en aprox. 1660 en Silao, Guanajuato. Cuenta con parentescos paternos cercanos se encuentran tanto en Libia, Marruecos, Túnez y España, como también en Portugal, Inglaterra, Italia y Alemania. (#060, #129, #424)

o **Ramírez de Hermosillo** – Al igual que los Hermosillo y González de Hermosillo, estos 3 resultados coinciden genéticamente con su genearca Juan González de Hermosillo, por lo que se demuestra científicamente que tanto los Hermosillo, González de Hermosillo, Ramírez de Hermosillo, así como también los García de Hermosillo, son todos descendientes de Juan González de Hermosillo, nacido cerca de 1555 en Guadalcanal, España. (#036, #290, #658)

o **Santos de Bustos** – Descendientes de Nicolás de los Santos (Bustos), español nacido en aprox. 1615 en Aguascalientes, casado con María Díaz en 1637 en Aguascalientes. Con parentescos paternos recientes en Irak, Arabia Saudita y Turquía. (#083)

o **Sapiens** – Línea de Francia muy similar genéticamente a González de Hermosillo, probablemente descendientes de la misma persona muy reciente, hace aproximadamente entre 500 y 1000 años en Europa. (#839)

o **Vázquez** – Descendiente de Joseph Vázquez (posiblemente Vázquez de Victoria), mestizo, nacido en aprox. 1670 en Mitic, casado con Juana de la Cruz en aprox. 1695 en Jalostotitlán. Sus parentescos genéticos más cercanos se encuentran en Portugal. (#110)

o **Vázquez** – Descendiente de Antonio Abad Vázquez, español, nacido en aprox. 1750 en Jalostotitlán, casado con Antonia Aguirre en aprox. 1775. Con coincidencias genéticas recientes en Arabia Saudita, Yemen y Kuwait (#668)

Otros de los apellidos vinculados a Los Altos y pertenecientes a este haplogrupo son los siguientes: **

Aguilar	González (Norte)	Ramírez
Aranda	Guzmán	Rueda
Ayllón	Hernández	Salas
Bayardo	Juárez	Sandoval
Benavides (Norte)	Leyva	Tafoya
Bustos	López	Torrecilla
Castañeda	Magdaleno	Torres
Díaz	Márquez	Treviño (Norte)
Escoto	Mendoza	Uribe
Figueroa	Olivares	Vázquez
Gómez	Ortiz	Villarreal (Norte)
González	Pacheco	Zermeño

Cuadro descendiente del Haplogrupo E (1 de 2)

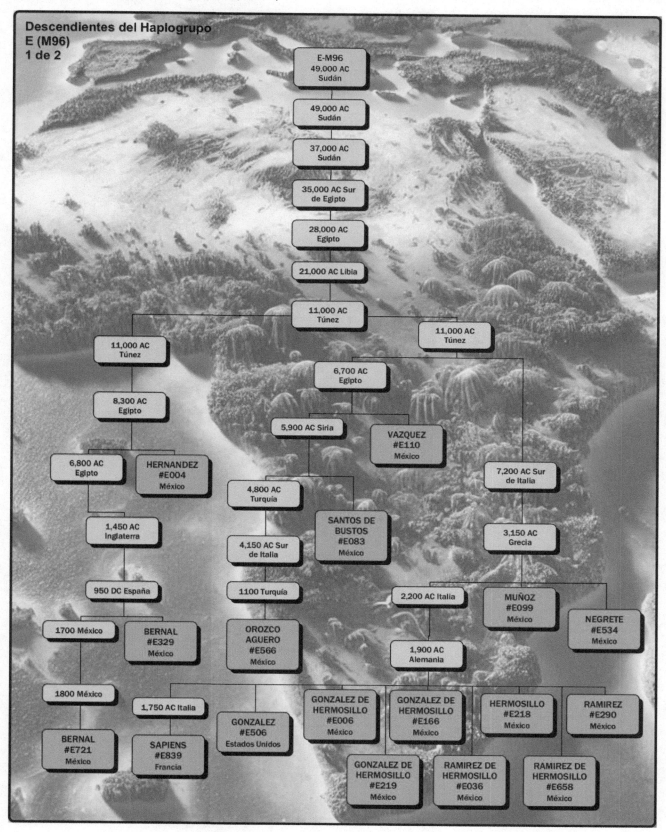

Fig. 7 - Cuadro genealógico de los descendientes del Haplogrupo ADN-Y E

Cuadro descendiente del Haplogrupo E (2 de 2)

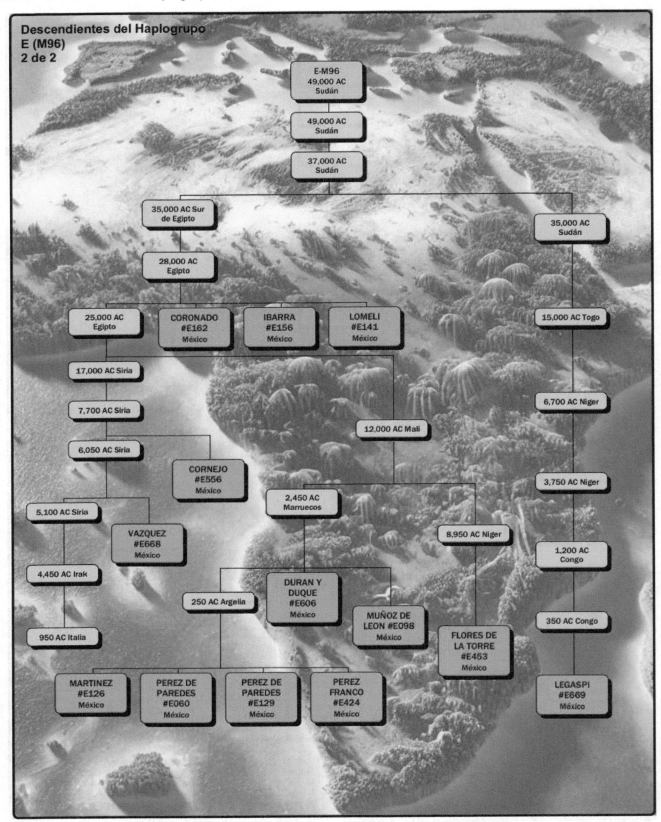

Descendientes del Haplogrupo E (M96) 2 de 2

- E-M96 49,000 AC Sudán
- 49,000 AC Sudán
- 37,000 AC Sudán
- 35,000 AC Sur de Egipto
- 35,000 AC Sudán
- 28,000 AC Egipto
- 25,000 AC Egipto
- CORONADO #E162 México
- IBARRA #E156 México
- LOMELI #E141 México
- 15,000 AC Togo
- 17,000 AC Siria
- 6,700 AC Niger
- 7,700 AC Siria
- 6,050 AC Siria
- 12,000 AC Mali
- CORNEJO #E556 México
- 3,750 AC Niger
- 2,450 AC Marruecos
- 5,100 AC Siria
- 8,950 AC Niger
- 1,200 AC Congo
- VAZQUEZ #E668 México
- 4,450 AC Irak
- DURAN Y DUQUE #E606 México
- 250 AC Argelia
- MUÑOZ DE LEON #E098 México
- 350 AC Congo
- 950 AC Italia
- FLORES DE LA TORRE #E453 México
- MARTINEZ #E126 México
- PEREZ DE PAREDES #E060 México
- PEREZ DE PAREDES #E129 México
- PEREZ FRANCO #E424 México
- LEGASPI #E669 México

Fig. 8 - Cuadro genealógico de los descendientes del Haplogrupo ADN-Y E

Haplogrupo F

Resultados

Haplogrupo F: 0

No hubo participante con raíces en Los Altos de Jalisco que haya resultado perteneciente a este haplogrupo, aunque sí existe una persona en todo México dentro de las bases de datos de ADN-Y que salió de este haplogrupo.

A pesar de los resultados negativos del haplogrupo **F**, aquí les incluyo un esquema genético descendiente de este haplogrupo para su conocimiento:

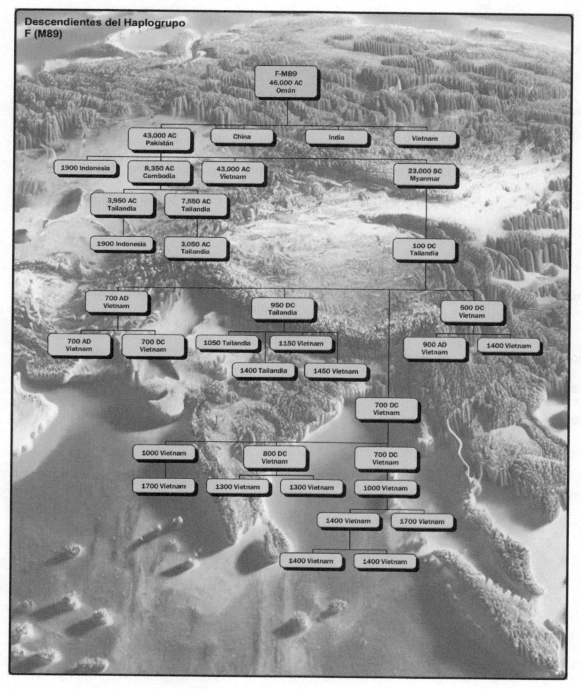

Fig. 9 - Cuadro genealógico de los descendientes del Haplogrupo ADN-Y F

Haplogrupo G

Resultados

Haplogrupo G1:   0

Haplogrupo G2:   15

El número de personas con raíces en Los Altos de Jalisco que resultaron descendientes del haplogrupo **G** o de alguno de sus subclados fueron **15**, los cuales representan **12** diferentes linajes de la región. Estos son algunos de los apellidos y linajes Alteños vinculados con el haplogrupo **G**, así como algunas notas genealógicas:

Apellido	Linaje/Familia	Portador	Raza
Aguayo	Aguayo	Juan Deciderio de Aguayo (n. 1695)	Morisco
Camarena	De la Torre Ledesma	Clemente de la Torre Ledesma (n. 1615)	Español
Cobos	De Cobos	Miguel de Cobos (n. 1620)	Español
De la Torre	De la Torre Ledesma	Clemente de la Torre Ledesma (n. 1615)	Español
Domínguez	Domínguez de la Torre	Juan de Ledesma (n. 1640)	Español
Durán	Durán	Francisco Durán (n. 1710)	Tresalbo
González	De Cobos	Miguel de Cobos (n. 1620)	Español
Ledesma	De la Torre Ledesma	Clemente de la Torre Ledesma (n. 1615)	Español
Merino	Merino	Juan de Soto Nicolás Merino (n. 1618)	Español
Moreno	Moreno	Marcelo Moreno (n. 1745)	Indio
Oropeza	Oropeza	José María Oropeza (n. 1790)	Mestizo
Rodríguez	Rodríguez	Anastacio Rodríguez (n. 1795)	Mestizo

Otros de los apellidos con coincidencias genéticas en Los Altos y que también están vinculados a este haplogrupo son los siguientes:

Baca	Guerrero	Rangel
Cerda	Ibarra	Rentería
De Anda	León	Rodríguez
Flores	Macías	Ríos
González	Martínez	Torres

■ **Notas y referencias genealógicas**

o **Aguayo** – Descendiente de Juan Deciderio de Aguayo, morisco nacido en aprox. 1695 en Nochistlán, casado con María Josefa (queda pendiente una investigación genealógica más profunda). Con parentescos genéticos paternos más cercanos en Eslovaquia, Italia y Hungría. (#033)

o **Camarena** – Descendiente por vía paterna de Clemente de la Torre Ledesma, español, nacido en aprox. 1615 en Jalostotitlán. Su ADN-Y coincide con los varios descendientes de los De la Torre Ledesma de la región. Tiene coincidencias genéticas paternas en España, Grecia, Alemania e Inglaterra. (#113)

o **De Cobos** – Descendiente de Miguel de Cobos, español, nacido en aprox. 1620 en Aguascalientes, casado con Maria Romo de Vivar en aprox. 1650 en Aguascalientes. Con gran cantidad de descendientes en Chihuahua, Aguascalientes y Los Altos de Jalisco. Sus parentescos paternos más cercanos se encuentran actualmente en México, Portugal e Italia. (#730)

o **De la Torre Ledesma** – Varios descendientes de Clemente de la Torre (Ledesma), español, nacido en aprox. 1615 en Jalostotitlán, casado con Beatriz Ramírez Tavera en 1637, probablemente también en Jalostotitlán. Se cree que fue hijo de Juan de (la Torre) Ledesma, descendiente de Pedro de Ledesma, de Zamora, España, pero a mi conocimiento, aún no se han encontrado los documentos que lo demuestre. Algunos Torres de la región también comparten este mismo ADN-Y. Con coincidencias genéticas cercanas en España, Portugal y Grecia. (#076, #481, #851, #892)

o **Domínguez de la Torre** – Descendiente de Nicolás Domínguez de la Torre (Ledesma), nacido en 1704 en Jalostotitlán, español, casado con Inés Alvarez Tostado en 1742 en Jalostotitlán. Nicolás fue nieto de Juan de Ledesma, nacido en aprox. 1640. Esta línea coincide genéticamente con los De la Torre Ledesma, por lo que se demuestra que proviene también de Clemente de la Torre Ledesma. Con parentescos genéticos en España, Grecia, Alemania y Sudán. (#147)

o **Durán** – Descendiente de Francisco Durán, tresalbo, nacido en aprox. 1710 en Guadalajara, casado con María Ana Gertrudis De Huerta Velázquez en aprox. 1730. No he encontrado parentesco genealógico con los Durán de Nochistlán, pero queda pendiente una futura investigación más profunda, ya que los Durán de esta región son de otro haplogrupo Y. Con parentescos genéticos cercanos en Rusia, Portugal y Arabia Saudita, en ese orden. (#616)

o **González** - Coincide genéticamente con descendientes de Miguel de Cobos, español, nacido en aprox. 1620 en Aguascalientes, mencionado anteriormente en estas notas. Tiene parentescos paternos cercanos en México, Portugal e Italia, en ese orden. (#084)

o **Ledesma** – Coincide con los De la Torre Ledesma, descendiente de Clemente de la Torre Ledesma, español, nacido en aprox. 1615 en Jalostotitlán, casado con Beatriz Ramírez Tavera. Con parentescos cercanos en España, Portugal y Grecia. (#849)

o **Merino** – Descendiente del capitán Joaquín Nicolás de Soto y Merino, español, nacido en aprox. 1660, casado con María de Rentería en aprox. 1685. Familia colonizadora de La Alta California. (#852)

o **Moreno** - Descendiente de Marcelo Moreno, indio, nacido en aprox. 1745 en Aguascalientes, casado con Juana María González en aprox. 1765 en Jesús María, Aguascalientes. Con parentescos cercanos en Inglaterra, Gales y Bélgica. (#223) o **Oropeza** – Descendiente de José María Oropeza, español, nacido en aprox. 1790 en Los Yugos, Cañadas de Obregón, casado con Dorotea Cárdenas. Queda pendiente una investigación genealógica más profunda para encontrar quiénes fueron sus padres. Con descendencia en Cañadas de Obregón y Valle de Guadalupe. Sus coincidencias genéticas paternas más cercanas son de Portugal. (#161)

Cuadro descendiente del Haplogrupo G

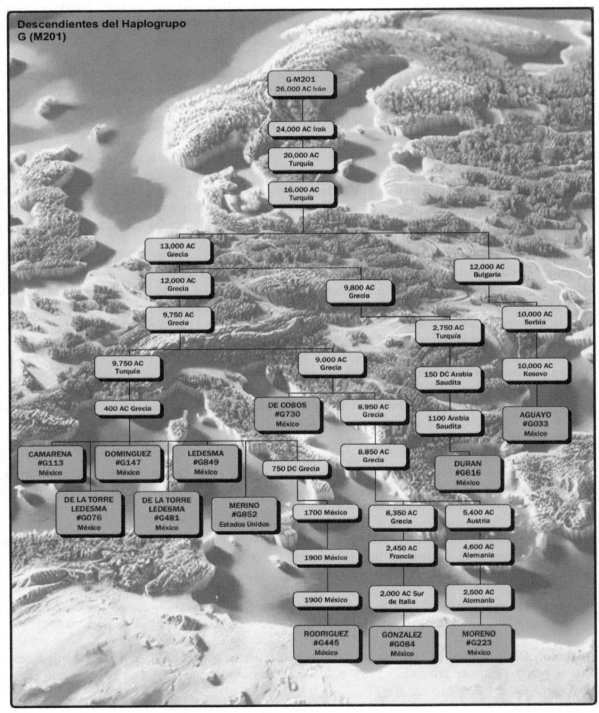

Fig. 10 - Cuadro genealógico de los descendientes del Haplogrupo ADN-Y G

Haplogrupo H

Haplogrupo H1:   0

Haplogrupo H2:   0

No hubo participantes con raíces en Los Altos de Jalisco que hayan resultado pertenecientes a este haplogrupo.

Entre algunas de las familias con vínculos en Los Altos que pertenecen al haplogrupo H se encuentran las siguientes:

| Alemán (#746) | Noriega (#758) | Salcedo (#842) | García (#701) |

A pesar de los resultados negativos del haplogrupo **H**, se incluye parte del cuadro genealógico descendiente de **H**, **H1** y **H2**, donde se muestran los subgrupos relacionados con los resultados obtenidos en esta investigación. En este cuadro genealógico-genético se muestra la relación entre las familias mencionadas en este capítulo del haplogrupo **H**:

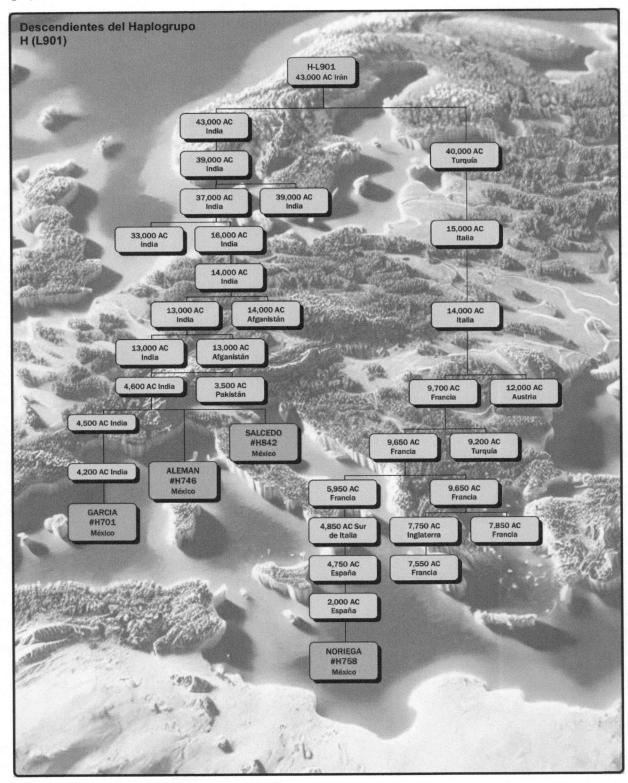

Fig. 11 - Cuadro genealógico de los descendientes del Haplogrupo ADN-Y H

148

Haplogrupo I1

Resultados

Haplogrupo I1:   13

El número de personas con raíces en Los Altos de Jalisco que resultaron descendientes del haplogrupo I1 fueron **13**, los cuales representan **8** diferentes linajes de la región. Estos son los apellidos y linajes Alteños vinculados con el haplogrupo I1, así como sus notas genealógicas respectivas:

Apellido	Linaje/Familia	Portador	Raza
Álvarez	Álvarez Tostado	Lorenzo Álvarez (n. 1520)	Portugués
Báez	Báez		Español
Camarena	De Camarena Bufreo	Francesc Wuffredus (n. 1530)	Alemán
Macías	Macías		Español
Ramírez	Ramírez de Arellano		Español
Rodríguez	Rodríguez		Español
Orozco	Tello de Orozco	Gerónimo de Orozco (n. 1490)	Español
Tostado	Álvarez-Tostado	Lorenzo Álvarez (n. 1520)	Portugués

Otros de los apellidos con raíces en Los Altos y que también están vinculados genéticamente al haplogrupo I1 son los siguientes**:

Alcalá	Delgado	Paredes (Norte)
Álvarez	González (Norte)	Rendón
Báez (Norte)	Lozano	Rodríguez (Norte)
Carrillo (Norte)	Martínez (Norte)	Romero (New México)
Chávez (New México)	Padilla (Zacatecas)	Saldaña

- **Notas y referencias genealógicas**

- ○ **Álvarez Tostado** – Descendientes del conquistador Lorenzo Álvarez, portugués, nacido en aprox. 1520 en Portugal, casado con Agustina de Viera. Coinciden los resultados con varios Álvarez y Tostado de Los Altos. Parentescos paternos cercanos en México, Portugal, España, Puerto Rico y Brasil. (#049, #649)

- ○ **Báez** – Descendientes de Simón Báez, español, nacido en aprox. 1618 en Lagos de Moreno, casado con María de la Cerda en aprox. 1650. Posiblemente del norte de México, debido a su cercanía genealógica a los Báez de Benavides. Tiene parentescos paternos genéticos cercanos en España, Suiza y Holanda. (#035)

- ○ **De Camarena y Bufreo** – Descendientes del platero Francesc Wuffredus, alemán, nacido en aprox. 1530, vecino de Valencia, España, casado con Catalina de Camarena en aprox. 1555. Coinciden los resultados con varios Camarena de la región. Con parentescos paternos en Alemania, Gales, Inglaterra y Austria. (#108, #860, #878, #899)

- ○ **Macías** – No está disponible el nombre del genearca de esta línea, pero por la distancia genética más cercana, era de cerca de Aguascalientes. Sin parentescos paternos cercanos conocidos fuera de México. (#458)

- ○ **Ramírez de Arellano** – Línea encontrada en algunas personas de Puerto Rico, muy probable que sean de los Ramírez de Arellano que vinieron a Los Altos durante la conquista, ya que coinciden genéticamente con algunos Macías y Rodríguez de Aguascalientes, aunque estos Macías no son de los Macías Valadez ni los Rodríguez son de alguna línea conocida del mismo apellido en Los Altos o el resto de Nueva España. (#1057)

- ○ **Rodríguez** – Coincide genéticamente con Macías #458, línea de Cuquío, Jalisco. Línea vinculada con los Rodríguez de Frías, pero con haplogrupo diferente. Con parentescos paternos cercanos en Puerto Rico, España y Suecia. (#520)

- ○ **Tello de Orozco** – Descendientes del contador Gerónimo de Orozco, judío converso español, nacido en aprox. 1490 en Sevilla, España, casado con Inés de Luna en aprox. 1515 en Sevilla. Coincide genéticamente con otros Orozco de Los Altos. Parentescos paternos cercanos en Suecia, Francia, Inglaterra y Alemania. (#193, #865)

- ○ **Tostado** – Coincide con los Álvarez Tostado, descendientes de Lorenzo Álvarez, conquistador portugués, nacido en aprox. 1520 en Portugal. (#898)

Cuadro descendiente del Haplogrupo I1

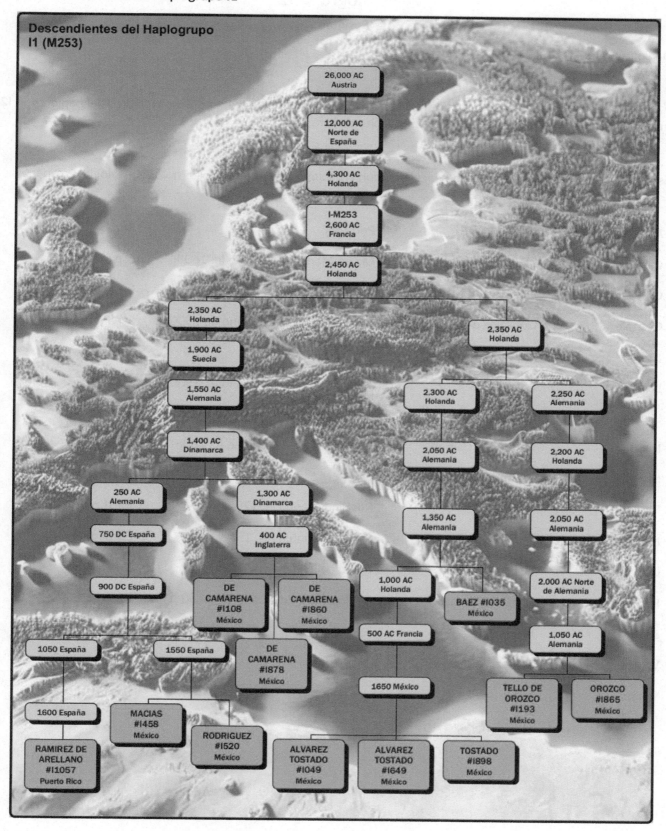

Fig. 11 - Cuadro genealógico de los descendientes del Haplogrupo ADN-Y I1

Haplogrupo I2

Resultados

Haplogrupo I2:   **34**

El número de personas con raíces en Los Altos de Jalisco que resultaron descendientes del haplogrupo **I2** fueron **34**, los cuales representan **15** diferentes linajes de la región.

Estos son los apellidos y linajes Alteños vinculados con el haplogrupo **I2**, así como sus notas genealógicas respectivas:

Apellido	Linaje/Familia	Portador	Raza
Campos	Martín del Campo	Lázaro Martín del Campo (n. 1608)	Español
Cervantes	De Cervantes		Español
González	González de Islas	Alonso Hernández Lozano (n. 1500)	Español
Limón	Limón		Español
Lozano	Lozano Isla	Alonso Hernández Lozano (n. 1500)	Español
Luévano	De Luévano	Feliciano de Luévano (n. 1765)	Español
Martín	Martín del Campo	Lázaro Martín del Campo (n. 1608)	Español
Martínez	Martín del Campo	Lázaro Martín del Campo (n. 1608)	Español
Miranda	Miranda	Rosalío Miranda (n. 1790)	Mestizo
Montero	Montero	Enrique Montero (n. 1750)	Español
Olmos	Del Olmo	Pedro del Olmo (n. 1642)	Español
Romo	Romo	Lázaro Martín del Campo (n. 1608)	Español
Sandoval	Sandoval		Español
Valdez	Valdez		Español
Yáñez	Yáñez		Español

Otros apellidos con raíces en Los Altos y que también están vinculados genéticamente al haplogrupo I2 son los siguientes**:

Barajas	Hinojosa	Mendoza
Benavides (Norte)	Ibarra	Moreno
Cabrera	Iñiguez	Muñoz
Carbajal	Jiménez	Ornelas
Casillas	Lomelí	Plasencia
Corona	López	Rodríguez
De la Garza (Norte)	Martel	Ruiz
Flores	Martín	Torres
Gutiérrez (Norte)	Mejía	Valadez
Guzmán	Méndez	Vázquez

■ **Notas y referencias genealógicas**

- **Campos** – Coincide con los Martín del Campo, descendientes de Lázaro Martín del Campo, español, nacido en aprox. 1608 en Revilla del Campo, España. Con coincidencias genéticas paternas en Brasil, Alemania y Francia. (#240)

- **Cervantes** – Participante con raíces en Atotonilco el Alto, Ayotlán y la Ribera de Chapala, no aporta más datos. Con parentescos paternos en Alemania y Portugal. (#663)

- **González de Islas** – Descendientes de Alonso Hernández Lozano, genearca de los González de Islas, español, nacido en aprox. 1500, originario de Castilla, España, casado con María Zapata. Coincide con los demás González de la Isla y Lozano Isla de la región, con mucha descendencia en Nochistlán, Aguascalientes y Los Altos de Jalisco. Con parentescos paternos cercanos en México y Dinamarca. (#761, #869, #880, #893)

- **Limón** – Descendientes de Bartolomé Martín Limón, español, nacido en aprox. 1560, casado con Catalina de Espinoza en 1589 en Santa María de los Lagos. Con descendencia principalmente en Lagos de Moreno, San Juan de los Lagos, Nochistlán y Yahualica. (#864, #882, #894)

- **Lozano Isla** – Descendientes de Alonso Hernández Lozano, genearca de los Lozano Isla, español, nacido en aprox. 1500, originario de Castilla, España, casado con María Zapata. Coincide con varios González Islas y demás Lozano-Isla de la región, comprobándose así que Alonso Hernández Lozano es el genearca de ambos linajes Alteños. Con parentescos paternos cercanos en México y Dinamarca. (#304, #889)

- **De Luévano** – Descendientes de Feliciano de Luévano, español, nacido en aprox. 1765 en Aguascalientes, casado con María Guadalupe Díaz en 1789 en Aguascalientes. Coincide con otros Luévano de la región de

Aguascalientes y Los Altos. Queda pendiente un análisis genealógico más extenso para encontrar generaciones anteriores. Con parentescos paternos cercanos en Italia y España. (#298, #887, #896)

- **Martín del Campo** – Descendientes de Lázaro Martín del Campo, español, nacido en aprox. 1608 en Revilla del Campo, España. Fue casado con María López de la Cruz en aprox. 1627 en Guadalajara, Jalisco. Se cree que fue bisnieto de Blas Martín del Campo, casado con Antonio De la Torre, pero existen otras hipótesis acerca de su ascendencia y no he encontrado documentos que comprueben sin dejar alguna duda una u otra versión. Coinciden genéticamente con los Campos, Martín, Martínez, además de algunos otros apellidos en Los Altos, por lo que es uno de los linajes con más descendientes en Los Altos y sus cercanías. Coincide genéticamente por via paterna cercana con personas en España, Italia, Alemania, Portugal, Brasil y Francia, entre otros países. (#038, #105, #731, #891)

- **Martínez** – Como se acaba de mencionar, coincide con los Martín del Campo, descendientes de Lázaro Martín del Campo, español, nacido en aprox. 1608 en Revilla del Campo, España. Con coincidencias genéticas paternas en Brasil, Alemania y Francia. (#085, #877)

- **Miranda** – Descendiente de Rosalío Miranda, mestizo, nacido en aprox. 1790 en Teocaltiche. Con parentescos paternos cercanos en México. (#009)

- **Montero** – Descendiente de Enrique Montero, español, nacido cerca de 1750 en San Juan de los Lagos, casado con Catarina de Mesa. Sin coincidencias paternas cercanas conocidas. (#334)

- **Olmos** – Descendientes de Pedro del Olmo, español, casado con Isabel Jiménez, en Ciudad de México en 1642, padres de Lorenzo del Olmo, quien se casa con Juana de Santos, con mucha descendencia en Aguascalientes, Nochistlán, entre otros lugares. (#334, #861)

- **Romo** – Coinciden genéticamente con los Martín del Campo, descendientes de Lázaro Martín del Campo, mencionado en párrafos anteriores. Con descendencia en las cercanías de Encarnación de Díaz. (#043, #213)

- **Sandoval** – Participante con parentescos autosómicos cercanos en las cercanías de Yahualica y Mexticacán, posiblemente descendiente de Juan de Moscoso y Sandoval, genearca de los Sandoval de Los Altos. Con parentescos paternos cercanos en México, Gales y Alemania. (#231)

- **Valdez** - Participantes con parentescos autosómicos cercanos en Nochistlán, posibles descendientes de Pedro de Valdez, español, nacido en aprox. 1610 en España, casado con Leonor de Tejeda y Delgadillo en 1637 en Teocaltiche. Queda pendiente un análisis mas profundo de su genealogía. Con parentescos cercanos en España, Serbia y Colombia. (#856, #876)

- **Yáñez** – Participante con parentescos autosómicos cercanos en las cercanías de Yahualica y Mexticacán, genéticamente cercano a Sandoval #231, posiblemente descendiente de Gonzalo Yáñez del Monte, español, nacido en aprox. 1575, casado con Gerónima de Benavides. Con parentescos paternos cercanos en España, Italia y Alemania. (#857, #858)

Cuadro descendiente del Haplogrupo I2 (1 de 2)

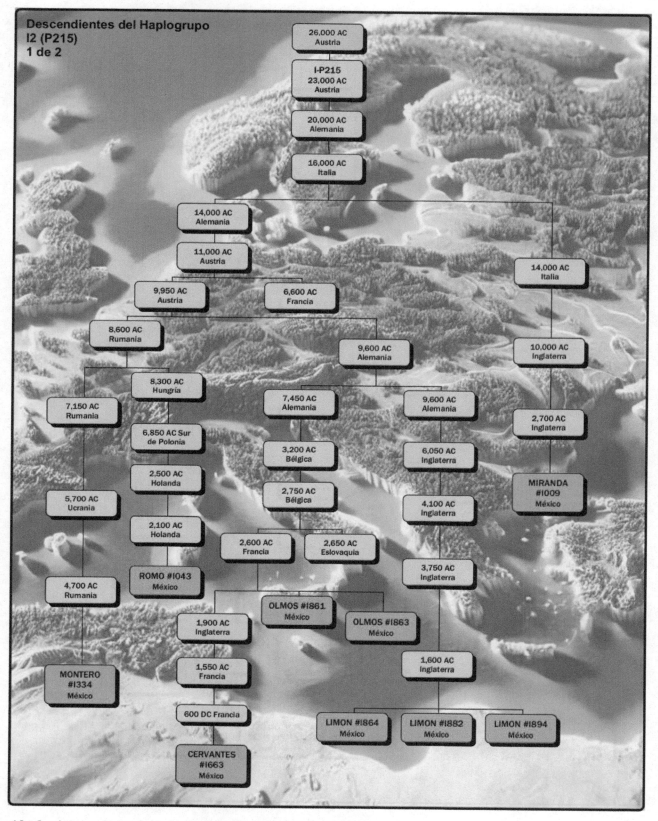

Fig. 12 - Cuadro genealógico de los descendientes del Haplogrupo ADN-Y I2 (1)

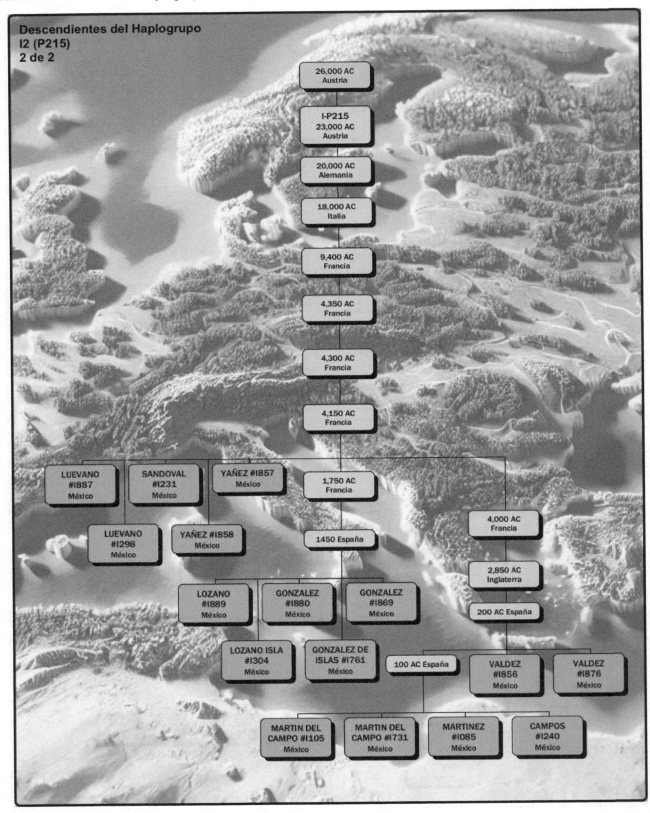

Descendientes del Haplogrupo I2 (P215) 2 de 2

- 26,000 AC Austria
- I-P215 23,000 AC Austria
- 20,000 AC Alemania
- 18,000 AC Italia
- 9,400 AC Francia
- 4,350 AC Francia
- 4,300 AC Francia
- 4,150 AC Francia
- 1,750 AC Francia
- 1450 España
- 4,000 AC Francia
- 2,850 AC Inglaterra
- 200 AC España
- 100 AC España

- LUEVANO #I887 México
- SANDOVAL #I231 México
- YAÑEZ #I857 México
- LUEVANO #I298 México
- YAÑEZ #I858 México
- LOZANO #I889 México
- GONZALEZ #I880 México
- GONZALEZ #I869 México
- LOZANO ISLA #I304 México
- GONZALEZ DE ISLAS #I761 México
- VALDEZ #I856 México
- VALDEZ #I876 México
- MARTIN DEL CAMPO #I105 México
- MARTIN DEL CAMPO #I731 México
- MARTINEZ #I085 México
- CAMPOS #I240 México

Fig. 13 - Cuadro genealógico de los descendientes del Haplogrupo ADN-Y I2 (2)

Haplogrupo J1

Resultados

Haplogrupo J1:   8

El número de personas con raíces en Los Altos de Jalisco que resultaron descendientes del haplogrupo **J1** fueron **8**, los cuales representan **6** diferentes linajes de la región.

Estos son los apellidos y linajes Alteños vinculados con el haplogrupo **J1**, así como sus notas genealógicas respectivas:

Apellido	Linaje/Familia	Portador	Raza
Anaya	Anaya de Mendoza	Martín Monje de León (n. 1500)	Español
Carbajal	Carbajal	Joseph Miguel de Carbajal (n. 1735)	Español
Gómez	Gómez		Desconocido
González	González	Juan González (n. 1610)	Español
Pérez	Pérez	Antonio Pérez (n. 1770)	Mulato
Sánchez	Sánchez de Porras	Diego Sánchez de Porras (n. 1597)	Español

Otros de los apellidos con vínculos en Los Altos y que también están vinculados a este haplogrupo son los siguientes**:

Baca	Guzmán	Miranda
Cárdenas	Herrera	Santos
Espinoza	Isáis	Soltero
Güemes	Luján	Zepeda

■ Notas y referencias genealógicas

- **Anaya de Mendoza** – Descendiente del conquistador Martín Monje de León, español, nacido en aprox. 1500 en Navarra, España, casado con Isabel Álvarez Corona, en aprox. 1545. Con parentescos paternos más recientes en Túnez, España, Grecia y Libia. (#412)

- **Carbajal** – Descendiente de Joseph Miguel de Carbajal, español, nacido en aprox. 1735 en Huisquilco, hijo de padres no conocidos, casado con María de Jesús Ruiz en 1765 en Cuquío. Can parentescos más recientes en México y Arabia Saudita. (#124)

- **Gómez** – Coincide genéticamente con los de este haplogrupo, se desconocen sus orígenes, pero lo más probable es que tenga raíces en la región de Cuquío, Yahualica y Nochistlán. No coincide con ningún otro Gómez que se tenga conocimiento. (#826)

- **González** – Descendiente de Juan González, español, nacido en aprox. 1610 en La Venta, Valle de Guadalupe. Se desconocen sus orígenes, pero tiene descendencia en Teocaltiche y sus alrededores. Podría ser de la familia González Hidalgo, provenientes de Zacatecas, con mucha descendencia en el Norte de México, debido a las coincidencias genéticas con varias personas de aquella región. Con parentescos genéticos paternos conocidos en México solamente. (#624)

- **Pérez** – Descendiente de Antonio Pérez, mulato, nacido en aprox. 1770 en Pegueros, casado con Alejandra Medina en aprox. 1790. Con descendencia en Pegueros, Tepatitlán y lugares cercanos. Tiene parentescos genéticos paternos recientes en México y Arabia Saudita. (#703)

- **Sánchez de Porras** – Descendientes de Diego Sánchez de Porras, español, nacido en aprox. 1597, posiblemente en España, casado con Elvira Sánchez en 1626 en Aguascalientes. Coincide genéticamente con varios Sánchez de Los Altos, originarios de Ixtlahuacán del Rio y Cuquío, donde abundan sus descendientes. (#718, #784, #803)

Análisis

El haplogrupo de ADN-Y J está estrechamente relacionado con las comunidades judías, especialmente entre los judíos ashkenazíes y sefardíes. Este haplogrupo es uno de los más comunes dentro de las poblaciones judías y se asocia con linajes que remontan su origen a la antigua región del Levante, coincidiendo con la cuna histórica de las comunidades judías. La prevalencia del haplogrupo J en los judíos ashkenazíes sugiere un linaje compartido que conecta a estas comunidades con los primeros grupos semíticos que habitaron el Medio Oriente.

Además de su presencia significativa entre los judíos, el haplogrupo J se encuentra en otras poblaciones del Mediterráneo y de la península arábiga, lo cual refleja una rica historia de migración y mezcla genética a lo largo de los siglos. Para los judíos ashkenazíes, el haplogrupo J constituye una pieza clave en la exploración de sus raíces ancestrales y contribuye a comprender mejor las conexiones entre las comunidades judías en la diáspora y su origen en la región del Levante. Este marcador genético, por tanto, es fundamental en la investigación de la diversidad y de la herencia genética de los judíos a nivel global.

Cuadro descendiente del Haplogrupo J1

Fig. 14 - Cuadro genealógico de los descendientes del Haplogrupo ADN-Y J1

Haplogrupo J2

Resultados

Haplogrupo J1:   29

El número de personas con raíces en Los Altos de Jalisco que resultaron descendientes del haplogrupo **J2** fueron **29**, los cuales representan **18** diferentes linajes de la región.

Estos son los apellidos y linajes Alteños vinculados con el haplogrupo **J2**, así como sus notas genealógicas respectivas:

Apellido	Linaje/Familia	Portador	Raza
Aceves	Muñoz de Aceves	Carlos Muñoz de Aceves (n. 1570)	Español
Aceves	Aceves		
Arellano	De Arellanos	Sebastián de Arellanos (n. 1615)	Español
Barajas	Barajas	Juan Joseph Barajas (n. 1720)	Mulato
Carrillo	Carrillo	Juan Joseph de la Rosa Carrillo (n. 1773)	Español
Curiel	Curiel		
Delgadillo	Delgadillo de Frías	Hernando de Frías (n. 1560)	Español
Díaz	Díaz	Juan Patricio Díaz (n. 1700)	Coyote
Escoto	Escoto		
Franco	Franco de Paredes	Blas de Paredes (n. 1590)	Español
Gómez	Gómez de Mendoza	Diego Ramírez de Cantillana (n. 1558)	Español
González	González Bas	Francisco Alonso González (n. 1670)	Portugués
Luna	Luna		
Pérez	Pérez de Frías	Hernando de Frías (n. 1560)	Español
Ramírez	Ramírez de Mendoza	Diego Ramírez de Cantillana (n. 1558)	Español
Rodríguez	Rodríguez de Frías	Hernando de Frías (n. 1560)	Español
Romero	Romero de Chávez	Alonso Hernández Romero (n. 1560)	Español
Vallejo	De Vallejo	Joseph De Vallejo (n. 1650)	Español
Villaseñor	De Villaseñor y Cervantes	Juan de Villaseñor Orozco y Tovar (n. 1500)	Español

Otros apellidos con vínculos en Los Altos y que también están vinculados a este haplogrupo son los siguientes:

Aguayo	Huerta	Ruiz
Alonso	Islas	Salcido
Arellano	Jiménez	Serrano
Bañuelos (Zacatecas)	Ledesma	Soto
Casillas	Marín	Treviño (Norte)
Cornejo	Márquez	Trujillo
García	Pérez	Ulloa
Gómez	Plascencia	Vélez

■ **Notas y referencias genealógicas**

- **Muñoz de Aceves** – Descendiente de Carlos Muñoz de Aceves, español, nacido en aprox. 1570 en la Ciudad de México, casado con María González Rubio en aprox. 1590. Esta es una de las tres familias Aceves encontradas en la región de Los Altos, y es la única que se ha podido llegar genealógicamente a su genearca en Nueva Galicia. Cuenta con parentescos genéticos paternos recientes tanto en México como en Rusia. (#180)

- **Aceves** – La segunda de las tres líneas Aceves encontradas en esta investigación (hablaré de la tercera en el capítulo del haplogrupo Q). Esta línea tiene sus orígenes muy similares a la de los Muñoz de Aceves, aunque su ancestro paterno en común de estas dos líneas debió haber nacido hace aproximadamente 10,000 años. Queda pendiente una investigación genealógica más profunda. (#797, #835)

- **De Arellanos** – Descendiente de Sebastián de Arellanos, español, nacido en aprox. 1615 en Aguascalientes, casado con Andrea Rodríguez, Ruiz o Aguilar en aprox. 1640. Con parentescos genéticos recientes en Portugal, Alemania e Italia. (#772)

- **Barajas** – Descendiente de Juan Joseph Barajas, mulato, hijo natural, nacido en aprox. 1720 en Jalostotitlán, casado con Juana María de Dios Arredondo en 1741 en Jalostotitlán. Con descendencia en Jalostotitlán, Cañadas de Obregón y Valle de Guadalupe. Coincide genéticamente por via paterna con personas en Italia, Rusia, Arabia Saudita, Bahréin, Turquía e Irak. (#150)

- **Carrillo** – Descendiente de Juan Joseph de la Rosa Carrillo, español, hijo natural, nacido en 1773 en Nochistlán, casado con Manuela Muñoz en 1807 en Nochistlán. Con parentescos paternos recientes en Libia, Kazakstán, Kuwait y Arabia Saudita. (#032)

- **Curiel** - Participante con parentescos autosómicos muy cercanos en Capilla de Guadalupe y Arandas. Queda pendiente un análisis más profundo de su genealogía. Con parentescos paternos cercanos en Kuwait, Líbano y Arabia Saudita. (#752)

- **Delgadillo de Frías** - Descendientes de Diego Delgadillo, hijo de Hernando de Frías, español, nacido este último en aprox. 1560. Se desconoce con certeza su lugar de nacimiento, así como el nombre de su esposa. Esta es una de las varias líneas Delgadillo existentes en la región de Nochistlán, Mexticacán, Teocaltiche, Juchipila y cercanías, aunque solamente a esta se le ha logrado vincular genealógicamente con su genearca. Quedan pendientes por mi parte dichas investigaciones para un análisis futuro. Coincide genéticamente con los Pérez de Frías y los Rodríguez de Frías, de quienes hablaré en párrafos posteriores. Con parentescos paternos genéticos recientes en España, Turquía y Azerbaiyán. (#405, #903)

- **Díaz** – Descendiente de Juan Patricio Díaz, coyote, nacido en aprox. 1700 en Jalostotitlán o San Miguel el Alto, casado con María Gertrudis en aprox. 1720. Su genética es similar a Barajas #150 y a los Gómez de Mendoza, pero hace falta una prueba más profunda para poder determinar su cercanía cromosómica. Con descendencia en Mirandillas, y con parentescos genéticos paternos más lejanos en Hungría, Ucrania, Italia y Egipto. (#155)

- **Escoto** - Participante con parentescos autosómicos muy cercanos en San Miguel el Alto y Arandas, posible descendiente de Antonio de Escoto y Tovar, español, nacido en aprox. 1617, casado con Inés Ortiz de Rodas. Queda pendiente un análisis más profundo de su genealogía. (#804)

- **Franco de Paredes** – Descendientes de Blas de Paredes, español, nacido en aprox. 1590 en España, casado con Ana María Franco de Montoya en aprox. 1620 en Silao, Guanajuato. Coincide con varias personas Franco de la región. Con coincidencias genéticas paternas en Hungría, Polonia, Alemania, Escocia y Gales. (#130, #749)

- **Gómez de Mendoza** – Varios descendientes de Diego Ramírez de Cantillana, español, genearca de los Gómez de Mendoza y Ramírez de Mendoza, quien nació en aprox. 1558 en Sevilla, España, y quien fue casado con Inés Núñez de Brenes en aprox. 1580 en Sanlúcar de Barrameda, España. No se debe de confundir este genearca con Diego Gómez de Portugal, lo cual erróneamente se ha hecho en algunos sitios populares de genealogía en internet. Parentescos genéticos paternos en México, Hungría, Ucrania, Italia, Egipto y Portugal. (#059, #091, #191)

- **González Bas** – Descendiente de Francisco Alonso González, portugués, nacido en aprox. 1670 en Rendo Portugal, casado con María Bas en aprox. 1700. Con descendencia en Jalostotitlán y Valle de Guadalupe. Muy similar a los resultados de Arellano y Gómez de Mendoza, es muy probable que hayan sido parientes paternos cercanos en el viejo mundo. Con parentescos genéticos cercanos en Portugal, España, Ucrania, Hungría, Italia y Egipto. (#005)

- **Huerta** – Coincide con varias personas de Los Altos en sus resultados autosómicos, lo más probable es que sea por su lado paterno. Se desconoce por el momento su vínculo con la región Alteña con exactitud, pero sus resultados son de ADN-Y son muy similares a los de Arellanos y González Bas. Con parentescos paternos cercanos en Irak y Marruecos. (#783)

- **Luna** – Coincide con varias personas de Los Altos en sus resultados autosómicos, aunque no se sabe aún si es por su lado paterno. Se desconoce por el momento su vínculo con la región Alteña, pero sus resultados son de ADN-Y son muy similares a los de la región. Con parentescos paternos cercanos en Portugal, España, Francia y Filipinas. (#087)

- **Pérez de Frías** – Descendientes de Juan de Dios Pérez de Frías, español, nacido en aprox. 1715 en Nochistlán, casado con Ana Gertrudis Jiménez en 1745 en Teocaltiche. Coincide genéticamente con los Delgadillo y Rodríguez de Frías, por lo que se deduce que también es descendiente de Hernando de Frías, y con esto se demuestra que, aunque no declara los nombres de sus padres en su acta de matrimonio, pertenece a los Pérez de Frías descendientes de Hernando de Frías. Con coincidencias genéticas paternas en España, Turquía y Azerbaiyán. (#282, #741)

- **Ramírez de Mendoza** – Descendiente de Agustín Ramírez, español/mulato, nacido en aprox. 1760 en La Estancia de Casillas, Valle de Guadalupe, casado con Francisca Gutiérrez en aprox. 1780. Aunque se desconocen los nombres de sus padres y abuelos, se deduce que es descendiente de Diego Ramírez De Cantillana, por haber resultado idénticos sus resultados a los de los descendientes de los Ramírez de Mendoza y Gómez de Mendoza. Con genética paterna cercana en México, Portugal y España. (#650)

- **Rodríguez de Frías** – Descendiente de Juan Rodríguez de Frías, español, vecino y originario de Nochistlán, nacido en aprox. 1585, casado con Gertrudis de Amaya en aprox. 1620. Hijo de Hernando de Frías, genearca también de los Delgadillo y Pérez de Frías, quedando comprobado genealógica y genéticamente que estas tres líneas surgen de dicho Hernando de Frías, nacido en aprox. 1560. NOTA: Esta línea descendiente se había creído que era la misma de los Rodríguez de Hijar, pero como veremos más adelante en el capítulo del haplogrupo T, no son las mismas, ya que no pertenecen al mismo haplogrupo, pero esta plática ya es merecedora de una buena velada genealógica para quien le interese saber más acerca de mis hipótesis y de mis años de búsqueda de respuestas y de insomnio. Esta línea cuenta con parentescos genéticos paternos no muy lejanos en España, Turquía y Azerbaiyán. (#423)

- **Romero de Chávez** – Descendientes de Alonso Hernández Romero, español, nacido en aprox. 1560 en España, casado con Luisa de Chávez. Con descendencia en Michoacán y Nueva Galicia. Una de las primeras familias en poblar Mezcala de los Romero. Con parentescos genéticos cercanos en Armenia, Qatar, Turquía, Emiratos Árabes Unidos, Italia y Francia. (#008, #230)

- **De Vallejo** – Descendiente de Joseph de Vallejo, español, nacido en aprox. 1650 en Jalostotitlán, casado con Micaela Ramírez Cornejo. Podría ser hijo de Antonio de Vallejo y de Isabel de Olvera, quedando pendientes encontrar los documentos que lo demuestren. Con mucha descendencia en Jalostotitlán y Cañadas de Obregón, y parentescos paternos cercanos en Irak, Rusia y Armenia. (#696)

- **De Villaseñor y Cervantes** – Descendientes del conquistador Juan de Villaseñor Orozco y Tovar, español, de origen sefardí, nacido en aprox. 1500 en Torrubia, España. Fue casado con Catalina Cervantes de Lara en aprox. 1532 probablemente en Michoacán, con la mayor parte de su descendencia en ese mismo estado, al igual que en Jalisco y cercanías. Con coincidencias paternas en España. (#381, #874, #902)

Cuadro descendiente del Haplogrupo J2 (1 de 2)

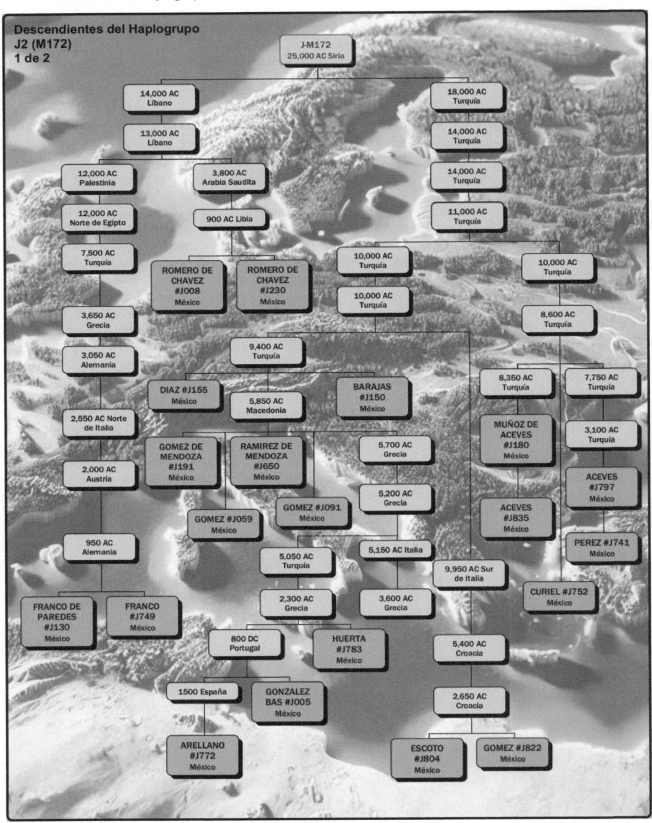

Fig. 15 - Cuadro genealógico de los descendientes del Haplogrupo ADN-Y J2 (1)

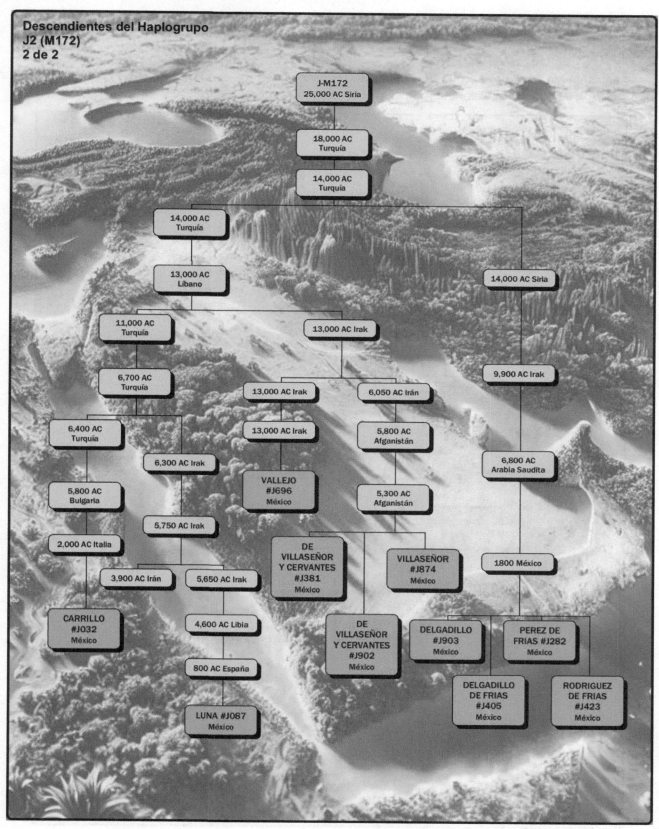

Fig. 16 - Cuadro genealógico de los descendientes del Haplogrupo ADN-Y J2 (2)

Haplogrupo K

Resultados

Haplogrupo K: 0

En este estudio, no se encontraron coincidencias genéticas entre los participantes con el haplogrupo **K**. A continuación, el cuadro descendiente del haplogrupo **K**:

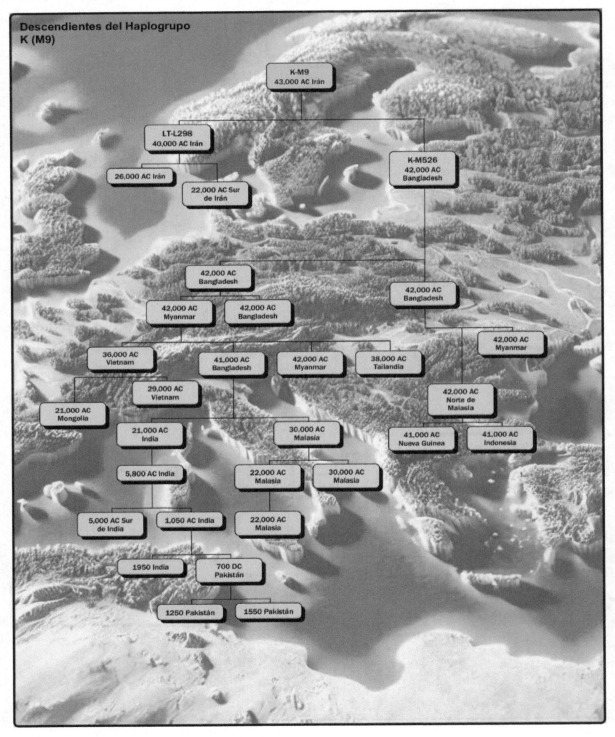

Fig. 17 - Cuadro genealógico de los descendientes del Haplogrupo ADN-Y K

Haplogrupo L

Resultados

Haplogrupo L:　　　0

En este estudio, tampoco se encontraron coincidencias genéticas pertenecientes al haplogrupo **L** entre los participantes, lo que indica que, a pesar de compartir apellidos similares o tener orígenes geográficos en común, no existe una relación directa de parentesco entre ellos. Este resultado resalta la diversidad genética presente en la región y subraya la complejidad de las genealogías familiares, donde factores como la adopción de apellidos, la mezcla de linajes y los cambios sociales a lo largo del tiempo han influido en la estructura genética actual de estas familias.

Entre las familias que se encontraron en las bases de datos con vínculos en Los Altos, y que pertenecen al haplogrupo **L**, aunque sin contar con su genealogía por el momento, se mencionan las siguientes:

Aguilera (#789)	González (#744)	Martínez (#708)
Coronado (#905)	Guzmán (#903)	Rivera (#764)
Gómez (#904)	Hernández (#906)	Rivera (#779)

A pesar de los resultados negativos del haplogrupo **L** entre los participantes, les incluyo parte del cuadro genealógico de los descendientes de este haplogrupo, donde se muestran los subgrupos relacionados con los resultados obtenidos en esta investigación. En este cuadro genealógico-genético se muestra la relación entre las familias mencionadas en este capítulo del haplogrupo **L**:

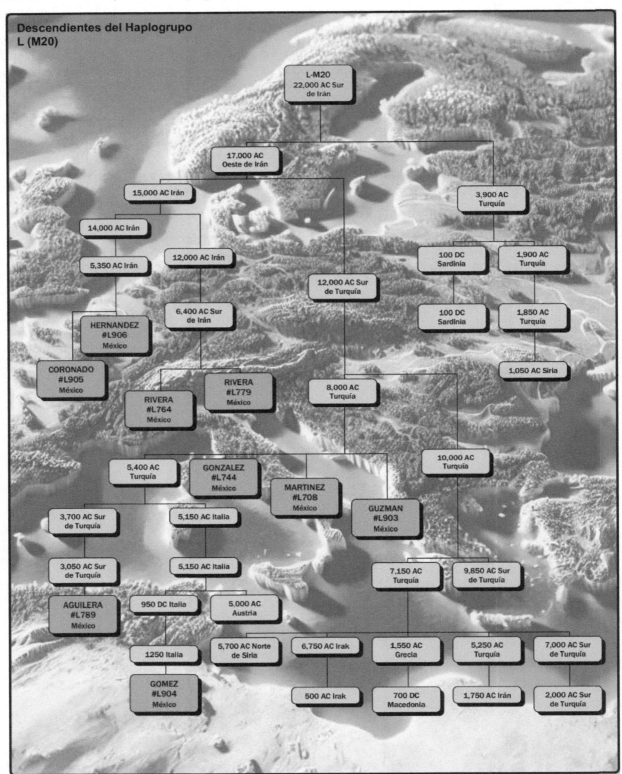

Fig. 18 - Cuadro genealógico de los descendientes del Haplogrupo ADN-Y L

Haplogrupo M

Resultados

Haplogrupo M: 0

En este estudio, no se encontraron coincidencias genéticas entre los participantes con el haplogrupo **M**. A continuación, el cuadro descendiente del haplogrupo **M**:

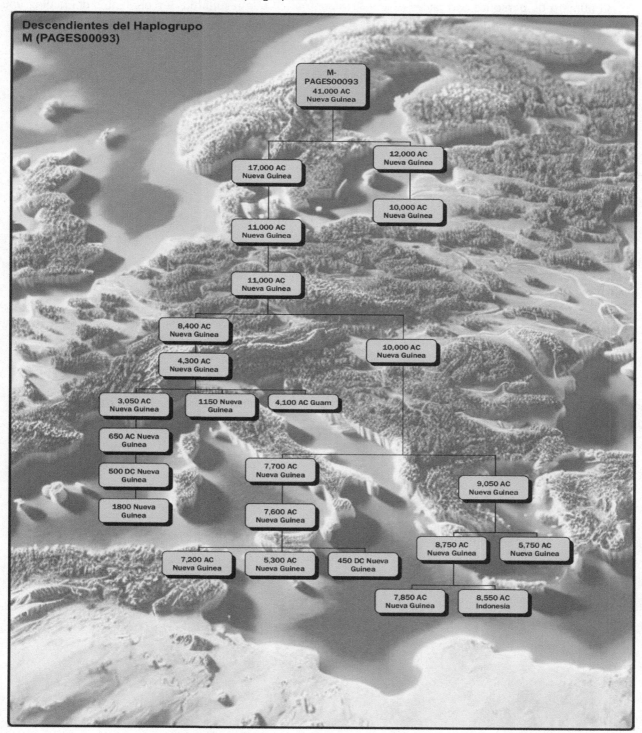

Fig. 19 - Cuadro genealógico de los descendientes del Haplogrupo ADN-Y M

Haplogrupo N

Resultados

Haplogrupo N: **7**

El número de personas con raíces en Los Altos de Jalisco que resultaron descendientes del haplogrupo **N** fueron **7**, los cuales representan **7** diferentes linajes de la región.

Apellido	Linaje/Familia	Portador	Raza
Delgadillo	Delgadillo	Diego Delgadillo (Aguayo) (n. 1710)	Español
Gutiérrez	Gutiérrez		
Juárez	Juárez	Domingo Juárez (n. 1730)	Mestizo
Loera	Loera		
Madrigal	Madrigal		
Martínez	Martínez		
Valdivia	Valdivia		

Otros de los apellidos con vínculos en Los Altos y que también están vinculados a este haplogrupo son los siguientes:

García	Mexín	Rodríguez
Martín	Rentería	Romo
Martínez	Rizo	Sánchez

■ **Notas y referencias genealógicas**

- **Delgadillo** – Descendiente de Diego Delgadillo, español, hijo de padres no conocidos, nació en aprox. 1710 en Nochistlán, casado con Juana Marcela de Frías en 1736. Línea nueva de otros Delgadillo, probablemente descendientes de Francisco Delgadillo, casado con Isabel de Avalos, ya que hubo dos distintas familias Delgadillo en Nochistlán durante esos años, y que no estaban emparentadas cercanamente entre sí. Con parentescos genéticos paternos recientes en España, Líbano, Portugal y Finlandia. (#372)

- **Gutiérrez** – Participante con resultados autosómicos muy cercanos a personas de Los Altos, similar también a los genéticos paternos de Madrigal #771. (#809)

- **Juárez** – Descendiente de Domingo Juárez, mestizo, nacido en aprox. 1730 en Encarnación de Díaz, casado con Ana de Santiago Hernández en aprox. 1750. Con parentescos genéticos paternos recientes en España, Líbano, Portugal y Finlandia. (#284)

- **Loera** – Coincide genéticamente con Delgadillo, de origen desconocido por el momento, quedando pendiente un estudio genealógico más profundo. Con parentescos genéticos paternos recientes en España, y Bielorrusia. (#225)

- **Madrigal** - Participante con resultados autosómicos muy cercanos a personas de Los Altos, similar también a los genéticos paternos de Gutiérrez #809. (#771)

- **Martínez** - Coincide genéticamente con Delgadillo, de origen desconocido por el momento, quedando pendiente un estudio genealógico más profundo. Con parentescos genéticos paternos recientes en España, Líbano, Portugal y Finlandia. (#225)

- **Valdivia** - Coincide genéticamente con Delgadillo, de origen desconocido por el momento, quedando pendiente un estudio genealógico más profundo. Con parentescos genéticos paternos recientes en España, Líbano, Portugal y Finlandia. (#317)

Cuadro descendiente del Haplogrupo N

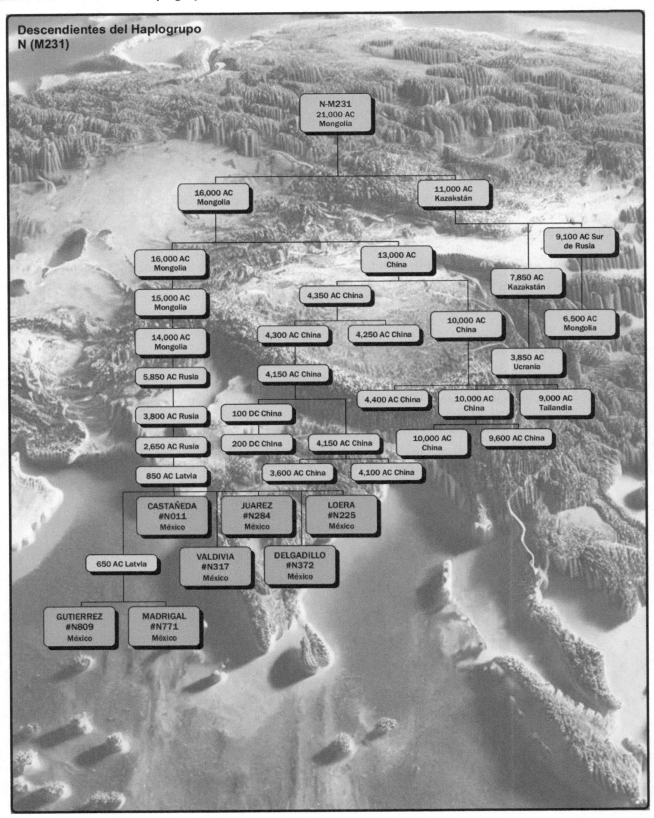

Fig. 20 - Cuadro genealógico de los descendientes del Haplogrupo ADN-Y N

Haplogrupo O

Resultados

Haplogrupo O: **1**

El número de personas con raíces en Los Altos de Jalisco que resultaron descendientes del haplogrupo **O** fue solamente **1**, el cual representa **1** diferente linaje de la región.

Apellido / Linaje	Línea	Portador	Raza
Azios	Azios	Mariano Azios (n. 1780)	Mestizo

Otros de los apellidos con vínculos en Los Altos y que también están vinculados al haplogrupo **O** son los siguientes:

García (#755)	Mexín (#807)	Rentería (#820)

■ **Notas y referencias genealógicas**

• **Azios** – Descendiente de Mariano Azios, mestizo, nacido en aprox. 1780 en Sombrerete, Zacatecas, casado con Josefa Arévalo en aprox. 1810. Con parentescos genéticos paternos cercanos en Filipinas*. (#328)

*Es muy posible que esta persona sea descendiente de alguno de los pobladores que llegaron a México desde Filipinas durante el siglo XVII, durante uno de los viajes entre Nueva España y Filipinas. Hablaré de este tema más adelante.

Cuadro descendiente del Haplogrupo O

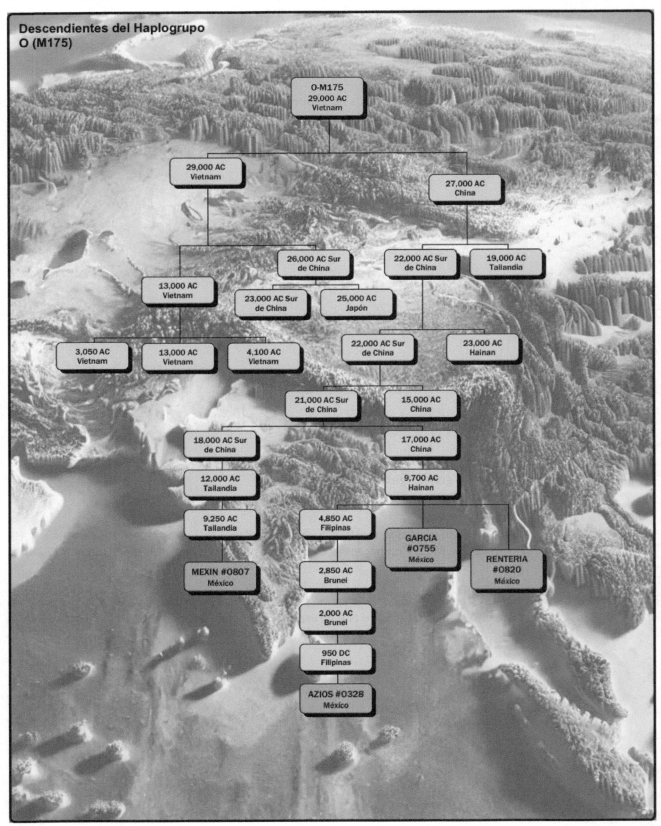

Descendientes del Haplogrupo O (M175)

- O-M175 / 29,000 AC / Vietnam
- 29,000 AC / Vietnam
- 27,000 AC / China
- 26,000 AC Sur de China
- 22,000 AC Sur de China
- 19,000 AC / Tailandia
- 13,000 AC / Vietnam
- 23,000 AC Sur de China
- 25,000 AC / Japón
- 3,050 AC / Vietnam
- 13,000 AC / Vietnam
- 4,100 AC / Vietnam
- 22,000 AC Sur de China
- 23,000 AC / Hainan
- 21,000 AC Sur de China
- 15,000 AC / China
- 18,000 AC Sur de China
- 17,000 AC / China
- 12,000 AC / Tailandia
- 9,700 AC / Hainan
- 9,250 AC / Tailandia
- 4,850 AC / Filipinas
- GARCIA #0755 / México
- RENTERIA #0820 / México
- MEXIN #0807 / México
- 2,850 AC / Brunei
- 2,000 AC / Brunei
- 950 DC / Filipinas
- AZIOS #0328 / México

Fig. 21 - Cuadro genealógico de los descendientes del Haplogrupo ADN-Y O

174

Haplogrupo P

Resultados

Haplogrupo P: 0

En este estudio, no se encontraron coincidencias genéticas entre los participantes con el haplogrupo **P**. A continuación, el cuadro descendiente del haplogrupo **P**:

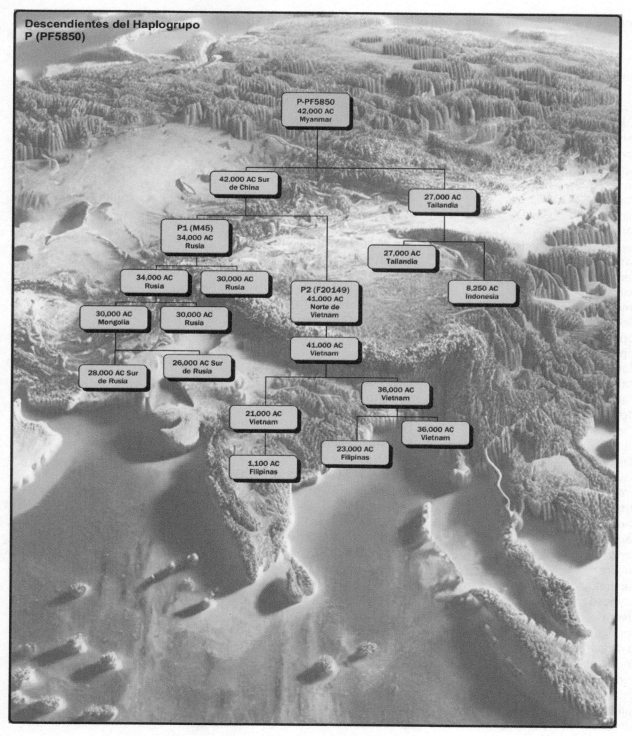

Fig. 22 - Cuadro genealógico de los descendientes del Haplogrupo ADN-Y P

Haplogrupo Q1

Resultados

Haplogrupo Q1:   **48**

El número de participantes en Los Altos de Jalisco que resultaron descendientes del haplogrupo **Q1** fueron **48**, los cuales representan **48** diferentes linajes de la región.

Estos son los apellidos vinculados con el haplogrupo **Q1**, así como sus notas genealógicas respectivas:

Apellido	Linaje/Familia	Origen	Raza
Acosta	Acosta	Lagos de Moreno	
Aparicio	Aparicio	Los Altos	
Becerra	Becerra	Valle de Guadalupe	
Cortez	Cortez	Sinaloa	
Esparza	Esparza	Lagos de Moreno	
Flores	Flores	Sur de Jalisco	
Franco	Franco	Juan Bernabé (n. 1690) en Jalostotitlán	Indio
García	García	Acatic	
García	García	San Ignacio Cerro Gordo	
García	García	San Miguel el Alto	
García	García	Los Altos	
Hernández	Hernández	La Barca	
Ibarra	Ibarra	Los Altos	
Jiménez	Jiménez de Mendoza	Juan Jiménez (n. 1595)	Español
López	López	Capilla de Guadalupe	
López	López	Tepatitlán	
López	López	Los Altos	
Martínez	Martín	Encarnación de Díaz	
Martínez	Martínez	Lagos de Moreno	
Martínez	Martínez	Los Altos	
Mendoza	Mendoza	Los Altos	
Mesa	Mesa	Los Altos	
Muro	Muro	San Miguel el Alto	
Nájera	Nájera	Los Altos	
Navarro	Navarro	Juan Manuel Navarro (n. 1700 en Tepatitlán)	Español
Orozco	Orozco	Zacatecas	
Ortiz	Ortiz	Los Altos	
Paredes	Paredes	Los Altos	
Parra	Parra	Ixtlahuacán del Río	
Pérez	Pérez	Jalostotitlán	
Ramírez	Ramírez	Antonio Ramírez (n. 1745 en San Miguel el Alto)	Mestizo
Ramírez	Ramírez	Albino Ramírez (n. 1800 en Teocaltiche)	Mestizo
Reynoso	Reynoso	Los Altos	
Rivera	Rivera	Los Altos	
Rodríguez	Rodríguez	Francisco Ildefonso (n. 1695 en Temacapulín)	Indio cacique
Rodríguez	Rodríguez	Martín Rodríguez (n. 1780 en Pegueros)	Mulato
Rodríguez	Rodríguez	Tepic	
Rodríguez	Rodríguez	Los Altos	
Ruiz	Ruiz	Antonio Ruiz (n. 1730 en San Juan de los Lagos)	Indio
Salinas	Salinas	Villa Hidalgo	
Sánchez	Sánchez	Los Altos	
Torres	Torres	Los Altos	

Vázquez	Vázquez	Los Altos	
Velasco	Velasco	Los Altos	
Vivanco	Becerra-Vivanco	Valle de Guadalupe	Mestizo

Otros apellidos con raíces en Los Altos también vinculados a este haplogrupo, que en su gran mayoría les hace todavía falta un análisis genealógico detallado, son los siguientes:

Aguayo	García	Núñez	Salinas
Alcalá	Guerra	Ochoa	Sánchez
Aldapa	Gutiérrez	Paredes	Saucedo
Alvizo	Hernández	Pérez	Soto
Barba	Ibarra	Ramírez	Torres
Calderón	Lozano	Razón	Torrijos
De la Cerda	Márquez	Reyes	Vargas
De la Cruz	Martínez	Rodríguez	Vela
Espinoza	Muñoz	Román	Velázquez
Flores	Muro	Romo	Venegas
Gallegos	Navarro	Rubio	Villa

... y muchos más.

■ **Notas y referencias genealógicas**

• **Acosta (#456)** – Lagos de Moreno, sin estudio genealógico por el momento, probablemente origina en un mestizo o indígena de la región. No tiene parentescos genéticos paternos cercanos que se hayan hecho prueba de ADN-Y.

• **Aparicio (#990)** – Con resultados autosómicos coincidentes con varias personas de Los Altos, sin genealogía ni parentescos genéticos paternos cercanos que se hayan hecho prueba de ADN-Y.

• **Becerra (#476)** – Valle de Guadalupe, sin estudio genealógico por el momento, probablemente origina en un mestizo o indígena de la región. No tiene parentescos genéticos paternos cercanos que se hayan hecho prueba de ADN-Y.

• **Cortez (#950)** - Con resultados autosómicos coincidentes con varias personas de Los Altos, sin genealogía ni parentescos genéticos paternos cercanos que se hayan hecho prueba de ADN-Y.

- **Esparza (#434)** - Lagos de Moreno, sin estudio genealógico por el momento, probablemente origina en un mestizo o indígena de la región. Tiene parentescos genéticos paternos cercanos en México.

- **Flores (#920)** - Con resultados autosómicos coincidentes con varias personas de Los Altos, sin genealogía ni parentescos genéticos paternos cercanos que se hayan hecho prueba de ADN-Y.

- **Franco (#179)** - Valle de Guadalupe, línea indígena nativa de Jalostotitlán, documentada con su genealogía solo hasta mediados del siglo XVII. Tiene parentescos genéticos paternos cercanos en México.

- **García (#672)** - Acatic, sin estudio genealógico por el momento, probablemente origina en un mestizo o indígena de la región. No tiene parentescos genéticos paternos cercanos que se hayan hecho prueba de ADN-Y.

- **García (#341, #907, #986)** - Con resultados autosómicos coincidentes con varias personas de Los Altos, sin genealogía ni parentescos genéticos paternos cercanos que se hayan hecho prueba de ADN-Y.

- **García (#567)** – San Miguel el Alto, sin estudio genealógico por el momento, probablemente origina en un mestizo o indígena de la región. Tiene parentescos genéticos paternos cercanos en México.

- **Hernández (#431)** – La Barca, sin estudio genealógico por el momento, probablemente origina en un mestizo o indígena de la región. Tiene parentescos genéticos paternos cercanos en México.

- **Ibarra (#911)** - Con resultados autosómicos coincidentes con varias personas de Los Altos, sin genealogía ni parentescos genéticos paternos cercanos que se hayan hecho prueba de ADN-Y.

- **Jiménez (#480)** – Línea Jiménez de Mendoza - Descendiente de Juan Jiménez, español, nacido en aprox. 1595 en España o Nueva Galicia, casado con Isabel de Olivares en aprox. 1620. Esta línea pertenece a uno de los subgrupos poco comunes del haplogrupo Q que no es de origen indígena americano, sino de un subgrupo de Q presente en México, con su origen en el Oeste de Asia, en la región de Rusia. Tiene parentescos cercanos paternos en México y Portugal.

- **López (#475)** – Capilla de Guadalupe, línea indígena presente en Los Altos, sin estudio genealógico por el momento, probablemente origina en un mestizo o indígena de la región. No tiene parentescos genéticos paternos cercanos que se hayan hecho prueba de ADN-Y.
- **López (#645)** – Tepatitlán, línea indígena presente en Los Altos, sin estudio genealógico por el momento, probablemente origina en un mestizo o indígena de la región. Con parentescos paternos recientes en México y Estados Unidos.

- **López (#912)** - Con resultados autosómicos coincidentes con varias personas de Los Altos, sin genealogía ni parentescos genéticos paternos cercanos que se hayan hecho prueba de ADN-Y.

- **Martín (#442)** – Encarnación de Díaz, línea indígena presente en Los Altos, sin estudio genealógico por el momento, probablemente origina en un mestizo o indígena de la región. No tiene parentescos genéticos paternos cercanos que se hayan hecho prueba de ADN-Y.

- **Martínez (#441)** – Nuevo México, línea indígena originaria de Los Altos en Lagos de Moreno. Descendiente posiblemente de un indio adoptado por la familia Gómez de Portugal en Lagos de Moreno a finales del siglo XVII. Con parentescos paternos recientes en México y Estados Unidos.

- **Martínez (#979)** - Con resultados autosómicos coincidentes con varias personas de Los Altos, sin genealogía ni parentescos genéticos paternos cercanos que se hayan hecho prueba de ADN-Y.

- **Mendoza (#940)** - Con resultados autosómicos coincidentes con varias personas de Los Altos, sin genealogía ni parentescos genéticos paternos cercanos que se hayan hecho prueba de ADN-Y.

- **Mesa (#985)** - Con resultados autosómicos coincidentes con varias personas de Los Altos, sin genealogía ni parentescos genéticos paternos cercanos que se hayan hecho prueba de ADN-Y.

- **Muro (#464)** – San Miguel el Alto, sin estudio genealógico por el momento, probablemente origina en un mestizo o indígena de la región. Tiene varios parentescos paternos cercanos en México.

- **Nájera (#924)** - Con resultados autosómicos coincidentes con varias personas de Los Altos, sin genealogía ni parentescos genéticos paternos cercanos que se hayan hecho prueba de ADN-Y.

- **Navarro (#399)** – Línea indígena originaria de Tepatitlán en Las Juntas, con conexiones familiares fuertes con los Navarro Gaytán de la región, aunque no comparten el mismo ADN-Y. Con parentescos paternos recientes en México y Estados Unidos.

- **Orozco (#235)** – Línea indígena de Zacatecas, sin estudio genealógico por el momento, probablemente origina en un mestizo o indígena de la región. No tiene parentescos genéticos paternos cercanos que se hayan hecho prueba de ADN-Y.

- **Ortiz (#935)** - Con resultados autosómicos coincidentes con varias personas de Los Altos, sin genealogía ni parentescos genéticos paternos cercanos que se hayan hecho prueba de ADN-Y.

- **Paredes (#989)** - Con resultados autosómicos coincidentes con varias personas de Los Altos, sin genealogía ni parentescos genéticos paternos cercanos que se hayan hecho prueba de ADN-Y.

- **Parra (#302)** – Lagos de Moreno, sin estudio genealógico por el momento, probablemente origina en un mestizo o indígena de la región. ADN-Y similar al de los Martínez y Espinosa de Lagos. Con parentescos paternos recientes en México y Estados Unidos.

- **Pérez (#133)** – Jalostotitlán, línea nativa de Teocaltitlán de Guadalupe, sin estudio genealógico por el momento, probablemente origina en un mestizo o indígena de la región. Tiene varios parentescos paternos cercanos en México.

- **Ramírez (#111)** – Yahualica, línea indígena de Los Altos, con raíces en San Miguel el Alto. Descendiente de Antonio Ramírez, mestizo, nacido en aprox. 1745. Con escasos parentescos paternos cercanos que se hayan hecho prueba de ADN-Y.

- **Ramírez (#961)** - Con resultados autosómicos coincidentes con varias personas de Los Altos, sin genealogía ni parentescos genéticos paternos cercanos que se hayan hecho prueba de ADN-Y.

- **Reynoso (#932)** - Con resultados autosómicos coincidentes con varias personas de Los Altos, sin genealogía ni parentescos genéticos paternos cercanos que se hayan hecho prueba de ADN-Y.

- **Rivera (# 939)** - Con resultados autosómicos coincidentes con varias personas de Los Altos, sin genealogía ni parentescos genéticos paternos cercanos que se hayan hecho prueba de ADN-Y.

- **Rodríguez (#115)** – Línea indígena nativa de Temacapulín, descendiente de Francisco Ildefonso, indios cacique de dicho pueblo, nacido en aprox. 1695, casado con Rita Verónica en 1719 en Tepatitlán. Con descendencia en Cañadas de Obregón y Valle de Guadalupe. Sin parentescos paternos conocidos hasta el momento.

- **Rodríguez (#140)** – Descendientes de Martín Rodríguez, mulato, nacido en aprox. 1780 en Pegueros, casado con Josefa Ponce en aprox. 1800. Esta línea es muy similar a la de los Jiménez (de Mendoza), línea española del haplogrupo Q, presente en Nueva Galicia desde principios de la conquista. Desafortunadamente, sin documentación necesaria para llegar hasta su genearca español o portugués. Con parentescos paternos cercanos en México y Portugal.

- **Rodríguez (#149)** – Línea nativa americana Cora presente en Los Altos, originaria de Nayarit, sin estudio genealógico por el momento. Sin parentescos paternos conocidos hasta el momento.

- **Rodríguez (#949)** - Con resultados autosómicos coincidentes con varias personas de Los Altos, sin genealogía ni parentescos genéticos paternos cercanos que se hayan hecho prueba de ADN-Y.

- **Ruiz (#152)** – Descendiente de Antonio Ruiz, indio, nacido en aprox. 1730 en San Juan de los Lagos, casado con Manuela López en aprox. 1755. Posible indio nativo de dicho pueblo, sin parentescos genéticos paternos cercanos que se hayan hecho prueba de ADN.

- **Salinas (#242)** – Línea indígena de Los Altos, presente en Villa Hidalgo, sin estudio genealógico por el momento. Con parentescos paternos conocidos en México y Estados Unidos.

- **Sánchez (#944)** - Con resultados autosómicos coincidentes con varias personas de Los Altos, sin genealogía ni parentescos genéticos paternos cercanos que se hayan hecho prueba de ADN-Y.

- **Torres (#965)** - Con resultados autosómicos coincidentes con varias personas de Los Altos, sin genealogía ni parentescos genéticos paternos cercanos que se hayan hecho prueba de ADN-Y.

- **Vázquez (#938, #955)** - Con resultados autosómicos coincidentes con varias personas de Los Altos, sin genealogía ni parentescos genéticos paternos cercanos que se hayan hecho prueba de ADN-Y.

- **Velasco (#919, #945)** - Con resultados autosómicos coincidentes con varias personas de Los Altos, sin genealogía ni parentescos genéticos paternos cercanos que se hayan hecho prueba de ADN-Y.

- **Vivanco (#136)** - Línea indígena de Los Altos, presente en Valle de Guadalupe, sin estudio genealógico por el momento. No tiene parentescos genéticos paternos cercanos que se hayan hecho prueba de ADN.

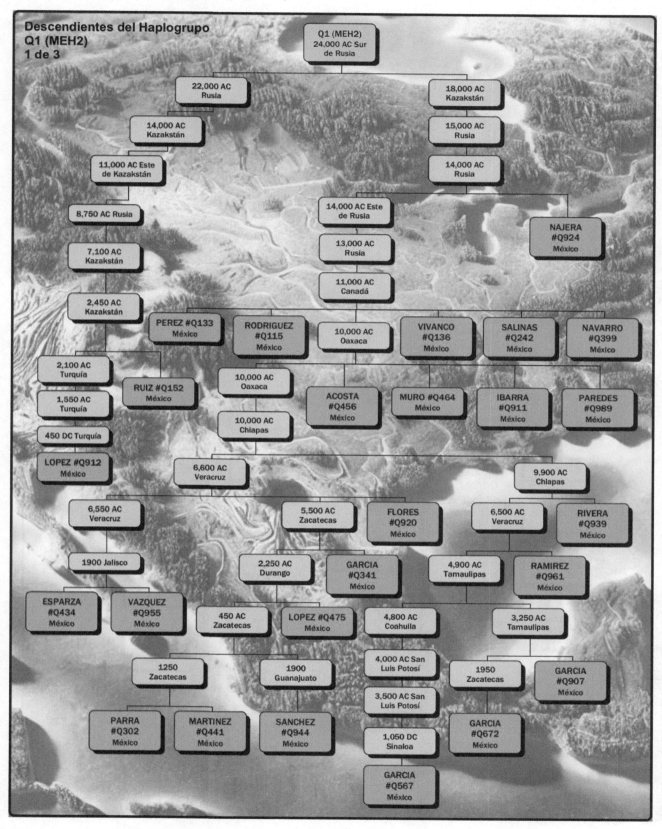

Descendientes del Haplogrupo Q1 (MEH2) 1 de 3

Fig. 23 - Cuadro genealógico de los descendientes del Haplogrupo ADN-Y Q1 (1)

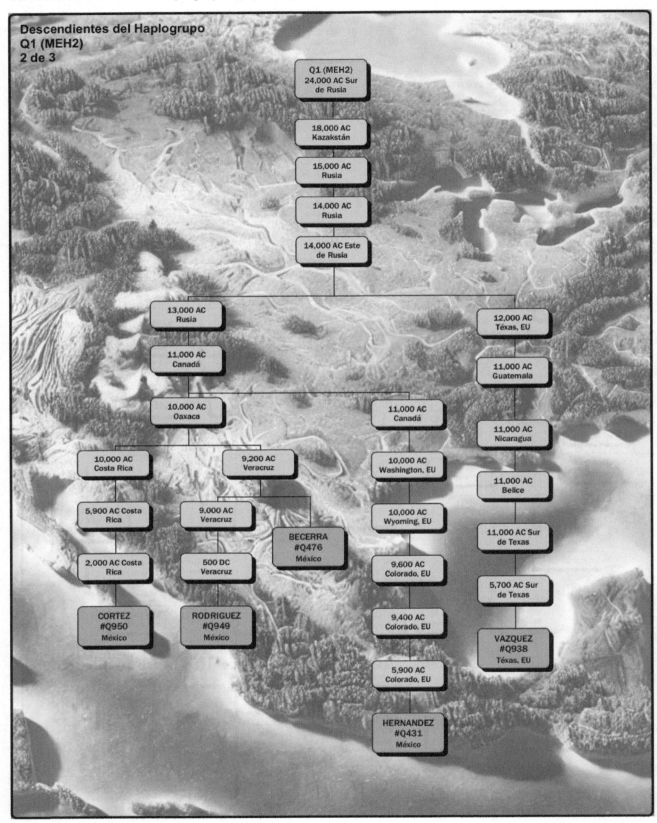

Fig. 24 - Cuadro genealógico de los descendientes del Haplogrupo ADN-Y Q1 (2)

Cuadro descendiente del Haplogrupo Q1 (2 de 3)

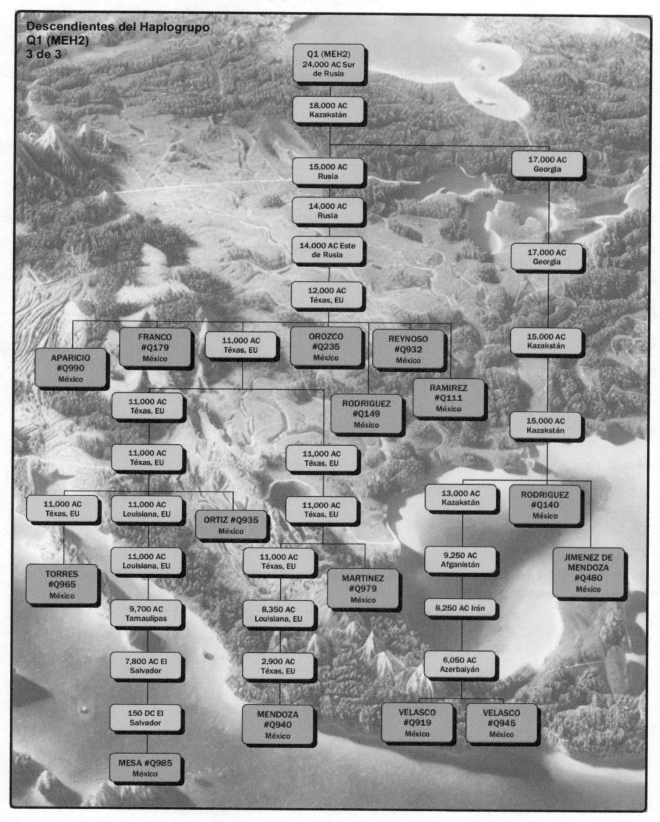

Fig. 25 - Cuadro genealógico de los descendientes del Haplogrupo ADN-Y Q1 (3)

Haplogrupo Q2

Resultados

Haplogrupo Q2:   8

El número de participantes en Los Altos de Jalisco que resultaron descendientes del haplogrupo **Q2** fueron **8**, los cuales representan **8** diferentes linajes de la región.

Estos son los apellidos y linajes Alteños vinculados con el haplogrupo **Q2**, así como sus notas genealógicas respectivas:

Apellido	Linaje/Familia	Portador	Raza
Aceves	De Aceves	Juan De Aceves (n. 1593)	Español
Aceves	Aceves		
Altamirano	Altamirano		
Cárdenas	Cárdenas		
Ramírez	Ramírez	Francisco Ramírez (n. 1710) *	Mestizo
Ramírez	Ramírez		
Ramos	Ramos		
Valencia	Valencia		

Otros de los apellidos con vínculos en Los Altos, de los cuales no se cuenta con más información, y que también están vinculados a este haplogrupo son los siguientes**:

Marrufo	Míguez

184

■ **Notas y referencias genealógicas**

- **De Aceves (#392)** – Descendiente por via genealógica de Carlos Muñoz de Aceves, genearca de los Aceves del haplogrupo J. Aquí tenemos este misterio genealógico aun sin resolver de por qué existen varios descendientes de este genearca con diferente genética Y, pero ese tema lo dejamos para otra ocasión, para enfocarnos solamente a los resultados genéticos, y no a la genealogía (cada persona puede formular sus propias hipótesis, pero como este caso hay muchos más de los que uno creería). Con parentescos paternos cercanos en México y Estados Unidos.

- **Aceves (#946)** - Participante con resultados autosómicos coincidentes con varias personas de Los Altos, sin genealogía ni parentescos genéticos paternos cercanos que se hayan hecho prueba de ADN-Y.

- **Altamirano (#929)** - Participante con resultados autosómicos coincidentes con varias personas de Los Altos, sin genealogía ni parentescos genéticos paternos cercanos que se hayan hecho prueba de ADN-Y.

- **Cárdenas (#954)** - Participante con resultados autosómicos coincidentes con varias personas de Los Altos, sin genealogía ni parentescos genéticos paternos cercanos que se hayan hecho prueba de ADN-Y.

- **Ramírez (#112)** – Con mucha descendencia en San Juan de los Lagos, provenientes de Francisco Ramírez*, mestizo, quien nació en aprox. 1685 en Encarnación de Díaz, hijo de padres no conocidos, quien se casó con Juana de Cervantes y Ornelas en Lagos de Moreno en 1711. Esta línea es tiene ancestros paternos judíos, y está cercanamente relacionada por via paterna con las familias Cohen y Levy europeas, así como Goldsmith, Bronstein, Elitzur y otras familias del mismo origen en Polonia, Hungría, Ucrania y Rusia*.

- **Ramírez (#908)** - Participante con resultados autosómicos coincidentes con varias personas de Los Altos, sin genealogía ni parentescos genéticos paternos cercanos que se hayan hecho prueba de ADN-Y.

- **Ramos (#972)** - Participante con resultados autosómicos coincidentes con varias personas de Los Altos, sin genealogía ni parentescos genéticos paternos cercanos que se hayan hecho prueba de ADN-Y.

- **Valencia (#971)** – Participante con resultados autosómicos coincidentes con varias personas de Los Altos, sin genealogía ni parentescos genéticos paternos cercanos que se hayan hecho prueba de ADN-Y.

* Este caso de hombres y familias de religión judía que llegaron a América desde Europa, no solo a la región de Los Altos, sino también a otras partes de Nueva Galicia y Nueva España, es un ejemplo de una práctica bastante común durante los primeros siglos de la conquista y colonización. Estas familias judías, que encontraron refugio en el Nuevo Mundo, dejaron una descendencia que aún persiste en diversas regiones de México. No es la primera vez que encuentro una situación similar. En muchos casos, por miedo a la persecución religiosa, estos judíos optaban por medidas extremas para protegerse.

De este tema hablaré más en detalle en otro capítulo más adelante

Cuadro descendiente del Haplogrupo Q2

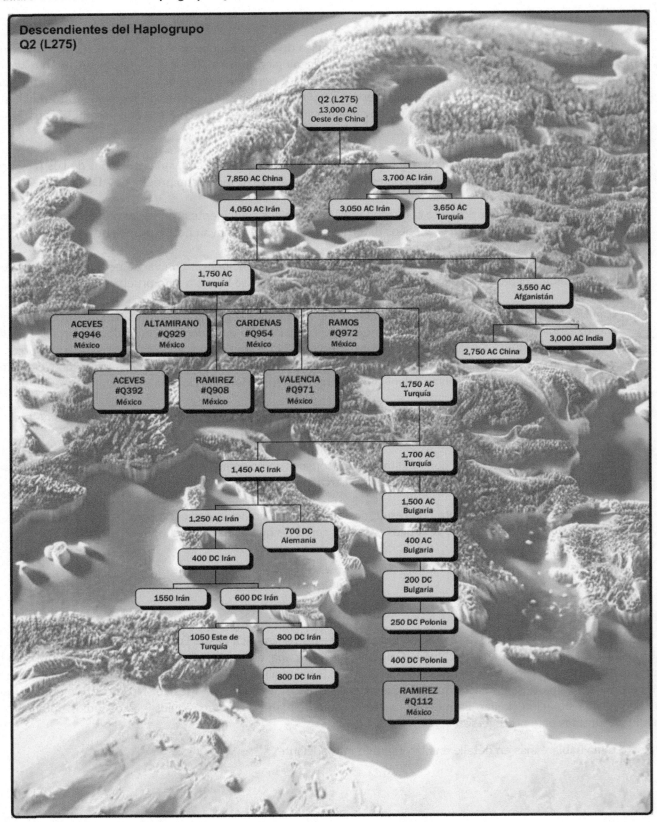

Fig. 26 - Cuadro genealógico de los descendientes del Haplogrupo ADN-Y Q2

Haplogrupo R1a

Resultados

Haplogrupo R1a: **10**

El número de participantes en Los Altos de Jalisco que resultaron descendientes del haplogrupo **R1a** fueron **10**, los cuales representan **6** diferentes linajes de la región.

Estos son los apellidos y linajes Alteños vinculados con el haplogrupo **R1a**, así como sus notas genealógicas respectivas:

Apellido	Linaje/Familia	Portador/Lugar	Raza
Arámbula	Arámbula	Los Altos	
Delgado	Delgado	Pinos, Zacatecas	
Hurtado	Hurtado de Mendoza	Joseph Hurtado (n. 1690)	Español
Luna	Luna	Zacatecas	
Miramontes	Miramontes	Los Altos	
Romo	Romo	Rafael de la Cruz Romo (n. 1745)	Mulato

Otros de los apellidos con vínculos en Los Altos, de los cuales no se cuenta con más información, y que también están vinculados a este haplogrupo son los siguientes:

Delgado	Luna	Romo

■ **Notas y referencias genealógicas**

- **Arámbula** – Participante con resultados autosómicos coincidentes con varias personas de Los Altos, sin genealogía ni parentescos genéticos paternos cercanos que se hayan hecho prueba de ADN-Y. (#714)

- **Delgado** - Participantes con resultados autosómicos coincidentes con varias personas de Los Altos, con vínculos genéticos paternos en Los Altos, originarios de Ojuelos de Jalisco. Con parentescos paternos cercanos en México, Alemania y Canadá. (#097, #729)

- **Hurtado de Mendoza** – Descendientes de Joseph Hurtado de Mendoza, español, hijo de padres no conocidos, nacido en aprox. 1660 en las cercanías de San Juan de los Lagos y Lagos de Moreno, casado con Micaela de Pedroza en 1690 en Lagos de Moreno. Con parentescos paternos cercanos en México, Alemania, Escocia e Inglaterra, (#104, #449)

- **Luna** – Participantes con resultados autosómicos cercanos a varias personas de Los Altos, sin genealogía por el momento, con parentescos genéticos paternos cercanos en México, Alemania e Irlanda. (#321, #740, #782)

- **Miramontes** - Participante con resultados autosómicos coincidentes con varias personas de Los Altos, sin genealogía, con parentescos cercanos en México. (#457)

- **Romo** – Descendiente de Rafael de la Cruz Romo, mulato, hijo natural, nacido en aprox. 1745 en Lagos de Moreno. Con parentescos paternos cercanos en México, Alemania y Escocia. (#018)

Cuadro descendiente del Haplogrupo R1a

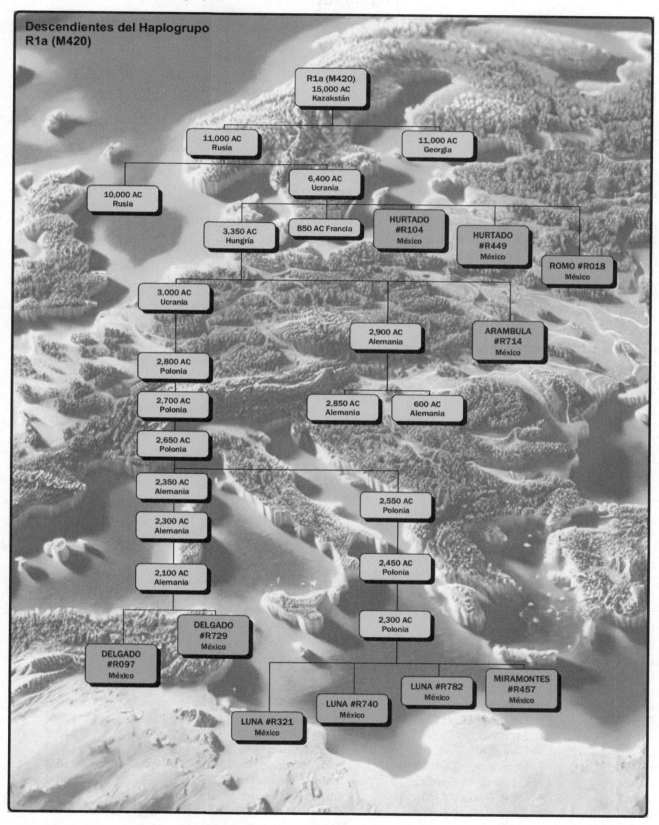

Fig. 27 - Cuadro genealógico de los descendientes del Haplogrupo ADN-Y R1a

Haplogrupo R1b

Resultados

Haplogrupo R1b: 171

El número de participantes en Los Altos de Jalisco que resultaron descendientes del haplogrupo **R1b** fueron **171**, los cuales representan **101** diferentes linajes de la región.

Estos son los apellidos y linajes Alteños vinculados con el haplogrupo **R1b**, así como sus notas genealógicas respectivas:

Apellido	Linaje/Familia	Portador/Lugar	Raza
Alva	De Alba Retamosa	Hernando de Alba (n. 1550)	Español
Álvarez	Álvarez del Río	Antonio Álvarez del Río (n. 1650)	Español
Antuñano	De Antuñano	José de Antuñano (n. 1830)	Español
Arana	De Arana	Luis de Arana (n. 1650)	Español
Arias	Arias Maldonado	Alonso Arias Maldonado (n. 1605)	Español
Asencio	Asencio de León	Juan Asencio (n. 1615)	Español
Atilano	Atilano	Joseph de Atilano (n. 1690)	Español
Báez	Báez de Benavides	Miguel Báez (n. 1685)	Español
Bañuelos	De Bañuelos		
Barba	Muñoz de la Barba	Francisco Muñoz de la Barba (n. 1590)	Español
Barbosa	De Barbosa	Diego Antonio Barbosa (n. 1660)	
Barragán	Barragán		Mestizo
Becerra	Becerra	Asencio de la Cruz Becerra (n. 1740)	Español
Benavides	Báez de Benavides		
Cano	Cano	Manuel Cano (n. 1665)	Español
Carlos	Carlos de Godoy	Antonio Carlos de Godoy (n. 1540)	Español
Carrillo	Carrillo		
Casillas	Casillas		
Casillas	Casillas	Juan Manuel Casillas Domínguez (n. 1698)	Mulato
Casillas	Casillas de Cabrera	Martin Casillas (n. 1555)	Español
Castellanos	Castellanos	Pedro Castellanos (n. 1580)	Español
Cordero	Cordero		
Cornejo	Cornejo		
Covarrubias	Covarrubias	Julián Covarrubias (n. 1750)	Español
Cuevas	Cuevas		
De Alba	De Alba Retamosa	Hernando de Alba (n. 1550)	Español
De la Paz	De la Paz	Alejo de la Paz (n. 1660)	Español
Delgadillo	Delgadillo		
Delgadillo	Delgadillo		
Delgado	Delgado (Sánchez)	Bacilio Sánchez (n. 1750)	Indio
Diaz	Díaz	Nicolás Díaz (n. 1680)	Español
Diaz	Díaz de León	Juan Díaz de León (n. 1555)	Español
Elizalde	López de Elizalde	Miguel López de Elizalde (n. 1545)	Español
Escobar	Escobar	Felipe Escobar (n. 1760)	Español
Galindo	Galindo	Baltazar Galindo (n. 1745)	Español
Gamiño	Hernández Gamiño	Juan Hernández (n. 1570)	Español
Garnica	De Castro y Garnica	Cristóbal de Castro (n. 1535)	Español
Garza	De la Garza y Arcón	Marcos Alonso de la Garza (n. 1560)	Español
Garza	De la Garza y Arcón	Marcos Alonso de la Garza (n. 1560)	Español
Garza	De la Garza y Arcón	Marcos Alonso de la Garza (n. 1560)	Español
Garza	De la Garza y Arcón	Marcos Alonso de la Garza (n. 1560)	Español

González	González	Trinidad González (n. 1812)	Español
González	González	(Hernández Gamiño)	
González	González de Ruvalcaba	Alonso González de Ruvalcaba (n. 1520)	Español
González	González Rubio	Diego Rubio (n. 1520)	Español
Guerra	Guerra Valadez	Blas Macías (n. 1520)	Español
Gutiérrez	Gutiérrez de Hermosillo	Diego Rubio (n. 1520)	Español
Gutiérrez	Gutiérrez de Mendoza	Diego Rubio (n. 1520)	Español
Guzmán	De Guzmán y Prado	Francisco de Guzmán y Prado (n. 1600)	Español
Hernández	Hernández		
Hernández	Hernández Gamiño	Juan Hernández (n. 1570)	Español
Jaime	Jaime	Diego Jaime (n. 1645)	Español
Jaime	Jaime	Felipe Jaime (n. 1830)	Español
Jáuregui	Jáuregui		
Jiménez	Jiménez de Castro	Antonio Jiménez de Castro (n. 1580)	Español
Lomelí	Lomelí	Angel Lomelí (n. 1820)	Español
López	López de Elizalde	Miguel López de Elizalde (n. 1545)	Español
Loza	De Loza	Nicolás de Loza (n. 1695)	Español
Macías	Macías Valadez	Blas Macías (n. 1520)	Español
Marentes	Marentes de Otadui	Roque Marentes de Otadui (n. 1680)	Español
Martín	Martín Serrano	Hernán Martín Serrano (n. 1540)	Español
Mata	De Mata	Joseph Ignacio de Mata (n. 1750)	Español
Medina	Medina	Pedro Medina Navarro (n. 1770)	Español
Mesa	De Mesa	Joseph de Mesa (n. 1630)	Español
Mora	De la Mora Hurtado de Mendoza	Manuel de la Mora (n. 1565)	Español
Muñoz	Muñoz de Nava	Francisco Muñoz de Nava (n. 1555)	Español
Navarro	Navarro Gaytán	Pedro Navarro (n. 1547)	Español
Ochoa	De Ochoa Garibay	Martín Ochoa Garibay (n. 1513)	Español
Olmos	Del Olmo	Pedro del Olmo (n. 1620)	Español
Padilla	Padilla Dávila	Lorenzo Padilla Dávila (n. 1530)	Español
Pérez	Pérez de Frías		Español
Pérez	Pérez de Ornelas	Juan Pérez de Ornelas (n. 1645)	Español
Quezada	De Quezada	Alonso de Quezada (n. 1595)	Español
Rábago	Rábago y Cosío	Santiago Rábago y Cosío (n. 1700)	Español
Reynoso	De Reynoso	Francisco de Reynoso (n. 1600)	Español
Rivera	Rivera		
Rodríguez	Rodríguez	Joaquín Rodríguez (n. 1700)	Español
Rodríguez	Rodríguez	Perfecto Rodríguez (n. 1800)	Español
Rodríguez	Rodríguez		
Rodríguez	Rodríguez de Santana	Miguel Rodríguez de Santana (n. 1660)	Español
Romo	Romo de Vivar	Diego Romo de Vivar (n. 1598)	Español
Ruiz	Ruiz		
Ruiz	Ruiz de Velasco	Diego Fernández de Velasco (n. 1525)	Español
Ruiz	Ruiz Núñez	Diego Ruiz Núñez (n. 1660)	Español
Ruvalcaba	Ruvalcaba	Nepomuceno Ruvalcaba (n. 1810)	
Sánchez	Sánchez	Eusebio Sánchez (n. 1817)	Mestizo
Sánchez	Sánchez Castellanos	Manuel Sánchez Castellanos (n. 1575)	Español
Ulloa	Ulloa		
Valadez	Valadez	Juan Valadez (n. 1580)	Español
Valdivia	Valdivia	Miguel Valdivia (Gutiérrez) (n. 1771)	Tresalbo
Vallín	Vallín de Sotomayor	Nicolás Vallín (n. 1635)	Español
Vázquez	Vázquez	Mateo Vázquez (n. 1750)	Mestizo
Velasco	Velasco		
Vera	Vera	Juan de Vera (n. 1710)	Mulato
Villa	Villa		
Villalobos	De Villalobos	Cristóbal de Villalobos (n. 1565)	Español

| Villegas | Villegas | Juan Trinidad Villegas (1740) | Español |
| Zermeño | Vázquez Sermeño | Juan Vázquez (n. 1500) | Español |

Otros de los apellidos con vínculos en Los Altos, de los cuales no se cuenta con más información, y que también están vinculados a este haplogrupo son los siguientes:

Aceves	Enríquez	Martínez	Serna
Aguilar	Fernández	Mayoral	Solís
Aguirre	Figueroa	Mejía	Sustaita
Aldrete	Flores	Mojica	Tafoya
Alemán	Galindo	Nápoles	Tijerina
Alfaro	Gallegos	Ortiz	Tovar
Álvarez	García	Paiz	Treviño (Norte)
Arias	González (Norte)	Pedroza	Valadez
Cárdenas	Herrera	Pérez	Valencia
Centeno	Ibarra	Ponce	Vargas
Cervantes	Luna	Ramírez	Vela
Chapa (Norte)	Macías	Rubio	Venegas
Curiel	Magaña	Salazar	Vigil
Degollado (Sur)	Marín	Sánchez	Villanueva
Domínguez	Martín	Santana	Villarreal

■ **Notas y referencias genealógicas**

- **Alva** – Descendiente de Hernando de Alba, español, nacido en aprox. 1550 en España, casado con Catalina de Soto en aprox. 1570 en Lagos de Moreno. Con parentescos genéticos paternos similares en España, Portugal, Chile e Irlanda. (#232)

- **Alva Edison** – Los resultados de los estudios genéticos de ADN-Y de varios descendientes directos por via paterna de Tomás Alva Edison, los ponen dentro de este haplogrupo, con resultados casi idénticos con los descendientes de Hernando de Alba, mencionado en el párrafo anterior, con lo que se comprueban la hipótesis e historia oral de los pobladores de Sombrerete, Zacatecas, quienes han asegurado por muchas décadas que este gran personaje de la historia americana fue de ancestría mexicana y, además, descendiente de los Alba Retamosa de Nueva Galicia. (#000)

- **Álvarez del Río** – Descendiente de Antonio Álvarez, español, nacido en aprox. 1645, casado con Juana de Cabrera. Con descendencia en Zapotlanejo, Juanacatlán y la región Altos Sur, con parentescos paternos genéticos similares en Irlanda, Inglaterra, Escocia y Francia. (#326)

- **Antuñano** – Descendientes de Bernal de Antuñano, español, nacido en aprox. 1576 en España, casado con Catalina de Pando. Con parentescos genéticos paternos similares en España, Inglaterra, Portugal y Turquía. (#088)

- **Arana** – Descendiente de Luis de Arana, español, nacido en Sanlúcar de Barrameda, España en 1650, casado con Ana Pérez de Barahona. Con descendencia en Guadalajara, Chapala y el resto de Nueva Galicia. (#1050)

- **Arias** – Participante con varios parentescos autosómicos en Capilla de Guadalupe y Los Altos de Jalisco, sin información genealógica por el momento, posiblemente Arias Maldonado. (#734)

- **Asencio de León** – Descendiente de Luis Asencio de León (o Asencio de Torres), español, nacido en aprox. 1615, probablemente en Michoacán o España, casado con Gerónima Maciel Blancarte en aprox. 1635 en las cercanías de Tangancícuaro, Michoacán. (#798)

- **Atilano** – Descendiente de Joseph de Atilano, español, nacido en aprox. 1690, casado con Magdalena de León o Sánchez. Con descendencia principalmente en la región Altos Norte y Aguascalientes, y resultados paternos similares en España, Bélgica e Inglaterra. (#354)

- **Báez** – Descendiente de Miguel Báez de Benavides, español, nacido en aprox. 1680 en los alrededores de Teocaltiche, Jalisco. Fue casado con María Rosa Mercado en aprox. 1700 cerca de Cuquío, donde existe mucha descendencia en la actualidad. Esta línea tiene vínculos genéticos muy fuertes con varias familias sefarditas de Nuevo León, como son los Báez, Benavides y Chapa, y con otras familias sefarditas de esta región, lo que sugiere que estos Báez de Los Altos son descendientes de alguna familia Báez de Benavides de Nuevo León, muy probablemente por línea materna, ya que el ADN-Y de estas dos líneas no coincide. Cuenta con parentescos paternos genéticos cercanos con varias familias judías de Inglaterra, Francia y Alemania. (#145)

- **Bañuelos** – Descendiente de Antonio de Bañuelos, mestizo, nacido en aprox. 1670 en el sur de Zacatecas, casado con Beatriz Ponce. Con vínculos genéticos por via paterna en España. (#459)

- **Muñoz de la Barba** – Descendientes de Francisco Muñoz de la Barba, español, de origen incierto, nacido en aprox. 1590 ya sea en España o algún lugar de México. Fue casado con Catalina González de la Reguera en

Jalostotitlán, cerca de 1619. Con resultados genéticos paternos muy similares en España, Reino Unido, Francia, Alemania y Escocia. (#194, #249, #390, #479, #799)

- **Barbosa** – Descendiente de Diego Antonio de Barbosa, español, nacido en 1660, casado con Juana Partida. Con mayor descendencia en el Sur de Jalisco y Guadalajara. (#095)

- **Barragán** – Participante con resultados autosómicos coincidentes con varias personas de Los Altos, sin genealogía por el momento. Con resultados genéticos paternos cercanos en México, Escocia e Irlanda. (#355)

- **Becerra** – Descendiente de Asencio de la Cruz Becerra, español, nacido en aprox. 1740, originario de La Villa de San José de Bazarte, Tepatitlán, casado con Gertrudis Micaela Ruano en 1766 en Yahualica. Con parentescos genéticos paternos en Inglaterra y Alemania. (#132)

- **Báez de Benavides** – Descendientes de Gonzalo Báez de Benavides, español, nacido en aprox. 1529 en España, casado con María de Perdomo en Tenerife, España en aprox. 1560. Genearca de los Báez de Benavides de Nuevo León. Coincide genéticamente con los Báez de Los Altos, por lo que se deduce que son de la misma línea de ADN-Y. Con coincidencias genéticas paternas en España, Inglaterra y Alemania. (#791, #1052)

- **Benavides** – Línea Benavides de Nuevo Leon, muy distinta genéticamente a la de los Báez de Benavides anteriores, sin genealogía por el momento para determinar su origen, quizás surgida de una línea ilegítima. Su ADN-Y es más parecido al de los Díaz de León, de Zacatecas y Aguascalientes, aunque se necesita un estudio genético profundo para poder determinar con más exactitud su origen. (#1056)

- **Cano** – Descendiente de Juan Cano, español, nacido en aprox. 1574 en Albacete, España, casado con María Mejía en aprox. 1620. Con descendencia en Ayotlán, Arandas y gran parte de Nueva Galicia. (#1054)

- **Carlos de Godoy** – Descendiente de Antonio Carlos de Godoy, español, nacido en aprox. 1540 en España, casado con María Espectación Díaz. Con descendencia principalmente en Zacatecas y el resto de Nueva Galicia. Parentescos genéticos paternos en Chile, Reino Unido, Portugal y Alemania. (#048)

- **Carrillo** – Participante con resultados autosómicos coincidentes con varias personas de Los Altos, sin genealogía por el momento. Con resultados genéticos paternos cercanos en México. (#1039)

- **Casillas** – Participante con resultados de ADN-Y coincidentes con los Casillas de Los Altos, sin genealogía por el momento, por lo que no se ha podido determinar de cuál de las líneas Casillas desciende. (#824)

- **Casillas de Cabrera** – Descendientes de Martin Casillas, alarife, español, nacido en aprox. 1555 en Almendralejo, España. Fue casado con Mencia Jiménez y González de Cabrera en Puebla en aprox. 1579, creando así el apellido compuesto Casillas de Cabrera. Con descendencia en gran parte de Los Altos, el resto de Nueva Galicia, Nueva España y hasta en Nuevo México. En este último lugar existen varios participantes pertenecientes a esta línea Casillas (Casías), pero aun sin encontrar el vínculo con su genearca Martin Casillas. Los Casías de Nuevo México descienden de Bernardo Casillas, de origen desconocido, nacido en aprox. 1750, probablemente de los Casillas de Cabrera de Los Altos o quizás de Michoacán. Esta línea cuenta con coincidencias genéticas paternas recientes en Nuevo México, España y Escocia. (#143)

- **Casillas Domínguez** – Descendientes de Juan Manuel Domínguez Casillas, mulato, hijo natural de Rita Casillas, nacido en aprox. 1698 en las cercanías de Jalostotitlán y Cañadas de Obregón. Fue casado con Juana María de Valdivia en Jalostotitlán en 1726. Esta línea de Casillas no coincide genéticamente por línea paterna con los Casillas de Cabrera, ya que lo más probable es que el padre de Juan Manuel haya sido un Domínguez, debido a que el Casillas lo tomó por su madre. La antes mencionada Rita Casillas, mulata esclava, fue hija ilegitima de Martin Casillas de Cabrera y de Luisa de los Reyes, igualmente mulata esclava del dicho Martín

Casillas, quien fue casado con Paula de Torres. Por este motivo es que Juan Manuel Casillas o Domínguez, toma el apellido Casillas. Esta línea Casillas cuenta con bastante descendencia en Cañadas de Obregón, Valle de Guadalupe, Tepatitlán y el resto de Los Altos de Jalisco. Con coincidencias genéticas paternas cercanas en Polonia, Escocia, Irlanda en Inglaterra. (#093, #647)

- **Castellanos** – Descendiente de Pedro Castellanos, español, nacido en aprox. 1580. Fue casado con Ana Ramírez de Ortega, en aprox. 1610, ambos vecinos de Ocotlán, Jalisco, con la la mayor parte de su descendencia en Los Altos, sobre todo en Tepatitlán, Ayotlán, Atotonilco y pueblos vecinos. Con parentescos genéticos paternos cercanos en Irlanda, Francia, Escocia y Portugal. (#128)

- **Cordero** – Descendiente de Francisco Cordero, español, nacido en aprox. 1710, vecino de Teocaltiche, Jalisco, donde se casó con María de Ruvalcaba, en aprox. 1735, con la mayor parte de su descendencia en este pueblo de Los Altos. Se requiere más investigación genealógica. (#735)

- **Cornejo** – Participantes con resultados autosómicos coincidentes con varias personas de Teocaltiche, Jalisco, sin genealogía por el momento, posiblemente Cornejo Riojano. Con resultados paternos similares en España, Suecia y Escocia. (#094, #1011)

- **Covarrubias** – Descendiente de Julián Covarrubias, español, nacido en aprox. 1750 en Cañadas de Obregón, casado con Rafaela de los Dolores Ramírez de Hermosillo en aprox. 1780 en Jalostotitlán. Sin parentescos genéticos paternos cercanos. (#167)

- **Cuevas** – Participante con resultados de ADN-Y coincidentes fuertes con varias personas de Los Altos, sin genealogía por el momento, por lo que no se ha podido determinar su origen con exactitud. (#710)

- **De Alba Retamosa** – Descendientes de Hernando de Alba, español, nacido en aprox. 1550, casado con Catalina de Soto en aprox. 1570 en Lagos de Moreno, mencionados en párrafos anteriores. Coincide con Alva #000 y Alva #232, por lo que se deduce que todos son descendientes de esta misma línea De Alba Retamosa. Con parentescos genéticos paternos similares en Rusia, España, Portugal, Suiza y Escocia. (#359, #992)

- **De la Paz** – Descendiente de Alejo de la Paz, español, vecino de Ayotlán, Jalisco, de origen desconocido por el momento. Se casó con María de Olivares en aprox. 1690 en Ayotlán. Con resultados por via paterna similares en Alemania, Irlanda e Italia. (#119)

- **Delgadillo** – Participante con fuertes vínculos genéticos con varias personas de Los Altos, sin genealogía por el momento. Este participante tiene vínculos genéticos paternos muy recientes con varias personas en Irlanda del Norte, por lo que es muy probable que esta línea Delgadillo haya originado de uno de los tantos pobladores Irlandeses que emigraron del viejo continente hacia México hace unos cuantos siglos, y que se cambiaron el apellido para no ser detectados como inmigrantes sin autorización de la corona española. (#780)

- **Delgadillo** – Participante también con fuertes vínculos genéticos con varias personas de Los Altos, sin genealogía por el momento. Esta línea Delgadillo es distinta a la del párrafo anterior y a las otras líneas Delgadillo que se han encontrado en Los Altos. Queda pendiente un estudio genealógico-genético más profundo para determinar su origen con exactitud (#829)

- **Delgado** – Descendiente de Bacilio Sánchez o Delgado, indio, nacido cerca de 1750 en San Gaspar de los Reyes, Jalisco. Se casó con Juana Silveria de la Cruz en aprox. 1780 en Jalostotitlán, donde tienen la mayor parte de su descendencia en la actualidad. Aunque se haya descrito a Bacilio Sánchez como indio en las actas de bautismo y matrimonio de sus descendientes, en realidad es una línea mestiza, de padre español y probablemente de madre indígena o mulata. Con resultados paternos cercanos en España, Irlanda y Alemania. (#170)

- **Díaz** – Descendiente de Nicolás Díaz, español, nacido cerca de 1675, de origen desconocido por el momento (posiblemente Díaz de León). Se casó con Rosa María de Loza en aprox. 1700 en San Juan de los Lagos. Con parentescos genéticos paternos cercanos en Inglaterra, Alemania e Italia. (#153)

- **Díaz de León** – Descendiente de Juan Díaz de León, español, nacido cerca de 1555 en España, casado con Inés Domínguez de Garfias. Con la mayor parte de su descendencia en Aguascalientes, Zacatecas y el resto de Nueva Galicia. (#817)

- **Elizalde** – Descendientes de Miguel López de Elizalde, español, nacido en aprox. 1545 en Tolosa, España. Se casó con Leonor de Aberruza en aprox. 1565 en Tolosa. Con parentescos genéticos paternos cercanos en Inglaterra, Suiza, Irlanda y Francia. (#460, #838)

- **Escobar** – Descendiente de Felipe Escobar, mulato, nacido en aprox. 1760 en Atotonilco en Alto, Jalisco, quien se casó con María Guadalupe Ramírez en aprox. 1790. Su ADN-Y es muy parecido al de los Muñoz de Nava, aunque se necesita un análisis más profundo por parte de este último para determinar si hay o no alguna relación cercana. Con parentescos genéticos paternos similares en Alemania, Holanda, Italia e Irlanda. (#500)

- **Galindo** – Descendiente de Baltazar Galindo, mulato, nacido en aprox. 1745 en Atotonilco el Alto, quien se casó con Juana Rafaela de Villalobos en aprox. 1770. Con parentescos genéticos paternos cercanos en México, España e Irlanda. (#067)

- **Gamiño** – Con resultados de ADN-Y iguales a los de los Hernández Gamiño, descendientes de Domingo Hernández Gamiño, español, quien se casa con Juana Gómez de Espejo en aprox, 1620 cerca de Guanajuato. Con parentescos genéticos paternos cercanos en México y España. (#654)

- **De Castro y Garnica** – Descendiente de Luis de Castro, español nacido en Zamora, España en 1560, casado con Marina de Olmos y Garnica cerca de 1600 en Ciudad de México. (#732)

- **De la Garza** – Descendientes de Marcos Alonso de la Garza y Arcón, genearca de los De la Garza Falcón de Nuevo León, español, nacido en aprox. 1562 en Lepe, España. De familia sefardita, con vasta descendencia en Nuevo León, Tamaulipas, Texas y el resto de Nueva España. Se casó con Juana Treviño de Quintanilla, también de familias sefarditas, nieta de Diego Temiño de Velasco y de Francisca Alcocer (este matrimonio cuenta con una inmensa descendencia en casi todo el país en Nueva Galicia, Nuevo León, Zacatecas, Aguascalientes, Michoacán y el resto del país, de donde provienen la gran mayoría de la descendencia sefardita que existe en Los Altos de Jalisco). (#1028, #1030, #1031)

  - En esta línea genética hubo algo que sucede en muy raras ocasiones. Al parecer, el ADN-Y de esta línea mutó alrededor del año 1550, muy probablemente en la cadena genética de Marcos Alonso del Arcón, padre de Marcos Alonso de la Garza y del Arcón, donde se pueden ver que de esta persona nacieron tres distintas líneas, mutando en el haplogrupo R-BY15969, el cual se dividió en tres subgrupos. Esto sucede por lo general cada dos o tres mil años, pero aquí se ve que tres de las líneas de sus descendientes ya presentan una nueva mutación después de este marcador, que se estima que fue hace unos 450 años.

- **González** – Descendiente de Trinidad González, español, nacido en Cañadas de Obregón en 1812, hijo natural, casado con María Eusebia de Alba en 1830. Los resultados de este participante es muy similar a los Casillas de Cabrera de la región. Con resultados paternos coincidentes en España y Escocia. (#319)

- **González** – Participante con resultados de ADN-Y iguales a los de los Hernández Gamiño, descendientes de Domingo Hernández Gamiño, español, quien se casa con Juana Gómez de Espejo en aprox, 1620 cerca de Guanajuato. Con parentescos genéticos paternos cercanos en México y España. (#845)

- **González** – Participante que sus resultados coincide con los de Ochoa Garibay, descendientes de Martín de Ochoa Garibay, español, nacido en aprox. 1513 en Vizcaya, España, vecino de Michoacán, con mucha descendencia en este estado, Sur de Jalisco, Los Altos, y el resto de Nueva Galicia. Se casó con María Suárez de Solís en Michoacán a mediados del siglo XVI. Con parentescos genéticos paternos cercanos en México, Inglaterra, España, Escocia e Irlanda. (#661)

- **González de Ruvalcaba** – Descendientes de Alonso González de Ruvalcaba, español, nacido en aprox. 1520 en Liérganes, España, casado con Beatriz López de Fuenllana en aprox. 1570 en Pátzcuaro, Michoacán. Con descendencia principalmente en la región de Los Altos norte. (#688, #689)

- **González Rubio** – Descendientes de Diego Rubio, español, genearca de las líneas González Rubio, Gutiérrez de Hermosillo, Gutiérrez de Mendoza y Gutiérrez Rubio, entre otras. Nació en aprox. 1520 en España, se casó con María Gutiérrez. Con mayor parte de su descendencia actual en Los Altos de Jalisco y el resto de Nueva Galicia. Con resultados genéticos paternos coincidentes en Dinamarca, Italia, Gales, Irlanda y Alemania. (#109, #309)

- **Guerra Valadez** – Descendientes de Nicolás Macías Valadez, genearca de las líneas Macías Valadez y Guerra Valadez, español, nacido en aprox. 1555 en España, y quien se casó con Leonor de Retamosa en Lagos de Moreno en aprox. 1582. Con descendencia en la región de Los Altos, Nuevo León y gran parte del país. Con parentescos genéticos paternos cercanos en Alemania, Escocia, España, Polonia y Francia. (#086, #1025)

  - Existe una línea de los Guerra Valadez que se fue a residir al vecino reino de Nuevo León a finales del siglo XVII que se ha confundido por muchos con otra línea Guerra de aquel lugar, que es la de Guerra Cañamar, pero con estos resultados ha quedado comprobado que en realidad no son Guerra Cañamar como lo han supuesto por muchos años, sino que son Guerra Valadez, con orígenes en Los Altos, como se ha encontrado que varias familias de Nuevo León lo son de este origen. Esta línea de Guerra Valadez presente en Nuevo León se origina con el Capitán Juan Guerra Valadez, quien se casa en 1697 en Monterrey con Juana Flores de Abrego, comenzando aquí esta línea Nuevoleonense.

- **Gutiérrez de Hermosillo** – Los resultados genéticos de estos participantes coinciden con los demás descendientes de Diego Rubio, genearca de las líneas González Rubio, Gutiérrez de Hermosillo, Gutiérrez de Mendoza y Gutiérrez Rubio, mencionado en párrafos anteriores. Con esto se demuestra genealógica y científicamente que Diego Rubio es el genearca de todas estas líneas. Con resultados genéticos paternos coincidentes en Dinamarca, Italia, Gales, Irlanda y Alemania. (#046, #216)

- **Gutiérrez de Mendoza** – Los resultados genéticos de este participante también coinciden con los demás descendientes de Diego Rubio, genearca de las líneas González Rubio, Gutiérrez de Hermosillo, Gutiérrez de Mendoza y Gutiérrez Rubio, mencionado anteriormente. Con resultados genéticos paternos coincidentes en Dinamarca, Italia, Gales, Irlanda y Alemania. (#131)

- **Guzmán** – Descendientes del Capitán y Alcalde Mayor de Pinos, Zacatecas, Francisco de Guzmán y Prado, español, nacido en 1600, originario de Jerez de la Frontera, España, quien fue casado con Clara de Ayala en Lagos de Moreno, cerca de 1630. Con resultados genéticos similares en Polonia, Italia, Turquía, Irak y Portugal. (#135, #737)

- **Hernández** – Participante con resultados muy similares a los de Hernández Gamiño, sin genealogía para comprobarlo, pero es altamente probable que sea de esta línea por la cercanía de sus valores genéticos. (#766)

- **Hernández Gamiño** – Descendientes de Domingo Hernández, español, quien se casa con Juana Gómez de Espejo en aprox, 1620 cerca de Guanajuato. Con parentescos genéticos paternos cercanos en México, España, Gales, Suiza e Irlanda. (#234, #271)

- **Jaime** – Descendientes de Diego Jaime, español, nacido en aprox. 1645, vecino de Aguascalientes, quien fue casado con María de Sandoval, quienes tuvieron la mayor parte de su descendencia en el norte de Los Altos y Aguascalientes. Con parentescos genéticos paternos en Inglaterra, Portugal y Alemania. (#315, #325, #471)

- **Jaime** – Participantes con resultados de ADN-Y iguales a los Romo de Vivar, descendientes de Felipe Jaime, español, hijo natural, nacido en aprox. 1810 en Encarnación de Díaz. Con parentescos genéticos paternos en México y España. (#028, #337)

- **Jáuregui** – Descendiente de Juan Francisco de Jáuregui, español nacido cerca de 1630 en Vizcaya, España, quien se casó con Josefa de Chávez en Nochistlán en 1662. Con resultados paternos similares en México y Brasil. (#071)

- **Jiménez de Castro** – Descendiente del Capitán Antonio Jiménez de Castro, español, nacido en aprox. 1580 en España, casado con Fabiana de Urraca. Con resultados genéticos paternos similares en España y Puerto Rico. (#127)

- **Lomelí** – Descendiente de Angel Lomelí, nacido en aprox. 1820 en Cañadas de Obregón, casado con Sabina Preciado. Con parentescos paternos cercanos en Portugal, Inglaterra y Francia. (#454)

- **López de Elizalde** – Descendiente de Miguel López de Elizalde, español, nacido en aprox. 1545 en Tolosa, España. Se casó con Leonor de Aberruza en aprox. 1565 en Tolosa. Sus resultados coinciden con Elizalde #460 y #838. Con parentescos genéticos paternos cercanos en Inglaterra, Suiza, Irlanda y Francia. (#747)

- **De Loza** – Participante con fuertes vínculos genéticos con varias personas de Los Altos, sin genealogía por el momento. (#781)

- **Macías Valadez** – Descendientes de Nicolás Macías Valadez, genearca de las líneas Macías Valadez y Guerra Valadez, español, nacido en aprox. 1555 en España, y quien se casó con Leonor de Retamosa en Lagos de Moreno en aprox. 1582, mencionados en párrafos anteriores. Con descendencia en la región de Los Altos, Nuevo León y gran parte del país, coincidiendo con Guerra #086 y #1025. Con parentescos genéticos paternos cercanos en Alemania, Escocia, España, Polonia y Francia. (#012, #081, #238)

- **Marentes de Otaduy** – Descendiente de Roque Marentes de Otaduy, español, nacido en aprox. 1680, vecino de Lagos de Moreno, quien se casó con Rosa de Escalante en Aguascalientes cerca de 1710. (#832)

- **Martín Serrano** – Descendientes del sargento Hernando Martín Serrano, español, originario de Zacatecas en aprox. 1540. Se casó con Juana Manuela Rodríguez en la ciudad de Zacatecas, con la mayor parte de su descendencia actual en el reino de Nuevo México. Con parentescos genéticos paternos en Nuevo México y España. (#469, #470)

- **Mata** – Descendiente de Joseph Ignacio de Mata, español nacido en aprox. 1750 cerca de Capilla de Guadalupe, casado con María de San José Díaz en aprox. 1775. Con la mayor parte de su descendencia actual en Capilla de Guadalupe y Valle de Guadalupe, con parentescos genéticos paternos en México, Irlanda y Francia. (#137)

- **Medina** – Descendiente de Ramón Medina, español nacido en aprox. 1740 cerca de Tepatitlán, casado con Luisa Navarro, padres del personaje histórico de Tepatitlán, Don Pedro Medina. Con descendencia actual en Capilla de Guadalupe y Tepatitlán. Tiene conexiones genéticas paternas recientes en Nuevo México, España, Inglaterra, Alemania e Irlanda. (#322)

- ■ Existe una línea Medina con estos mismos resultados entre los primeros pobladores de Nuevo México, por lo que es posible que un descendiente de esta línea Neogallega haya formado parte del grupo de colonizadores que fueron a poblar este reino del norte, originarios de Los Altos de Jalisco y Nueva Galicia durante los primeros años del siglo XVIII.

- **Mesa** – Participante con varias conexiones autosómicas con personas de Los Altos, descendiente de Joseph de Meza, español, nacido en aprox. 1631. Con parentescos genéticos paternos recientes en Irlanda, España y Alemania. (#375)

- **Mora** – Descendiente de Manuel de la Mora, español, vecino de Michoacan en 1565, genearca de la línea De la Mora Hurtado de Mendoza, casado con Juana de Aviña Hurtado de Mendoza. Con descendencia actual en Michoacan, Los Altos, Sur de Jalisco y el resto de Nueva Galicia. Sus resultados de ADN-Y coinciden con personas en Francia, Inglaterra, Australia y Alemania. (#187)

- **Muñoz de Nava** – Descendientes de Francisco Muñoz de Nava, español, nacido en aprox. 1550, casado con María Muñoz cerca de 1580 en las cercanías de Jalostotitlán o Teocaltiche. Con parentescos genéticos paternos en Alemania, Holanda, Italia e Inglaterra. (#483, #785, #788)

- **Navarro Gaytán** – Descendientes de Pedro Navarro, español, genearca de la línea Navarro Gaytán, nacido en Valladolid, España en 1547. Se casó con Catalina de la Cerda en Zamora, Michoacán en aprox. 1566, con descendencia entre los primeros pobladores de Nueva Galicia y Nueva España. Con resultados genéticos paternos similares en España. (#792, #823)

- **Ochoa Garibay** – Descendientes de Martín de Ochoa Garibay, español, nacido en aprox. 1513 en Vizcaya, España, vecino de Michoacán, con mucha descendencia en este estado, Sur de Jalisco, Los Altos, y el resto de Nueva Galicia. Se casó con María Suárez de Solís en Michoacán a mediados del siglo XVI. Coincide con los resultados de González #661. Con parentescos genéticos paternos cercanos en México, Inglaterra, España, Escocia e Irlanda. (#092, #676)

- **Del Olmo** – Descendiente de Pedro del Olmo, español, nacido en aprox. 1620, vecino que fue de Nochistlán, Zacatecas, casado con Isabel Jiménez en Ciudad de México en 1642. Con resultados paternos coincidentes en México y España. (#030)

- **Padilla Dávila** – Línea con fuerte ascendencia sefardí*, descendientes de Lorenzo Padilla Dávila, español nacido cerca de 1530 en Jerez de la Frontera, España, casado con Mariana Temiño de Velasco* en Ciudad de México en aprox. 1560. Con resultados genéticos paternos cercanos en México, España, Irlanda e Inglaterra. (#103, #327, #338, #745)

  - ■ Mariana Temiño de Velasco* fue prima hermana de Juana Treviño (Temiño) de Quintanilla*, esposa de Marcos Alonso de la Garza y del Arcón, genearca de la línea De la Garza Falcón de Nuevo León, mencionados en párrafos anteriores. Además, esta familia Temiño (de Alcocer) es consanguínea de varias de las familias sefarditas con presencia en Los Altos, Jalisco, Aguascalientes, Michoacán, Nuevo León, Zacatecas, Durango, Yucatán, Puebla, Guanajuato, Ciudad de México y resto de Nueva España.

- **Pérez** – Participante con conexiones genéticas con varias personas de Los Altos, sin genealogía por el momento. Coincide con Pérez de Frías #154, así que es muy probable que sean descendientes de la misma línea. Con parentescos genéticos paternos cercanos en Alemania, Italia, Irlanda y Escocia. (#037)

- **Pérez de Frías** – Descendiente de Luis Pérez de Frías Delgadillo, español, vecino de Nochistlán, nacido en aprox. 1600 y quien fue casado con Melchora de los Reyes Rodríguez de Carbajal cerca de 1620. Con parentescos genéticos paternos recientes en Alemania, Irlanda, Italia y Escocia. (#154)

- Esta línea Pérez de Frías topa con pared con Luis Pérez (de Frías) Delgadillo, sin saber el nombre de sus padres. Además, no coincide genéticamente con el otro participante Pérez de Frías #282, por lo que queda claro que es una línea distinta. Esto es curioso porque en mis investigaciones he encontrado más de una familia Pérez de Frías sin conexiones consanguíneas entre estas, por lo que me hace suponer que existe más de una línea con este mismo apellido compuesto, así como sucede con los Delgadillo y Rodríguez de Frías. Todo queda a la interpretación que le de cada persona por el momento, hasta no encontrar documentos que comprueben los distintos orígenes de estos linajes.

- **Pérez de Ornelas** – Descendiente de Juan Pérez de Ornelas, español, nacido en aprox. 1645, vecino de Lagos de Moreno, quien fue casado con Leonor González de Ruvalcaba en aprox. 1675. Con parentescos genéticos recientes en España, Francia e Inglaterra. (#214)

- **De Quezada** –Descendientes de Luis de Quezada, español, nacido cerca de 1510 en Baeza, España, genearca de la línea de Quezada en Nueva Galicia, vecino de Ciudad de México, donde se casa con María de Jaramillo en aprox. 1542. Con parentescos genéticos cercanos en Inglaterra, Noruega, España e Irlanda. (#172, #239, #350)

- **Rábago y Cosío** – Descendiente de Santiago Rábago y Cosío, español, nacido en aprox. 1700 en España, casado con Ana María Gutiérrez de Terán. Con descendencia principalmente en Jalostotitlán y San Miguel el Alto, y resultados genéticos paternos similares en España, Portugal y Suiza. (#443)

- **De Reynoso** – Línea con ascendencia sefardí*, descendientes de Francisco de Reynoso, español, de origen desconocido por el momento, nacido en aprox. 1600 quizás en Perú, Guadalajara o Sinaloa, donde se casó cerca de 1629 con Mariana Padilla Dávila*. Con parentescos genéticos cercanos en Irlanda, Inglaterra y Gales. (#023, #274, #361)

- **Rodríguez** – Descendiente de Joaquín Rodríguez, español, nacido en aprox. 1700, originario de Salitre de Frías, Guanajuato, casado con Marina Licea Ramírez en 1727 en Jalpa de Cánovas, con descendencia en San Diego de Alejandría, San Miguel el Alto, Valle de Guadalupe y el resto de Los Altos. Con parentescos paternos cercanos en México, España, Irlanda y Alemania. (#123)

- **Rodríguez** – Descendiente de Atanacio Rodríguez, nacido en aprox. 1824, vecino de Monte de Yáñez, Nochistlán, hijo natural de Perfecto Rodríguez. Se casó con Martina Durán en Nochistlán en 1854. Probablemente de la línea Rodríguez de Santana, pero se necesita un análisis genético más profunda para poder determinarlo. Con parentescos genéticos paternos recientes en España, Inglaterra y Gales. (#397)

- **Rodríguez** – Participantes con conexiones genéticas con varias personas de Los Altos, sin genealogía por el momento. Coincide en pocos marcadores con otros Rodríguez de Los Altos, pero se necesita un estudio genético más detallado para poder determinar la línea a la que corresponden. (#1006, #1020, #1024, #1040)

- **Rodríguez de Santana** – Descendiente de Miguel Rodríguez de Santana, español, nacido en aprox. 1660, vecino de Nochistlán, Zacatecas, de origen desconocido por el momento. Se casó en aprox. 1680 con Sebastiana Pérez de Frías, con descendencia principalmente en Nochistlán, Mexticacán y Teocaltiche. Con parentescos genéticos paternos cercanos en Escocia, Alemania y Hungría. (#402)

- **Romo de Vivar** – Familia de con ascendencia sefardí*, descendientes de Diego Romo de Vivar, español, nacido en 1598 en Rielves, España, vecino de Aguascalientes, quien se casó con María Rangel Peguero* (descendiente de la familia sefardí Maluenda), en aprox. 1620 en Aguascalientes. Con gran parte de su descendencia en Aguascalientes, Los Altos, Chihuahua, Sinaloa y el resto de Nueva Galicia, y con parentescos genéticos paternos cercanos en México, España, Inglaterra, Escocia e Irlanda. (#062, #075, #250)

- **Ruiz** – Participante con varias conexiones autosómicas con personas de Los Altos, sin genealogía por el momento. Podría ser de la línea Ruiz de Velasco o Ruiz Núñez. (#221)

- **Ruiz de Velasco** – Descendiente de Diego Fernández de Velasco, español, nacido en aprox. 1525, originario de España, casado con María de Avilés. Con descendencia en Guadalajara, Lagos de Moreno, Los Altos y el resto de Nueva Galicia, y conexiones genéticas paternas en España, Inglaterra, Escocia y Suecia. (#597)

- **Ruiz Núñez** – Descendiente de Diego Ruiz Núñez, español, nacido en aprox. 1660 en Yahualica, Jalisco, casado con Ana González de Hermosillo en aprox. 1685. Con resultados genéticos paternos similares en Inglaterra, España, Noruega y Escocia. (#020)

- **Ruvalcaba** – Descendiente de Nepomuceno Ruvalcaba, español, nacido en aprox. 1810 en Yahualica, casado con Sixta Oropeza o Mora en aprox. 1830. Con resultados genéticos paternos similares en Irlanda, Suiza e Inglaterra. (#052)

- **Ruvalcaba** – Participante que coinciden sus resultados con Ruvalcaba #052, sin genealogía por el momento y con resultados autosómicos coincidentes con varias personas de Los Altos. (#833)

- **Sánchez** – Descendiente de Justo Sánchez, español, nacido en aprox. 1770 en Guanajuato, casado con Perfecta Gómez. Con gran parte de su descendencia en Yahualica y Nochistlán. Sus resultados coinciden con Sánchez #720, aunque no he logrado establecer alguna conexión genealógica con éste. Con parentescos paternos recientes en Escocia, Irlanda e Inglaterra. (#082)

- **Sánchez** – Descendiente de Juan Cristóbal Sánchez, español, nacido en aprox. 1720, casado con Juana Dominga Jiménez, con descendencia principalmente en Nochistlán y Guadalajara. Con resultados paternos parecidos en Irlanda e Inglaterra. (#720)

- **Sánchez Castellanos** – Descendientes de Miguel Sánchez Bañuelos, español, nacido en aprox. 1526 en Albacete, España, casado con Marina García Castellanos, genearcas del linaje Sánchez Castellanos de Nueva Galicia. Con descendencia principalmente en el estado de Zacatecas y el resto de Nueva Galicia. Sus resultados paternos son similares a personas en España e Inglaterra. (#044, #069)

- **Ulloa** – Participante con varias conexiones autosómicas con personas de Los Altos, sin genealogía por el momento. (#765)

- **De Valadez** – Descendiente de Diego Mateo de Valadez, español, nacido en aprox. 1640, vecino de Aguascalientes, casado con Nicolasa Rodríguez en 1668 en Aguascalientes, con descendencia principalmente en la región norte de Los Altos. Podría ser nieto de Juan Valadez, casado con Isabel de la Cruz en aprox. 1600. (#164)

- **Valadez** – Participante con varias conexiones autosómicas con personas de Los Altos, sin genealogía por el momento, podría ser de la misma línea que Valadez #164, se necesita un estudio genealógico más detallado para poder determinar esto. (#369)

- **Valdivia** – Descendiente de Miguel de Valdivia, tresalbo, hijo natural, casado con Manuela Ramírez en 1796 en San Miguel el Alto. También utilizó el apellido Gutiérrez en algunas de las actas parroquiales de sus descendientes, lo que tiene sentido porque sus resultados coinciden con Gutiérrez de Hermosillo #046 y #216, por lo que se deduce que es descendiente de Diego Rubio, mencionado en párrafos anteriores. Con resultados paternos similares en España, Inglaterra, Portugal y Alemania. (#181)

- **Vallín de Sotomayor** – Descendiente de Nicolás Vallín, español, nacido en aprox. 1635, vecino de Aguascalientes, casado con Victoria de Sotomayor en 1663 en Aguascalientes. Podría ser Vázquez de Lara o

Vázquez Sermeño. Con la mayor parte de su descendencia en Nochistlán, Teocaltiche y pueblos cercanos y resultados paternos similares en México, España, Portugal y Suiza. (#267)

- **Vázquez** – Descendiente de Mateo Vázquez, mestizo, nacido en aprox. 1750 en las cercanías de Jalostotitlán, casado con Antonia Gertrudis Gutiérrez, con descendencia en Jalostotitlán y Valle de Guadalupe, y resultados paternos coincidentes en Escocia, Irlanda e Inglaterra. (#482)

- **Velasco** – Coincide con Ruiz de Velasco #597, por lo que se deduce que ambos son del mismo origen, descendiente de Diego Fernández de Velasco, español, nacido en aprox. 1525, originario de España, casado con María de Avilés, mencionados en párrafos anteriores. (#706)

- **Vera** – Descendiente de Juan de Vera, mulato, nacido en aprox. 1710 en Ayotlán, Jalisco, casado con Leonor Vázquez, con la mayor parte de su descendencia en Capilla de Guadalupe, San Miguel el Alto y Valle de Guadalupe. Tiene resultados paternos similares con personas en Irlanda, Italia e Inglaterra. (#157)

- **Villa** – Coincide con Villalobos #025 y #079, por lo que podría pertenecer a la misma línea, sin genealogía por el momento. Con parentescos paternos en Italia y España. (#017)

- **De Villalobos** – Descendientes de Cristóbal de Villalobos, español, nacido en aprox. 1565 en Mayorga, España, vecino de Ciudad de México, donde se casa con María Pérez de Nava en 1594. Con la mayor parte de su descendencia en Aguascalientes, Teocaltiche y el resto de Los Altos. Tiene parentescos genéticos recientes en España, Bélgica e Inglaterra. (#025, #079)

- **Villegas** – Descendientes de Juan Trinidad Villegas, mestizo, nacido en aprox. 1740 en San Juan de los Lagos, casado con María Gertrudis Meléndrez. Con descendencia en San Juan de los Lagos, Capilla de Guadalupe, Valle de Guadalupe y pueblos cercanos. Tiene parentescos paternos recientes en Nuevo México, España y Escocia. (#066, #117)

- **Vázquez Zermeño** – Descendiente de Juan Vázquez, español, nacido en aprox. 1500 en España, casado con Elvira Gil de Lara cerca de 1550, con descendencia en Jalostotitlán y el resto de Los Altos y Nueva Galicia. (#793)

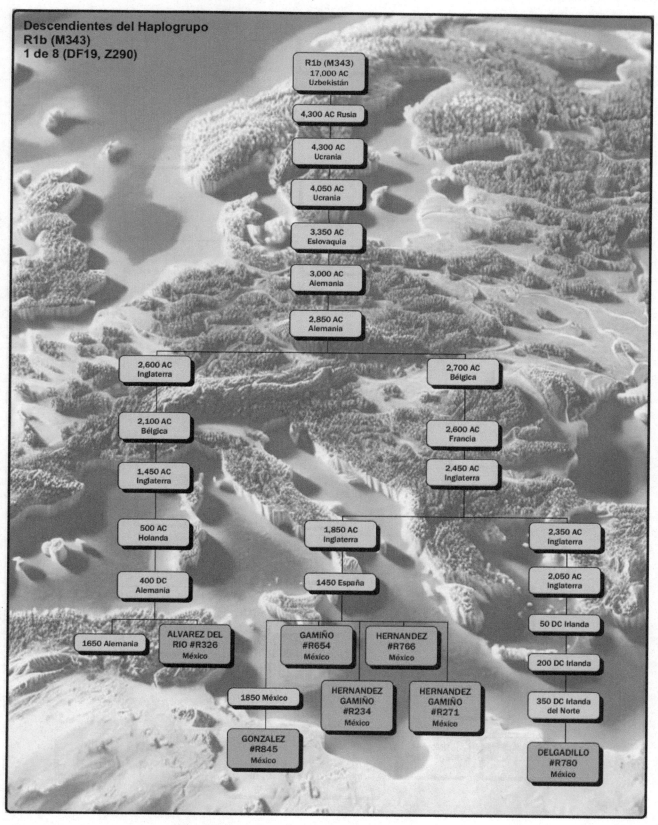

Fig. 28 - Cuadro genealógico de los descendientes del Haplogrupo ADN-Y R1b (1)

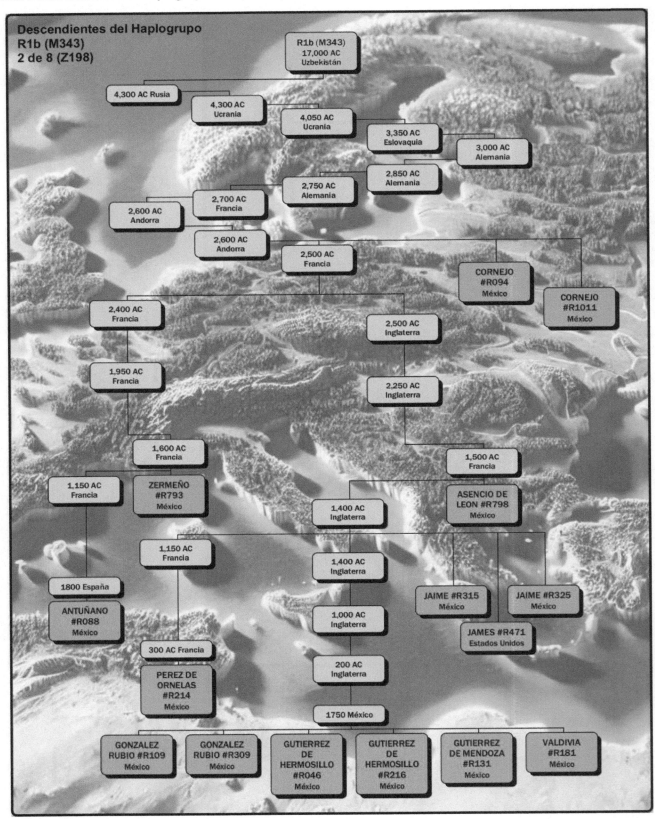

Fig. 29 - Cuadro genealógico de los descendientes del Haplogrupo ADN-Y R1b (2)

Cuadro descendiente del Haplogrupo R1b (3 de 8)

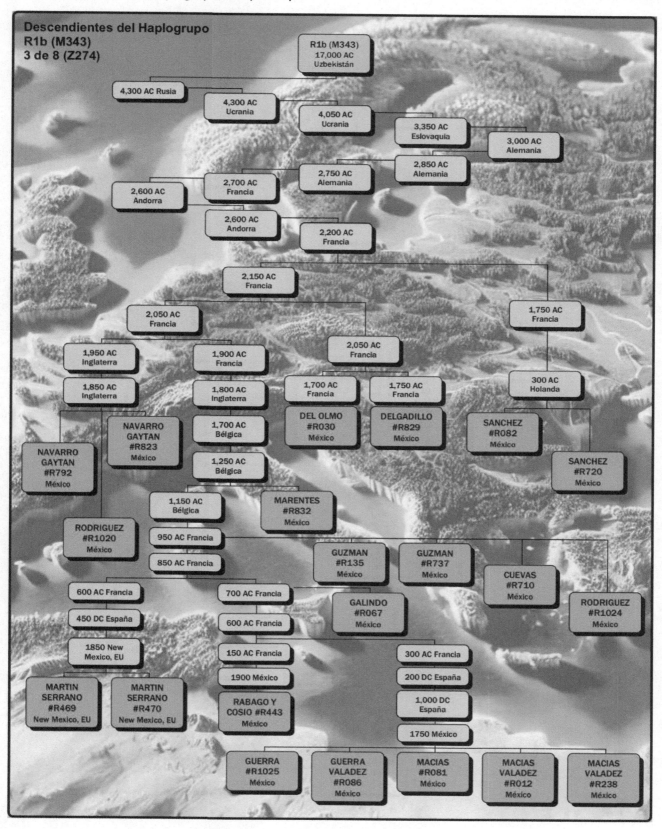

Descendientes del Haplogrupo R1b (M343) 3 de 8 (Z274)

R1b (M343) 17,000 AC Uzbekistán

4,300 AC Rusia

4,300 AC Ucrania

4,050 AC Ucrania

3,350 AC Eslovaquia

3,000 AC Alemania

2,850 AC Alemania

2,750 AC Alemania

2,700 AC Francia

2,600 AC Andorra

2,600 AC Andorra

2,200 AC Francia

2,150 AC Francia

2,050 AC Francia

1,750 AC Francia

1,950 AC Inglaterra

1,900 AC Francia

2,050 AC Francia

1,850 AC Inglaterra

1,800 AC Inglaterra

1,700 AC Francia

1,750 AC Francia

300 AC Holanda

NAVARRO GAYTAN #R823 México

1,700 AC Bélgica

DEL OLMO #R030 México

DELGADILLO #R829 México

SANCHEZ #R082 México

NAVARRO GAYTAN #R792 México

1,250 AC Bélgica

SANCHEZ #R720 México

1,150 AC Bélgica

MARENTES #R832 México

RODRIGUEZ #R1020 México

950 AC Francia

850 AC Francia

GUZMAN #R135 México

GUZMAN #R737 México

CUEVAS #R710 México

600 AC Francia

700 AC Francia

RODRIGUEZ #R1024 México

450 DC España

600 AC Francia

GALINDO #R067 México

1850 New Mexico, EU

150 AC Francia

300 AC Francia

1900 México

200 DC España

MARTIN SERRANO #R469 New Mexico, EU

MARTIN SERRANO #R470 New Mexico, EU

RABAGO Y COSIO #R443 México

1,000 DC España

1750 México

GUERRA #R1025 México

GUERRA VALADEZ #R086 México

MACIAS #R081 México

MACIAS VALADEZ #R012 México

MACIAS VALADEZ #R238 México

Fig. 30 - Cuadro genealógico de los descendientes del Haplogrupo ADN-Y R1b (3)

205

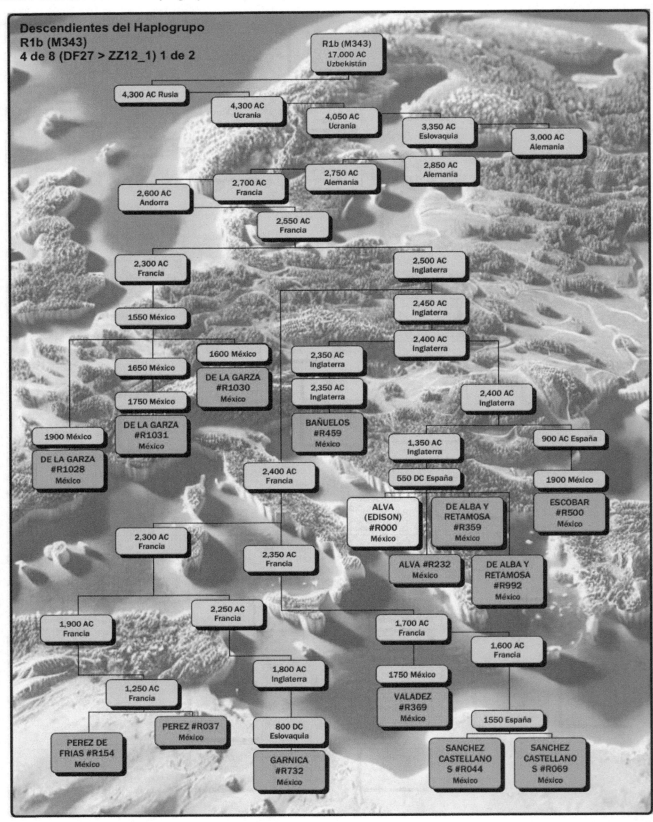

Fig. 31 - Cuadro genealógico de los descendientes del Haplogrupo ADN-Y R1b (4)

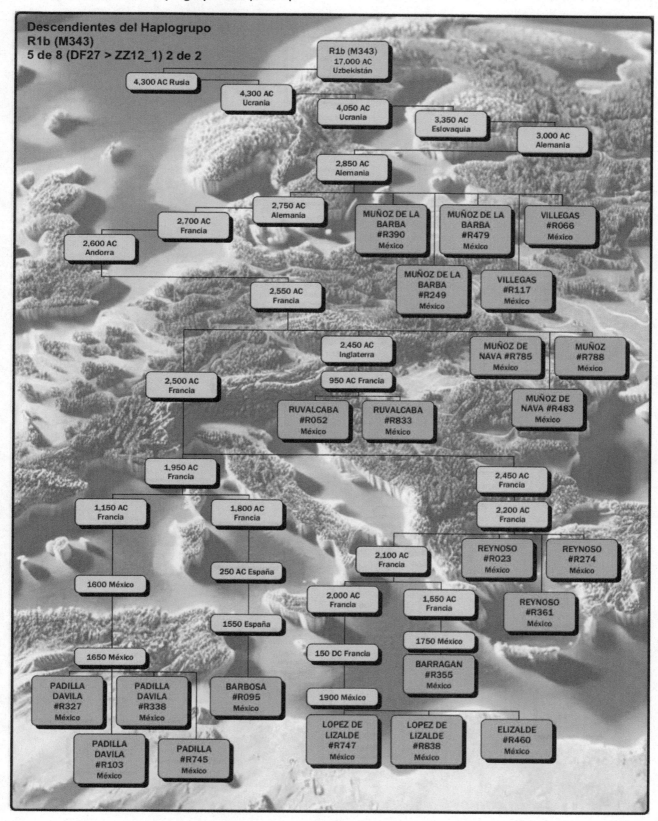

Fig. 32 - Cuadro genealógico de los descendientes del Haplogrupo ADN-Y R1b (5)

Cuadro descendiente del Haplogrupo R1b (6 de 8)

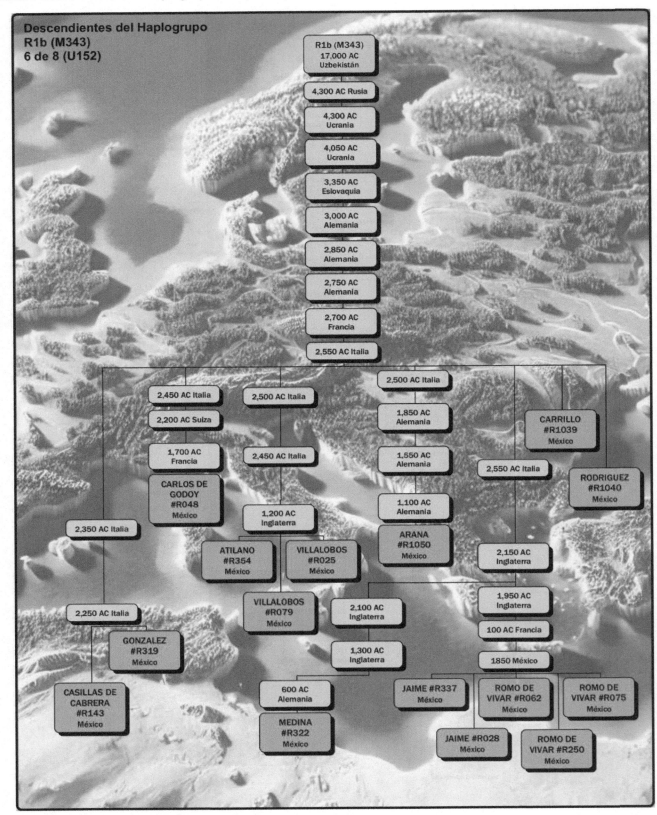

Fig. 33 - Cuadro genealógico de los descendientes del Haplogrupo ADN-Y R1b (6)

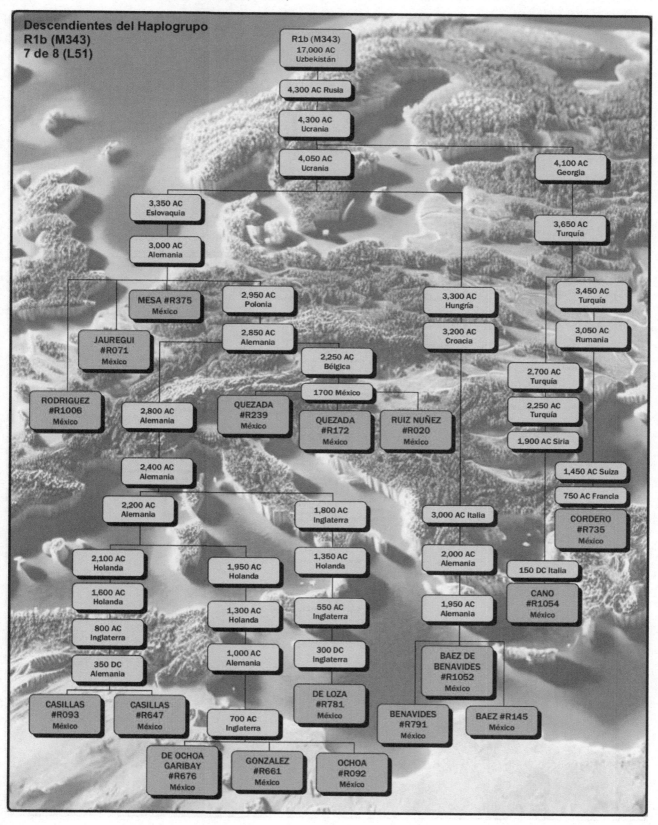

Fig. 34 - Cuadro genealógico de los descendientes del Haplogrupo ADN-Y R1b (7)

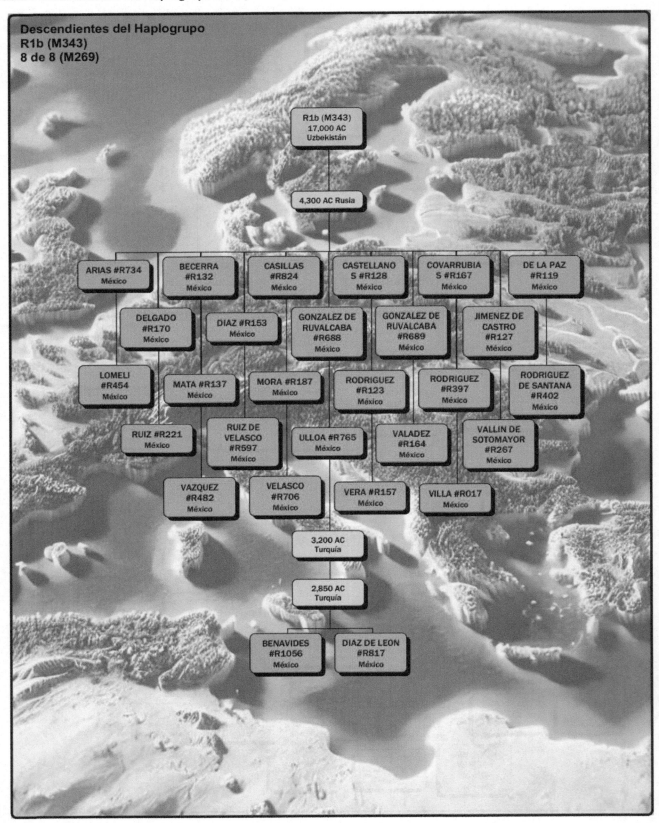

Fig. 35 - Cuadro genealógico de los descendientes del Haplogrupo ADN-Y R1b (8)

Haplogrupo S
Resultados

Haplogrupo S: 0

    En este estudio, no se encontraron coincidencias genéticas entre los participantes con el haplogrupo **S**. A continuación, el cuadro descendiente del haplogrupo **S** para su conocimiento:

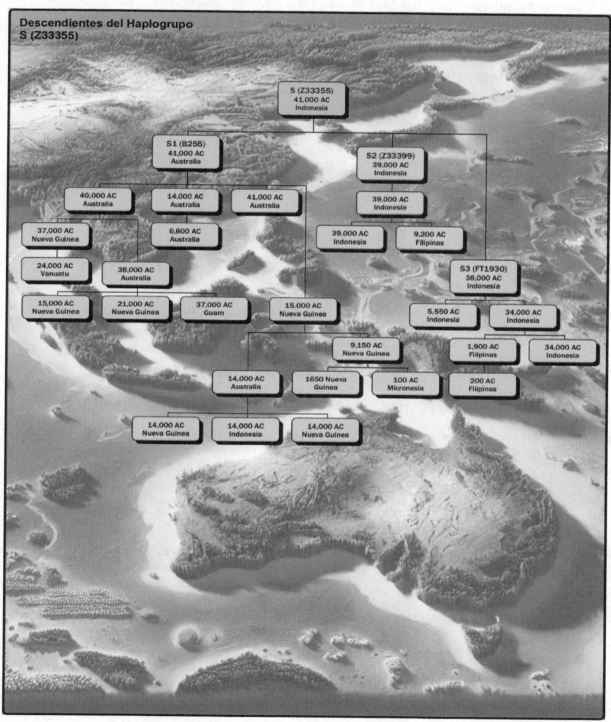

Fig. 36 - Cuadro genealógico de los descendientes del Haplogrupo ADN-Y S

Haplogrupo T

Resultados

Haplogrupo T1:   17

Haplogrupo T2:   0

       El número de participantes en Los Altos de Jalisco que resultaron descendientes del haplogrupo **T** fueron **17**, los cuales representan **11** diferentes linajes de la región.

Estos son los apellidos y linajes Alteños vinculados con el haplogrupo **T**, así como sus notas genealógicas respectivas:

Apellido	Linaje/Familia	Portador/Lugar	Raza
Aguayo	Aguayo	Carlos De Aguayo (n. 1750)	Mulato
Alcalá	De Alcalá y Mendoza	Juan De Alcalá (n. 1550)	Español
Borrayo	Borrayo		
Cruz	Alvarez de la Cruz		
Felguérez	Felguérez		
Fonseca	Fonseca de Montenegro	Rafael Fonseca (n. 1780)	Español
García	García		
Gutiérrez	Gutiérrez	Antonio Gutiérrez (n. 1750)	Mulato
Rodríguez	Rodriguez de Hijar	Juan Rodríguez (n. 1565)	Español
Sánchez	Sánchez	Pedro Sánchez (n. 1780)	Indio
Velázquez	Velázquez		

Otros de los apellidos con vínculos en Los Altos y que también están vinculados a este haplogrupo son los siguientes:

Beltrán	Escobedo	Reynoso
Blanco	Flores	Salazar
Carpio	Frías	Sánchez
Carranza	Moreno	Tafoya

- **Aguayo** – Descendientes de Carlos de Jesús Aguayo, mulato, nacido en aprox. 1750, en Aguascalientes, donde se casó con Mónica Sánchez, con descendencia en Aguascalientes, pueblos cercanos de Nueva Galicia y parentescos paternos recientes en México, Portugal y España. (#211, #831)

- **De Alcalá y Mendoza** – Descendientes de Juan de Alcalá, español, nacido en aprox. 1550 en Yélamos, España, casado con Isabel de Zamora, probablemente en Michoacán. Con gran parte de su descendencia en Michoacán, Los Altos y el resto de Nueva Galicia, y parentescos paternos recientes en México y Siria. (#681, #705, #901)

- **Borrayo** – Participante con resultados autosómicos coincidentes con varias personas de Nochistlán y Los Altos de Jalisco, sin genealogía por el momento, con parentescos genéticos paternos recientes en México, España, Portugal y Brasil. (#206)

- **Álvarez de la Cruz** – Descendiente de Miguel Álvarez de la Cruz, mestizo, nacido en aprox, 1635, de origen desconocido, vecino de Jalostotitlán, casado con Josefa Ortiz de Moya en aprox. 1660. Con descendencia en Los Altos de Jalisco, Guadalajara y resto de Nueva Galicia. Resultados muy similares a Velázquez #226. Con parentescos paternos cercanos en México, España e Italia. (#199)

- **Felguérez** – Descendiente de Melchor Felgueres, español, nacido en 1740 en Oviedo, España, casado con Melchora Pérez, con descendencia en Zacatecas y el norte de Jalisco. Sus resultados de ADN-Y son muy similares a Rodríguez de Hijar #102, #106 y #171. Con parentescos paternos recientes en México, España e Italia. (#212)

- **Fonseca** – Descendiente de Rafael Fonseca, español, nacido en aprox. 1780 en San Diego de Alejandría, casado con Antonia Hernández en aprox. 1800. Posiblemente sea Fonseca de Montenegro de Guanajuato. Con resultados paternos similares en España, Chipre, Italia y Brasil. (#078)

- **García** – Participante con conexiones autosómicas con varias personas de Jalostotitlán y Los Altos, de línea mulata, sin genealogía completa. Sus resultados de ADN-Y coinciden con Gutiérrez #331 y con otras personas de Los Altos. (#063)

- **Gutiérrez** – Descendiente de Antonio Gutiérrez, mulato, nacido en aprox. 1750 en Jalostotitlán, casado con Ana María Plasencia. Coincide con García #063. Con parentescos paternos recientes en México y Portugal. (#331)

- **Rodríguez de Hijar** – Descendientes de Nicolás Rodríguez, español, nacido en aprox. 1637, originario y vecino de Mexticacán, donde se casó con Antonia de Hijar en 1665. Con la mayor parte de su descendencia en Mexticacán, Cañadas de Obregón, San Miguel el Alto, Valle de Guadalupe y el resto de Los Altos y Nueva Galicia. Este haplogrupo al que pertenece tiene vínculos paternos con descendientes de judíos askenazis de Europa y el Medio Oriente. Con resultados genéticos paternos similares en Portugal, España, Brasil, Arabia Saudita, Italia y Baréin, entre otros. (#102, #106, #171, #1058)

  ➤ Por muchos años se había especulado que Nicolas Rodriguez fue descendiente directo por via paterna de Juan Rodríguez de Frías (hijo de Hernando de Frías), debido a una dispensa matrimonial que se encontró donde uno de sus descendientes declaró que Nicolás fue descendiente de Juan Rodríguez y que este último fue hermano de Diego Delgadillo, ambos hijos de Hernando de Frías, lo cual en lo personal no me dejó completamente convencido, debido a que en otra dispensa de otro de sus descendientes, se declaró información distinta y además no se declaró quién fue el padre de Juan

Rodríguez. Debido a que fue muy común en siglos anteriores que no siempre se declararan parentescos correctamente en las dispensas matrimoniales debido a que en algunas ocasiones no se sabía con exactitud de quién se descendía, me quedó la duda por muchos años de cuál de los testigos era el que declaraba correctamente su genealogía.

➢ Durante varios años me di a la tarea de ir a los ranchos y pueblos cercanos donde pudiera haber descendientes directos por vía paterna de Juan Rodríguez, Diego Delgadillo, Pérez de Frías para buscar a los viejos, entrevistarlos y pedirles los nombres de sus abuelos para determinar son su genealogía si pertenecían a estas líneas o no, para enseguida hacerles un estudio genético para determinar cuál debería ser el haplogrupo correcto de cada uno de estos linajes, para así poder comprobar o desmentir estas hipótesis. Además, también hice lo mismo con todos los Rodríguez y Delgadillo que me encontré.

➢ Los resultados de ADN-Y de los descendientes de los **Rodríguez** (#423) y **Delgadillo** (#405, #903), así como los de **Pérez** (#282, #741) los ubican a todos estos en el haplogrupo J2, por lo que no coinciden con los **Rodríguez** (#102, #106, #171) que son haplogrupo T1, lo cual se deduce que este Nicolás Rodríguez mencionado a principios de este punto, no fue descendiente directo de Juan Rodríguez de Frías, ni mucho menos de Hernando de Frías. Esta línea Rodríguez (de Hijar) es completamente diferente a la de Rodríguez de Frías. La tarea ahora es encontrar el origen de la línea Rodríguez de Hijar. Tengo mis hipótesis, las cuales daré a conocer en otra publicación más adelante, ya que tenga las pruebas suficientes para determinar este origen sin dejar lugar a duda alguna.

- **Sánchez** – Descendiente de Pedro Sánchez, español, nacido en aprox. 1780 cerca de Huejuquilla, Jalisco, casado con Brígida de Nava en 1799. Con descendencia en el norte de Jalisco, Nayarit y el resto de Nueva Galicia. Cuenta con parentescos paternos recientes en México, España, Portugal y Brasil. (#564)

- **Velázquez**– Participante con conexiones autosómicas con varias personas de Tepatitlán y Los Altos, sin genealogía por el momento. Sus resultados de ADN-Y coinciden con **Álvarez de la Cruz** #199 y con otras personas de Los Altos. (#226)

Análisis y Comentarios Adicionales

El haplogrupo de ADN-Y T ha sido identificado como uno de los marcadores genéticos relacionados con comunidades judías, particularmente con los judíos ashkenazíes. Este haplogrupo, aunque menos común que otros dentro de la población judía, se encuentra presente en ciertos linajes que remontan su ascendencia a las comunidades ashkenazíes de Europa Oriental y Central. La presencia del haplogrupo T en estas poblaciones sugiere una posible conexión ancestral que podría estar vinculada a los movimientos migratorios y a la diversidad genética de las comunidades judías en la diáspora.

Este haplogrupo se ha encontrado en otras poblaciones del Mediterráneo y del Medio Oriente, lo cual resalta la compleja historia de mezclas genéticas y contactos culturales a lo largo de los siglos. En el contexto de los judíos ashkenazíes, el haplogrupo T ofrece una ventana para estudiar las interacciones y la integración de estas comunidades en Europa, así como los posibles orígenes de algunos linajes dentro de la diáspora judía. Este marcador contribuye a enriquecer el entendimiento de la diversidad genética dentro de las poblaciones judías y subraya la amplitud de sus conexiones ancestrales.

Cuadro descendiente del Haplogrupo T

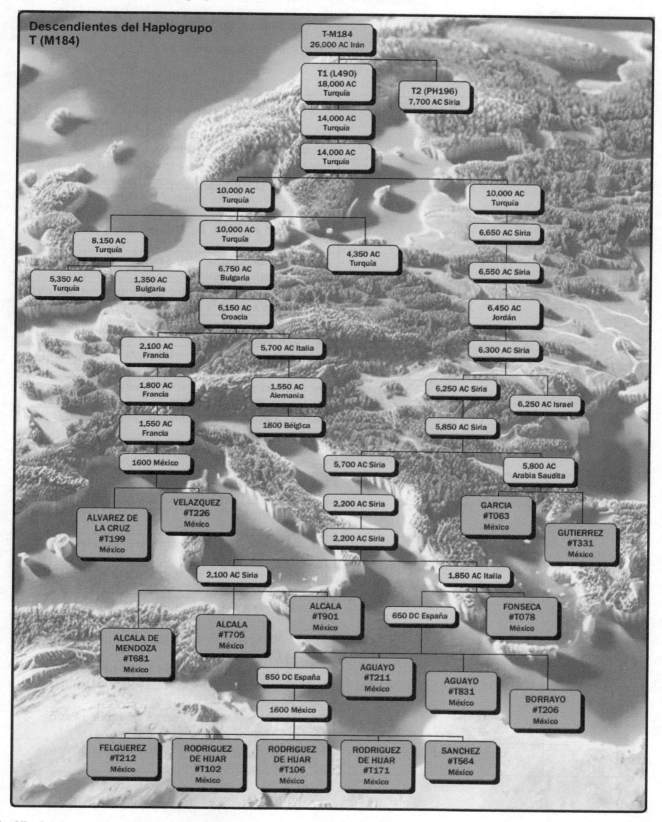

Descendientes del Haplogrupo T (M184)

- T-M184 — 26,000 AC Irán
- T1 (L490) — 18,000 AC Turquía
- T2 (PH196) — 7,700 AC Siria
- 14,000 AC Turquía
- 14,000 AC Turquía
- 10,000 AC Turquía
- 10,000 AC Turquía
- 8,150 AC Turquía
- 10,000 AC Turquía
- 4,350 AC Turquía
- 6,650 AC Siria
- 5,350 AC Turquía
- 1,350 AC Bulgaria
- 6,750 AC Bulgaria
- 6,550 AC Siria
- 6,150 AC Croacia
- 6,450 AC Jordán
- 2,100 AC Francia
- 5,700 AC Italia
- 6,300 AC Siria
- 1,800 AC Francia
- 1,550 AC Alemania
- 6,250 AC Siria
- 6,250 AC Israel
- 1,550 AC Francia
- 1800 Bélgica
- 5,850 AC Siria
- 1600 México
- 5,700 AC Siria
- 5,800 AC Arabia Saudita
- ALVAREZ DE LA CRUZ #T199 México
- VELAZQUEZ #T226 México
- 2,200 AC Siria
- GARCIA #T063 México
- 2,200 AC Siria
- GUTIERREZ #T331 México
- 2,100 AC Siria
- 1,850 AC Italia
- ALCALA #T901 México
- 650 DC España
- FONSECA #T078 México
- ALCALA #T705 México
- ALCALA DE MENDOZA #T681 México
- 850 DC España
- AGUAYO #T211 México
- AGUAYO #T831 México
- BORRAYO #T206 México
- 1600 México
- FELGUEREZ #T212 México
- RODRIGUEZ DE HIJAR #T102 México
- RODRIGUEZ DE HIJAR #T106 México
- RODRIGUEZ DE HIJAR #T171 México
- SANCHEZ #T564 México

Fig. 37 - Cuadro genealógico de los descendientes del Haplogrupo ADN-Y T

Estadísticas y Gráficas

Del total de resultados del cromosoma ADN-Y de los participantes, los resultados arrojan los siguientes porcentajes:

Haplogrupo	Porcentaje en Los Altos	Frecuencia global	Distribución geográfica global
A	< 1 %	< 1%	Principalmente en África, especialmente entre las poblaciones khoisan y pigmeas.
B	< 1 %	< 1%	Principalmente en África, especialmente entre las poblaciones pigmeas y algunas Khoisan.
C	< 1 %	~ 5–10%	Encontrado en Asia Central, Asia Oriental, Oceanía, y nativos americanos.
D	< 1 %	< 5%	Encontrado en Tíbet, Japón (ainu, ryukyuenses), islas Andamán.
E	9.0 %	~30–40%	África (sub-Sahariana, África del Norte), partes de Europa, Medio Oriente.
F	0 %	~5–10%	Encontrado en varias partes de Eurasia, aunque raro y a menudo ancestral de otros haplogrupos.
G	5.0 %	~5%	Encontrado en Cáucaso, Medio Oriente y algunas partes de Europa del Sur.
H	< 1 %	~5%	Subcontinente indio, especialmente entre los grupos de habla drávida.
I	9.0 %	~10–15%	Encontrado en Europa, especialmente en Escandinavia y los Balcanes.
J	10.0 %	~20%	Medio Oriente, África del Norte, Europa del Sur, Asia Central.
K	0 %	<5%	Encontrado en varias poblaciones de Asia del Sur, Sudeste Asiático y Oceanía.
L	< 1 %	~2%	Encontrado en Subcontinente indio, especialmente en Pakistán e India.
M	0 %	~2%	Poblaciones indígenas de Papúa Nueva Guinea y Melanesia.
N	1.5 %	~5–10%	Eurasia del Norte, particularmente entre las poblaciones urálicas en Europa del Norte y Siberia
O	< 1 %	~25–30%	Encontrado en Asia Oriental, Sudeste Asiático, Islas del Pacífico.
P	0 %	<1%	Encontrado en Asia Oriental, Sudeste Asiático, Islas del Pacífico.
Q	18.0 %	~1–5%	Pueblos indígenas de las Américas, Siberia, y partes de Asia Central.
R	42.0 %	~30–35%	Europa, Asia Central, Asia del Sur, Américas (principalmente R1b en Europa y R1a en Asia Central/Sur).
S	0 %	<1%	Encontrado en Oceanía, especialmente en Papúa Nueva Guinea y las islas cercanas.
T	2.0 %	<1%	Medio Oriente, África del Norte, Cuerno de África, partes de Europa del Sur.

Gráficas

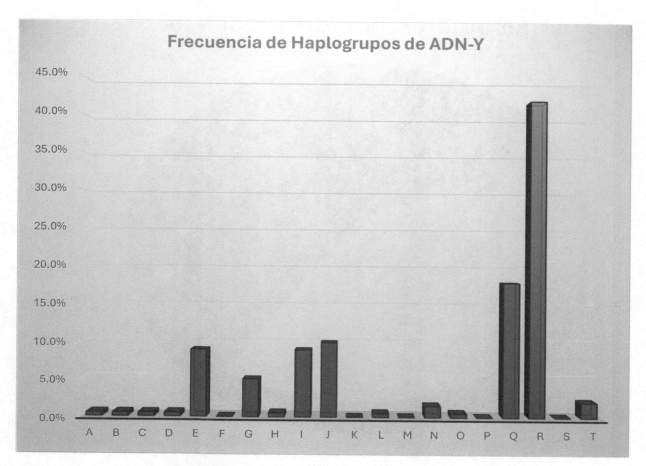

Fig. 38 - Gráfica de frecuencia de haplogrupos ADN-Y en Los Altos de Jalisco

Como podemos en la gráfica anterior, el haplogrupo más presente en Los Altos de Jalisco y sus cercanías es por mucho el haplogrupo R con el 42% de los resultados, el cual comprende **R1a** y **R1b**, seguido por el haplogrupo Q (**Q1** y **Q2**) con el 18% y el J (**J1** y **J2**) con el 10% de los resultados. Le siguen los haplogrupos E (**E1**) y haplogrupo I (**I1** y **I2**) con 9% cada uno, el haplogrupo G (**G2**) con 5%, haplogrupo T (**T1**) con 2%. Los haplogrupos con menos de 2% cada uno son A, B, C, D, H, L, N y O, y los haplogrupos con 0% en estos resultados fueron F, K, M, P y S.

Cabe destacar que los únicos haplogrupos que estuvieron presentes en esta investigación, y que están por arriba del promedio global, son los haplogrupos R (europeo) y Q (mayormente indígena mexicano). Esto es lógico por la presencia continua, tanto de descendientes de indígenas mexicanos como europeos en Los Altos, desde la época de la conquista, aunque se ha visto un descenso notable en la presencia de descendientes de familias indígenas y de mulatos en la región, debido a la emigración de estas familias hacia otras regiones del continente, sobre todo hacia el norte, durante los años siguientes a la guerra de independencia.

Muchas de estas familias emigraron hacia otros estados como Chihuahua, Sinaloa, Sonora, Nuevo Leon, San Luis Potosí y algunas hasta el actual país vecino del norte, en el estado de Texas. Este gran número de familias que salieron de Los Altos, aparecen en los registros y padrones parroquiales de la región, pero después de la conquista, ya no aparecen. Este hecho podría haber sido causado por la falta de arraigo a la región y propiedad de tierras propias para poder ofrecer una mejor vida a sus familias.

Porcentajes de ADN-Y en Los Altos de Jalisco

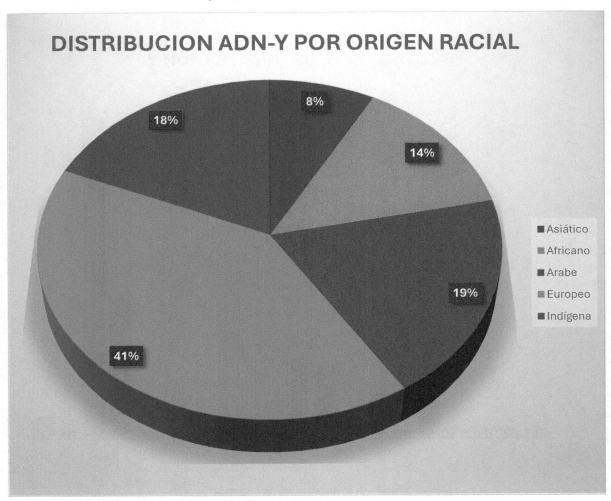

Fig. 39 - Gráfica de porcentaje de haplogrupos ADN-Y por orígenes raciales en Los Altos de Jalisco

La gráfica presentada muestra la distribución del ADN-Y según el origen racial en distintas poblaciones. Esta distribución se divide en cinco categorías: asiático, africano (moro), mediterráneo, europeo e indígena, cada una representada por un color específico en el gráfico de pastel. El segmento más grande pertenece al origen europeo, que representa el 41% de la distribución total.

En segundo lugar, con un 19%, se encuentra el grupo de origen mediterráneo, seguido de cerca por el origen indígena, que representa el 18% del total. Esto sugiere una importante contribución genética de estas dos poblaciones en la composición general de la muestra, aunque menor que la europea. Por otro lado, el origen africano aporta un 14% de la distribución, mostrando una presencia moderada en comparación con los demás.

Finalmente, el segmento más pequeño corresponde al origen asiático, con solo el 8% de la distribución total. Este valor indica una contribución genética menos significativa en comparación con los otros grupos. En conjunto, la gráfica proporciona una visión general de la diversidad genética de la población analizada, destacando la predominancia del ADN de origen europeo y la menor representación del ADN de origen asiático.

Conclusiones

El análisis de los haplogrupos presentes en la región de Los Altos de Jalisco revela un claro predominio de ciertas líneas genéticas que reflejan tanto la historia prehispánica como la colonial de la zona. El haplogrupo R, con una incidencia del 42%, es el más común en la población actual de Los Altos. Este haplogrupo, particularmente las ramas **R1a** y **R1b**, está asociado con la ascendencia europea, y su prevalencia sugiere la profunda influencia de la colonización española en la región. Durante la conquista y los siglos posteriores, las familias de origen europeo se establecieron y asentaron en Los Altos, convirtiéndose en un componente dominante del acervo genético.

En segundo lugar, el haplogrupo Q, con un 18% de presencia, señala la contribución significativa de las poblaciones indígenas mexicanas en la historia genética de la región. Este haplogrupo es mayormente asociado con los pueblos indígenas de las Américas, lo que indica que antes de la llegada de los europeos, las poblaciones originarias tuvieron una presencia establecida en Los Altos, y aún hoy, sus descendientes mantienen una proporción relevante en la población moderna.

El haplogrupo J, que representa un 10% de la población, sugiere la existencia de una herencia de origen semítico, posiblemente introducida por los sefardíes o a través de otros flujos migratorios desde el Mediterráneo durante la época colonial. La presencia de haplogrupos como E, I y G, aunque menos comunes (entre el 5% y 9%), evidencia la compleja mezcla de linajes que llegaron a Los Altos a lo largo del tiempo, ya sea desde el norte de África, Europa Oriental o el Mediterráneo.

Una observación significativa es la disminución notable de las poblaciones de descendientes indígenas y mulatos en Los Altos de Jalisco, un fenómeno que probablemente se debe a migraciones posteriores a la independencia de México. Estas familias, que habrían sido parte del tejido social y económico de la región durante la época colonial, se desplazaron a otros estados del norte como Chihuahua, Sonora y Nuevo León, así como hacia Texas en lo que es hoy Estados Unidos. Esta migración sugiere que las oportunidades económicas y la falta de arraigo a la tierra podrían haber sido factores determinantes en el éxodo de estos grupos, en busca de una mejor vida fuera de Los Altos.

Otro factor interesante es que, si bien hay una gran diversidad de haplogrupos presentes, muchos de ellos se encuentran en proporciones menores al 2%, como los haplogrupos A, B, C, D, H, L, N y O. Esto indica que, aunque hubo una rica mezcla genética en el pasado, las líneas europeas e indígenas se mantuvieron dominantes, probablemente debido a los patrones de asentamiento y matrimonios intergrupales de los colonos y las políticas raciales y económicas que favorecían a ciertos grupos durante la época colonial.

Finalmente, es importante destacar que los haplogrupos R y Q son los únicos que están por encima de la media global, lo que refuerza la idea de que la genética de Los Altos refleja tanto la fuerte influencia europea como la presencia indígena precolombina. Esto también pone de manifiesto la particularidad genética de la región, que, aunque comparte similitudes con otras zonas de México, tiene una configuración única debido a su historia de colonización, migración y desarrollo regional.

Origen y Construcción de la Identidad Alteña

África: Cuna de la humanidad

       África es la cuna indiscutible de la humanidad. Los fósiles y evidencias arqueológicas descubiertos en todo el continente han proporcionado una rica visión de la evolución de los homínidos, desde los Australopithecus afarensis hasta los Homo sapiens. Cada nueva especie homínida descubierta en África arroja luz sobre las capacidades y adaptaciones que hicieron posible la aparición de los humanos modernos, quienes más tarde se dispersaron por todo el mundo, llevando consigo los logros culturales y tecnológicos desarrollados en su lugar de origen. África, por lo tanto, sigue siendo crucial para el estudio de la evolución humana, ya que es el lugar donde comenzó la historia de la humanidad.

       Los primeros pobladores de África no solo fueron los ancestros de todos los seres humanos modernos, sino que también desarrollaron las primeras formas de cultura, tecnología y organización social. África sigue siendo un lugar crucial para el estudio de la evolución humana. Aquí, en África, es donde comienza nuestra travesía en este libro, el punto de partida de una historia que nos conecta con el origen de la humanidad y sus raíces más profundas. Desde los vastos paisajes africanos, cargados de historia y misterio, emprendemos un viaje que recorre miles de años y cruza continentes, guiándonos hasta Los Altos de Jalisco. Esta región, con su identidad y tradiciones únicas, se convierte en el destino final de un recorrido que explora no solo la evolución de nuestra especie, sino también los lazos y las transformaciones culturales que nos han definido como humanidad hasta el día de hoy.

Migraciones Fuera de África

Las migraciones fuera de África marcaron uno de los eventos más significativos en la historia de la humanidad. A través de estas migraciones, los primeros Homo sapiens comenzaron a dispersarse por diversas regiones del mundo, colonizando áreas tan distantes como Europa, Asia, Oceanía y América. Este proceso de dispersión no solo permitió la expansión geográfica de nuestra especie, sino que también condujo a importantes cambios en la diversidad genética, cultural y social de las poblaciones humanas. A continuación, se detalla en profundidad el proceso de migración fuera de África y sus implicaciones.

En los siguientes capítulos, hablaré de cada uno de los recorridos que tomaron nuestros ancestros desde su punto de partida hasta nuestra región Alteña. En los siguientes capítulos, exploraré cada uno de los recorridos que tomaron nuestros ancestros desde su punto de partida en África hasta llegar a nuestra región. A través de estos relatos, desentrañaremos los caminos antiguos que cruzaron continentes, las adaptaciones que enfrentaron en entornos diversos, y los encuentros culturales que transformaron sus costumbres y modos de vida. Estos capítulos son una ventana a los desafíos, las migraciones y las transformaciones que dieron forma a sus identidades y, eventualmente, a la nuestra. Cada paso en su recorrido nos permite comprender mejor los lazos que conectan nuestras raíces con aquellos primeros viajeros, cuyas decisiones y legados aún resuenan en el presente.

Primera Ola Migratoria

La primera ola migratoria de Homo sapiens fuera de África se produjo hace aproximadamente 70,000 a 100,000 años. Estos primeros grupos humanos abandonaron el continente africano, probablemente a través de la región del Cuerno de África, cruzando el estrecho de Bab el-Mandeb hacia la Península Arábiga. Desde allí, los grupos de Homo sapiens comenzaron a expandirse hacia el este a lo largo de las costas del sur de Asia. Estos humanos tempranos probablemente aprovecharon un entorno costero relativamente favorable, rico en recursos, lo que facilitó su rápida expansión.

Rutas Migratorias Principales

Las primeras migraciones fuera de África siguieron dos rutas principales: la ruta costera del sur de Asia y una ruta interior hacia el Medio Oriente, Asia Central y Europa.

- **Ruta Costera del Sur de Asia:** Los Homo sapiens que tomaron esta ruta viajaron a lo largo de la costa sur de Asia, llegando a la India, el sudeste asiático y, finalmente, a Australia hace unos 65,000 años. Evidencias arqueológicas, como las encontradas en la Cueva de Madjedbebe en el Territorio del Norte de Australia, indican una ocupación humana temprana en estas regiones. Esta migración fue rápida, impulsada por el acceso a recursos marinos y las condiciones favorables a lo largo de las costas.

- **Ruta Interior:** Otros grupos tomaron una ruta más interior a través del Medio Oriente, Asia Central y luego hacia Europa y el norte de Asia. En sitios como la Cueva de Skhul y la Cueva de Qafzeh en Israel, se han encontrado restos humanos que datan de hace aproximadamente 100,000 años, lo que indica la presencia de Homo sapiens en estas regiones desde tiempos muy tempranos. Estos hallazgos sugieren que hubo varias oleadas de migración fuera de África, algunas de las cuales no dejaron descendencia directa en las poblaciones actuales.

Dispersión por Europa y Asia

Una de las migraciones más significativas fue la llegada de los Homo sapiens a Europa hace unos 45,000 a 40,000 años. Estos primeros grupos encontraron y coexistieron con los neandertales, con quienes se mezclaron. Esta mezcla genética ha sido confirmada por estudios de ADN, que muestran que los europeos modernos tienen entre 1% y 2% de ADN neandertal. La interacción entre Homo sapiens y neandertales en Europa es uno de los episodios clave en la historia evolutiva humana.

En Asia, las migraciones hacia el este también ocurrieron alrededor del mismo período. En sitios como la Cueva de Tianyuan en China, se han encontrado fósiles de Homo sapiens que datan de hace unos 40,000 años, proporcionando evidencia de la temprana ocupación humana en la región. Estos grupos humanos se extendieron por vastas áreas de Asia, adaptándose a una amplia variedad de entornos.

Llegada a Oceanía

Uno de los logros más impresionantes de las migraciones humanas fue la colonización de Oceanía. Hace unos 65,000 años, los Homo sapiens cruzaron hacia Australia y Nueva Guinea, estableciendo poblaciones que desarrollaron culturas distintas y duraderas. Sitios arqueológicos como la Cueva de Madjedbebe en Australia proporcionan evidencia de la ocupación humana en la región desde hace al menos 65,000 años. Estas poblaciones sobrevivieron y prosperaron en condiciones ambientales muy diferentes, mostrando una capacidad de adaptación impresionante.

Colonización de las Américas

La llegada de los humanos a las Américas representa la última gran fase de la expansión de los Homo sapiens. Durante el Último Máximo Glacial, hace unos 20,000 a 15,000 años, un puente terrestre conocido como Beringia conectó Siberia con Alaska, permitiendo la migración humana hacia el continente americano. Los primeros habitantes de América, conocidos como Paleoamericanos, se dispersaron rápidamente por todo el continente. Evidencias arqueológicas en sitios como Monte Verde en Chile y los sitios Clovis en América del Norte datan de hace unos 14,000 a 13,000 años, indicando que los humanos llegaron a las Américas mucho antes de lo que se pensaba inicialmente.

Homo Sapiens

Neandertal

Denisovano

Encuentros y Mezclas con Otros Homínidos

Durante las migraciones fuera de África, los Homo sapiens se encontraron y se mezclaron con otras especies de homínidos arcaicos.

- **Neandertales**: En Europa y el oeste de Asia, los Homo sapiens se encontraron con los neandertales, con quienes compartieron el continente durante miles de años. Estos encuentros resultaron en mezclas genéticas, lo que ha sido confirmado por el análisis del ADN moderno de los europeos y asiáticos, que muestra un porcentaje de ADN neandertal.

- **Denisovanos**: En Asia, los Homo sapiens también se encontraron y se mezclaron con los denisovanos, una especie de homínidos arcaicos conocida por los restos encontrados en la Cueva de Denisova en Siberia. Los habitantes modernos de Asia y Oceanía tienen rastros de ADN denisovano, lo que sugiere que estas interacciones fueron fundamentales en la historia evolutiva de la región.

Resumen

Las migraciones fuera de África fueron uno de los eventos más importantes en la historia de la humanidad, ya que permitieron a los Homo sapiens colonizar casi todas las regiones del mundo. Este proceso no solo dio lugar a la expansión geográfica de nuestra especie, sino que también condujo a la diversificación genética y cultural que caracteriza a las poblaciones humanas modernas. A través de una combinación de evidencia fósil, genética y arqueológica, se ha logrado reconstruir la compleja historia de estas migraciones, que continúan siendo objeto de estudio en la actualidad.

Referencias

1) **Stringer, Chris**. *The Origin of Our Species*. Penguin Books, 2011.

2) **Oppenheimer, Stephen**. *Out of Eden: The Peopling of the World*. Constable & Robinson, 2003.

3) **Mellars, Paul, et al**. "Genetic and Archaeological Perspectives on the Initial Modern Human Colonization of Southern Asia." *Proceedings of the National Academy of Sciences*, vol. 110, no. 26, 2013, pp. 10699-10704.

4) **Pääbo, Svante**. *Neanderthal Man: In Search of Lost Genomes*. Basic Books, 2014.

5) **Reich, David**. *Who We Are and How We Got Here: Ancient DNA and the New Science of the Human Past*. Pantheon, 2018.

6) **Tishkoff, Sarah A., et al**. "The Genetic Structure and History of Africans and African Americans." *Science*, vol. 324, no. 5930, 2009, pp. 1035-1044.

7) **Petraglia, Michael, and Rose, Jeffrey I**. *The Evolution of Human Populations in Arabia: Paleoenvironments, Prehistory and Genetics*. Springer, 2009.

8) **Rasmussen, Morten, et al**. "Ancient Human Genomes Suggest Three Ancestral Populations for Present-Day Europeans." *Nature*, vol. 513, no. 7518, 2014, pp. 409-413.

Poblamiento fuera de África

Asia

El continente asiático jugó un papel fundamental en la historia de la dispersión de los seres humanos. Las migraciones hacia Asia, tanto las tempranas como las de la antigüedad, contribuyeron significativamente a la formación de culturas diversas, el desarrollo de civilizaciones complejas y el intercambio de ideas y tecnologías. A continuación, se detallan las principales migraciones y sus impactos en la región asiática.

Migración de Homo Sapiens

Hace aproximadamente 70,000 a 50,000 años, los primeros Homo sapiens que salieron de África llegaron a Asia. Esta migración marcó el inicio de la dispersión humana en el continente. Estos primeros humanos llegaron al sur de Asia y se dispersaron por varias regiones, como el sudeste asiático y el este de Asia, enfrentándose a diversos climas y ecosistemas. Evidencias fósiles y genéticas sugieren que estos grupos humanos habitaron zonas como India y la actual China mucho antes de migrar hacia Europa, lo que pone de relieve el papel central de Asia en la expansión temprana del ser humano.

Pueblos Austronesios

Los austronesios fueron uno de los grupos migratorios más importantes en la historia de Asia. Originarios de Taiwán, comenzaron a expandirse hace unos 4,000 a 5,000 años. La migración austronesia fue excepcional por su alcance: estos pueblos se desplazaron hacia el sur, colonizando Filipinas, Indonesia y el Pacífico. Además, llegaron a lugares tan lejanos como Madagascar, en África, y las islas del Pacífico, incluidas Hawái, Nueva Zelanda y la Isla de Pascua. Los austronesios desarrollaron habilidades marítimas avanzadas, lo que les permitió navegar vastas extensiones de océano, llevando consigo su cultura, idioma y tecnología.

Migraciones Indoeuropeas

Uno de los movimientos migratorios más influyentes en la historia de Asia fue la expansión de los pueblos indoeuropeos. Hace unos 4,000 a 3,500 años, grupos originarios de las estepas de Eurasia migraron hacia el sur de Asia. Entre estos pueblos estaban los arios, que se asentaron en el subcontinente indio. Su llegada tuvo un profundo impacto en la cultura, la lengua y las estructuras sociales de la región, contribuyendo al surgimiento de la civilización védica, que sería la base del hinduismo y otras tradiciones culturales. Los idiomas indoeuropeos, como el sánscrito, se difundieron ampliamente en esta área.

Pueblos Dravídicos

Los dravídicos son un grupo que, según la hipótesis más aceptada, ya estaba asentado en el sur de la India antes de la llegada de los indoeuropeos. Estos pueblos son los creadores de una de las civilizaciones más antiguas y sofisticadas del mundo: la cultura del valle del Indo, con ciudades como Harappa y Mohenjo-Daro. La civilización dravídica se destacó por su arquitectura avanzada, planificación urbana y un sistema de escritura aún no descifrado. Aunque la llegada de los arios alteró la composición cultural del subcontinente, los dravídicos dejaron una influencia duradera en las lenguas y las tradiciones del sur de India.

Pueblos Turcos y Mongoles

Las migraciones de los pueblos nómadas de las estepas de Asia Central, incluidos los turcos y los mongoles, jugaron un papel crucial en la configuración de la historia de Asia. Los turcos, incluyendo a los seljúcidas y más tarde a los otomanos, se expandieron hacia el suroeste y fueron fundamentales en la historia del Medio Oriente, donde establecieron imperios poderosos. Por su parte, los mongoles, bajo el liderazgo de Genghis Khan en el siglo XIII, crearon el imperio terrestre contiguo más grande de la historia. El imperio mongol abarcó gran parte de Asia y se extendió hasta Europa del Este, facilitando el intercambio cultural, económico y tecnológico entre las diversas regiones que gobernaban.

Migraciones Sino-Tibetanas

Los pueblos sino-tibetanos fueron otros actores clave en la migración dentro de Asia. Originarios del oeste de China y el Tíbet, estos grupos se expandieron hacia el este y el sudeste asiático, estableciéndose en gran parte de lo que hoy es China, el sudeste asiático y las regiones del Himalaya. Los sino-tibetanos contribuyeron significativamente a la diversidad lingüística y cultural de Asia, y su expansión tuvo un profundo impacto en la configuración de la geografía política y cultural del continente, estableciendo la base para grandes civilizaciones, como las de China y el Tíbet.

Grupos Mongoloides y la Colonización de América

Una de las migraciones más antiguas y trascendentales desde Asia fue la de los grupos mongoloides que, hace entre 15,000 y 20,000 años, cruzaron desde el noreste de Asia hacia América del Norte a través del estrecho de Bering, durante la última glaciación. Estos pueblos se dispersaron rápidamente por todo el continente americano, y se les considera los antecesores de los pueblos indígenas de América. Los grupos mongoloides trajeron consigo tecnologías de caza y recolección, que les permitieron adaptarse a los diversos ambientes de América, desde las tundras árticas hasta los desiertos y selvas tropicales.

Movimientos Comerciales y Culturales

Uno de los aspectos más importantes de la migración humana hacia y dentro de Asia fue el comercio. Desde el siglo II a.C., la Ruta de la Seda se convirtió en un corredor crucial para el intercambio no solo de bienes, sino también de ideas, tecnología y religión. La ruta conectaba Asia, Europa y África, facilitando la migración de comerciantes, misioneros y viajeros. Entre las religiones que se difundieron gracias a esta ruta destaca el budismo, que se originó en la India y se expandió hacia Asia Central y el este de Asia. Además, la Ruta de la Seda contribuyó al intercambio de tecnologías, como la pólvora y la seda, y a la mezcla de poblaciones a lo largo de su extensión.

Impacto de las Migraciones en la Diversidad Cultural

Las migraciones hacia Asia y dentro del continente jugaron un papel crucial en la formación de la diversidad cultural y lingüística que caracteriza a la región hoy en día. El movimiento de diferentes grupos humanos no solo contribuyó a la mezcla genética, sino que también fomentó el intercambio de ideas, tecnologías y prácticas culturales. Asia se convirtió en un mosaico de pueblos y culturas, desde las civilizaciones antiguas del valle del Indo y la Mesopotamia hasta las culturas nómadas de las estepas y las civilizaciones avanzadas de China, India y el sudeste asiático.

Legado de las Migraciones en Asia

El impacto de estas migraciones se sigue sintiendo en la actualidad. Los idiomas que se hablan hoy en Asia, como las lenguas sino-tibetanas, dravídicas, indoeuropeas y austronesias, son testimonio de los movimientos humanos de la prehistoria. Las estructuras sociales y religiosas también llevan las huellas de estos desplazamientos, desde el sistema de castas en India, que tiene sus raíces en las migraciones indoeuropeas, hasta la diversidad religiosa en el sudeste asiático, moldeada por los intercambios a través de la Ruta de la Seda y otras rutas comerciales.

Resumen

Las migraciones humanas hacia Asia fueron fundamentales en la historia de la humanidad. Desde los primeros Homo sapiens que cruzaron el continente hasta las grandes migraciones de los pueblos turcos, mongoles y austronesios, cada movimiento contribuyó a la creación de las culturas, lenguas y civilizaciones que han dejado un legado duradero en la historia. Estas migraciones no solo dieron forma a las poblaciones modernas, sino que también facilitaron el intercambio de ideas y tecnologías que siguen influyendo en la región hasta nuestros días.

Referencias

1) **Oppenheimer, Stephen**. *Out of Eden: The Peopling of the World*. Constable & Robinson, 2003.

2) **Bellwood, Peter**. *First Farmers: The Origins of Agricultural Societies*. Wiley-Blackwell, 2005.

3) **Renfrew, Colin**. *Archaeology and Language: The Puzzle of Indo-European Origins*. Penguin Books, 1990.

4) **Anthony, David W**. *The Horse, the Wheel, and Language: How Bronze-Age Riders from the Eurasian Steppes Shaped the Modern World*. Princeton University Press, 2007.

5) **Boivin, Nicole, et al**. "Human Dispersal across Diverse Environments of Asia during the Upper Pleistocene." *Science*, vol. 358, no. 6364, 2017, pp. 1239-1244.

6) **Higham, Charles**. *The Bronze Age of Southeast Asia*. Cambridge University Press, 1996.

7) **Mellars, Paul, et al**. "Genetic and Archaeological Perspectives on the Initial Modern Human Colonization of Southern Asia." *Proceedings of the National Academy of Sciences*, vol. 110, no. 26, 2013, pp. 10699-10704.

8) **Huntington, Ellsworth**. *The Pulse of Asia: A Journey in Central Asia Illustrating the Geographic Basis of History*. Houghton Mifflin, 1907.

9) **Petraglia, Michael, and Rose, Jeffrey I**. *The Evolution of Human Populations in Arabia: Paleoenvironments, Prehistory and Genetics*. Springer, 2009.

10) **Renfrew, Colin**. *Prehistory: The Making of the Human Mind*. Modern Library, 2008.

Hispania

De los Primeros Humanos a las Civilizaciones Pre-Romanas

La historia temprana de Hispania (la península ibérica) abarca un extenso periodo que comienza con la llegada de los primeros homínidos hace cientos de miles de años y culmina con el desarrollo de las civilizaciones indígenas que florecieron antes de la llegada de los romanos. Este periodo abarca importantes avances tecnológicos, sociales y culturales, que reflejan la evolución humana desde las primeras herramientas rudimentarias hasta las complejas sociedades de los íberos y celtas. A continuación, se analizan en profundidad las principales etapas de los primeros pobladores de Hispania.

Paleolítico Inferior: Homo Heidelbergensis y Homo Neanderthalensis

Los primeros habitantes de Hispania llegaron durante el Paleolítico Inferior, hace aproximadamente 600,000 años. Los Homo heidelbergensis fueron los primeros en habitar la península, como lo demuestran los restos encontrados en la Sima de los Huesos, en Atapuerca (Burgos). Este sitio es uno de los más importantes para la paleoantropología mundial, ya que ha proporcionado la mayor colección de fósiles humanos de este periodo, incluidos más de 6,500 fragmentos de huesos de al menos 28 individuos.

Después de los Homo heidelbergensis, los Homo neanderthalensis habitaron la península entre 200,000 y 40,000 años atrás. Adaptados a climas fríos, los neandertales fabricaron herramientas de piedra avanzadas y se asentaron en cuevas, como la Cueva de Sidrón en Asturias y las Cuevas de Gibraltar. La relación entre los neandertales y los primeros Homo sapiens en la península sigue siendo objeto de debate, aunque está claro que los neandertales dominaron gran parte de la región hasta su desaparición. Hace unos 40,000 años, los Homo sapiens comenzaron a llegar a la península, sustituyendo progresivamente a los neandertales. Estos primeros humanos modernos no solo trajeron avances tecnológicos, sino también el desarrollo del arte rupestre, uno de los logros más significativos del Paleolítico Superior. Las cuevas de Altamira (Cantabria) son el ejemplo más icónico de esta capacidad artística, con sus famosas pinturas de bisontes, datadas hace más de 35,000 años.

El arte rupestre de la península ibérica, particularmente en el norte y el este de España, ofrece una visión invaluable de las creencias, rituales y vida cotidiana de estos primeros Homo sapiens. La Cueva de El Castillo, también en Cantabria, contiene algunas de las pinturas más antiguas de Europa, con dataciones que superan los 40,000 años, lo que sugiere una presencia temprana de Homo sapiens en la región.

Mesolítico: Cazadores-Recolectores y Adaptación Costera

El Mesolítico, que comenzó alrededor de 10,000 años atrás, marcó una transición entre las sociedades de cazadores-recolectores del Paleolítico y las primeras sociedades agrícolas del Neolítico. Durante este periodo, los seres humanos se adaptaron a los cambios climáticos y ambientales después de la última glaciación. Los grupos mesolíticos en Hispania vivían en pequeños asentamientos temporales, utilizaban herramientas microlíticas (pequeñas herramientas de piedra) y comenzaban a explotar recursos costeros y fluviales.

La adaptación a estos nuevos entornos llevó a una especialización en la caza y la recolección de recursos marinos en las zonas costeras. En regiones como el Cantábrico, las evidencias arqueológicas muestran un aprovechamiento intensivo de los recursos marinos, como mariscos y peces, y el uso de herramientas avanzadas para procesar estos alimentos.

Neolítico: Revolución Agrícola y Primeros Asentamientos Permanentes

Con la llegada del Neolítico, hace aproximadamente 6,000 años, se produjo una revolución en el modo de vida de los habitantes de la península. La introducción de la agricultura y la ganadería, probablemente traída por migrantes desde el Cercano Oriente y el norte de África, permitió el establecimiento de asentamientos permanentes en lugar de la vida nómada de los cazadores-recolectores. Esta revolución agrícola transformó profundamente las sociedades neolíticas de Hispania.

Durante este periodo, también se comenzaron a construir las primeras estructuras megalíticas, como los dólmenes de Antequera en Málaga y el dolmen de Menga, que datan de aproximadamente 3,000 años a.C. Estas estructuras monumentales reflejan el desarrollo de una mayor organización social y la importancia de los ritos funerarios y religiosos.

Edad del Cobre: La Cultura de Los Millares

En el Calcolítico (o Edad del Cobre), entre 3,000 y 1,800 años a.C., surgió la Cultura de Los Millares en el sudeste de la península ibérica. Este fue uno de los primeros complejos culturales en desarrollar una avanzada metalurgia del cobre. La fortificación de sus asentamientos, como el sitio arqueológico de Los Millares (Almería), es un indicador de la organización social compleja y de la existencia de conflictos intertribales.

Los Millares fue uno de los primeros asentamientos en Hispania en mostrar un uso intensivo de la metalurgia del cobre, así como sistemas defensivos organizados, lo que lo convierte en uno de los sitios más importantes para entender el desarrollo social y económico durante la Edad del Cobre.

Edad del Bronce: La Cultura de El Argar

La Edad del Bronce, que comenzó alrededor de 1,800 años a.C., vio el surgimiento de otra cultura importante en el sudeste de Hispania: La Cultura de El Argar. Esta cultura se destacó por sus técnicas avanzadas de metalurgia del bronce y por sus estructuras funerarias jerarquizadas. Sitios como La Bastida (Murcia) y El Argar (Almería) muestran sociedades altamente organizadas con una economía basada en la agricultura y el trabajo del metal.

Edad del Hierro: Celtas e Íberos

Durante la Edad del Hierro (800 a 218 años a.C.), la península ibérica fue habitada por dos grandes grupos culturales: los celtas y los íberos. Los celtas llegaron en varias oleadas y se establecieron principalmente en el norte y oeste de la península, mientras que los íberos habitaban el este y sur de la región. Ambos grupos desarrollaron sociedades complejas, con los celtas centrados en una organización tribal y los íberos en ciudades-estado y una sofisticada escritura.

Los oppida celtas, como Numancia y Sagunto, y las ciudades íberas muestran un alto nivel de urbanización y organización social, así como una habilidad avanzada para la metalurgia del hierro y la agricultura.

Colonización Fenicia y Griega

Los primeros colonizadores del Mediterráneo en llegar a la península fueron los fenicios, quienes desde el siglo IX a.C. establecieron importantes centros comerciales en la costa sur, como Gadir (Cádiz) y Malaka (Málaga). Estos comerciantes introdujeron la escritura alfabética y nuevos productos en la península, expandiendo las redes comerciales.

Los griegos llegaron poco después, fundando colonias en el noreste, como Emporion (Ampurias), alrededor del siglo VIII a.C. Estas colonias trajeron consigo influencias culturales y tecnológicas significativas que contribuyeron al desarrollo económico y social de la península.

Los Cartagineses

Finalmente, los cartagineses tomaron el control de las colonias fenicias en la península después de la caída de Tiro en el siglo VI a.C. Bajo el mando de líderes militares como Aníbal, los cartagineses usaron la península como una base estratégica para sus campañas en contra de Roma, hasta que fueron derrotados por los romanos en la Segunda Guerra Púnica.

Resumen

La historia temprana de Hispania, que se extiende desde la llegada de los primeros homínidos hasta las civilizaciones pre-romanas, revela un profundo proceso de evolución humana y cultural. Este periodo se caracteriza por importantes avances tecnológicos y sociales, comenzando con los Homo heidelbergensis, quienes habitaron la península hace aproximadamente 600,000 años. A medida que avanzamos en el tiempo, los Homo neanderthalensis ocuparon la región entre 200,000 y 40,000 años atrás, desarrollando herramientas de piedra avanzadas y asentándose en cuevas. La llegada de Homo sapiens hace unos 40,000 años trajo consigo innovaciones significativas, incluida la creación del arte rupestre, evidenciado en las famosas pinturas de las cuevas de Altamira.

Durante el Mesolítico, la transición hacia sociedades más sedentarias comenzó, con los cazadores-recolectores adaptándose a nuevos entornos tras la última glaciación. Este periodo marcó el comienzo de la explotación de recursos costeros y fluviales, estableciendo asentamientos temporales que eventualmente darían paso a la revolución agrícola del Neolítico, alrededor de 6,000 años atrás. La introducción de la agricultura y la ganadería transformó las sociedades, llevando al establecimiento de asentamientos permanentes y a la construcción de megalitos, como los dólmenes de Antequera, que reflejan una mayor organización social y rituales funerarios.

La Edad del Cobre y la Edad del Bronce vieron el surgimiento de culturas complejas como Los Millares y El Argar, que avanzaron en metalurgia y organización social. Durante la Edad del Hierro, los celtas e íberos habitaron la península, desarrollando sociedades urbanizadas y sofisticadas. La colonización por fenicios y griegos introdujo influencias culturales y comerciales que enriquecieron la península. Posteriormente, los cartagineses establecieron bases en Hispania, utilizando la región como un punto estratégico en sus campañas contra Roma, hasta ser derrotados en la Segunda Guerra Púnica.

Referencias

1) **Arsuaga, Juan Luis**. *Atapuerca y la Evolución Humana*. Plaza & Janés, 1999.

2) **Straus, Lawrence Guy**, *The Upper Paleolithic of the Cantabrian Region: the Art and Culture of Altamira*. Journal of World Prehistory, 2001.

3) **Cunliffe, Barry**. *Europe Between the Oceans: 9000 BC-AD 1000*. Yale University Press, 2008.

4) **Harrison, Richard J**. *Spain at the Dawn of History: Iberians, Phoenicians, and Greeks*. Thames & Hudson, 1988.

5) **Fernández-Tresguerres, Jesús**. *La Cultura Ibérica*. Akal, 1999.

Rusia

Historia y Desarrollo

Las migraciones hacia lo que hoy conocemos como Rusia han sido diversas y han dejado una huella indeleble en la conformación de su demografía, cultura y estructuras sociales. Desde los primeros Homo sapiens hasta la expansión rusa hacia Siberia, cada migración ha jugado un papel clave en el desarrollo de la región, enriqueciendo su diversidad étnica y su patrimonio cultural. A continuación, se detalla la historia de algunas de las migraciones más importantes hacia Rusia en la prehistoria y la antigüedad.

Primeros Homo Sapiens en Rusia

Hace aproximadamente 40,000 años, los primeros Homo sapiens llegaron a lo que hoy es Rusia, específicamente a áreas como Siberia y el sur de la actual Rusia europea. Estos primeros humanos se asentaron en regiones ricas en recursos naturales, aprovechando la caza y la recolección para sobrevivir en los climas extremos de la época. La evidencia de estos primeros habitantes incluye herramientas de piedra y restos fósiles, lo que demuestra su capacidad para adaptarse a los entornos cambiantes de la región.

Cazadores-Recolectores Mesolíticos

Con el fin de la última glaciación, hace unos 10,000 años, grupos de cazadores-recolectores se expandieron por la región, particularmente en áreas ricas en fauna y vegetación. Estos pueblos mesolíticos desarrollaron una gran habilidad para utilizar herramientas de piedra, como microlitos, y establecieron culturas altamente adaptadas al entorno natural. Sus migraciones a lo largo de los ríos y bosques rusos fueron clave para la ocupación temprana de la vasta región, y sentaron las bases para las futuras culturas neolíticas.

Migración de Pueblos Indoeuropeos

Hace entre 4,500 y 3,500 años, los pueblos indoeuropeos comenzaron a expandirse desde las estepas de Eurasia hacia el oeste y el norte, migrando a lo que hoy es el territorio ruso. Estos grupos trajeron consigo nuevas lenguas, tecnologías y prácticas culturales que influirían profundamente en las tribus locales. La llegada de los indoeuropeos ayudó a establecer una base lingüística y cultural común en gran parte de Europa y Asia, influyendo en el desarrollo de las civilizaciones eslavas y otras culturas tempranas de la región.

Escitas y Sármatas

Entre el siglo VII a.C. y el siglo IV d.C., los escitas y más tarde los sármatas, dos pueblos nómadas guerreros de las estepas, migraron hacia el sur de Rusia. Ambos grupos eran conocidos por su habilidad en la guerra, el manejo del caballo y su destreza en la metalurgia. Los escitas, con su cultura guerrera y sus elaboradas artesanías en oro, influyeron en la vida de las tribus locales de la región. Los sármatas, sus sucesores, continuaron este legado nómada y también dejaron una fuerte huella cultural.

Migraciones de los Eslavos

Desde aproximadamente el siglo VI d.C., los eslavos comenzaron a migrar hacia el norte y el este desde su región de origen en Europa Central y Oriental. Estas migraciones fueron cruciales para la formación de las futuras naciones eslavas, incluidas las de Rusia, Bielorrusia y Ucrania. Los eslavos orientales formaron las bases del futuro estado conocido como la Rus de Kiev, que sería uno de los primeros estados eslavos organizados y que luego daría origen a lo que hoy conocemos como Rusia.

Vikingos (Varangianos)

A partir del siglo IX, los vikingos, conocidos en esta región como varangianos, comenzaron a viajar hacia el este a lo largo de los ríos de Rusia, utilizando estas rutas para comerciar y establecer conexiones con el Imperio Bizantino y otras partes del mundo. Los varangianos desempeñaron un papel fundamental en la formación del estado de la Rus de Kiev, una federación de tribus eslavas bajo la influencia vikinga. Su legado no solo se limita al comercio, sino también a la estructura política de la región, que tomó forma bajo la dirección de líderes varangianos como Rurik.

Invasión Mongola

Uno de los eventos más importantes en la historia temprana de Rusia fue la invasión de los mongoles en el siglo XIII. Liderados por Batu Khan, los mongoles invadieron y conquistaron gran parte de lo que hoy es Rusia, estableciendo el dominio de la Horda de Oro. Bajo el control mongol, las ciudades rusas como Kiev y Moscú sufrieron, pero también se adaptaron a la nueva estructura política. El dominio mongol duró varios siglos, influyendo profundamente en las instituciones políticas y sociales de la región, así como en la forma en que los rusos organizaron su resistencia y eventual liberación.

Tártaros y Otros Pueblos de las Estepas

Los tártaros y otros pueblos nómadas de las estepas, como los kipchakos, también jugaron un papel importante en la historia de Rusia. Después de la caída del dominio mongol, los tártaros continuaron siendo una fuerza influyente en la región, formando canatos y manteniendo una interacción constante con los rusos. Los tártaros contribuyeron a la diversidad cultural de Rusia y, a menudo, interactuaron con las poblaciones locales a través del comercio, la guerra y la migración.

Pueblos Finno-Ugrios

Antes de la llegada de los eslavos y otros pueblos, los pueblos finno-ugrios, como los maris, mordvinos y udmurtos, ya se habían establecido en las regiones del norte y centro de Rusia. Estos grupos mantuvieron sus propias lenguas y tradiciones, a menudo viviendo en áreas boscosas y montañosas, donde practicaban la caza, la pesca y la agricultura. A pesar de la influencia eslava y posteriormente rusa, los finno-ugrios han logrado preservar aspectos clave de su cultura y su idioma hasta la actualidad.

Expansión Rusa hacia Siberia

La expansión rusa hacia Siberia comenzó en el siglo XVI, cuando los exploradores y colonos rusos empezaron a moverse hacia el este, cruzando los Urales y aventurándose en las vastas tierras siberianas. Esta expansión fue impulsada por el deseo de explorar nuevos territorios, explotar recursos naturales como pieles y metales, y establecer asentamientos permanentes. A medida que los rusos se extendían hacia Siberia, entraron en contacto con diversos pueblos indígenas, lo que llevó a un proceso de asimilación y, en algunos casos, de resistencia. Esta expansión fue un factor clave en la construcción del imperio ruso y la diversidad étnica que aún caracteriza a la región.

Resumen

Las migraciones hacia Rusia a lo largo de la historia han sido cruciales para la conformación de su estructura política, social y cultural. Desde los primeros Homo sapiens hasta la expansión rusa hacia Siberia, cada movimiento de población ha dejado una marca indeleble en la región. La diversidad de pueblos, como los eslavos, tártaros, vikingos y mongoles, ha dado lugar a una rica mezcla de tradiciones, idiomas y costumbres que han definido la historia de Rusia y que continúan influenciando su presente.

Referencias

1) **Christian, David.** *A History of Russia, Central Asia and Mongolia, Volume I: Inner Eurasia from Prehistory to the Mongol Empire.* Wiley-Blackwell, 1998.

2) **Riasanovsky, Nicholas V., and Steinberg, Mark D.** *A History of Russia.* Oxford University Press, 2011.

3) **Jones, Stephen.** *The Making of the Slavs: History and Archaeology of the Lower Danube Region, c. 500–700.* Cambridge University Press, 2003.

4) **Fennell, John L.I.** *The Crisis of Medieval Russia, 1200-1304.* Longman, 1983.

5) **Halperin, Charles J.** *Russia and the Golden Horde: The Mongol Impact on Medieval Russian History.* Indiana University Press, 1987.

6) **Grousset, René.** *The Empire of the Steppes: A History of Central Asia.* Rutgers University Press, 1970.

7) **Noonan, Thomas S.** "The Impact of the Mongol Invasion on the Slavic World." *Russian History*, vol. 4, no. 1, 1977, pp. 1-16.

8) **Massie, Robert K.** *Peter the Great: His Life and World.* Ballantine Books, 1980.

9) **Fisher, Alan W.** *The Russian Annexation of the Crimea 1772-1783.* Cambridge University Press, 1970.

10) **Martin, Janet.** *Medieval Russia, 980-1584.* Cambridge University Press, 2007.

Europa

La Formación Temprana del Continente

Las migraciones hacia Europa en la prehistoria y la antigüedad tuvieron un impacto profundo en la configuración demográfica, cultural y lingüística del continente. A lo largo de milenios, diversos grupos humanos se trasladaron a Europa desde otras regiones, aportando nuevas tecnologías, lenguas y formas de organización social. Estas migraciones fueron claves para la creación de las bases de las futuras civilizaciones europeas. A continuación, se detallan algunas de las migraciones más importantes antes de la Edad Media.

Primeros Homo Sapiens en Europa

Los primeros Homo sapiens llegaron a Europa hace aproximadamente 40,000 a 45,000 años desde África, siguiendo rutas migratorias que los llevaron a través del Medio Oriente. Estos humanos modernos coexistieron durante un tiempo con los neandertales, que ya habitaban el continente, pero finalmente los reemplazaron. Las investigaciones sugieren que hubo cierto grado de mezcla genética entre ambos grupos, lo que se refleja en los rastros de ADN neandertal presentes en los europeos modernos. La llegada de los Homo sapiens marcó el inicio de un largo proceso de expansión y colonización de Europa, que incluiría innovaciones tecnológicas y cambios en los patrones de subsistencia.

Agricultores Neolíticos

Hace aproximadamente 9,000 años, comenzó una de las migraciones más significativas hacia Europa, cuando grupos de agricultores neolíticos del Cercano Oriente se trasladaron al continente. Estos migrantes introdujeron la agricultura y la domesticación de animales, revolucionando el modo de vida de las sociedades europeas, que hasta entonces dependían de la caza y la recolección. La agricultura permitió la creación de asentamientos permanentes y el crecimiento de la población. Este proceso, conocido como la Revolución Neolítica, se extendió gradualmente hacia el oeste y el norte de Europa, transformando la demografía y los paisajes del continente.

Culturas Megalíticas

Entre 4500 y 2000 a.C., surgieron en Europa Occidental culturas caracterizadas por la construcción de monumentos megalíticos, como Stonehenge en Inglaterra y los alineamientos de Carnac en Francia. Estas culturas megalíticas estaban compuestas por agricultores y pastores que desarrollaron tecnologías avanzadas para la época, como la construcción de estructuras de piedra monumentales que probablemente tenían funciones religiosas o astronómicas. Su presencia se extendió por gran parte de Europa occidental, dejando un legado arquitectónico y cultural que aún fascina a los investigadores modernos.

Migraciones de los Pueblos Indoeuropeos

Hace entre 4,500 y 3,000 años, los pueblos indoeuropeos comenzaron a migrar hacia Europa desde las estepas de Eurasia. Esta migración tuvo un impacto duradero en la composición lingüística y cultural del continente, ya que introdujeron lenguas que evolucionarían para convertirse en las bases del latín, el griego y las lenguas germánicas y célticas. Además de las lenguas, los indoeuropeos introdujeron nuevas tecnologías, como el uso del carro y el bronce, que impulsaron el desarrollo social y económico de las comunidades europeas.

Expansión de los Celtas

A partir de 1200 a.C., los celtas se expandieron por gran parte de Europa, desde la Península Ibérica hasta las Islas Británicas y Europa Central. Los celtas desarrollaron una rica cultura basada en la metalurgia, particularmente el trabajo en hierro, y una compleja estructura social. Eran conocidos por su arte distintivo, que incluía diseños geométricos y naturales, así como por su habilidad en la guerra. La expansión celta influyó en la configuración política y cultural de Europa, y aunque fueron eventualmente absorbidos por el Imperio Romano en muchas regiones, su legado persiste en áreas como Irlanda y Escocia.

Colonización Griega

Durante el siglo VIII a.C., los griegos comenzaron a establecer colonias a lo largo del Mar Mediterráneo y el Mar Negro, en lo que hoy son lugares como Italia, Turquía y el norte de África. Esta colonización griega no solo fomentó el comercio, sino que también facilitó la difusión de la cultura griega, incluidas sus tradiciones filosóficas, artísticas y científicas. Estas colonias actuaron como puntos de contacto entre diferentes civilizaciones y jugaron un papel crucial en la transmisión de ideas que influyeron en el desarrollo de Europa durante los siglos posteriores.

Migraciones Fenicias

Los fenicios, contemporáneos de los griegos, también desempeñaron un papel importante en la colonización y el comercio en el Mediterráneo. A partir del siglo IX a.C., fundaron colonias en áreas como Sicilia, Cerdeña y la Península Ibérica, incluyendo la famosa ciudad de Cartago. Los fenicios introdujeron avances en el comercio marítimo y el alfabeto fenicio, que posteriormente influiría en los sistemas de escritura europeos, como el alfabeto griego y latino. Su habilidad para el comercio y la navegación contribuyó a una temprana globalización del Mediterráneo.

Civilización Etrusca

Los etruscos fueron una civilización avanzada que se desarrolló en Italia central alrededor del siglo IX a.C. Su influencia sobre la primitiva Roma fue profunda, ya que los romanos adoptaron muchas de sus costumbres, estilos artísticos y religiosos. Los etruscos fueron excelentes arquitectos y urbanistas, construyendo ciudades planificadas que incluían obras de ingeniería avanzadas, como el sistema de drenaje conocido como cloaca maxima. A pesar de ser finalmente absorbidos por los romanos, su legado perdura en la arquitectura, religión y organización política de Roma.

Migraciones de los Pueblos Itálicos

A partir del siglo IX a.C., varios pueblos itálicos, como los latinos, sabinos y samnitas, migraron y se establecieron en la Península Itálica. Estos pueblos desempeñaron un papel crucial en la formación de la civilización romana. Los latinos, por ejemplo, fundaron la ciudad de Roma, que más tarde se convertiría en la capital de uno de los imperios más grandes y poderosos de la historia. A medida que Roma crecía, los itálicos desempeñaron un papel clave en la expansión y consolidación del dominio romano en la península y más allá.

Los Íberos en la Península Ibérica

Los íberos fueron un grupo que se estableció en la Península Ibérica en tiempos prehistóricos. Desarrollaron culturas distintas en varias regiones, particularmente en lo que hoy es España y Portugal. Los íberos eran conocidos por su metalurgia avanzada y su habilidad para la guerra. Además, interactuaron con otros pueblos migratorios, como los fenicios, griegos y celtas, lo que enriqueció su cultura. A lo largo de los siglos, los íberos se fusionaron con otras culturas que llegaron a la península, influyendo en la formación de las civilizaciones ibéricas posteriores.

Resumen

La historia temprana de Europa se caracteriza por un continuo flujo de migraciones que moldearon su demografía, cultura y lenguaje. Hace aproximadamente 40,000 a 45,000 años, los primeros Homo sapiens llegaron desde África, coexistiendo inicialmente con los neandertales, quienes eventualmente fueron reemplazados. La mezcla genética entre estos grupos se refleja en el ADN actual de los europeos. Posteriormente, alrededor de 9,000 años atrás, la llegada de agricultores neolíticos del Cercano Oriente revolucionó la vida en Europa al introducir la agricultura y la domesticación de animales, lo que permitió la creación de asentamientos permanentes y un crecimiento demográfico significativo.

Desde 4500 a.C. hasta 2000 a.C., emergieron en Europa culturas megalíticas que construyeron impresionantes monumentos de piedra como Stonehenge, reflejando un desarrollo tecnológico y social avanzado. A partir de 4,500 a 3,000 años atrás, los pueblos indoeuropeos comenzaron a migrar desde las estepas de Eurasia, introduciendo nuevas lenguas y tecnologías que transformarían las sociedades europeas. La expansión de los celtas, desde 1200 a.C., también dejó una huella importante, con un desarrollo cultural basado en la metalurgia del hierro y una compleja organización social que influyó en la configuración política de Europa.

La colonización griega en el siglo VIII a.C. facilitó la difusión de la cultura y el comercio en el Mediterráneo, mientras que los fenicios, contemporáneos a los griegos, establecieron colonias que influyeron en la escritura y el comercio marítimo. En Italia, los etruscos desarrollaron una civilización avanzada que impactó profundamente a Roma. A su vez, los pueblos itálicos, como los latinos, desempeñaron un papel crucial en la formación de la civilización romana, fundando ciudades que se convertirían en el núcleo del futuro imperio. En la Península Ibérica, los íberos establecieron culturas distintivas que, al interactuar con migrantes como fenicios y celtas, enriquecieron el tejido cultural de la región.

Referencias

1) **Gamble, Clive**. *The Paleolithic Societies of Europe*. Cambridge University Press, 1999.

2) **Renfrew, Colin**. *Archaeology and Language: The Puzzle of Indo-European Origins*. Cambridge University Press, 1990.

3) **Anthony, David W**. *The Horse, the Wheel, and Language: How Bronze-Age Riders from the Eurasian Steppes Shaped the Modern World*. Princeton University Press, 2007.

4) **Bellwood, Peter**. *First Farmers: The Origins of Agricultural Societies*. Wiley-Blackwell, 2005.

5) **Cunliffe, Barry**. *Europe Between the Oceans: 9000 BC-AD 1000*. Yale University Press, 2008.

6) **Tsetskhladze, Gocha R. Greek Colonisation**: *An Account of Greek Colonies and Other Settlements Overseas*. Brill, 2006.

7) **Fischer, David Hackett**. *Albion's Seed: Four British Folkways in America*. Oxford University Press, 1989.

Oceanía

La Historia de la Colonización y Diversificación de las Islas del Pacífico

Las migraciones hacia Oceanía constituyen uno de los capítulos más extraordinarios de la historia humana, debido a la distancia, el aislamiento geográfico y los desafíos ambientales que enfrentaron los primeros exploradores que colonizaron esta vasta región. Desde las primeras oleadas de pobladores que llegaron a Australia y Nueva Guinea hace decenas de miles de años, hasta la colonización europea de los siglos XIX y XX, estas migraciones moldearon la rica diversidad cultural, lingüística y étnica de Oceanía.

Primeros Pobladores de Australia y Nueva Guinea

Hace aproximadamente 50,000 a 60,000 años, los primeros seres humanos llegaron a Australia y Nueva Guinea desde el sudeste asiático. Este grupo de cazadores-recolectores cruzó cuerpos de agua utilizando embarcaciones rudimentarias, convirtiéndose en los primeros humanos en navegar largas distancias a través del océano. En Australia, estos primeros pobladores desarrollaron diversas culturas aborígenes, caracterizadas por una profunda conexión con la tierra, mientras que, en Nueva Guinea, se formaron diversas culturas papúes en las tierras altas, con un enfoque en la agricultura temprana.

Migración de los Austronesios

Hace unos 5,000 años, los austronesios, originarios de Taiwán, comenzaron a expandirse hacia el sur y el este, colonizando el sudeste asiático y más tarde el océano Pacífico. Su migración fue impulsada por su dominio de las tecnologías de navegación y la construcción de embarcaciones avanzadas, como las canoas de doble casco. Los austronesios se establecieron en las Filipinas, Indonesia, y finalmente alcanzaron las islas de Micronesia, Melanesia y Polinesia, colonizando una vasta región que abarca miles de islas dispersas en el océano Pacífico.

Colonización de las Islas del Pacífico

Entre 3,000 y 1,000 años atrás, una rama de los austronesios, los polinesios, comenzó a expandirse desde la región de Samoa y Tonga, colonizando las islas del Pacífico central y oriental. Los polinesios fueron maestros navegantes, capaces de realizar travesías de miles de kilómetros a través del océano, utilizando complejas técnicas de navegación basadas en las estrellas, corrientes marinas y patrones climáticos. Estos exploradores llegaron a lugares tan remotos como Hawái (alrededor del año 1,000 d.C.), Nueva Zelanda (siglo XIII), y la Isla de Pascua o Rapa Nui (alrededor de 1,200 d.C.). Esta expansión polinesia dio lugar a culturas sofisticadas y estructuras sociales complejas en islas como las Marquesas, Tahití y Fiyi.

Migraciones hacia Micronesia y Melanesia

Las migraciones hacia Micronesia y Melanesia fueron parte del mismo proceso austronesio, pero estas regiones desarrollaron características culturales distintas. En Micronesia, las sociedades de las islas como Guam, Palau, y las Islas Marshall crearon culturas marítimas con un fuerte enfoque en la pesca y el comercio entre islas. En Melanesia, las migraciones comenzaron hace aproximadamente 4,000 años, y los grupos que llegaron a Papúa Nueva Guinea, las Islas Salomón, Vanuatu, y Fiyi desarrollaron sociedades agrarias y sistemas políticos jerárquicos. Las sociedades de Melanesia mantuvieron conexiones comerciales con sus vecinos de Micronesia y Polinesia, lo que promovió un intercambio cultural y económico continuo.

Los Aborígenes Australianos y los Torres Strait Islanders

Los aborígenes australianos continuaron desarrollando una rica diversidad cultural y lingüística durante decenas de miles de años en el continente australiano. Con una profunda conexión espiritual con su entorno, los aborígenes crearon una de las culturas vivas más antiguas del mundo. Mientras tanto, los Torres Strait Islanders, que habitan las islas entre Australia y Nueva Guinea, desarrollaron una cultura propia influenciada tanto por los aborígenes australianos como por los papúes de Nueva Guinea. Estos isleños dependían del comercio, la pesca y la agricultura para subsistir, y mantenían redes de intercambio entre los dos continentes.

Colonización Europea de Oceanía

A partir del siglo XVI, los europeos comenzaron a explorar y colonizar partes de Oceanía, impulsados por el deseo de encontrar nuevas rutas comerciales y expandir sus imperios. Los exploradores españoles, como Álvaro de Mendaña, y más tarde los británicos, franceses y holandeses, trazaron rutas marítimas por el Pacífico. En 1788, los británicos establecieron la primera colonia penal en Sídney, Australia, marcando el comienzo de la colonización europea a gran escala. Nueva Zelanda fue colonizada por los británicos en el siglo XIX, y otras islas del Pacífico, como Tahití, Nueva Caledonia y Guam, cayeron bajo control francés, británico o español. La colonización europea trajo consigo cambios drásticos, que incluyeron la introducción de nuevas religiones, tecnologías y sistemas de gobierno, así como la devastación de las poblaciones indígenas debido a enfermedades y conflictos.

Migraciones Modernas hacia Oceanía

En los siglos XIX y XX, Oceanía experimentó una nueva ola de migraciones, esta vez de europeos y asiáticos que llegaron como trabajadores, colonos o en busca de mejores oportunidades económicas. En Australia y Nueva Zelanda, la inmigración masiva transformó las estructuras demográficas, creando sociedades cada vez más multiculturales. Las oleadas de inmigración asiática, particularmente desde China, India y el sudeste asiático, jugaron un papel importante en la modernización de las economías de la región y en la creación de comunidades étnicamente diversas en ciudades como Sídney, Auckland y Melbourne.

Migraciones Internas en el Pacífico

Las islas del Pacífico han continuado siendo escenario de migraciones internas entre islas por razones económicas, sociales y ambientales. La movilidad en el Pacífico ha sido fundamental para el mantenimiento de lazos culturales y tradiciones compartidas. Muchos habitantes de pequeñas islas del Pacífico han migrado a otras islas más grandes o a países como Australia y Nueva Zelanda, buscando trabajo y mejores condiciones de vida, al mismo tiempo que mantienen vínculos con sus hogares a través de redes de parentesco y comercio.

Intercambio Cultural en Oceanía

A lo largo de milenios, las migraciones y el comercio interinsular han fomentado un rico intercambio cultural en Oceanía. Los polinesios, micronesios y melanesios intercambiaron no solo bienes materiales, sino también ideas, mitologías, prácticas religiosas y técnicas de navegación. Este continuo movimiento de personas y conocimiento ha mantenido una identidad oceánica compartida, a pesar de las vastas distancias que separan muchas de estas islas.

Impacto de las Migraciones en la Diversidad de Oceanía

Las migraciones a lo largo de la historia de Oceanía han dejado una marca profunda en la diversidad cultural, étnica y lingüística de la región. Las culturas aborígenes de Australia, las complejas jerarquías políticas de Melanesia, la cultura marítima de Micronesia y la expansión polinesia a través del Pacífico son testimonio de la capacidad humana para adaptarse y prosperar en entornos extremos. Las migraciones modernas, además, han añadido capas de diversidad a través de la integración de europeos y asiáticos, creando un mosaico único de identidades en el Pacífico.

Resumen

La historia de la colonización y diversificación de Oceanía está marcada por migraciones extraordinarias que han influido en la cultura, lengua y etnicidad de la región. Los primeros pobladores de Australia y Nueva Guinea, que llegaron hace entre 50,000 y 60,000 años desde el sudeste asiático, establecieron diversas culturas aborígenes y papúes, cada una adaptada a su entorno. Posteriormente, hace unos 5,000 años, los austronesios originarios de Taiwán comenzaron una vasta expansión hacia el océano Pacífico, desarrollando técnicas de navegación avanzadas y colonizando islas como Filipinas, Micronesia, Melanesia y Polinesia, lo que enriqueció la diversidad cultural de la región.

La expansión polinesia, que tuvo lugar entre 3,000 y 1,000 años atrás, llevó a los polinesios a colonizar islas remotas como Hawái y Nueva Zelanda, estableciendo culturas sofisticadas y sistemas sociales complejos. En contraste, las sociedades de Micronesia se centraron en la pesca y el comercio, mientras que las de Melanesia desarrollaron sistemas políticos jerárquicos y una agricultura temprana. A lo largo del tiempo, los aborígenes australianos y los Torres Strait Islanders continuaron desarrollando sus propias culturas, conectándose con otras tradiciones a través del comercio y el intercambio.

La colonización europea, que comenzó en el siglo XVI, transformó radicalmente Oceanía. Exploradores españoles y británicos establecieron colonias que introdujeron nuevas religiones y tecnologías, pero también resultaron en la devastación de las poblaciones indígenas. Las migraciones modernas en los siglos XIX y XX trajeron a europeos y asiáticos a la región, creando sociedades multiculturales y transformando las dinámicas demográficas. A pesar de estos cambios, el intercambio cultural y las migraciones internas han permitido mantener la diversidad y la identidad compartida en Oceanía, reflejando la resiliencia y adaptabilidad de sus pueblos.

Referencias

1) **Bellwood, Peter**. *First Islanders: Prehistory and Human Migration in Island Southeast Asia*. Wiley-Blackwell, 2017.

2) **Kirch, Patrick Vinton**. *On the Road of the Winds: An Archaeological History of the Pacific Islands before European Contact*. University of California Press, 2000.

3) **Howe, Kerry**. *The Quest for Origins: Who First Discovered and Settled the Pacific Islands?*. University of Hawaii Press, 2003.

4) **Clark, Geoffrey**. *Archaeology of the Pacific Islands: An Introduction*. Cambridge University Press, 2003.

5) **Irwin, Geoffrey**. *The Prehistoric Exploration and Colonization of the Pacific*. Cambridge University Press, 1992.

6) **Dening, Greg**. *Islands and Beaches: Discourse on a Silent Land, Marquesas 1774-1880*. Melbourne University Press, 1980.

7) **Diamond, Jared**. *Guns, Germs, and Steel: The Fates of Human Societies*. W. W. Norton & Company, 1997.

América

Un Viaje a Través del Tiempo

Las migraciones hacia América han ocurrido en diferentes etapas a lo largo de miles de años y han desempeñado un papel fundamental en la formación de las culturas y poblaciones del continente. Desde los primeros pobladores que cruzaron el puente terrestre de Beringia hasta las migraciones modernas de los siglos XIX y XX, cada oleada migratoria ha dejado una huella significativa en la historia y la diversidad de América. A continuación, se analizan las migraciones más importantes hacia el continente.

Primeros Pobladores de América (Paleoamericanos)

Hace aproximadamente 15,000 a 20,000 años, durante la última glaciación, los primeros pobladores de América llegaron desde Siberia a través del puente terrestre de Beringia, que conectaba Asia con América del Norte. Estos cazadores-recolectores, conocidos como paleoamericanos, se desplazaron rápidamente por el continente, llegando hasta América del Sur en unos pocos milenios. El descubrimiento de sitios arqueológicos antiguos, como el de Monte Verde en Chile, sugiere una rápida dispersión hacia el sur.

La Cultura Clovis

Aproximadamente 13,000 a 12,000 años atrás, surgió la cultura Clovis, que se considera una de las primeras culturas documentadas en América del Norte. Los Clovis son conocidos por sus herramientas de piedra distintivas, como las puntas de Clovis, utilizadas principalmente para la caza de grandes animales, como mamuts y bisontes. La expansión de esta cultura muestra la sofisticación tecnológica y la capacidad de adaptación de los primeros pobladores de América.

Migraciones Paleoindias y Diversificación

Con el paso del tiempo, los grupos paleoindios que se establecieron en América se diversificaron en varias culturas regionales. Las evidencias arqueológicas de sus asentamientos se encuentran en todo el continente, desde el Ártico hasta la Patagonia. Cada una de estas culturas paleoindias se adaptó a los diferentes ecosistemas de América, desarrollando tecnologías y modos de vida específicos, desde la caza de grandes animales hasta la recolección y el cultivo.

Hipótesis Costera del Pacífico

Además de la migración a través de Beringia, una teoría alterna propone que algunos grupos humanos llegaron a América siguiendo una ruta costera por el Pacífico. Esta hipótesis costera se apoya en evidencias arqueológicas encontradas en sitios como Monte Verde en Chile, que sugieren la presencia de seres humanos en América del Sur antes de lo que se pensaba. Esta ruta habría permitido a los primeros pobladores moverse rápidamente a lo largo de las costas, utilizando recursos marinos.

Migraciones Inuit y Aleutas

Hace unos 4,000 años, los inuit emigraron desde Siberia y cruzaron el estrecho de Bering para establecerse en el Ártico canadiense y en Groenlandia. Los inuit desarrollaron una cultura adaptada a las duras condiciones árticas, basada en la caza de focas y otros mamíferos marinos. Al mismo tiempo, los aleutas también emigraron desde Siberia y se asentaron en las Islas Aleutianas y el suroeste de Alaska, creando una cultura distintiva que persiste hasta la actualidad.

Colonización Vikinga

Durante el siglo X y XI, los vikingos, liderados por Leif Erikson, exploraron la costa este de América del Norte y establecieron asentamientos temporales en lo que hoy es Terranova, Canadá. Estos asentamientos, conocidos como Vinland, fueron breves y no tuvieron un impacto duradero en las poblaciones indígenas. Sin embargo, representan el primer contacto documentado entre los europeos y los pueblos americanos mucho antes de la llegada de Cristóbal Colón.

Colonización Europea (Siglo XV en adelante)

El 1492 marca el comienzo de la colonización europea en América con la llegada de Cristóbal Colón al Caribe, financiado por los Reyes Católicos de España. A partir de entonces, una serie de oleadas de exploradores y colonos europeos comenzaron a llegar desde diversas naciones, como España, Portugal, Francia, Inglaterra y los Países Bajos. Esta colonización transformó profundamente las estructuras sociales, económicas y políticas de las Américas. Las poblaciones indígenas fueron gravemente afectadas por la introducción de enfermedades, el desplazamiento forzado y las guerras de conquista, lo que cambió la dinámica del continente para siempre.

Migraciones Forzadas: La Trata de Esclavos

Uno de los episodios más devastadores de migración forzada en América fue el comercio transatlántico de esclavos, que tuvo lugar desde el siglo XVI hasta el XIX. Durante este período, millones de africanos fueron capturados y transportados a las Américas como esclavos, principalmente a regiones como el Caribe, Brasil y el sur de los Estados Unidos. Los esclavos africanos no solo contribuyeron a la economía agrícola de las Américas, sino que también tuvieron un impacto duradero en la cultura, la música y la religión de muchas regiones americanas.

Migraciones Voluntarias (Siglos XIX y XX)

En los siglos XIX y XX, las Américas experimentaron una serie de migraciones voluntarias de europeos y asiáticos que buscaban mejores oportunidades económicas. Grandes oleadas de inmigrantes irlandeses, italianos, alemanes, polacos y otros grupos europeos llegaron a América del Norte y del Sur. Al mismo tiempo, importantes migraciones asiáticas, especialmente de chinos y japoneses, se asentaron en países como los Estados Unidos, Canadá, Brasil y Perú, contribuyendo a la diversidad cultural y al desarrollo económico.

Migraciones Modernas y Globalización

En las últimas décadas, la globalización ha facilitado nuevas oleadas migratorias hacia América desde diversas partes del mundo, incluyendo África, el Medio Oriente y el sur de Asia. Estas migraciones modernas han añadido nuevas capas de diversidad cultural a las Américas, especialmente en grandes ciudades como Nueva York, Los Ángeles, São Paulo, Buenos Aires y Toronto. El flujo constante de personas en busca de mejores oportunidades ha seguido modelando la demografía y la cultura del continente.

Resumen

La historia de las migraciones hacia América es un relato de transformación cultural y demográfica que abarca miles de años. Los primeros pobladores, conocidos como paleoamericanos, llegaron hace entre 15,000 y 20,000 años desde Siberia, cruzando el puente terrestre de Beringia. Este grupo de cazadores-recolectores se dispersó rápidamente por el continente, llegando a América del Sur en pocos milenios. La cultura Clovis, que emergió aproximadamente hace 13,000 años, es una de las primeras documentadas en América del Norte, destacándose por sus herramientas de piedra especializadas utilizadas en la caza de grandes mamíferos, lo que evidencia su capacidad de adaptación y sofisticación tecnológica.

A medida que los grupos paleoindios se establecieron en América, comenzaron a diversificarse en diversas culturas regionales, adaptándose a distintos ecosistemas. Algunas teorías, como la hipótesis costera del Pacífico, sugieren que ciertos grupos también llegaron a América por rutas marítimas a lo largo de la costa. Hace aproximadamente 4,000 años, los inuit y aleutas migraron desde Siberia, estableciendo culturas adaptadas al clima ártico. Más tarde, durante los siglos X y XI, los vikingos exploraron y establecieron brevemente asentamientos en América del Norte, aunque su impacto fue limitado en comparación con la colonización europea que comenzó con la llegada de Cristóbal Colón en 1492.

La colonización europea transformó radicalmente las estructuras sociales y políticas del continente, afectando gravemente a las poblaciones indígenas a través de enfermedades, desplazamientos y conflictos. El comercio transatlántico de esclavos fue otro episodio devastador, con millones de africanos forzados a migrar a América, lo que dejó un legado cultural significativo. En los siglos XIX y XX, se produjeron importantes oleadas de migraciones voluntarias de europeos y asiáticos en busca de mejores oportunidades, enriqueciendo la diversidad cultural de América. Hoy en día, la globalización continúa facilitando nuevas migraciones, lo que agrega capas adicionales a la rica tapestry cultural del continente.

Referencias

1) **Fagan, Brian M**. *The Great Journey: The Peopling of Ancient America*. University Press of Florida, 2004.

2) **Dillehay, Tom D**. *The Settlement of the Americas: A New Prehistory*. Basic Books, 2000.

3) **Mann, Charles C**. *1491: New Revelations of the Americas Before Columbus*. Knopf, 2005.

4) **Raff, Jennifer**. *Origin: A Genetic History of the Americas*. Twelve, 2022.

5) **Snow, Dean R**. *Archaeology of Native North America*. Routledge, 2009.

6) **Waguespack, Nicole M**. "Clovis Hunting and Large Mammal Extinction: A Critical Review of the Evidence." *American Antiquity*, vol. 72, no. 4, 2007, pp. 627-645.

7) **Erlandson, Jon M., et al**. "The Kelp Highway Hypothesis: Marine Ecology, the Coastal Migration Theory, and the Peopling of the Americas." *Journal of Island and Coastal Archaeology*, vol. 2, no. 2, 2007, pp. 161-174.

8) **Thornton, Russell**. *American Indian Holocaust and Survival: A Population History Since 1492*. University of Oklahoma Press, 1987.

9) **Eltis, David, and Richardson, David**. *Atlas of the Transatlantic Slave Trade*. Yale University Press, 2010.

10) **Nugent, Walter**. *Into the West: The Story of Its People*. Knopf, 1999.

Descubrimientos Arqueológicos en América del Sur

El Caso de Luzia y Otros Hallazgos Significativos

Los descubrimientos arqueológicos en América del Sur han cambiado radicalmente nuestra comprensión de la prehistoria del continente, en particular en lo que respecta a los primeros humanos que lo habitaron. Entre los hallazgos más notables se encuentra Luzia, considerada uno de los esqueletos humanos más antiguos de América, y otros sitios arqueológicos que han proporcionado importantes evidencias sobre la migración temprana y la diversidad cultural de los primeros pobladores sudamericanos. Este texto ofrece una descripción detallada de estos descubrimientos y sus implicaciones científicas.

El Descubrimiento de Luzia

Luzia fue descubierta en 1975 durante una expedición arqueológica franco-brasileña dirigida por la arqueóloga Annette Laming-Emperaire. Los restos de Luzia fueron encontrados en Lapa Vermelha IV, un refugio rocoso en la región de Lagoa Santa, en el estado de Minas Gerais, Brasil. Este área es conocida por su abundancia de restos arqueológicos, lo que la convierte en una de las principales zonas de estudio para comprender la presencia temprana de seres humanos en América del Sur. El cráneo de Luzia fue descubierto junto con otros hallazgos, incluidos restos de fauna, herramientas de piedra y otros indicios de una ocupación prolongada.

El cráneo de Luzia fue datado en 11,500 a 13,000 años, lo que lo sitúa entre los restos más antiguos jamás encontrados en América. Su descubrimiento fue inicialmente pasado por alto, y no fue hasta años después que se reconoció su verdadero valor en el contexto de la prehistoria americana. Luzia ha sido clave para replantear los modelos de migración hacia las Américas, ya que su presencia en América del Sur sugiere que los primeros humanos llegaron al continente antes de lo que se pensaba, posiblemente utilizando rutas migratorias alternativas a la tradicional teoría de Beringia.

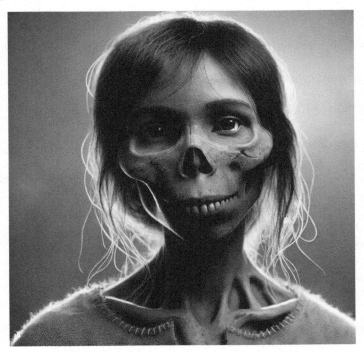

Imagen en 3D de Luzia, representando una reconstrucción realista de esta antigua mujer de Brasil

Características Físicas de Luzia y la Diversidad Humana en América del Sur

Uno de los aspectos más intrigantes de Luzia es la morfología de su cráneo, que presenta diferencias significativas con las de los actuales amerindios. Estas diferencias han llevado a los investigadores a especular sobre una mayor diversidad genética entre los primeros habitantes de América de lo que previamente se había asumido. El cráneo de Luzia muestra características que se asemejan más a las poblaciones de aborígenes australianos y melanesios que a los indígenas americanos contemporáneos, lo que ha abierto el debate sobre las rutas migratorias y la posible coexistencia de diferentes grupos humanos en América del Sur.

Estas similitudes han sido usadas como evidencia para apoyar la teoría de que pudo haber habido múltiples oleadas migratorias hacia las Américas, posiblemente utilizando rutas costeras que permitieron una llegada temprana al sur del continente. Esta hipótesis contrasta con la tradicional teoría del puente de Beringia, que sostiene que los primeros humanos llegaron a América del Norte a través del estrecho de Bering, avanzando posteriormente hacia el sur.

Importancia de Luzia en la Teoría de la Migración

El hallazgo de Luzia ha sido fundamental para las teorías que sugieren que los primeros humanos en América del Sur llegaron mediante rutas costeras, y no exclusivamente a través de la vía terrestre de Beringia. Los 11,500 años de antigüedad de Luzia y su ubicación en el sur de América del Sur contradicen las fechas generalmente aceptadas para la migración a través de Beringia, que se sitúan alrededor de 15,000 años atrás. Esto sugiere que los seres humanos podrían haber llegado a América del Sur mucho antes de lo que se pensaba, posiblemente utilizando embarcaciones y siguiendo las costas del Pacífico.

Esta teoría ha sido respaldada por otros descubrimientos en sitios como Monte Verde (Chile), donde se han encontrado evidencias de asentamientos humanos que datan de hace 14,500 años. Esto desafía la cronología tradicional de la migración humana hacia América y apoya la idea de una ruta costera hacia el sur del continente.

Diversidad Genética y Evolución Cultural

Los estudios sobre el ADN antiguo de Luzia y de otros restos encontrados en la región de Lagoa Santa han revelado una mayor diversidad genética entre los primeros habitantes de América del Sur. Esto contrasta con la idea de que una sola población migrante, procedente de Siberia, fue la que colonizó el continente americano. Las características físicas de Luzia sugieren que existió una diversidad biológica significativa entre los primeros grupos humanos que habitaron América, lo que podría deberse a migraciones de diferentes partes del mundo, incluyendo Asia, Oceanía y posiblemente otras regiones.

Además de la diversidad biológica, los hallazgos en Lagoa Santa han proporcionado evidencias sobre las prácticas culturales de estos primeros habitantes. Se han encontrado herramientas de piedra y restos de fauna que indican que los grupos humanos de la región eran cazadores-recolectores que se adaptaron al entorno local. Estos hallazgos sugieren que las primeras poblaciones en América del Sur no solo sobrevivieron, sino que también desarrollaron culturas complejas con estrategias de subsistencia bien adaptadas a los recursos disponibles.

Otros Descubrimientos Arqueológicos en América del Sur

Además de Luzia, otros sitios en América del Sur han proporcionado evidencias de ocupación humana temprana:

- Monte Verde (Chile): Este sitio ha sido fundamental para reconsiderar las fechas de la llegada de los primeros humanos a América del Sur. Monte Verde, datado en aproximadamente 14,500 años, incluye restos de herramientas de piedra, estructuras habitacionales y restos de fauna. Su descubrimiento ha sido crucial para el desarrollo de la teoría de las migraciones costeras.

- Pedra Furada (Brasil): Situado en el Parque Nacional de la Serra da Capivara, Pedra Furada ha proporcionado evidencias que sugieren que los humanos pudieron haber habitado la región hace más de 30,000 años, aunque estas fechas siguen siendo objeto de controversia debido a la posibilidad de que las herramientas encontradas hayan sido formadas por procesos naturales.

- Lagoa Santa (Brasil): En la misma región donde se encontró a Luzia, se han hallado otros restos humanos datados en entre 11,000 y 12,000 años, lo que refuerza la hipótesis de una ocupación temprana y diversa en la región.

- Cueva del Milodón (Chile): En el extremo sur de Chile, este sitio ha proporcionado restos que datan de aproximadamente 10,500 años. Aunque no son tan antiguos como Luzia, estos restos muestran la rápida expansión de los humanos por toda América del Sur.

- Santa Elina (Brasil): Este sitio, en el estado de Mato Grosso, ha proporcionado herramientas de piedra y restos de fauna que sugieren una ocupación humana que podría remontarse a 25,000 años atrás. Al igual que en otros sitios, las fechas de Santa Elina han sido objeto de debate debido a las dificultades para interpretar los restos.

Desafíos y Controversias en la Investigación

A pesar de su importancia, el estudio de Luzia y otros descubrimientos arqueológicos en América del Sur ha enfrentado diversos desafíos. Uno de los más grandes ocurrió en 2018, cuando un incendio destruyó gran parte de la colección del Museo Nacional de Brasil en Río de Janeiro, incluyendo los restos de Luzia. Afortunadamente, parte de su cráneo fue recuperado y está siendo restaurado.

Además, la interpretación de los datos de Luzia y de otros hallazgos ha sido motivo de controversia. Algunos arqueólogos sostienen que las diferencias morfológicas de Luzia podrían no ser lo suficientemente significativas como para apoyar la hipótesis de múltiples oleadas migratorias. Otros cuestionan las fechas de los hallazgos en sitios como Pedra Furada y Santa Elina, argumentando que los artefactos podrían no ser de origen humano.

Resumen

Los descubrimientos arqueológicos en América del Sur, especialmente el hallazgo de Luzia, han revolucionado nuestra comprensión de la prehistoria del continente. Luzia, uno de los esqueletos humanos más antiguos de América, fue descubierto en 1975 en Brasil y datado entre 11,500 y 13,000 años, sugiriendo que los primeros humanos llegaron al continente mucho antes de lo que se pensaba. Su cráneo presenta características morfológicas que difieren significativamente de los actuales amerindios, lo que ha llevado a cuestionar la teoría tradicional de que una sola oleada migratoria desde Siberia fue responsable de la colonización de América. La evidencia sugiere que pudo haber múltiples oleadas migratorias y que los primeros pobladores podrían haber utilizado rutas costeras.

El descubrimiento de Luzia se complementa con otros sitios arqueológicos como Monte Verde, Pedra Furada y Lagoa Santa, que han proporcionado más datos sobre la ocupación temprana en la región. Monte Verde, datado en aproximadamente 14,500 años, muestra signos de un asentamiento humano avanzado y refuerza la teoría de migraciones costeras. Por otro lado, Pedra Furada sugiere que los humanos pudieron haber habitado América del Sur hace más de 30,000 años, aunque estas fechas son objeto de debate. A través de estos hallazgos, se ha comenzado a reconocer la diversidad genética y cultural de los primeros habitantes de América del Sur, desafiando la noción de una población homogénea.

Sin embargo, la investigación en este campo enfrenta desafíos significativos. Un incendio en 2018 destruyó gran parte de la colección del Museo Nacional de Brasil, que incluía los restos de Luzia. Además, la interpretación de los hallazgos ha generado controversias entre los arqueólogos, particularmente en relación a las diferencias morfológicas de Luzia y la autenticidad de algunos artefactos encontrados en sitios como Pedra Furada. Estos debates reflejan la complejidad del estudio de las primeras poblaciones de América del Sur y la necesidad de seguir investigando para entender completamente la rica historia de la región.

Referencias

1) **Neves, Walter Alves, and Hubbe, Mark.** "Cranial Morphology of Early Americans from Lagoa Santa, Brazil: Implications for the Settlement of the New World." *Proceedings of the National Academy of Sciences*, 2005.

2) **Dillehay, Tom D**. *The Settlement of the Americas: A New Prehistory*. Basic Books, 2000.

3) **Guidon, Niède, and Delibrias, Georges.** "Carbon-14 Dates Point to Man in the Americas 32,000 Years Ago." *Nature*, 1986.

4) **Roosevelt, Anna Curtenius**. "The Amazon and the Anthropological Imagination." *The Americas*, 1991.

5) **Prufer, Kayenta et al**. "Genomic evidence for the Pleistocene and recent population history of Native Americans." *Science*, 2015.

Rutas Migratorias

Los Primeros Pobladores de América y sus Rutas de Viaje

Hace miles de años, los primeros pobladores llegaron al continente americano, marcando el inicio de una rica y diversa historia cultural. Estos pueblos antiguos no solo se adaptaron a nuevos entornos, sino que también desarrollaron estrategias ingeniosas para encontrar y seguir rutas de viaje que les permitieran explorar y asentarse en diferentes regiones del continente. Se cree que los primeros seres humanos llegaron a América desde Asia a través del estrecho de Bering durante el último período glacial, hace aproximadamente 20,000 a 15,000 años. Este puente de tierra, conocido como Beringia, conectaba Siberia con Alaska, permitiendo a grupos de cazadores-recolectores migrar hacia nuevas tierras en busca de alimento y mejores condiciones climáticas. Durante este período, el nivel del mar era significativamente más bajo debido a la glaciación, lo que hacía posible la travesía.

Evidencias Arqueológicas y Genéticas

Las evidencias arqueológicas apoyan la teoría del puente de Bering. Sitios como el de Monte Verde en Chile y otros en América del Norte muestran que los humanos estaban presentes en el continente hace al menos 15,000 años. Además, estudios genéticos de poblaciones indígenas americanas revelan un origen común con grupos siberianos, lo que respalda la hipótesis de la migración a través de Beringia.

Métodos para Encontrar Rutas de Viaje

- **Observación de la Naturaleza**: Los primeros pobladores eran expertos en la lectura de su entorno natural. Desarrollaron una capacidad aguda para interpretar signos en la naturaleza, como el comportamiento de los animales, las corrientes de los ríos, y las estaciones del año. Por ejemplo, seguían las migraciones de los animales de caza como bisontes y mamuts, que les indicaban los caminos hacia nuevas áreas ricas en recursos. Además, podían determinar la cercanía del agua potable observando la vegetación y la fauna del lugar.

- **Mapeo Oral y Cultural**: Las rutas y territorios eran transmitidos de generación en generación a través de historias orales y tradiciones culturales. Estos relatos detallaban las características del paisaje, los peligros y los recursos disponibles en diferentes áreas. La transmisión de este conocimiento permitía a las nuevas generaciones navegar y sobrevivir en el vasto y variado continente. Por ejemplo, los ancianos del grupo compartían cuentos sobre las montañas y ríos, que servían como puntos de referencia durante los viajes.

- **Señales Naturales**: Los primeros pueblos usaban señales naturales como montañas, ríos, y costas para orientarse. Las estrellas también jugaban un papel crucial en la navegación nocturna, ya que observaban las constelaciones para guiarse en sus viajes. La posición del sol y la luna también eran utilizadas para determinar la dirección y el tiempo de viaje. Además, aprendieron a leer las señales de los animales y las plantas para encontrar caminos seguros y recursos esenciales.

- **Desarrollo de Herramientas**: Con el tiempo, los pueblos indígenas desarrollaron herramientas y técnicas para facilitar su desplazamiento. Construyeron canoas para navegar ríos y lagos, y usaron raquetas de nieve para moverse en regiones nevadas. Estas innovaciones les permitieron explorar y asentarse en diversas zonas geográficas, desde las selvas tropicales hasta las tundras heladas. La invención de herramientas como lanzas y arpones también facilitó la caza y la pesca, esenciales para la supervivencia durante los largos viajes.

Principales Rutas y Asentamientos

- **La Ruta Costera del Pacífico:** Muchos arqueólogos creen que una de las primeras rutas hacia el sur fue a lo largo de la costa del Pacífico. Esta ruta ofrecía un acceso constante a recursos marinos y permitió a los primeros pobladores moverse rápidamente hacia el sur, llegando eventualmente a Sudamérica. Los restos arqueológicos en sitios costeros sugieren que estos primeros viajeros dependían en gran medida de los recursos marinos, como peces, mariscos, y algas.

- **La Ruta del Interior:** Otra teoría sugiere que los primeros habitantes utilizaron rutas interiores a través de corredores libres de hielo en América del Norte. Estos corredores conectaban Alaska con las Grandes Llanuras y más allá, permitiendo la dispersión hacia el este y el sur del continente. Esta ruta habría sido utilizada una vez que los glaciares comenzaron a retirarse, creando pasajes habitables.

- **Rutas hacia el Interior de Sudamérica:** Una vez en Sudamérica, los primeros pobladores se dispersaron por diversas rutas hacia el interior, adaptándose a distintos ambientes como los Andes, la Amazonía y las pampas argentinas. Aquí desarrollaron distintas culturas y sociedades complejas. Por ejemplo, en los Andes, los antiguos habitantes desarrollaron técnicas agrícolas avanzadas para cultivar en terrazas, mientras que, en la Amazonía, las comunidades se adaptaron a la vida en la selva tropical.

Ejemplos de Adaptación y Supervivencia

- **Los Clovis y la Cultura de Cazadores-Recolectores:** La cultura Clovis, una de las más antiguas de América del Norte, se caracterizaba por su habilidad en la caza de grandes animales. Utilizaban puntas de proyectil finamente trabajadas, conocidas como puntas Clovis, para cazar megafauna como el mamut y el mastodonte.

Su conocimiento del comportamiento animal y su habilidad para fabricar herramientas de piedra fueron esenciales para su supervivencia y expansión.

- **Los Constructores de Mounds del Valle del Misisipi:** Más al sur, los pueblos del Valle del Misisipi desarrollaron una cultura avanzada conocida por sus grandes montículos de tierra. Estos montículos, utilizados para ceremonias religiosas y como tumbas, indican una sociedad organizada con líderes y una estructura social compleja. La ubicación de estos montículos a lo largo de ríos importantes sugiere que estos pueblos también dependían de las rutas fluviales para el comercio y el transporte.

- **Las Civilizaciones Andinas:** En Sudamérica, las civilizaciones andinas, como los Incas, desarrollaron técnicas agrícolas y de ingeniería avanzadas para adaptarse a la vida en las montañas. Construyeron terrazas para cultivar en las laderas empinadas y desarrollaron un sistema de caminos que conectaba su vasto imperio. Estos caminos, conocidos como el Qhapaq Ñan, eran utilizados para el transporte de personas, bienes y mensajes a través de los Andes.

Resumen

Los primeros pobladores de América demostraron una notable habilidad para adaptarse y sobrevivir en un continente vasto y diverso. Sus métodos de navegación y su capacidad para encontrar rutas de viaje reflejan una profunda conexión con la naturaleza y un ingenio impresionante. A través de la observación, la transmisión oral de conocimientos y el desarrollo de herramientas, estos antiguos exploradores establecieron las bases de las civilizaciones que prosperarían en América durante milenios. Su legado perdura en las culturas indígenas contemporáneas, que continúan valorando y preservando el conocimiento ancestral sobre el entorno natural y las rutas de viaje.

Referencias

1) **Fagan, B. M.** *Ancient North America: The Archaeology of a Continent.* Routledge, 2021.

2) **Dillehay, T. D.** *The Settlement of the Americas: A New Prehistory.* Basic Books, 2000.

3) **Waters, M. R., & Stafford Jr, T. W.** "Redefining the Age of Clovis: Implications for the Peopling of the Americas." *Science*, vol. 315, no. 5815, 2007, pp. 1122–1126.

4) **Moreno-Mayar, J. V., et al.** "Terminal Pleistocene Alaskan Genome Reveals First Founding Population of Native Americans." *Nature*, vol. 553, 2018, pp. 203–207.

5) *The Incredible Human Journey* de la **BBC,** presentado por la Dra. Alice Roberts.

6) *Native America* de **PBS**

7) **Proyecto Genográfico de National Geographic**

8) **Moseley, M. E.** *The Incas and Their Ancestors: The Archaeology of Peru.* Thames & Hudson, 2001.

9) **Pauketat, T. R.** *The Moundbuilders: Ancient Peoples of Eastern North America.* Thames & Hudson, 2009.

La Ruta Costera del Pacífico

Un Camino de Migración y Adaptación

La teoría de la Ruta Costera del Pacífico sostiene que los primeros habitantes de América se desplazaron hacia el sur a lo largo de la costa del Pacífico, aprovechando los recursos marinos y las condiciones relativamente más benignas en comparación con las rutas del interior. Esta ruta habría permitido una migración rápida y sostenida desde Alaska hasta la punta de Sudamérica, facilitando el asentamiento en diversas regiones del continente.

Evidencias Arqueológicas y Genéticas

Sitios Clave

- **Monte Verde, Chile**

  - **Descripción:** Ubicado en el sur de Chile, Monte Verde es uno de los sitios arqueológicos más antiguos de América, con una datación aproximada de 14,500 años.

  - **Hallazgos:** Restos de plantas, animales marinos, herramientas de piedra y estructuras de vivienda que indican una comunidad bien establecida y adaptada al entorno costero.

  - **Significado:** La datación temprana de Monte Verde sugiere que los seres humanos llegaron al sur de América mucho antes de lo que se pensaba anteriormente, apoyando la teoría de una migración rápida a lo largo de la costa.

- **Paisley Caves, Oregón, EE. UU.**

  - **Descripción:** Conjunto de cuevas en el sureste de Oregón con ocupación humana datada en aproximadamente 14,300 años.

- **Hallazgos:** Coprolitos humanos (heces fosilizadas), herramientas de piedra y restos de fauna.

- **Significado:** Los coprolitos contienen ADN humano, lo que proporciona evidencia directa de la presencia humana temprana en la región.

- **Channel Islands, California, EE. UU.**

  - **Descripción:** Archipiélago frente a la costa de California con evidencias de ocupación humana datadas en aproximadamente 13,000 años.

  - **Hallazgos:** Herramientas de piedra y restos de fauna marina.

  - **Significado:** Las Channel Islands muestran una temprana adaptación a la vida costera y al uso intensivo de los recursos marinos.

Métodos de Navegación y Adaptación

- **Uso de Canoas y Embarcaciones Primitivas**

  - Los primeros pobladores probablemente usaron canoas hechas de troncos ahuecados o embarcaciones primitivas hechas de pieles y maderas para navegar a lo largo de la costa. Estas embarcaciones les permitieron moverse rápidamente entre diferentes zonas, acceder a recursos marinos y evitar terrenos difíciles del interior.

- **Recursos Marinos**

  - La costa del Pacífico ofrecía una abundancia de recursos marinos, incluyendo peces, mariscos, algas y mamíferos marinos. Estos recursos eran fáciles de recolectar y proporcionaban una dieta rica y variada, lo que facilitaba la supervivencia y el establecimiento de comunidades.

- **Señales Costeras**

  - Los primeros pobladores utilizaban formaciones naturales como acantilados, islas, bahías y estuarios para orientarse y planificar sus rutas de viaje. Las estrellas y las constelaciones también jugaban un papel crucial en la navegación nocturna, permitiendo a estos antiguos marinos mantener el rumbo durante sus desplazamientos.

- **Adaptación a Diferentes Entornos Costeros**

  - A medida que los primeros pobladores se desplazaban hacia el sur, se adaptaban a una variedad de entornos costeros, desde las frías y rocosas costas del noroeste de América del Norte hasta las cálidas y arenosas playas del Pacífico sur. Cada entorno presentaba desafíos únicos, y las comunidades desarrollaron diversas técnicas de recolección, pesca y caza para aprovechar los recursos locales.

Implicaciones Culturales y Sociales

- **Desarrollo de Tecnologías**

  - La dependencia de los recursos marinos llevó al desarrollo de tecnologías específicas como anzuelos, redes de pesca y trampas para mariscos. Estas herramientas no solo facilitaban la recolección de alimentos, sino que también reflejaban un conocimiento profundo del entorno marino.

- **Redes de Comercio y Comunicación**
  - La costa del Pacífico también facilitaba el comercio y la comunicación entre diferentes grupos. El intercambio de bienes como obsidiana, conchas y alimentos, así como de ideas y conocimientos, ayudaba a la formación de redes sociales complejas y a la difusión de innovaciones tecnológicas y culturales.

Resumen

La Ruta Costera del Pacífico fue una vía crucial para la migración temprana y la adaptación de los primeros pobladores de América. Las evidencias arqueológicas y genéticas apoyan la teoría de que estos antiguos migrantes utilizaron la costa para desplazarse rápidamente y establecerse en nuevas áreas. Su habilidad para aprovechar los recursos marinos, desarrollar tecnologías específicas y adaptarse a diversos entornos costeros refleja una notable capacidad de innovación y supervivencia. Esta ruta no solo facilitó la expansión humana por el continente, sino que también sentó las bases para el desarrollo de diversas y ricas culturas a lo largo del Pacífico americano.

Referencias

1) **Goebel, Ted, et al**. "The Late Pleistocene Dispersal of Modern Humans in the Americas." *Science*, 2008.

2) **Dillehay, Tom D**. *Monte Verde: A Late Pleistocene Settlement in Chile*. Smithsonian Institution Press, 1989.

3) **Jenkins, Dennis L., et al**. "Clovis Age Western Stemmed Projectile Points and Human Coprolites at the Paisley Caves." *Science*, 2008.

4) **Tamm, Erika, et al**. "Beringian Standstill and Spread of Native American Founders." *PLoS ONE*, 2007.

5) **Fagan, Brian M**. *The First North Americans: An Archaeological Journey*. Thames & Hudson, 2010.

6) **Meltzer, David J**. *First Peoples in a New World: Colonizing Ice Age America*. University of California Press, 2009.

7) **Erlandson, Jon M., et al**. "The Kelp Highway Hypothesis: Marine Ecology, the Coastal Migration Theory, and the Peopling of the Americas." *The Journal of Island and Coastal Archaeology*, 2007.

8) **Mandryk, Carole A. S., et al**. "Late Wisconsinan Deglaciation of the Western Canadian Interior: New Evidence from Northern Alberta and Great Slave Lake Basin." *Quaternary Science Reviews*, 2001.

9) **Dillehay, Tom D**. *The Settlement of the Americas: A New Prehistory*. Basic Books, 2000.

10) **Waters, Michael R., et al**. "The Age of Clovis—13,000 to 12,600 cal yr B.P." *Science*, 2007.

11) **Pauketat, Timothy R**. *The Moundbuilders: Ancient Peoples of Eastern North America*. Thames & Hudson, 2009.

La Incursión en México: Baja California

La Península de Baja California, en México, es una región de gran interés arqueológico e histórico, dado su papel potencial en la migración temprana de los primeros pobladores de América a través de la Ruta Costera del Pacífico. Esta área ofrece una mezcla única de entornos marinos y desérticos, lo que presenta tanto desafíos como oportunidades para los antiguos habitantes.

Evidencias Arqueológicas en Baja California

La Península de Baja California es una región arqueológicamente rica que ha revelado importantes evidencias de ocupación humana temprana. Las investigaciones arqueológicas en esta área han descubierto vestigios de antiguas culturas que se adaptaron tanto a entornos desérticos como costeros. Los hallazgos incluyen desde pinturas rupestres hasta restos de actividades cotidianas, lo que permite a los arqueólogos entender cómo vivían y prosperaban estas comunidades en un entorno tan desafiante. A continuación, se destacan algunos de los sitios más importantes.

Cueva de la Pulsera

- **Descripción**: Ubicada en la Sierra de San Francisco, la Cueva de la Pulsera es famosa por sus impresionantes pinturas rupestres, que forman parte de un vasto conjunto de arte rupestre en la región. La Sierra de San Francisco, declarada Patrimonio de la Humanidad por la UNESCO, contiene algunas de las manifestaciones artísticas prehistóricas más significativas de América.

- **Hallazgos**: Las pinturas representan figuras humanas estilizadas, animales como ciervos y peces, así como escenas que parecen ser de caza y rituales. Además, se han encontrado herramientas de piedra y restos de fogatas, lo que sugiere que el sitio fue utilizado no solo como lugar de rituales, sino también como un espacio habitado temporalmente. Los estudios de carbono-14 datan la ocupación de la cueva entre 7,000 y 10,000 años atrás, lo que indica una ocupación humana muy temprana.

- **Significado**: Estas pinturas no solo reflejan la creatividad y espiritualidad de los antiguos habitantes, sino que también demuestran su habilidad para sobrevivir en un entorno árido y hostil. Las escenas pintadas indican un conocimiento profundo de la fauna local, y los artefactos sugieren una conexión ritual con la naturaleza y el ciclo de vida. La riqueza cultural y simbólica de este sitio muestra la capacidad de estas comunidades para desarrollar complejas tradiciones espirituales y artísticas.

Las Palmas

- **Descripción**: Cerca de Loreto, en la costa este de Baja California, el sitio arqueológico de Las Palmas es uno de los más antiguos de la región. Este asentamiento costero se caracteriza por la presencia de restos humanos y herramientas de piedra que datan de aproximadamente 11,000 años. El sitio se encuentra estratégicamente ubicado cerca del Golfo de California, lo que lo convierte en un punto clave para la explotación de recursos marinos.

- **Hallazgos**: Las excavaciones en Las Palmas han descubierto herramientas de piedra utilizadas para la recolección y procesamiento de alimentos, conchas marinas que sugieren una economía basada en la pesca y la recolección de mariscos, y restos de fogatas que indican una ocupación prolongada del sitio. Los restos humanos también muestran signos de una dieta rica en recursos marinos, complementada con la caza de animales terrestres.

- **Significado**: Este sitio es crucial para entender cómo las comunidades tempranas en Baja California se adaptaron a un entorno costero. Los hallazgos sugieren que los habitantes de Las Palmas desarrollaron una economía mixta, basada tanto en la recolección de alimentos del mar como en la caza y la recolección en tierra. Además, la ubicación costera habría facilitado el acceso a rutas de navegación, lo que permitió una conexión cultural y comercial con otras regiones.

Guerrero Negro

- **Descripción**: Ubicado al norte de la península, cerca de las salinas de Guerrero Negro, este sitio arqueológico revela una adaptación única a la vida en el desierto. Aunque la región es predominantemente árida, su proximidad a la costa y a las fuentes de agua salobre permitió a los antiguos habitantes desarrollar estrategias para aprovechar tanto los recursos terrestres como los marinos.

- **Hallazgos**: Entre los descubrimientos más importantes se encuentran herramientas de piedra que eran utilizadas para la caza y el procesamiento de alimentos, así como grandes cantidades de conchas marinas, lo que sugiere una explotación sistemática de los recursos marinos. Las condiciones extremas del entorno indican que los antiguos habitantes tuvieron que adaptar sus técnicas de recolección y caza para sobrevivir en un ecosistema tan árido.

- **Significado**: Guerrero Negro es un claro ejemplo de la versatilidad de las primeras poblaciones humanas en Baja California, que supieron combinar sus conocimientos sobre la caza en el desierto con el acceso a recursos marinos. Los hallazgos muestran que estos antiguos habitantes no solo eran capaces de explotar el entorno inmediato, sino que también tenían una comprensión avanzada de la ecología de la región, utilizando los recursos de manera eficiente para sobrevivir.

Resumen

Los sitios arqueológicos de la Cueva de la Pulsera, Las Palmas y Guerrero Negro son testimonio de la rica historia prehistórica de Baja California. Cada uno de estos sitios ofrece una visión única sobre cómo las primeras comunidades humanas se adaptaron a las difíciles condiciones ambientales de la península. A través del arte rupestre, las herramientas de piedra y los restos de actividades cotidianas, estos antiguos habitantes nos dejaron una valiosa herencia cultural que sigue siendo objeto de estudio y admiración por su capacidad de adaptación y supervivencia en un entorno tan desafiante.

Referencias

1) **Laylander, Don.** "Early Ethnography and Ethnohistory in Baja California." *Journal of California and Great Basin Anthropology*, 2000.

2) **Fujita, Harumi.** "La Prehistoria de Baja California Sur." *Arqueología Mexicana*, 2006.

3) **Ritter, Eric W**. "Prehistoric Adaptations to the Coastal Zone of Northern Baja California." *Pacific Coast Archaeological Society Quarterly*, 1991.

4) **Hyland, Justin.** "Pinturas Rupestres y el Arte en la Sierra de San Francisco." *Arqueología Mexicana*, 2002.

5) **Crosby, Harry W.** *The Cave Paintings of Baja California: Discovering the Great Murals of an Unknown People.* Sunbelt Publications, 1997.

6) **Mathes, W. Michael.** *Californios: The Saga of the Hard-riding Vaqueros, America's First Cowboys.* Graphic Arts Center, 2002.

7) **Rogers, Malcolm J.** "Archaeological and Historical Investigations in Baja California." *American Antiquity*, 1945.

8) **Aschmann, Homer.** *The Central Desert of Baja California: Demography and Ecology.* University of California Press, 1959.

Uso de Canoas y Embarcaciones Primitivas

Los primeros pobladores de Baja California, una península rodeada por el Golfo de California al este y el Océano Pacífico al oeste, aprovecharon el acceso al mar para desarrollar técnicas de navegación costera. El uso de canoas y balsas, probablemente construidas con maderas locales y otros materiales naturales como juncos y pieles, les permitió moverse a lo largo de las costas en busca de recursos. Estas embarcaciones primitivas no solo facilitaron la pesca y la recolección de recursos marinos, sino que también desempeñaron un papel vital en el comercio y la comunicación entre diferentes comunidades costeras, creando una red de interacciones culturales y económicas. Además, al navegar por la costa, estos antiguos marinos evitaban los desafíos del terreno desértico del interior y podían acceder a fuentes confiables de alimentos, como peces, mariscos y algas.

Recursos Marinos y Terrestres

Los antiguos habitantes de Baja California desarrollaron una economía basada en la explotación equilibrada de los recursos marinos y terrestres. La dieta de estos pobladores consistía principalmente en la pesca de peces, la recolección de mariscos y algas, así como la caza de animales terrestres, como ciervos, conejos y otros pequeños mamíferos. Esta diversificación de la dieta les permitió sobrevivir en un entorno caracterizado por su extrema aridez. La capacidad para combinar recursos tanto del mar como de la tierra les otorgó una flexibilidad que aseguraba su supervivencia, incluso cuando los recursos eran escasos en ciertas temporadas. Esta adaptación a las condiciones cambiantes fue esencial para mantener comunidades estables y sanas a lo largo de la península.

Adaptación a Entornos Áridos

La Península de Baja California, con su clima mayoritariamente desértico, obligó a los primeros pobladores a desarrollar técnicas avanzadas de supervivencia en un entorno hostil. El conocimiento detallado de las plantas locales, como el agave, el nopal y otras especies de cactus, fue fundamental para obtener agua, alimentos y materiales para la construcción de refugios. Por ejemplo, el agave no solo proporcionaba fibras para hacer cuerdas y textiles, sino que también era una fuente vital de alimento y agua, especialmente durante períodos de sequía. Estas plantas desérticas eran una fuente crucial de sustento en una región donde el acceso al agua dulce era extremadamente limitado.

Uso de Cuevas y Refugios Naturales

El paisaje montañoso y desértico de Baja California ofrecía abundantes cuevas y abrigos rocosos que los antiguos pobladores utilizaron como refugios naturales. Estas cuevas no solo brindaban protección contra las duras condiciones climáticas, como el calor extremo y los vientos fuertes, sino que también servían como lugares de reunión y centros ceremoniales. En muchas de estas cuevas se han encontrado pinturas rupestres, lo que sugiere que los antiguos habitantes utilizaban estos espacios para registrar eventos importantes y para la realización de rituales religiosos. Además, el uso de cuevas les permitía refugiarse durante largos períodos sin depender de construcciones más complejas, y las hacían puntos de referencia cultural y espiritual para sus comunidades.

Organización Social

La recolección de recursos, la construcción de embarcaciones y la cooperación necesaria para la supervivencia en un entorno árido sugieren que las comunidades en Baja California tenían una estructura social organizada. Probablemente existían líderes o chamanes encargados de guiar a la comunidad y de realizar ceremonias religiosas, como lo indican las pinturas rupestres y otros hallazgos. La organización social también habría sido crucial para la distribución de recursos, especialmente en tiempos de escasez. Además, la construcción de embarcaciones y la explotación de recursos marinos y terrestres requerían de una división del trabajo, lo que sugiere que estas sociedades estaban bien estructuradas y eran capaces de planificar para el futuro.

Pinturas Rupestres y Arte

Las pinturas rupestres encontradas en la Sierra de San Francisco y otras áreas de Baja California son algunas de las más antiguas y espectaculares de América. Representan figuras humanas estilizadas, animales como ciervos y peces, y escenas de caza y ceremonias rituales. Estas pinturas indican una vida cultural y espiritual rica, donde las prácticas religiosas, los mitos y los rituales eran una parte esencial de la vida cotidiana. Las figuras estilizadas y de gran tamaño sugieren un simbolismo profundo, quizás relacionado con la fertilidad, la caza o las fuerzas de la naturaleza. Este arte rupestre no solo era una expresión cultural, sino que también servía como una forma de comunicación visual para transmitir conocimientos y tradiciones a través de generaciones.

Comercio y Comunicación

La navegación costera no solo permitió la recolección de recursos marinos, sino que también facilitó el comercio y la comunicación entre diferentes grupos a lo largo de la península y más allá. Los bienes como obsidiana, conchas marinas, herramientas de piedra y alimentos fueron intercambiados entre las comunidades costeras e incluso con comunidades del interior. Este comercio fomentaba una mayor interacción cultural y la difusión de tecnologías e ideas, contribuyendo al desarrollo de sociedades más complejas y a la expansión de redes sociales y económicas que trascendían la región. Estas conexiones también habrían permitido el intercambio de conocimientos sobre la navegación, la caza, y las prácticas rituales, consolidando una cultura común entre los habitantes de la península.

Desafíos y Adaptaciones

Desafíos Climáticos

El clima árido y las altas temperaturas de Baja California representaban desafíos extremos para la vida diaria de los antiguos pobladores. La escasez de agua y las altas temperaturas durante gran parte del año significaban que las comunidades necesitaban desarrollar métodos eficientes para almacenar agua y alimentos. Para enfrentar estas condiciones, las comunidades probablemente recolectaban agua de fuentes esporádicas, como arroyos estacionales, y utilizaban plantas nativas que almacenaban agua en sus tejidos. Además, habrían adaptado sus actividades diarias para evitar la exposición al calor extremo, descansando durante las horas más calurosas del día y realizando la mayoría de sus tareas al amanecer o al atardecer.

Innovaciones Tecnológicas

La necesidad de explotar los recursos disponibles llevó a estas comunidades a desarrollar herramientas especializadas. Anzuelos y redes de pesca, fabricados a partir de fibras naturales, facilitaron la recolección de recursos marinos. Herramientas de piedra, como las puntas de proyectil y cuchillas, fueron esenciales para la caza de animales terrestres. Además, las innovaciones en la construcción de embarcaciones primitivas permitieron una mayor movilidad a lo largo de las costas. Estas herramientas reflejan un conocimiento profundo del entorno natural y la capacidad de los antiguos pobladores para adaptarse a los desafíos de la región. Las innovaciones tecnológicas, combinadas con la habilidad para navegar y explotar una amplia gama de recursos, permitieron a estas sociedades prosperar en un entorno desértico donde los recursos eran escasos.

Resumen

Los primeros pobladores de Baja California enfrentaron una variedad de desafíos climáticos y geográficos, pero a través de la navegación, la explotación eficiente de los recursos naturales y la adaptación cultural, lograron desarrollar sociedades complejas y autosuficientes. Las evidencias de su vida cultural, como las pinturas rupestres y las innovaciones tecnológicas, son testimonio de su capacidad para adaptarse y sobrevivir en un entorno tan hostil. La combinación de habilidades de navegación, recolección de recursos y organización social permitió a estas comunidades prosperar y dejar un legado arqueológico que sigue fascinando a los investigadores hoy en día.

Referencias

1) **Erlandson, Jon M., et al**. "The Kelp Highway Hypothesis: Marine Ecology, the Coastal Migration Theory, and the Peopling of the Americas." *The Journal of Island and Coastal Archaeology*, 2007.

2) **Fagan, Brian M.** *The First North Americans: An Archaeological Journey*. Thames & Hudson, 2010.

3) **Ritter, Eric W.** "Prehistoric Adaptations to the Coastal Zone of Northern Baja California." *Pacific Coast Archaeological Society Quarterly*, 1991.

4) **Laylander, Don.** "Early Ethnography and Ethnohistory in Baja California." *Journal of California and Great Basin Anthropology*, 2000.

5) **Dahlgren, Barbro, et al.** *Las Cuevas de Baja California Sur*. Instituto Nacional de Antropología e Historia, 1976.

La Incursión Tierra Adentro en México

Exploración y Asentamiento

La incursión de los primeros pobladores hacia el interior de México marcó el comienzo de una era de exploración, adaptación y desarrollo cultural que transformó la región. Desde los desiertos del norte hasta las selvas del sur, estos antiguos habitantes dejaron un legado que aún se refleja en las culturas y tradiciones de México. Este capítulo profundiza en las evidencias arqueológicas, los métodos de navegación y adaptación, las implicaciones culturales y sociales, y ejemplos de culturas que surgieron durante este proceso.

Evidencias Arqueológicas en el Interior de México

Las investigaciones arqueológicas en el interior de México han revelado una rica historia de ocupación humana temprana, que jugó un papel fundamental en el desarrollo de la agricultura y la formación de sociedades complejas. A continuación, se describen algunos de los sitios más importantes que han proporcionado información crucial sobre las culturas que habitaron el territorio mexicano en la prehistoria y en las primeras etapas de la civilización mesoamericana.

Cueva de Coxcatlán, Puebla

- **Descripción**: La Cueva de Coxcatlán está ubicada en el Valle de Tehuacán, un área clave en el desarrollo de la agricultura en Mesoamérica. Este sitio ha sido estudiado exhaustivamente por arqueólogos debido a su papel en la transición de las sociedades de cazadores-recolectores a agricultores. Las excavaciones han revelado una secuencia de ocupación que se remonta a unos 12,000 años.

- **Hallazgos**: Entre los artefactos encontrados se incluyen herramientas de piedra que se usaban para cazar y recolectar, así como restos de plantas domesticadas, como calabazas y chiles. El hallazgo más significativo son las primeras evidencias de maíz domesticado. Las semillas de maíz, aunque primitivas en comparación con las variedades posteriores, muestran el comienzo de la manipulación agrícola de esta planta fundamental para la dieta mesoamericana.

- **Significado**: La Cueva de Coxcatlán es fundamental para comprender los orígenes de la agricultura en Mesoamérica, especialmente el proceso de domesticación del maíz, uno de los cultivos más importantes para el desarrollo de las civilizaciones precolombinas. El Valle de Tehuacán se considera uno de los principales centros de domesticación de plantas en el hemisferio occidental, y este sitio proporciona una ventana crítica a esa transición de la vida nómada a la sedentaria, lo que eventualmente permitió el crecimiento de aldeas permanentes y ciudades.

Tlapacoya, Estado de México

- **Descripción**: Situado cerca del Lago de Chalco, en el Estado de México, Tlapacoya es un sitio que ha generado debate entre los arqueólogos debido a los artefactos que parecen datar de aproximadamente 22,000 años, lo que lo convertiría en una de las evidencias más antiguas de ocupación humana en América.

- **Hallazgos**: Entre los descubrimientos en Tlapacoya se encuentran herramientas de piedra, como bifaces y lascas, y restos óseos de animales que fueron cazados por los habitantes tempranos. Estos restos sugieren que el sitio fue utilizado por cazadores-recolectores que explotaban los recursos lacustres y terrestres de la región.

- **Significado**: Aunque las fechas exactas de ocupación están sujetas a debate, si se confirmaran las fechas más tempranas, Tlapacoya sería una evidencia de la llegada temprana de seres humanos a América, lo que cambiaría las teorías actuales sobre la migración humana hacia el continente. Este sitio destaca la importancia del centro de México como un área de ocupación humana temprana y potencialmente continua durante milenios.

Guila Naquitz, Oaxaca

- **Descripción**: Guila Naquitz es una cueva ubicada en el valle de Oaxaca que ha proporcionado evidencia arqueológica de ocupación humana que se remonta a unos 10,000 años. Este sitio ha sido clave para el estudio de la domesticación de plantas en el sur de México.

- **Hallazgos**: Los restos de plantas domesticadas, como calabazas y frijoles, junto con herramientas de piedra, indican que los primeros habitantes del sitio ya estaban experimentando con la agricultura en una etapa temprana. Estos descubrimientos muestran una transición de la recolección de plantas silvestres hacia la domesticación, un proceso que más tarde llevaría a la sedentarización y la formación de aldeas permanentes.

- **Significado**: Guila Naquitz es un sitio crucial para comprender cómo se desarrolló la agricultura en el valle de Oaxaca, una región que se convertiría en el hogar de las culturas zapoteca y mixteca. Los primeros experimentos agrícolas en este lugar representan el comienzo de un proceso que transformaría la economía y la organización social de las culturas mesoamericanas.

Métodos de Navegación y Adaptación en el Interior de México

La geografía diversa del interior de México, que incluye desiertos, montañas, valles fértiles y selvas tropicales, influyó en las estrategias de supervivencia, movilidad y desarrollo cultural de los antiguos habitantes. A medida que las sociedades se volvieron más complejas, también lo hicieron sus métodos de navegación y adaptación a estos entornos.

* **Ríos y Cuencas Hidrográficas:** Los ríos fueron vías cruciales para la navegación y la dispersión de las poblaciones hacia el interior del territorio. Ríos como el Balsas, el Lerma y el Usumacinta no solo proporcionaban agua potable y alimento, sino que también actuaban como corredores naturales para el comercio y la comunicación entre diferentes regiones. La proximidad a estos ríos facilitó el desarrollo de grandes asentamientos y centros ceremoniales a lo largo de sus cuencas.

* **Adaptación a Diversos Entornos:** La diversidad geográfica de México presentó desafíos únicos que las culturas tempranas enfrentaron con innovaciones agrícolas y de ingeniería. Por ejemplo, en las zonas montañosas, los antiguos habitantes desarrollaron terrazas agrícolas, que les permitían cultivar en terrenos empinados. En las regiones pantanosas del Valle de México, se inventaron las chinampas, islas artificiales que flotaban sobre el agua y que aumentaban la superficie cultivable.

* **Desarrollo de la Agricultura:** La domesticación de plantas como el maíz, los frijoles y las calabazas fue fundamental para el establecimiento de comunidades agrícolas permanentes. Estos cultivos se convirtieron en la base de la dieta mesoamericana y permitieron el crecimiento de grandes poblaciones en áreas como el Valle de México, Oaxaca y la Cuenca del Balsas. La adopción de la agricultura sentó las bases para la formación de ciudades y centros ceremoniales que florecieron en las culturas posteriores.

* **Implicaciones Culturales y Sociales:** La transición a una economía agrícola y el control de los recursos hídricos a través de la construcción de terrazas y sistemas de irrigación permitieron el surgimiento de sociedades más complejas. Estas culturas desarrollaron una estructura social jerarquizada, con líderes políticos y religiosos que controlaban los recursos y los rituales.

* **Desarrollo de Sociedades Complejas:** La agricultura permitió que las sociedades mesoamericanas, como los zapotecas y teotihuacanos, crecieran en tamaño y complejidad. Las ciudades como Teotihuacán y Monte Albán se convirtieron en centros de poder político y económico que controlaban vastas áreas del interior de México. La planificación urbana avanzada de estos sitios refleja una sociedad jerarquizada, con un poder centralizado capaz de coordinar grandes proyectos de construcción y mantener el orden social.

* **Intercambio Cultural y Comercio:** El comercio jugó un papel clave en el desarrollo de estas culturas. Los ríos y los caminos terrestres facilitaban el intercambio de bienes como la obsidiana, el jade, el cacao y otros productos valiosos. Este comercio no solo era importante para la economía, sino también para la difusión de ideas y tecnologías entre diferentes regiones. El intercambio cultural entre regiones permitió la adopción de tecnologías agrícolas, estilos arquitectónicos y prácticas religiosas.

* **Rituales y Religión:** La vida espiritual jugó un papel central en las sociedades mesoamericanas. La construcción de templos y pirámides, como las de Teotihuacán y Monte Albán, demuestra la importancia de los sacerdocios y los rituales religiosos. Estas estructuras no solo eran centros de adoración, sino también símbolos del poder político y religioso de las élites. Las sociedades mesoamericanas desarrollaron un complejo panteón de dioses, y sus rituales, que incluían sacrificios, eran una parte integral de la vida cotidiana y de la cohesión social.

Ejemplos de Culturas del Interior de México

Teotihuacán

- **Descripción**: Teotihuacán, ubicada en el Valle de México, fue una de las ciudades más grandes y poderosas del México antiguo. Floreció entre el 100 a.C. y el 650 d.C., y en su apogeo, albergaba a más de 100,000 habitantes. La ciudad fue un centro cultural, religioso y comercial que influenció a gran parte de Mesoamérica.

- **Características**: Teotihuacán es famosa por sus monumentales pirámides del Sol y de la Luna, que estaban alineadas astronómicamente y eran el centro de la vida religiosa. La avenida de los Muertos, una gran calzada que atraviesa la ciudad, conectaba las principales estructuras ceremoniales.

- **Significado**: Teotihuacán representa el apogeo de la planificación urbana y la organización política en Mesoamérica. Su influencia se extendió a través de redes comerciales y culturales que abarcaron desde el Golfo de México hasta Guatemala.

Monte Albán

- **Descripción**: Monte Albán, situada en el valle de Oaxaca, fue un centro ceremonial y político zapoteca que se desarrolló entre el 500 a.C. y el 800 d.C. Construida sobre una serie de terrazas artificiales en la cima de una montaña, la ciudad dominaba el valle circundante.

- **Características**: Monte Albán es conocida por sus plataformas elevadas, sus estelas esculpidas y sus tumbas ornamentadas. La ciudad también contaba con un sofisticado sistema de drenaje y plazas ceremoniales.

- **Significado**: Monte Albán fue un centro de poder regional que no solo dominaba políticamente el valle de Oaxaca, sino que también influenció a otras culturas en el sur de Mesoamérica a través de redes comerciales y alianzas políticas.

El Tajín

- **Descripción**: El Tajín, ubicada en el actual estado de Veracruz, floreció entre el 600 y el 1200 d.C. Esta ciudad precolombina es conocida por su arquitectura elaborada y su distintivo estilo artístico.

- **Características**: El Tajín es famosa por la Pirámide de los Nichos, una estructura con cientos de pequeños nichos que parecen haber tenido un propósito ceremonial. La ciudad también contaba con varias canchas para el juego de pelota mesoamericano.

- **Significado**: El Tajín representa la complejidad cultural y la diversidad de las sociedades mesoamericanas. Su arte, arquitectura y cerámica reflejan una rica tradición cultural que influyó en las culturas posteriores de la región.

Desafíos Climáticos: El clima árido y las altas temperaturas de Baja California presentaban desafíos significativos para la supervivencia. Los antiguos habitantes desarrollaron técnicas para almacenar agua y alimentos, y adaptaron su vestimenta y actividades diarias para evitar la exposición excesiva al sol.

Innovaciones Tecnológicas: La necesidad de explotar los recursos marinos y terrestres llevó al desarrollo de herramientas especializadas, como anzuelos, redes de pesca y herramientas de piedra para la caza y la recolección. Estas innovaciones reflejan una capacidad de adaptación y una profunda comprensión del entorno natural.

Resumen

La incursión de los primeros pobladores hacia el interior de México, después de la migración inicial a través de la Ruta Costera del Pacífico, resultó en la exploración y asentamiento de diversas regiones, desde los desiertos del norte hasta las selvas del sur. Los antiguos pobladores desarrollaron técnicas de adaptación avanzadas para sobrevivir y prosperar en una variedad de entornos geográficos. La domesticación de plantas y el desarrollo de la agricultura fueron factores clave para el establecimiento de sociedades complejas y organizadas. La evidencia arqueológica en sitios como Coxcatlán, Tlapacoya y Guila Naquitz proporciona una visión detallada de la vida y las adaptaciones de estos antiguos habitantes, mientras que las grandes ciudades como Teotihuacán, Monte Albán y El Tajín reflejan el desarrollo cultural y social de las civilizaciones del interior de México.

Referencias

1) **MacNeish, Richard S**. *The Prehistory of the Tehuacan Valley: Environment and Subsistence*. University of Texas Press, 1967.

2) **Heyden, Doris**. "Tlapacoya: The Early Occupation." *Science*, 1972.

3) **Flannery, Kent** V. *The Early Mesoamerican Village*. Academic Press, 1976.

4) **Manzanilla, Linda**. *Teotihuacan: City of Water, City of Fire*. San Francisco: De Young Museum, 2017.

5) **Marcus, Joyce**. *Zapotec Civilization: How Urban Society Evolved in Mexico's Oaxaca Valley*. Thames & Hudson, 2020.

6) **Sanders, William T., and Barbara Price**. *Mesoamerica: The Evolution of a Civilization*. Random House, 1968.

7) **Diehl, Richard A**. *The Olmecs: America's First Civilization*. Thames & Hudson, 2004.

La Era Pre-Colombina

La Formación de las Sociedades y Tribus Indígenas

La región de Los Altos de Jalisco, que formó parte de la Nueva Galicia durante la colonia, fue hogar de numerosas tribus indígenas con culturas diversas y complejas. Entre los grupos más destacados estaban los caxcanes, guachichiles, tecuexes, guamares, pames y zacatecos, quienes desarrollaron sistemas organizativos, económicos y religiosos particulares que les permitieron adaptarse a un ambiente semiárido y montar resistencia contra la colonización española. Este análisis explora la evolución y desarrollo de estas tribus, sus interacciones, sus conflictos, y el impacto de la colonización en sus sociedades.

Orígenes de los Grupos Indígenas en Los Altos de Jalisco y la Nueva Galicia

La ubicación de Los Altos de Jalisco dentro del Altiplano Central de México presenta un clima semiárido con suelos escarpados y limitados recursos hídricos. Estas características influyeron en el estilo de vida y en la organización de las tribus indígenas de la región. Los caxcanes, guachichiles, tecuexes, guamares, pames y zacatecos se asentaron en esta zona en distintos periodos, y aunque compartían rasgos comunes, desarrollaron identidades y estructuras únicas.

Caxcanes

Sedentarismo y Agricultura en la Nueva Galicia

Los caxcanes, una de las tribus más notables de la región y parte importante de la Nueva Galicia, fueron principalmente agrícolas. Gracias a su asentamiento en valles y zonas más fértiles, desarrollaron técnicas de cultivo para adaptar el maíz, frijol y calabaza a las condiciones semiáridas, empleando terrazas y sistemas de almacenamiento de agua. Los caxcanes establecieron aldeas estables, con estructuras ceremoniales y plazas centrales, reflejando un sistema jerárquico encabezado por líderes comunitarios y guerreros.

Tecuexes

Seminómadas Guerreros del Norte

Los tecuexes ocupaban el norte de Jalisco y se caracterizaban por su espíritu guerrero y su organización social flexible. Aunque practicaban una agricultura incipiente, su subsistencia se basaba en la caza y recolección. Los tecuexes estaban organizados en pequeños clanes o bandas bajo el liderazgo de jefes guerreros. Esta flexibilidad les permitió desplazarse y adaptarse a las demandas de un entorno cambiante, manteniéndose autónomos y resistentes frente a la expansión de otros pueblos.

Guachichiles

Nómadas y Guerreros del Centro-Norte

Los guachichiles, conocidos por su carácter nómada y aguerrido, ocuparon las regiones noreste de Los Altos de Jalisco. Eran expertos en la guerra y en tácticas de emboscada, y sus cuerpos y rostros pintados de rojo eran un símbolo de intimidación hacia sus enemigos. Al no depender de la agricultura, sus habilidades de caza, recolección y uso de plantas medicinales y venenosas les permitían vivir en constante movimiento. Esta independencia y movilidad hicieron de los guachichiles un pueblo resistente y difícil de someter.

Guamares

Economía de Subsistencia y Adaptación

Los guamares, habitantes de zonas montañosas, también eran seminómadas y dependían de la caza y recolección, aunque en menor medida practicaban la agricultura. Su economía de subsistencia estaba complementada por el intercambio ocasional con otras tribus. Al igual que los guachichiles, los guamares adoptaron tácticas de guerrilla para protegerse de invasores y establecer alianzas temporales en función de las necesidades de supervivencia.

Pames

Comunidades del Norte con Conocimiento de Plantas Medicinales

Los pames habitaban al norte de Los Altos y mantenían relaciones de intercambio con otras tribus. Aunque seminómadas, eran conocidos por su conocimiento de plantas medicinales y su organización social basada en la cooperación comunitaria. Su estructura social fomentaba la ayuda mutua, y al igual que los tecuexes, su sistema de liderazgo dependía de los consejos de ancianos y guerreros.

Zacatecos

Guerreros y Defensores de los Territorios Semiáridos

Los zacatecos, habitantes de las partes más áridas de la región, eran también un pueblo nómada y guerrero. Su estructura social era menos jerárquica y se organizaban en bandas de guerreros expertos en el uso de arcos y lanzas. Como los guachichiles, los zacatecos adoptaron estrategias de resistencia y ataque para mantener su autonomía en una región hostil.

Organización Social y Política

Las tribus de Los Altos de Jalisco, aunque distintas en su organización interna, compartían características en sus estructuras sociales:

Estructura Jerárquica en los Caxcanes

Los caxcanes, debido a su sedentarismo, desarrollaron una jerarquía más definida. La autoridad se concentraba en los jefes de aldeas, quienes eran responsables de la toma de decisiones en asuntos de guerra, alianzas y ceremonias religiosas. Su organización política incluía una red de líderes comunitarios que respondían a un jefe principal en tiempos de conflicto, lo que les permitió organizar rebeliones efectivas, como la Rebelión del Mixtón en 1540.

Autonomía y Liderazgo Guerrero en los Tecuexes y Guachichiles

Los tecuexes y guachichiles, al ser seminómadas o nómadas, mantenían una estructura social menos rígida. En lugar de líderes permanentes, cada grupo tenía un consejo de ancianos o guerreros experimentados que actuaban en función de las circunstancias. Esta flexibilidad les permitía formar alianzas temporales o movilizarse rápidamente en caso de amenaza. La autonomía y el carácter guerrero fueron esenciales en su resistencia a la colonización y su negativa a someterse a otros pueblos.

Redes de Alianzas entre Guamares, Pames y Zacatecos

Los guamares, pames y zacatecos, aunque organizados en bandas y con menor cohesión que los caxcanes, desarrollaron sistemas de alianza basados en la defensa mutua y el comercio ocasional. Las relaciones intertribales eran fundamentales para la supervivencia, especialmente en territorios áridos. La habilidad de estos grupos para colaborar temporalmente facilitaba la defensa de sus territorios y fortalecía su identidad cultural frente a otras influencias.

Religión, Cosmovisión y Ritos Culturales

Culto a la Naturaleza y la Guerra

Las creencias religiosas de los indígenas de Los Altos de Jalisco giraban en torno a la naturaleza y la guerra. En especial, los guachichiles y zacatecos, pueblos guerreros, veían la guerra como una extensión de sus ritos culturales. Pintar sus cuerpos y usar símbolos de poder, como el color rojo en sus rostros, era una práctica ritual para intimidar a sus enemigos y fortalecer el espíritu guerrero.

Ritos Agrícolas y Ceremoniales de los Caxcanes

Los caxcanes, al ser sedentarios y agricultores, realizaban ceremonias y rituales dedicados a la fertilidad de la tierra y las lluvias. Sus prácticas religiosas incluían ofrendas en plazas y centros ceremoniales, y el uso de danzas y cantos en honor a sus deidades. Estos rituales reflejaban su dependencia de la tierra y de los ciclos agrícolas, siendo la agricultura no solo una actividad económica, sino también espiritual.

Impacto de la Conquista y la Colonización Española

Rebelión del Mixtón: Resistencia de los Caxcanes

La llegada de los españoles en el siglo XVI representó una amenaza directa para los caxcanes y otras tribus. La Rebelión del Mixtón (1540), liderada por los caxcanes, fue uno de los episodios de resistencia más destacados en la Nueva Galicia. Este levantamiento unió a los caxcanes con otros pueblos, como los guachichiles y zacatecos, en un esfuerzo conjunto por resistir la imposición de la encomienda y la evangelización. Aunque la rebelión fue brutalmente sofocada, demostró el espíritu de resistencia de los indígenas de Los Altos.

Transformaciones Culturales y Religiosas

Tras la derrota de la Rebelión del Mixtón, las tribus de Los Altos fueron sometidas a un proceso de evangelización forzada y reasentamiento. La imposición del cristianismo y la reorganización de sus comunidades en pueblos de misión alteraron profundamente su estructura social y cultural. Aunque muchos aspectos de su cosmovisión fueron reprimidos, algunas creencias y prácticas lograron sobrevivir, fusionándose con elementos cristianos y creando una identidad sincrética que aún perdura en la región.

La fusión de dos culturas, Jorge González Camarena

Resumen

La región de Los Altos de Jalisco, en la antigua Nueva Galicia, fue hogar de diversas tribus indígenas, como los caxcanes, guachichiles, tecuexes, guamares, pames y zacatecos, cada una con culturas y sistemas organizativos únicos. Adaptándose a un ambiente semiárido, estos grupos desarrollaron modos de vida basados en la agricultura, la caza y la recolección, y formaron estructuras sociales que les permitieron resistir la colonización española. Cada tribu aportó una identidad particular, y este análisis detalla sus costumbres, creencias y estrategias de supervivencia en un entorno hostil.

Cada grupo indígena de Los Altos de Jalisco adoptó diferentes formas de organización. Los caxcanes, por ejemplo, eran agricultores sedentarios con una jerarquía definida y asentamientos permanentes; en contraste, los guachichiles y zacatecos, pueblos nómadas y guerreros, desarrollaron habilidades en la guerra y en tácticas de emboscada, manteniendo su autonomía. A su vez, los tecuexes y guamares vivieron como seminómadas, empleando tácticas de guerrilla y organizándose en clanes flexibles. Esta diversidad de estilos de vida demuestra la capacidad de adaptación de cada grupo a las condiciones ambientales y su resistencia ante la expansión colonial.

La llegada de los españoles trajo cambios drásticos, destacándose la Rebelión del Mixtón (1540), liderada por los caxcanes en alianza con otros pueblos, en un esfuerzo por resistir la encomienda y la evangelización. Aunque fue sofocada, la rebelión simbolizó el espíritu de resistencia indígena en la región. Tras la conquista, las tribus enfrentaron la evangelización forzada y la reorganización social, lo que alteró su cosmovisión y costumbres. Aun así, algunas prácticas y creencias indígenas sobrevivieron, fusionándose con el cristianismo y contribuyendo a una identidad cultural sincrética que persiste en Los Altos de Jalisco hasta hoy.

Referencias

1) **López Austin, Alfredo**. *Los Antiguos Mexicanos, un Espejo de los Pueblos del Nahua*. Fondo de Cultura Económica, 1980.

2) **González, Victoria y Marcela García**. *Historia de Jalisco: De la Colonia a la Independencia*. Editorial Jus, 2005.

3) **García, Héctor**. *Los Caxcanes y la Rebelión del Mixtón: La Resistencia en la Nueva Galicia*. Instituto Nacional de Antropología e Historia (INAH), 1998.

4) **Navarrete, Federico**. *México Antiguo y Moderno: Cultura y Sociedad*. Editorial Siglo XXI, 2016.

5) **Gutiérrez, Gerardo**. *Los Chichimecas: Etnografía, Guerra y Resistencia*. Fondo de Cultura Económica, 2012.

6) **Raudsepp-Hearne, C., Peterson, G.D. y Bennett, E.M.** "Ecosistemas Semiáridos y Adaptaciones Indígenas en la Región Central de México." *Estudios de Ciencias Ambientales de México*, 2013.

7) **Márquez, Luis R.** *Los Guachichiles: Cultura y Guerra en el Norte de Mesoamérica*. Editorial Jalisco, 2009.

8) **Zavala, Silvio**. *La Nueva Galicia y sus Pueblos Originarios*. Universidad Nacional Autónoma de México (UNAM), 1954.

Centro Ceremonial de Teocaltitlán de Guadalupe

Los centros ceremoniales indígenas de Los Altos de Jalisco fueron lugares fundamentales para la vida religiosa, social y cultural de los pueblos originarios que habitaban esta región antes de la llegada de los españoles. Estos sitios eran puntos de encuentro donde las comunidades realizaban rituales, ofrendas y celebraciones en honor a sus deidades, buscando así mantener el equilibrio y la armonía con la naturaleza. Los indígenas consideraban que estos lugares tenían una conexión especial con el mundo espiritual, por lo que se construyeron en zonas estratégicas, como montañas, ríos o cuevas, que para ellos eran sagradas.

Uno de los aspectos más importantes de estos centros ceremoniales era la cosmovisión que reflejaban. Los rituales que se llevaban a cabo en estos lugares estaban profundamente relacionados con la creencia en el poder de los elementos naturales y los ciclos de la vida. En estos centros, los indígenas de Los Altos de Jalisco honraban a sus deidades mediante ceremonias dedicadas a la lluvia, la cosecha y la fertilidad de la tierra. Estas prácticas eran fundamentales para el sustento de la comunidad, ya que garantizaban la abundancia de alimentos y la protección contra desastres naturales.

Además de sus funciones religiosas, los centros ceremoniales también cumplían un papel social en la organización de las comunidades. Eran espacios de convivencia, donde se tomaban decisiones importantes para la comunidad, se discutían temas de relevancia y se fortalecían los lazos entre los diferentes grupos familiares y tribus. Las ceremonias y festividades permitían a las personas conectarse entre sí y con su herencia cultural, fortaleciendo su identidad y su sentido de pertenencia. De esta forma, estos centros también funcionaban como centros de cohesión social.

Los vestigios arqueológicos encontrados en estos centros ceremoniales revelan la importancia de la arquitectura y el simbolismo en la cultura indígena de Los Altos de Jalisco. Muchas de estas construcciones contaban con elementos decorativos, como petroglifos y figuras talladas en piedra, que representaban aspectos de la vida cotidiana y sus creencias religiosas. Asimismo, se han encontrado restos de herramientas y cerámicas que se utilizaban en los rituales, lo que sugiere que estos lugares eran altamente especializados y contaban con una organización compleja.

A pesar de los cambios culturales y la colonización, algunos de estos centros ceremoniales han logrado conservarse, y las comunidades actuales de Los Altos de Jalisco aún valoran y respetan estos sitios como parte de su patrimonio. Existen festividades y prácticas que se han heredado de generación en generación, manteniendo viva una conexión con sus antepasados. Hoy en día, estos centros ceremoniales representan un legado invaluable que permite comprender mejor la historia y la espiritualidad de los pueblos indígenas de esta región, además de ser espacios de reflexión sobre la importancia de la identidad cultural y la relación con la naturaleza.

El centro ceremonial de Teocaltitlán, situado en Los Altos de Jalisco, es un sitio arqueológico que revela la profundidad cultural y espiritual de los grupos indígenas que habitaron la región, especialmente los tecuexes y caxcanes. Aunque no tan conocido como otros grandes centros ceremoniales de Mesoamérica, Teocaltitlán desempeñó un papel fundamental en la vida religiosa, política y económica de estos pueblos. Este análisis explora la arquitectura, la cosmovisión indígena reflejada en el sitio, su posible función como centro de intercambio y su importancia actual como patrimonio cultural.

Estructura y Disposición del Sitio

Teocaltitlán presenta un diseño arquitectónico típico de un centro ceremonial mesoamericano. Su estructura incluye plataformas elevadas, plazas y basamentos piramidales dispuestos alrededor de un espacio central de congregación, lo que sugiere que era un lugar para ceremonias públicas y actividades rituales. Las plataformas, construidas con piedra y tierra compacta, se alzan sobre el terreno natural, permitiendo que los líderes religiosos o gobernantes pudieran dirigir los rituales desde una posición elevada.

La disposición del sitio, orientado hacia fenómenos astronómicos como los solsticios y equinoccios, demuestra una planificación cuidadosa basada en observaciones celestes, lo cual era fundamental en la arquitectura ceremonial mesoamericana. Esta orientación sugiere que los habitantes de Teocaltitlán empleaban su entorno para seguir los ciclos del sol, la luna y las estrellas, sincronizando así sus rituales con eventos astronómicos clave que influían en las actividades agrícolas, la vida comunitaria y la toma de decisiones.

Función Ritual y Cosmovisión Indígena

Para los tecuexes y caxcanes, la cosmovisión estaba íntimamente ligada a su entorno natural. Creían en una interconexión entre el hombre, la naturaleza y las deidades que influían en los ciclos de vida. Teocaltitlán, cuyo nombre en náhuatl puede traducirse como "lugar del templo" o "casa de los dioses," servía como un punto de conexión sagrado entre la comunidad y el mundo espiritual.

Entre las prácticas rituales que probablemente tuvieron lugar en Teocaltitlán se incluyen las ceremonias para la lluvia, la fertilidad de la tierra y las ofrendas a las deidades solares. Estas ceremonias habrían sido cruciales para asegurar buenas cosechas, ya que la agricultura era una base económica para los caxcanes. Los rituales posiblemente incluían danzas, ofrendas de productos agrícolas y sacrificios menores, con el propósito de honrar a las deidades y de apaciguar las fuerzas naturales que creían podían afectar su vida cotidiana.

Teocaltitlán como Centro de Intercambio y Contacto Cultural

Aunque Los Altos de Jalisco estaba relativamente alejado de las grandes urbes de Mesoamérica, Teocaltitlán muestra ciertos elementos arquitectónicos y artísticos que reflejan influencias externas, especialmente de culturas como la tarasca y la purépecha. Esta interacción sugiere que el centro ceremonial pudo haber funcionado también como un punto de encuentro y comercio entre las diversas tribus de la región. A través de estos contactos, los tecuexes y caxcanes intercambiaban no solo productos materiales como obsidiana, tejidos o alimentos, sino también ideas, prácticas rituales y conocimientos agrícolas.

Teocaltitlán puede haber servido como una especie de "puente cultural" entre los pueblos del Altiplano Central y el occidente de México, lo cual facilitaba la transmisión de prácticas y tecnologías. La presencia de elementos culturales compartidos es una señal de que el sitio no solo tenía una función religiosa, sino también un papel activo en la red de intercambios interregionales.

Organización Social y Liderazgo Religioso

La organización de los tecuexes y caxcanes en torno a Teocaltitlán también refleja una estructura social jerarquizada en la que los líderes religiosos desempeñaban roles prominentes. Estos líderes, en su calidad de intermediarios entre el mundo humano y el espiritual, encabezaban las ceremonias y dirigían las actividades comunales. La prominencia de las plataformas elevadas en Teocaltitlán sugiere que los rituales eran altamente organizados y requerían la participación de un líder central, que dirigía las ceremonias en nombre de toda la comunidad.

Además, la relación de los caxcanes con Teocaltitlán refleja un sistema de creencias en el que las relaciones con la tierra, el sol y el agua eran claves para mantener el equilibrio y la prosperidad de la comunidad. Este tipo de sistema espiritual se basaba en el respeto y la veneración de los recursos naturales, que se integraban en la vida cotidiana y daban sentido a su existencia y organización social.

Impacto de la Colonización en Teocaltitlán y su Significado Actual

Con la llegada de los colonizadores españoles, los centros ceremoniales indígenas, como Teocaltitlán, fueron en gran parte abandonados, destruidos o reconvertidos en centros de adoctrinamiento cristiano. Muchos de estos sitios sagrados fueron despojados de su significado espiritual original, y las prácticas religiosas de los tecuexes y caxcanes fueron reprimidas y en algunos casos prohibidas. Sin embargo, los pueblos indígenas preservaron ciertos elementos de su cosmovisión a través de prácticas sincréticas que mezclaban creencias nativas con el catolicismo.

Resumen

El centro ceremonial de Teocaltitlán no solo fue un lugar de culto, sino también un símbolo de la identidad y cohesión social de los tecuexes y caxcanes. La arquitectura, cosmovisión y posible función de intercambio cultural del sitio reflejan la complejidad de sus creencias y la importancia de los rituales en la vida cotidiana. A través de Teocaltitlán, estos pueblos cultivaron una conexión profunda con el entorno natural y el mundo espiritual, en un equilibrio que daba sentido y estructura a su existencia. La preservación de Teocaltitlán es crucial para mantener viva la memoria de estas culturas y su legado en la historia de México.

Referencias

1) **López Austin, Alfredo**. *Los Antiguos Mexicanos, un Espejo de los Pueblos del Nahua*. Fondo de Cultura Económica, 1980.

2) **González, Victoria y Marcela García**. *Historia de Jalisco: De la Colonia a la Independencia*. Editorial Jus, 2005.

3) **García, Héctor**. *Los Caxcanes y la Rebelión del Mixtón: La Resistencia en la Nueva Galicia*. Instituto Nacional de Antropología e Historia (INAH), 1998.

4) **Rodríguez, José**. *Los Centros Ceremoniales del Occidente de México*. Universidad de Guadalajara, 2010.

5) **Navarrete, Federico**. *México Antiguo y Moderno: Cultura y Sociedad*. Editorial Siglo XXI, 2016.

6) **Alarcón, José Luis**. *Teocaltitlán: Arqueología y Cosmovisión en Los Altos de Jalisco*. Instituto de Investigaciones Históricas de Jalisco, 2015.

7) **Márquez, Luis R**. *Intercambio y Religiosidad en la Frontera Chichimeca*. Instituto Nacional de Antropología e Historia, 2012.

El Mestizaje

Inicios del Mestizaje

El mestizaje en la Nueva España, el virreinato que hoy corresponde a México y otras partes de América Central y del Norte, comenzó con la llegada de los conquistadores españoles y se desarrolló a lo largo de los siglos XVI, XVII y XVIII. Fue un proceso complejo y multifacético que involucró la mezcla de europeos, indígenas y africanos, creando una sociedad diversa y culturalmente rica. Aquí se exploran los orígenes del mestizaje en la Nueva España. La llegada de los españoles a México, comenzando con la expedición de Hernán Cortés en 1519, inició un proceso que no solo transformó políticamente el territorio, sino que también originó cambios profundos en la composición social, biológica y cultural de lo que más tarde sería conocido como la Nueva España. Uno de los aspectos más trascendentales fue el mestizaje, un proceso de interacción y mezcla entre indígenas, europeos y africanos, que definió las bases de la sociedad mexicana contemporánea. A continuación, se ofrece un análisis más profundo de este proceso.

Primeras Generaciones de Mestizos

El mestizaje biológico comenzó casi inmediatamente después de la llegada de los españoles. Desde el principio, las mujeres indígenas jugaron un papel central en este proceso, en parte porque había muy pocas mujeres españolas en las primeras décadas de la colonia. Muchas de estas mujeres indígenas fueron entregadas a los conquistadores como parte de alianzas políticas, o tomadas por los españoles como concubinas o esposas. Un caso emblemático es el de la Malinche (Malintzin o Doña Marina), una mujer nahua que jugó un papel clave como intérprete y consejera de Cortés, y quien dio a luz a uno de los primeros mestizos conocidos, Martín Cortés.

Los hijos de estos primeros encuentros entre españoles e indígenas fueron llamados "mestizos", y su presencia comenzó a plantear cuestiones sobre la organización social y las relaciones raciales en la colonia. Aunque estos mestizos no se integraron de manera plena ni en la sociedad española ni en la indígena, su número creció rápidamente y, con el tiempo, llegaron a formar una parte significativa de la población colonial.

La llegada de los españoles a América en el siglo XVI marcó el inicio de un proceso de mestizaje que transformaría irreversiblemente la demografía y la cultura de la región. Uno de los fenómenos más significativos de esta época fue la unión de los conquistadores españoles con mujeres indígenas, lo que dio lugar a la primera generación de mestizos. Estos encuentros no solo fueron resultado de relaciones amorosas o de convivencia, sino también de dinámicas de poder, explotación y la búsqueda de legitimidad social en un nuevo mundo. Los primeros españoles que tuvieron hijos mestizos, en muchos casos, se encontraban en un contexto donde la necesidad de mano de obra y la interacción constante con las comunidades indígenas favorecieron estas uniones, que reflejaban tanto la complejidad de la colonización como las realidades culturales de ambos grupos.

Los primeros mestizos eran vistos como un símbolo del nuevo orden social que emergía en la Nueva España. Mientras que la sociedad española valoraba la pureza de sangre y mantenía una rígida jerarquía social, el mestizaje desafiaba estas nociones al introducir una nueva categoría social que, aunque en muchos casos se consideraba inferior, empezaba a adquirir cierta importancia económica y política. Los mestizos a menudo actuaban como intermediarios entre los españoles y las comunidades indígenas, aprovechando su posición única para mediar en conflictos y facilitar el comercio. Este rol les permitió ganar un estatus que, aunque limitado, les otorgaba un mayor reconocimiento en comparación con los indígenas puros, quienes enfrentaban una discriminación más severa.

Sin embargo, la vida de los mestizos también estaba marcada por tensiones y desafíos. A pesar de su capacidad para acceder a ciertos privilegios, los mestizos a menudo enfrentaban discriminación tanto de los españoles, quienes los veían como inferiores, como de los indígenas, quienes los consideraban traidores por su vinculación con los conquistadores. Esta ambivalencia generó una lucha constante por la aceptación y el reconocimiento en una sociedad estructurada por castas, donde la identidad se definía por el origen étnico. Como resultado, muchos mestizos buscaban establecer una identidad propia que les permitiera navegar entre las dos culturas, a menudo apropiándose de elementos de ambas y creando nuevas formas de expresión cultural.

Primeros Mestizos Notables

Gonzalo Guerrero es a menudo considerado uno de los padres del mestizaje en México debido a su singular historia de transformación y su papel en la intersección entre las culturas europea e indígena durante la conquista. Nacido en España en la década de 1470, **Guerrero** llegó a las Américas como un conquistador y, tras ser capturado por los mayas, eligió adoptar la vida indígena en lugar de regresar a su país natal. Esta decisión marcó el inicio de su nueva identidad y contribuyó al proceso de mestizaje que definiría la identidad mexicana en los siglos venideros.

Después de ser capturado, **Guerrero** fue integrado en una comunidad maya, donde se casó con una mujer indígena llamada Zazil Há y tuvo varios hijos. Su adaptación a la cultura maya, el aprendizaje de su lengua y la adopción de sus costumbres lo llevaron a convertirse en un líder guerrero respetado. **Guerrero** no solo abandonó su identidad española, sino que también se convirtió en un defensor de los pueblos indígenas en su lucha contra los conquistadores. Esta transformación de guerrero español a líder indígena es un testimonio de la complejidad del mestizaje, que no solo abarca la mezcla de razas, sino también la fusión de culturas, tradiciones y modos de vida.

Hernán Cortés, uno de los conquistadores más destacados de la historia de México, no solo es conocido por la caída del Imperio Azteca, sino también por su papel en la formación de la primera generación de mestizos en la Nueva España. A través de sus relaciones con mujeres indígenas, especialmente con La Malinche, Cortés tuvo varios hijos mestizos que simbolizaron la fusión cultural y étnica en el periodo colonial.

Una de las uniones más significativas de **Cortés** fue con La Malinche, una mujer indígena de la cultura náhuatl que se convirtió en su intérprete y consejera. Su relación fue tanto personal como política, y de esta unión nació Martín Cortés, quien es a menudo reconocido como uno de los primeros mestizos documentados en la Nueva España. La existencia de Martín representa no solo un vínculo entre el conquistador y la cultura indígena, sino también un punto de partida para la mezcla de las dos culturas en un contexto donde la identidad y las dinámicas sociales estaban en constante evolución.

Además de Martín, **Cortés** tuvo otros hijos mestizos, como doña Francisca Cortés y doña Leonor Cortés, con diferentes mujeres indígenas. La existencia de estos hijos mestizos plantea preguntas sobre la integración de estos individuos en la sociedad colonial. Aunque los hijos de los conquistadores a menudo eran mejor tratados que otros mestizos, su estatus social variaba dependiendo de su educación, los recursos disponibles y las relaciones familiares. Los hijos de Cortés, al ser mestizos, se encontraban en una posición intermedia en la jerarquía social, disfrutando de algunos privilegios, pero también enfrentando las limitaciones impuestas por la estructura de castas de la época.

Pedro de Alvarado es también recordado como uno de los "padres del mestizaje" en América Latina, debido a sus relaciones con mujeres indígenas y su rol en la integración de las culturas española e indígena. Durante su tiempo en Centroamérica, mantuvo vínculos con mujeres de la nobleza indígena, como Tecuelhuatzin, hija de un cacique de Tlaxcala, y su relación con ella dio lugar a descendientes mestizos, reflejo temprano de la fusión cultural entre conquistadores y pueblos originarios. Estas uniones, ya sea por alianzas estratégicas o por cuestiones personales, fueron comunes entre los conquistadores, y dieron pie al surgimiento de una nueva identidad en el continente, que mezclaba las herencias indígena y europea.

El mestizaje que impulsaron **Alvarado** y otros conquistadores no solo fue biológico, sino también cultural y social. **Alvarado** introdujo en sus territorios elementos europeos en la administración, la religión y la economía, mientras convivía e interactuaba con las tradiciones locales. Este proceso, a menudo violento y forzado, dio origen a una sociedad diversa, en la cual coexistían elementos españoles y mesoamericanos. Si bien muchas de las prácticas indígenas fueron reprimidas, la mezcla cultural resultante se manifiesta aún hoy en aspectos como la lengua, la religión, y el arte en gran parte de América Latina.

El legado de **Pedro de Alvarado** en el mestizaje es complejo y contradictorio, ya que, aunque ayudó a formar una nueva identidad cultural, su papel estuvo marcado por la violencia y el dominio sobre los pueblos indígenas. Esta dualidad, entre el poder impuesto y la fusión de culturas, convirtió a **Alvarado** en una figura que simboliza tanto la tragedia como la riqueza del mestizaje en América Latina. Su vida y descendencia representan el inicio de un proceso irreversible de mezcla étnica y cultural, en el cual las poblaciones locales comenzaron a integrar, de distintas maneras, elementos europeos que con el tiempo dieron forma a la identidad latinoamericana.

Referencias

1) **López Austin, Alfredo**. *Los Antiguos Mexicanos: Un Espejo de los Pueblos del Nahua*. Fondo de Cultura Económica, 1980.

2) **González, Victoria y Marcela García**. *Historia de Jalisco: De la Colonia a la Independencia*. Editorial Jus, 2005.

3) **Schmal, John P. "The Indigenous People of Los Altos de Jalisco."** *Mexican-American Studies & Research Center*, University of Arizona, 2004.

4) **Gutiérrez, Gerardo**. *Los Chichimecas: Etnografía, Guerra y Resistencia*. Fondo de Cultura Económica, 2012.

5) **Márquez, Luis R**. *Los Guachichiles: Cultura y Guerra en el Norte de Mesoamérica*. Editorial Jalisco, 2009.

6) **Navarrete, Federico**. *México Antiguo y Moderno: Cultura y Sociedad*. Editorial Siglo XXI, 2016.

7) **Alarcón, José Luis**. *Teocaltitlán: Arqueología y Cosmovisión en Los Altos de Jalisco*. Instituto de Investigaciones Históricas de Jalisco, 2015.

8) **Castañeda, Patricia**. "Etnografía de Los Altos de Jalisco." *Revista de Estudios Mesoamericanos*, vol. 16, no. 2, 2010.

9) **García, Héctor**. *Los Caxcanes y la Rebelión del Mixtón: La Resistencia en la Nueva Galicia*. Instituto Nacional de Antropología e Historia (INAH), 1998.

10) **Browning, Barbara**. *The Context of Culture: The Role of Women in the Creation of a New Mexican Society*. University of Texas Press, 1999.

11) **Zavala, Silvio**. *La Nueva Galicia y sus Pueblos Originarios*. Universidad Nacional Autónoma de México (UNAM), 1954.

Incorporación de los Africanos

La incorporación de los africanos a la población de Nueva Galicia durante la colonia es un fenómeno complejo que refleja las dinámicas sociales, económicas y culturales del período colonial en México. A partir del siglo XVI, la llegada de africanos esclavizados fue impulsada principalmente por la demanda de mano de obra en un contexto donde la población indígena había disminuido drásticamente debido a enfermedades traídas por los europeos y a la explotación en las minas y campos. Las haciendas, plantaciones y minas de la Nueva Galicia, que se encontraban en plena expansión económica, requerían trabajadores que pudieran soportar las duras condiciones de trabajo. Los africanos, considerados más resistentes a ciertas enfermedades tropicales que los indígenas, fueron traídos en cantidades significativas para satisfacer esta demanda, convirtiéndose en un componente esencial de la economía colonial.

El proceso de incorporación de los africanos en Nueva Galicia no solo se limitó a la esfera laboral; también tuvo un profundo impacto en la estructura social de la región. Los africanos traídos a la Nueva Galicia fueron distribuidos entre las diferentes clases sociales y grupos étnicos, lo que fomentó un mestizaje significativo. Las relaciones entre africanos, indígenas y españoles dieron lugar a una población diversa caracterizada por la mezcla de culturas, tradiciones y lenguas. Este fenómeno de mestizaje se tradujo en una rica amalgama cultural que se reflejó en la música, la danza, la gastronomía y las prácticas religiosas. Las tradiciones africanas comenzaron a entrelazarse con las costumbres indígenas y europeas, creando nuevas expresiones culturales que enriquecieron el patrimonio de Nueva Galicia.

Sin embargo, a pesar de su contribución al desarrollo económico y cultural de la región, los africanos y sus descendientes enfrentaron un contexto de discriminación y exclusión. Las leyes coloniales imponían restricciones severas a los africanos esclavizados y a sus descendientes, limitando su acceso a ciertos derechos y privilegios. La sociedad colonial estaba organizada en un sistema de castas que jerarquizaba a las personas según su origen étnico, donde los españoles eran considerados superiores, seguidos por los mestizos y, finalmente, los africanos y los indígenas. Esta estratificación social se tradujo en la marginalización de las comunidades afrodescendientes, que, a pesar de sus esfuerzos por integrarse y prosperar, a menudo enfrentaban barreras para acceder a recursos económicos y sociales.

A medida que la población africana se asentaba en la región, algunos africanos y sus descendientes lograron obtener su libertad a través de diversos medios, como la compra de su libertad o la manumisión concedida por sus amos. Este proceso permitió el surgimiento de comunidades afrodescendientes libres que desempeñaron un papel activo en la vida social, económica y política de Nueva Galicia. Estas comunidades se convirtieron en espacios de resistencia cultural donde se preservaron las tradiciones africanas, al tiempo que se adaptaban a la nueva realidad colonial. La resiliencia de estas comunidades es un testimonio de su capacidad para navegar en un entorno que les era hostil, creando espacios de identidad y pertenencia en medio de las adversidades.

El Sistema de Castas en la Nueva España

El sistema de castas en la Nueva España fue una estructura social jerárquica que emergió durante el periodo colonial, marcada por la mezcla de diversas etnias y culturas tras la llegada de los españoles en el siglo XVI. Este sistema se estableció como un mecanismo para clasificar a la población según su origen étnico, y tuvo profundas implicaciones en la vida social, económica y política de la época. Las categorías principales incluyeron a los españoles, mestizos, indígenas, africanos y sus descendientes, creando una compleja red de castas que reflejaba la diversidad y la desigualdad de la sociedad colonial. El sistema estaba jerárquicamente estructurado, con los españoles peninsulares (nacidos en España) en la cúspide de la pirámide social. Les seguían los criollos, que eran descendientes de españoles nacidos en América. A continuación, se encontraban los mestizos, resultado de la mezcla entre españoles e indígenas, quienes, aunque gozaban de ciertos derechos, eran considerados de rango inferior en comparación con los criollos y españoles peninsulares. En la base de la jerarquía estaban los indígenas y los africanos, quienes enfrentaban severas limitaciones en sus derechos y oportunidades. Esta estratificación no solo se basaba en el origen étnico, sino también en factores económicos y de poder, lo que exacerbaba las desigualdades sociales y mantenía el control colonial.

Este sistema no solo afectó las relaciones interpersonales, sino que también influyó en la economía colonial. La categorización de la población determinaba el acceso a recursos y oportunidades laborales. Los españoles y criollos dominaban los cargos administrativos, las tierras y las empresas, mientras que los mestizos, indígenas y africanos a menudo eran relegados a trabajos manuales y de baja remuneración. A medida que la población mestiza crecía, también lo hacía su importancia económica, pero las oportunidades para ascender socialmente eran limitadas, ya que la movilidad social estaba restringida por el sistema de castas. Este fenómeno perpetuó un ciclo de pobreza y marginalización que afectó a gran parte de la población indígena y afrodescendiente.

A lo largo del tiempo, el sistema de castas comenzó a mostrar tensiones internas. Aunque existía una clara jerarquía, las interacciones entre las diferentes castas llevaron a la creación de nuevas categorías, como los "zambos" (mezcla de africanos e indígenas) y otros grupos que resultaban de un continuo mestizaje. Esta diversidad complicó el rígido sistema de castas, ya que las relaciones interpersonales desafiaban las normas sociales establecidas. A pesar de las tensiones, las autoridades coloniales buscaron mantener el control sobre la población a través de esta estructura, fomentando la división y desconfianza entre grupos para evitar la formación de movimientos de resistencia que amenazaran el orden colonial.

El sistema de castas continuó siendo un rasgo distintivo de la sociedad colonial hasta la independencia de México en el siglo XIX. Aunque las reformas políticas y sociales posteriores llevaron a la abolición formal de este sistema, sus efectos perduraron, dejando huellas en la identidad y las estructuras sociales de México. Hoy en día, el legado del sistema de castas sigue siendo un tema de estudio importante para comprender las dinámicas de poder, las desigualdades y las identidades en la sociedad mexicana contemporánea.

Resumen

El sistema de castas en la Nueva España fue una jerarquía social establecida durante el periodo colonial que clasificaba a la población según su origen étnico, con los españoles peninsulares en la cúspide, seguidos por criollos, mestizos, indígenas y africanos en la base. Este sistema no solo determinaba las relaciones sociales, sino que también influía en el acceso a recursos y oportunidades económicas, perpetuando desigualdades y marginalización, especialmente entre indígenas y afrodescendientes. A medida que surgieron nuevas categorías por el mestizaje, las tensiones internas desafiaron la rigidez del sistema, aunque las autoridades coloniales buscaban mantener el control sobre la población. A pesar de su abolición formal tras la independencia de México, el legado del sistema de castas sigue afectando las dinámicas sociales y las identidades en la sociedad mexicana contemporánea.

Esclavitud en la Nueva Galicia

Esclavos

Los esclavos africanos traídos a Nueva España provenían de varias regiones de África, y su viaje incluyó varias etapas críticas. Aquí se presentan más detalles sobre estas regiones, las condiciones del viaje y su vida en Nueva España.

Regiones de Origen

África Central Occidental

- **Reino del Congo:** Este reino, ubicado en la actual Angola septentrional y el oeste del Congo, era un estado grande y poderoso que se involucró profundamente en el comercio de esclavos debido a conflictos internos y la influencia portuguesa. Muchos esclavos de esta región fueron capturados durante guerras internas y vendidas a comerciantes portugueses.

- **Angola:** Los portugueses establecieron importantes puertos de exportación de esclavos como Luanda y Benguela. Angola fue una de las principales fuentes de esclavos africanos debido a su proximidad a las rutas comerciales portuguesas.

- **Costa de Guinea Superior:** (Senegal, Gambia y Guinea-Bisáu). Esta región incluye los actuales Senegal y Gambia. Fue una de las primeras áreas desde las cuales los esclavos africanos fueron capturados y transportados a las Américas. Las islas de Cabo Verde y las islas Bissagos también fueron puntos estratégicos para el comercio portugués.

- **Islas de Cabo Verde y Bissagos:** Los portugueses utilizaron estas islas como centros de almacenamiento y comercio antes de enviar esclavos a las Américas.

- **Costa de Or:** Conocida hoy como Ghana, era famosa por sus numerosos fuertes y castillos europeos como el Castillo de Elmina, que eran centros de comercio tanto de oro como de esclavos. El Reino Ashanti, un estado poderoso en la región, participó activamente en la captura y venta de esclavos, principalmente como resultado de guerras y expansiones territoriales.

- **Golfo de Benín:** (Nigeria, Benín y Togo). Imperio Oyo y Reino de Dahomey: Estos reinos poderosos participaron activamente en el comercio de esclavos. Oyo, conocido por su caballería y ejército fuerte, capturaba esclavos durante guerras y redadas. Dahomey, situado en la actual Benín, también se destacó por su participación en el comercio de esclavos.

- **Costa de los Esclavos:** Esta región, que incluye partes del actual Nigeria, Benín y Togo, era conocida por sus puertos importantes como Whydah y Lagos, que eran centros principales de comercio de esclavos.

- **Golfo de Biafra:** (Sureste de Nigeria y Camerún). Los esclavos de esta región provenían principalmente de grupos étnicos como los Igbo, que eran capturados durante guerras intertribales, incursiones y como resultado de sentencias judiciales. Puertos como Bonny y Calabar fueron centrales en este comercio.

Condiciones del Viaje y Comercio

Captura y Transporte a la Costa

Los africanos eran capturados durante guerras, redadas, o vendidos por sus propios líderes a comerciantes europeos. Eran marchados en condiciones brutales desde el interior hasta la costa, donde eran mantenidos en barracones en condiciones deplorables antes de ser embarcados.

El Paso Medio

Este viaje a través del Atlántico, conocido como el Paso Medio, era extremadamente brutal. Los esclavos eran empaquetados en las bodegas de los barcos en condiciones de hacinamiento extremo, donde sufrían de desnutrición, enfermedades y abuso físico. La mortalidad durante este viaje era alta, con estimaciones de que entre el 10% y el 20% de los esclavos no sobrevivían la travesía. Al llegar a puertos como Veracruz, los esclavos eran sometidos a inspecciones y luego vendidos en subastas o a través de ventas privadas. Eran comprados por plantadores, mineros y familias urbanas para realizar una variedad de trabajos.

Vida en Nueva España

- **Agricultura**: En Nueva España, muchos esclavos trabajaban en plantaciones que producían azúcar, algodón, tabaco y otros cultivos comerciales. Estas plantaciones a menudo estaban ubicadas en regiones costeras y tropicales.

- **Minería**: La minería, especialmente de plata, era una industria crucial en Nueva España. Regiones como Zacatecas y Guanajuato dependían en gran medida del trabajo esclavo para extraer minerales. Los esclavos en las minas enfrentaban condiciones de trabajo extremadamente peligrosas y agotadoras.

- **Trabajo Urbano**: En las ciudades, los esclavos realizaban una variedad de trabajos como sirvientes domésticos, artesanos, obreros y empleados en talleres. Algunos esclavos urbanos podían aprender oficios y, en algunos casos, comprar su libertad con el tiempo.

Impacto Cultural y Demográfico

El legado de la esclavitud africana en Nueva España es significativo. Los africanos y sus descendientes contribuyeron enormemente a la diversidad cultural de México, influyendo en la música, danza, cocina y religión. Comunidades afrodescendientes, como las de la Costa Chica de Oaxaca y Guerrero, aún preservan tradiciones y costumbres de sus ancestros africanos.

Además, la mezcla racial y cultural durante el período colonial llevó a la creación de una sociedad mestiza, donde la herencia africana, indígena y europea se entrelazaron para formar la identidad única de México moderno. En muchas sociedades esclavistas, el estatus de esclavo se heredaba generalmente a través de la madre. Este principio se conoce como **"partus sequitur ventrem"** (la descendencia sigue el vientre). Según esta norma, los hijos de una esclava también eran esclavos, independientemente de la condición del padre.

Por lo tanto, si el padre era un esclavo y la madre era libre, los hijos de esta unión nacían libres. Esta regla se aplicaba en muchas partes del mundo, incluidas las colonias americanas bajo el dominio europeo. En consecuencia, los hijos de esclavos varones que nacían de mujeres libres no eran considerados esclavos, sino que heredaban la condición de libertad de sus madres. Este sistema se diseñó para proteger los intereses de los propietarios de esclavos y asegurar una fuente continua de mano de obra esclava. Sin embargo, también significaba que los hijos de mujeres esclavas permanecían en esclavitud, perpetuando la institución a través de las generaciones.

Resumen

La esclavitud en Nueva Galicia, como en el resto de Nueva España, fue alimentada por la captura y el comercio de esclavos africanos provenientes de varias regiones de África Central y Occidental. Áreas como el Reino del Congo, Angola, la Costa de Oro y el Golfo de Benín participaron activamente en el comercio de esclavos, con los esclavos siendo capturados en guerras, redadas y conflictos internos. Después de ser capturados, los esclavos enfrentaban un brutal viaje conocido como el *Paso Medio* a través del Atlántico, donde muchos morían debido a las duras condiciones.

Una vez en Nueva España, los esclavos eran vendidos en subastas en puertos como Veracruz y asignados a trabajos en plantaciones de azúcar, algodón, tabaco, en la minería o en trabajos urbanos como sirvientes, obreros y artesanos. El trabajo en las minas de Zacatecas y Guanajuato fue particularmente peligroso y extenuante.

Culturalmente, los africanos dejaron una profunda huella en México, especialmente en las regiones afrodescendientes de la Costa Chica de Oaxaca y Guerrero, donde las influencias africanas en la música, danza y cocina todavía se conservan. Además, la mezcla racial con indígenas y europeos ayudó a formar una sociedad mestiza.

El estatus de esclavitud se transmitía a través de la madre según la ley del ***partus sequitur ventrem,*** asegurando una perpetuación del sistema esclavista. Sin embargo, los hijos de esclavos varones nacidos de mujeres libres no eran esclavos. La esclavitud africana en Nueva España contribuyó significativamente tanto a la economía como a la diversidad cultural del México colonial, influyendo en la formación de su identidad moderna.

Partus sequitur ventrem

El principio de "**partus sequitur ventrem**" (la descendencia sigue el vientre) tuvo profundas implicaciones en las sociedades esclavistas, especialmente en el contexto de la trata transatlántica de esclavos y las sociedades coloniales en las Américas. Para entender más profundamente cómo los hijos de esclavos varones no eran esclavos, es importante explorar varios aspectos históricos y sociales:

- **Contexto Legal y Social.** En las colonias americanas bajo el dominio europeo, las leyes de esclavitud eran meticulosamente elaboradas para asegurar el control sobre la población esclava y maximizar los beneficios económicos de los propietarios de esclavos. El principio de "**partus sequitur ventrem**" fue una herramienta legal crucial para estos fines. Este principio se adoptó principalmente en las colonias británicas y se consolidó a través de diversas leyes y códigos esclavistas.

- **Implicaciones Económicas.** La decisión de basar la condición de esclavitud en la madre tenía varias implicaciones económicas. Por un lado, aseguraba una fuente continua de mano de obra esclava al garantizar que los hijos de mujeres esclavas fueran también esclavos. Por otro lado, permitía una mayor flexibilidad en las relaciones sexuales y matrimoniales entre esclavos y personas libres, ya que los propietarios de esclavos no perderían propiedad si sus esclavos varones tenían hijos con mujeres libres.

- **Diferencias Regionales.** Aunque el principio de "**partus sequitur ventrem**" era ampliamente adoptado, su aplicación y las condiciones específicas podían variar según la región. En algunas colonias españolas y portuguesas, por ejemplo, existían diferentes grados de manumisión (liberación de esclavos), y los hijos de esclavos podían obtener la libertad bajo ciertas circunstancias, como el reconocimiento por parte de un padre libre o a través de acuerdos especiales.

- **Impacto Social y Cultural.** El principio también tuvo un impacto significativo en la estructura social y cultural de las sociedades esclavistas. Creó una dicotomía clara y rígida entre las personas libres y las esclavas, basada en la maternidad. Además, influyó en la formación de identidades raciales y sociales, ya que la condición de la madre determinaba la posición de un individuo en la jerarquía social.

- **Resistencia y Cambios Legales.** A lo largo de la historia, hubo resistencia tanto entre los esclavos como entre los defensores de la abolición de la esclavitud. Las leyes sobre la esclavitud evolucionaron con el tiempo, y en algunos casos, los hijos de esclavos varones nacidos de mujeres libres lograron desafiar su estatus a través de acciones legales y la intervención de aliados poderosos.

Ejemplos Históricos

- Estados Unidos: En las colonias británicas y más tarde en los Estados Unidos, el principio de "**partus sequitur ventrem**" se consagró en las leyes esclavistas desde el siglo XVII. La Virginia colonial, por ejemplo, aprobó una ley en 1662 que establecía este principio explícitamente.

- Brasil y otras colonias portuguesas: En Brasil, aunque el principio de "**partus sequitur ventrem**" también se aplicaba, había más flexibilidad para la manumisión y la mezcla racial era más común. Los hijos de esclavos varones y mujeres libres podían obtener la libertad con mayor facilidad en comparación con otras regiones.

- Colonia española: En las colonias españolas, como Cuba y Puerto Rico, las leyes también seguían este principio, pero había más oportunidades para la liberación y la movilidad social de los esclavos y sus descendientes.

Resumen

El principio legal de *partus sequitur ventrem*, que significa "la descendencia sigue el vientre", fue una norma aplicada en las colonias europeas, especialmente en América, para determinar el estatus de los hijos de mujeres esclavizadas. Según esta regla, la condición de esclavitud o libertad de un niño se definía por la condición de su madre, no de su padre, de modo que los hijos de mujeres esclavizadas nacían automáticamente en la esclavitud. Esta medida, introducida en el siglo XVII, fue fundamental para las economías esclavistas, ya que aseguraba una perpetua generación de personas esclavizadas sin importar la paternidad, extendiendo la servidumbre a través de las generaciones y vinculándola a la línea materna.

El *partus sequitur ventrem* tuvo un impacto duradero y devastador en las comunidades africanas y afrodescendientes en las Américas, pues deshumanizaba a las personas esclavizadas al convertir su condición en una herencia inmutable. También alentó la explotación y violencia sexual contra las mujeres esclavizadas, dado que sus hijos serían considerados propiedad del amo. Esta doctrina legal reflejaba y fortalecía las estructuras raciales y económicas de las sociedades coloniales, al mismo tiempo que limitaba las posibilidades de emancipación y consolidaba un sistema social profundamente marcado por la desigualdad racial y la opresión estructural.

Referencias

1) **Morgan, Edmund S**. *American Slavery, American Freedom: The Ordeal of Colonial Virginia*. W.W. Norton, 1975.

2) **Berlin, Ira**. *Many Thousands Gone: The First Two Centuries of Slavery in North America*. Belknap Press, 1998.

3) **Higginbotham, A. Leon.** *In the Matter of Color: Race and the American Legal Process*. Oxford University Press, 1978.

4) **Morgan, Jennifer L**. *Laboring Women: Reproduction and Gender in New World Slavery*. University of Pennsylvania Press, 2004.

5) **Klein, Herbert S., y Francisco Vidal Luna**. *Slavery in Brazil*. Cambridge University Press, 2010.

6) **Parent, Anthony S**. *Foul Means: The Formation of a Slave Society in Virginia, 1660-1740*. University of North Carolina Press, 2003.

7) **Davis, David Brion**. *The Problem of Slavery in the Age of Revolution, 1770-1823*. Oxford University Press, 1999.

8) **Schwaller, John F**. *The History of the Catholic Church in Latin America: From Conquest to Revolution and Beyond*. NYU Press, 2011.

Mitos Populares en Los Altos de Jalisco

Franceses en Los Altos de Jalisco

El mito de que hubo una significativa presencia de franceses en Los Altos de Jalisco ha sido alimentado por múltiples factores históricos y culturales. Sin embargo, al examinar los registros demográficos y la evidencia histórica, se constata que la cantidad de inmigrantes franceses en esta región fue bastante reducida. A pesar de ello, la influencia que los pocos franceses que se establecieron en Los Altos ejercieron sobre la región ha sido desproporcionada en relación con su número, lo que ha dado lugar a una idea errónea sobre la magnitud de esta presencia. El atractivo de la cultura francesa y el impacto de los acontecimientos globales, como la Intervención Francesa en México y la política cultural del Porfiriato, contribuyeron a que esta percepción se mantuviera. Uno de los principales episodios históricos que se asocia con la llegada de los franceses a México es la Intervención Francesa (1862-1867), cuando Napoleón III de Francia intentó establecer el Segundo Imperio Mexicano bajo el liderazgo de Maximiliano de Habsburgo. Este evento trajo a México soldados, diplomáticos y comerciantes franceses, algunos de los cuales se asentaron temporalmente en diversas regiones del país. Sin embargo, la mayoría de los franceses que llegaron con la intervención no permanecieron en el país tras la caída del imperio de Maximiliano. Aunque este período facilitó la entrada de franceses a México, no condujo a un asentamiento masivo en Los Altos de Jalisco. La pequeña cantidad de franceses que sí decidieron quedarse se concentró principalmente en otras áreas del país, como la Ciudad de México y Veracruz.

En Los Altos de Jalisco, la presencia francesa estuvo más ligada a pequeñas olas de migración de comerciantes y empresarios durante el siglo XIX, atraídos por las oportunidades económicas de la región. Estos inmigrantes franceses, aunque pocos en número, llegaron en un momento de gran expansión agrícola y ganadera en la región. La fama de Los Altos por sus tierras fértiles y su creciente industria agrícola les atrajo, y algunos de estos empresarios introdujeron innovaciones en el cultivo de la vid y en la producción de queso. A pesar de la importancia de estos aportes económicos, el número de franceses que se establecieron fue pequeño y sus contribuciones se han exagerado en las narrativas históricas de la región. Una de las razones que ha contribuido al mito de una fuerte presencia francesa en Los Altos de Jalisco es la admiración que las élites locales tenían por la cultura francesa durante el Porfiriato (1876-1911). El presidente Porfirio Díaz promovió una política de apertura hacia Europa, y Francia se convirtió en el modelo a seguir en términos de modernización y cultura. La élite mexicana adoptó la moda, la gastronomía y el estilo de vida franceses como un símbolo de estatus y modernidad. En lugares como Los Altos de Jalisco, estas influencias se tradujeron en la introducción de productos de lujo franceses y en la adopción de estilos arquitectónicos europeos. Esto generó la impresión de que había una fuerte presencia francesa, cuando en realidad gran parte de esta influencia cultural no se debía a la inmigración, sino al consumo de bienes y estilos importados. La arquitectura de Los Altos de Jalisco es un buen ejemplo de cómo la influencia cultural francesa se adoptó sin una presencia significativa de inmigrantes franceses. Durante el Porfiriato, se construyeron edificaciones públicas y privadas que imitaban estilos europeos, especialmente franceses. Ciudades como Lagos de Moreno y Tepatitlán vieron la construcción de edificios inspirados en el clasicismo y el estilo "Beaux-Arts" europeo, lo que alimentó la idea de que los franceses tenían una presencia considerable en la región. Sin embargo, la construcción de estos edificios fue promovida por arquitectos locales que estaban influenciados por el estilo francés, pero no necesariamente por inmigrantes franceses establecidos en la región.

En el ámbito económico, la contribución de los franceses se limitó a unos pocos empresarios y comerciantes que tuvieron éxito en áreas como el comercio de vinos, textiles y productos agrícolas. Estos empresarios, aunque influyentes en sus sectores, eran una pequeña minoría dentro del tejido económico de Los Altos de Jalisco. A pesar de la adopción de algunas técnicas agrícolas y ganaderas francesas, la mayoría de la población en Los Altos seguía siendo de origen español e indígena, y las principales actividades económicas estaban controladas por familias locales. La impresión de que los franceses dominaron sectores importantes de la economía local es parte del mito. Otro aspecto que alimenta este mito es la influencia religiosa de algunos sacerdotes y órdenes francesas que llegaron a México a lo largo del siglo XIX. Congregaciones como los Misioneros del Espíritu Santo y los sacerdotes del Sagrado Corazón de Jesús establecieron misiones y seminarios en varias partes del país, incluyendo Los Altos de Jalisco. Si bien su influencia fue significativa en términos de espiritualidad y educación, su número fue limitado. El prestigio de los religiosos franceses y su capacidad para ocupar posiciones prominentes dentro de la Iglesia local contribuyó a la percepción de una presencia mayor de la que realmente existió.

En términos políticos, la influencia del liberalismo francés y del positivismo en México, promovido por pensadores como Auguste Comte, se manifestó también en Los Altos de Jalisco, pero no debido a la llegada de inmigrantes franceses, sino por la adopción de estas ideas por las élites locales. Durante el Porfiriato, los principios del positivismo influyeron en las reformas educativas y administrativas, lo que llevó a la modernización de las instituciones en la región. La promoción de la ciencia, la razón y el progreso, ideas centrales en el positivismo, llegó a Los Altos de Jalisco a través de libros y profesores, más que a través de la presencia física de franceses. El comercio de productos franceses también contribuyó al mito de una fuerte presencia francesa. Durante el siglo XIX, con la apertura de México al comercio internacional, los productos franceses, como textiles, perfumes y vinos, se hicieron populares entre las élites locales. Estos productos, que representaban el lujo y la modernidad, se convirtieron en símbolos de estatus en Los Altos de Jalisco. Sin embargo, el consumo de estos bienes no se tradujo en una migración significativa de franceses. Los comerciantes locales fueron quienes importaron y distribuyeron estos productos, creando una asociación entre el lujo francés y la identidad local.

Conclusiones

La creencia en una notable presencia de franceses en Los Altos de Jalisco ha sido alimentada por diversos factores históricos y culturales. Sin embargo, al revisar los registros demográficos y la evidencia histórica, se confirma que la cantidad de inmigrantes franceses en esta región fue mínima. A pesar de su escaso número, la influencia de los pocos franceses que se establecieron en Los Altos fue desproporcionada en comparación con su presencia real, contribuyendo a una percepción errónea de su magnitud. Este mito ha sido perpetuado por la admiración hacia la cultura francesa, especialmente durante el Porfiriato, y por el impacto de eventos globales como la Intervención Francesa en México. Uno de los episodios clave relacionado con la llegada de franceses a México es la Intervención Francesa (1862-1867), cuando Napoleón III intentó establecer el Segundo Imperio Mexicano bajo Maximiliano de Habsburgo. Aunque este periodo permitió la llegada de soldados y comerciantes franceses, la mayoría no permaneció en el país tras la caída del imperio. Los pocos franceses que decidieron quedarse se concentraron principalmente en áreas como la Ciudad de México y Veracruz, sin que esto se tradujera en un asentamiento masivo en Los Altos de Jalisco. La presencia francesa en Los Altos de Jalisco estuvo más vinculada a pequeñas olas de migración de comerciantes durante el siglo XIX, atraídos por oportunidades económicas en la región. Estos inmigrantes, aunque escasos, llegaron en un momento de expansión agrícola y ganadera, introduciendo innovaciones en el cultivo de la vid y la producción de queso. Sin embargo, su número fue tan reducido que sus contribuciones a la economía local han sido a menudo exageradas en las narrativas históricas. La admiración de las élites locales por la cultura francesa, impulsada por el Porfiriato, llevó a la adopción de estilos arquitectónicos y productos de lujo franceses, creando la ilusión de una fuerte presencia cultural.

La influencia francesa en la arquitectura de Los Altos de Jalisco, particularmente durante el Porfiriato, es un claro ejemplo de cómo se adoptaron elementos culturales sin que hubiera una presencia significativa de inmigrantes. Edificios públicos y privados se construyeron imitando estilos europeos, especialmente el francés, promovidos por arquitectos locales. En el ámbito económico, la contribución de los franceses se limitó a unos pocos empresarios y comerciantes, mientras que la mayor parte de la actividad económica seguía controlada por familias locales de origen español e indígena. Además, la presencia de sacerdotes y órdenes religiosas francesas, aunque notable, fue también limitada y no justifica la idea de un asentamiento considerable en la región. En términos políticos, el liberalismo francés y el positivismo influenciaron a las élites locales, pero esto se dio a través de la adopción de ideas, no de una migración masiva de franceses. Por último, el comercio de productos franceses, que se popularizó entre las élites, reforzó la percepción de una presencia francesa, a pesar de que estos productos eran importados por comerciantes locales y no resultaron en una migración significativa. La cantidad de franceses que realmente se asentaron en Los Altos de Jalisco fue pequeña, pero su influencia ha sido magnificada debido a la admiración de las élites locales por la cultura francesa y al impacto de algunos individuos clave en la economía, la religión y la educación. Aunque el mito de una fuerte presencia francesa en la región persiste, la realidad es que su influencia fue más cultural y simbólica que demográfica. La imagen de los franceses como agentes de modernización y progreso fue promovida por las élites locales y por los esfuerzos del Porfiriato para europeizar a México, lo que ha contribuido a perpetuar esta narrativa.

Referencias

1) Meyer, Michael C. *The Course of Mexican History*. Oxford University Press, 2003.

2) Rueda Sánchez, Mario. *Intervención Francesa en México: Historia y Consecuencias*. Fondo de Cultura Económica, 1997.

3) Bazant, Mílada. *Historia de la Educación en México*. El Colegio de México, 1993.

4) Furet, François. *La Revolución Francesa, 1770-1814*. Siglo XXI Editores, 1992.

5) Romero, José Luis. *Historia de la Cultura Mexicana*. Editorial Porrúa, 1981.

6) Weber, David J. *The Mexican Frontier, 1821-1846: The American Southwest Under Mexico*. University of New Mexico Press, 1982.

7) Von Wobeser, Gisela. *Haciendas y Plantaciones en la Historia de México*. Siglo XXI Editores, 1996.

8) González, Victoria y Marcela García. *Historia de Jalisco: De la Colonia a la Independencia*. Editorial Jus, 2005.

9) Schmal, John P. "La Intervención Francesa en México y sus Consecuencias." *Revista de Estudios Históricos*, vol. 12, no. 3, 2007.

Judaísmo en Los Altos de Jalisco

El mito de una significativa presencia judía en Los Altos de Jalisco también ha persistido a lo largo del tiempo, alimentado por varias narrativas históricas y culturales que, si bien contienen elementos de verdad, han sido exageradas o malinterpretadas. La historia de los judíos en México, y en particular de los judíos conversos o criptojudíos, es compleja y está profundamente entrelazada con el período de la colonización española, la Inquisición y las migraciones forzadas de sefardíes expulsados de la Península Ibérica. Sin embargo, el mito de que Los Altos de Jalisco fue un refugio para una importante comunidad judía carece de fundamento sólido en términos de migración masiva o presencia demográfica significativa. En cambio, este mito parece haber sido construido sobre la base de casos aislados, apellidos comunes y similitudes culturales que, con el tiempo, fueron malinterpretadas o romantizadas.

El origen de este mito está vinculado, en primer lugar, con la llegada de los judíos sefardíes a Nueva España tras la expulsión de los judíos de España en 1492 y de Portugal en 1497. Muchos de estos judíos, conocidos como "conversos" o "cristianos nuevos", se convirtieron al cristianismo para escapar de la persecución de la Inquisición, aunque algunos continuaron practicando el judaísmo en secreto. Estos conversos, también llamados criptojudíos, llegaron a América en busca de nuevas oportunidades y, en algunos casos, para evitar la vigilancia de la Inquisición en Europa. Durante la época colonial, algunos conversos se establecieron en regiones como el Bajío y el norte de Nueva España, incluidos Los Altos de Jalisco, pero sus números fueron relativamente pequeños y no formaron comunidades judías visibles.

Uno de los elementos que más ha contribuido a la perpetuación del mito de los judíos en Los Altos de Jalisco es la asociación de ciertos apellidos con orígenes sefardíes. Apellidos como Pérez, López, García, Hernández y Rodríguez, entre otros, son de origen común tanto entre judíos sefardíes como entre cristianos ibéricos. Esto ha llevado a algunos a suponer que familias con estos apellidos en Los Altos de Jalisco pueden tener raíces judías. Sin embargo, es importante señalar que estos apellidos también son extremadamente comunes en toda España y América Latina, y no necesariamente indican una ascendencia judía. Muchos de los judíos conversos que llegaron a Nueva España tomaron apellidos españoles genéricos para integrarse mejor y ocultar su origen judío. A lo largo de los siglos, estos apellidos se han dispersado por toda América Latina, y en Los Altos de Jalisco no hay evidencia de que estos nombres correspondan a una comunidad judía organizada.

Además, la Inquisición en Nueva España fue especialmente activa en la persecución de herejías, incluidas las prácticas judías clandestinas. Los registros de la Inquisición muestran que varios conversos fueron arrestados y juzgados por practicar judaísmo en secreto, pero la mayoría de estos casos ocurrieron en la Ciudad de México y en otros centros urbanos importantes, no en Los Altos de Jalisco. La región de Los Altos no aparece en los registros como un refugio significativo para criptojudíos o conversos. Esto sugiere que, si bien algunos individuos con ascendencia judía podrían haber vivido en la región, no formaron una comunidad visible ni practicaron abiertamente su religión.

El mito de una presencia judía considerable también ha sido alimentado por ciertas costumbres locales que algunos han interpretado como reminiscencias de prácticas judías. Por ejemplo, la tradición de encender velas en ciertos momentos del día o durante ciertas festividades ha sido asociada con las costumbres de los criptojudíos, quienes encendían velas en secreto los viernes por la noche para conmemorar el Shabat. Sin embargo, estas prácticas también pueden tener orígenes en las tradiciones católicas españolas y no necesariamente indican una continuidad judía. De hecho, muchas prácticas culturales en América Latina que se consideran vestigios del judaísmo sefardí son en realidad costumbres españolas que fueron adaptadas y reinterpretadas en el Nuevo Mundo.

Otro factor que ha perpetuado este mito es la percepción de una supuesta influencia judía en las clases adineradas y poderosas de la región. Durante el período colonial y las primeras décadas del México independiente, algunas familias en Los Altos de Jalisco adquirieron grandes propiedades y lograron prosperar en el comercio y la agricultura. En algunos casos, estas familias fueron acusadas de tener raíces judías, especialmente si su ascenso social fue rápido y espectacular. La conexión entre riqueza y judaísmo, una idea que ha persistido en muchas culturas a lo largo de la historia debido a estereotipos antisemitas, puede haber contribuido a la creación de leyendas sobre familias "criptojudías" en Los Altos de Jalisco. Sin embargo, no hay pruebas sólidas que respalden esta idea, y muchas de estas historias probablemente fueron fabricadas o exageradas.

En términos históricos, la inmigración judía a México durante los siglos XIX y XX también ha influido en la percepción moderna de la presencia judía en Los Altos de Jalisco. Aunque la inmigración judía a México se intensificó en el siglo XX, especialmente después de la Segunda Guerra Mundial, la mayoría de los judíos que llegaron durante este período se establecieron en la Ciudad de México y en otros centros urbanos importantes como Monterrey o Guadalajara. No hay evidencia de que una comunidad judía significativa se haya establecido en Los Altos de Jalisco durante esta época, aunque algunos judíos pueden haber pasado por la región o haber tenido conexiones comerciales en la zona.

La genealogía moderna y las pruebas de ADN también han contribuido a perpetuar el mito de la presencia judía en Los Altos. En los últimos años, ha habido un resurgimiento del interés por las raíces sefardíes en América Latina, y muchas personas en Los Altos de Jalisco han comenzado a investigar sus posibles conexiones con los judíos conversos. Las pruebas de ADN, que a menudo revelan pequeñas proporciones de ascendencia judía en personas de origen hispano, han sido interpretadas por algunos como evidencia de una fuerte presencia judía en la región. Sin embargo, la mayoría de estas pruebas solo confirman la compleja mezcla genética que caracteriza a la mayoría de los latinoamericanos y no prueban la existencia de comunidades judías organizadas en Los Altos.

El legado cultural sefardí, por otro lado, es un fenómeno ampliamente reconocido en muchas partes de América Latina, incluyendo México. Aunque los judíos conversos de la época colonial fueron asimilados en gran medida, algunos de sus descendientes han recuperado su identidad judía en tiempos recientes. Sin embargo, este resurgimiento es más un fenómeno personal y genealógico que un reflejo de la existencia de una comunidad histórica en lugares como Los Altos de Jalisco. El mito de una comunidad judía significativa en la región se basa en la idea errónea de que la presencia de algunos conversos y apellidos con posibles raíces judías indica la existencia de una población judía considerable, cuando en realidad se trataba de individuos aislados que rápidamente se asimilaron en la población mayoritariamente católica.

Conclusiones

El mito de una significativa presencia judía en Los Altos de Jalisco ha perdurado debido a diversas narrativas históricas que, aunque contienen elementos de verdad, han sido exageradas o malinterpretadas. La historia de los judíos en México, especialmente de los conversos o criptojudíos, se entrelaza con la colonización española, la Inquisición y las migraciones forzadas de sefardíes expulsados de la Península Ibérica. Sin embargo, el argumento de que Los Altos de Jalisco fue un refugio para una comunidad judía considerable carece de fundamento sólido, ya que la migración judía a la región fue mínima y se basa en casos aislados, apellidos comunes y similitudes culturales.

La llegada de judíos sefardíes a Nueva España, tras las expulsiones de 1492 y 1497, trajo consigo a muchos "conversos" que se convirtieron al cristianismo para escapar de la Inquisición. Aunque algunos de estos criptojudíos se establecieron en diversas partes de México, incluidos Los Altos de Jalisco, sus números fueron reducidos y no formaron comunidades visibles. Muchos de los que llegaron tomaron apellidos comunes para ocultar su origen judío y facilitar su integración, lo que ha llevado a suposiciones erróneas sobre la ascendencia judía de las familias locales.

La Inquisición en Nueva España fue activa en la persecución de prácticas judías clandestinas, pero la mayoría de los casos se registraron en centros urbanos importantes, no en Los Altos de Jalisco. Aunque se han señalado algunas costumbres locales como vestigios de prácticas judías, muchas de ellas también pueden tener raíces en tradiciones católicas españolas. Asimismo, la conexión entre la riqueza de ciertas familias en la región y la idea de raíces judías ha contribuido a la creación de leyendas sobre criptojudíos, pero estas afirmaciones carecen de pruebas sólidas y a menudo se basan en estereotipos antisemitas.

Referencias

1) **Liebman, Seymour B.** *The Jews in New Spain: Faith, Flame, and the Inquisition.* University of Miami Press, 1970.

2) **Gitlitz, David M.** *Secrecy and Deceit: The Religion of the Crypto-Jews.* University of New Mexico Press, 2002.

3) **Weinberg, David.** *Jewish Identities in Mexico: Cultural and Historical Perspectives.* Brandeis University Press, 2010.

4) **Hordes, Stanley M.** *To the End of the Earth: A History of the Crypto-Jews of New Mexico.* Columbia University Press, 2005.

5) **Greenleaf, Richard E.** *The Mexican Inquisition of the Sixteenth Century.* University of New Mexico Press, 1969.

6) **Katz, Friedrich.** *The Ancient Roots of Anti-Semitism in Mexico.* University of California Press, 1992.

7) **Fernández Álvarez, Manuel.** *Los Conversos en México: La Historia de los Judíos que Llegaron con los Conquistadores.* Fondo de Cultura Económica, 1996.

8) **Carroll, Patrick J.** *Jews and Crypto-Jews in Colonial Mexico: Identifying Conversos, Hidden Jews, and Other Cultural Practices.* Duke University Press, 2001.

Familias Sefarditas en Los Altos

La creencia en una fuerte presencia de familias sefarditas en Los Altos de Jalisco ha sido, en gran medida, un mito, aunque ciertos apellidos y linajes han sido identificados con raíces sefarditas. Durante la época colonial, algunos judíos conversos llegaron a la región, pero su número fue reducido y no formaron comunidades visibles ni influyentes. Este mito ha sido perpetuado principalmente por la asociación de apellidos comunes y algunas prácticas culturales que se creen relacionadas con la herencia judía. Sin embargo, la genealogía moderna ha identificado a varias familias sefarditas que, a lo largo de los siglos, dejaron su huella en Nueva Galicia, incluyendo Los Altos de Jalisco.

Entre los personajes que destacan en la genealogía sefardita de la región se encuentran:

- **Pedro Pacho**, un criptojudío que llegó desde Fregenal, España, en el siglo XVI. Su familia está relacionada con los apellidos Barba, Flores, Mota, Padilla, Reynoso y Martín, entre otras, que se asentaron en Los Altos de Jalisco, Nueva Galicia y Zacatecas. Pedro Pacho representa uno de los ejemplos de sefarditas que mantuvieron su identidad judía en secreto debido a la persecución de la Inquisición. Aunque las familias conversas, como los Pacho, debían ocultar sus prácticas religiosas, lograron prosperar en el ámbito económico y social.

- Otro personaje relevante es **Hernando de Maluenda**, originario de Burgos, España. Sus descendientes están vinculados con los apellidos Cadena, Rangel Peguero y Romo de Vivar, que dejaron su legado en Aguascalientes, Los Altos de Jalisco y Zacatecas. Los De la Cadena Maluenda, como otras familias sefarditas, llegaron a Nueva España buscando nuevas oportunidades y escapando de la vigilancia de la Inquisición. Aunque su número era pequeño, su impacto fue significativo, ya que muchas de sus prácticas y tradiciones se integraron en la sociedad colonial.

- Una de las familias más influyentes de origen sefardita en Los Altos de Jalisco es la de **Álvarez de Toledo**, cuyo linaje proviene de Toledo, España. Los descendientes de esta familia, como los De Alba, Cervantes, Estrada y Villaseñor, se asentaron en Los Altos, Michoacán y Nueva Galicia. A pesar de haber sido conversos, los Álvarez de Toledo lograron integrarse en la élite de la sociedad colonial y dejaron una marca en la historia regional. Esta familia es un ejemplo claro de cómo los judíos conversos ascendieron socialmente y se adaptaron a la vida en el Nuevo Mundo.

- **Marcos Alonso de la Garza y del Arcón,** originario de Lepe, España, fue otro sefardita importante que dejó su huella principalmente en la región norte de México. Su linaje, que incluye los apellidos Cantú, De la Garza, González y Treviño, se asentó principalmente en Coahuila, Nuevo León, Tamaulipas y Zacatecas. Los De la Garza fueron pioneros en la colonización del norte de México y, aunque eran conversos, lograron obtener tierras y poder, dejando un legado que se extiende hasta hoy.

- **Blanca Núñez**, procedente de Toledo, España, también pertenece a las familias judías conversas que sus descendientes llegaron a Nueva España. Los apellidos relacionados con Núñez, como Alcocer, Flores, Padilla y Reynoso, se distribuyeron en diversas regiones de México, incluyendo Los Altos de Jalisco. Al igual que otras familias sefarditas, los Núñez mantuvieron una vida discreta para evitar la persecución, pero a lo largo del tiempo lograron consolidarse como familias prominentes en la sociedad novohispana.

- Otro apellido clave en esta genealogía es **De Barrios**, con orígenes en Sevilla, España. La familia De Barrios se conectó con apellidos como Campoy, Estrada, Niño y Saavedra, y sus descendientes se establecieron desde la Ciudad de México hasta Los Altos de Jalisco y Sonora. Este linaje sefardita prosperó en varias partes de Nueva España, dejando una impronta en la historia colonial y en las generaciones que vinieron después.

- **Hernando Díaz de Alcocer**, oriundo de Alcalá de Henares, España, también dejó un legado importante en Los Altos de Jalisco. Sus descendientes, que incluyen apellidos como Alcocer, Flores, Padilla, Reynoso y Temiño, se estableció en diversas partes de México, incluyendo Zacatecas y Los Altos de Jalisco. Los Díaz de Alcocer, como otras familias conversas, ascendieron en la jerarquía social, aunque debían ocultar sus orígenes judíos debido a las restricciones impuestas por la Inquisición.

Herencia Sefardita

Las costumbres sefarditas en los Altos de Jalisco representan una rica y compleja fusión de identidad judía y adaptaciones locales. Los sefardíes, descendientes de judíos españoles que fueron expulsados de la península ibérica en 1492, emigraron a América buscando un lugar seguro para preservar su fe y tradiciones. En México, y específicamente en los Altos de Jalisco, estas familias encontraron una tierra fértil para establecerse, aunque debieron mantener un perfil bajo. La historia de los sefardíes en esta región se distingue por la discreción y el ingenio con el que adaptaron sus costumbres religiosas y culturales a un entorno donde debían practicar su fe en secreto debido a las restricciones impuestas por la Inquisición y las normas sociales del virreinato. Aun así, su influencia en la cultura local perdura hasta hoy.

Uno de los rituales religiosos más significativos que lograron preservar fue el Shabat. Esta ceremonia, que marca el día de descanso semanal, incluía el encendido de velas en la intimidad del hogar, una costumbre que era cuidadosamente observada. Aunque esta práctica se llevó a cabo en privado, algunas familias integraron la tradición en su vida cotidiana de formas que no llamaran la atención. El encendido de velas, que también se transformó en una práctica local de respeto a los ancestros, muestra cómo los sefardíes adaptaron su espiritualidad al contexto mexicano. Este tipo de adaptaciones les permitió mantener vivas sus costumbres mientras se integraban gradualmente a la sociedad de los Altos de Jalisco.

La gastronomía es otro aspecto en el que la cultura sefardita dejó una huella profunda en los Altos de Jalisco. Las familias sefarditas trajeron recetas y técnicas de la cocina mediterránea, que incluían el uso de ingredientes como el garbanzo, las berenjenas, el aceite de oliva y las especias. Al llegar a México, tuvieron que adaptarse a los ingredientes locales, como el maíz, el chile y el aguacate, creando nuevas versiones de sus platillos tradicionales. Las empanadas de garbanzo, por ejemplo, se integraron a la cocina regional y se servían en festividades especiales, lo que reflejaba la idea de la comida como un acto sagrado en la tradición sefardita. Aunque algunas recetas originales se han perdido, muchos de estos sabores persisten en la cocina de la región.

Las festividades religiosas y familiares también mostraban una adaptación cuidadosa de las costumbres sefarditas. En algunas familias, se celebraban las festividades judías de manera encubierta, fusionándolas con las celebraciones católicas locales. La Pascua judía, por ejemplo, se adaptó discretamente para coincidir con la Semana Santa, permitiendo a las familias sefarditas mantener sus tradiciones sin despertar sospechas. Estas festividades privadas se centraban en la unidad familiar y en la preservación de la identidad, valores profundamente arraigados en la cultura sefardita. Así, las celebraciones en los Altos de Jalisco se volvieron una mezcla única de costumbres que fusionaban aspectos judíos y católicos, una tradición que aún persiste en ciertos rituales familiares.

La identidad sefardita en los Altos de Jalisco también se reflejaba en la organización familiar y comunitaria. A menudo, las familias sefarditas mantenían registros genealógicos detallados, una práctica que les ayudaba a recordar su linaje y mantener lazos de sangre. En algunas familias de la región, esta tradición de llevar un árbol genealógico continúa hasta hoy, mostrando la importancia de la historia y el respeto por los antepasados. La endogamia, o matrimonios dentro de la misma comunidad, fue otra práctica común en las familias sefarditas, que buscaban así preservar su herencia cultural y proteger sus costumbres de influencias externas.

La arquitectura de las casas en los Altos de Jalisco también reflejaba influencias sefarditas. Aunque la mayoría de estas familias no podían construir templos ni expresar abiertamente su fe, en la privacidad de sus hogares adaptaron detalles arquitectónicos que simbolizaban su identidad. Los hogares sefarditas a menudo incluían espacios específicos para el rezo o la meditación, y los diseños de ventanas y puertas se inspiraban en patrones geométricos que recordaban los símbolos de su herencia. Estos detalles discretos permitían a las familias recordar y honrar sus orígenes en el día a día.

El legado sefardita en los Altos de Jalisco va más allá de las prácticas religiosas y familiares, ya que también influyó en los valores y la ética comunitaria. Las familias sefarditas aportaron un fuerte sentido de respeto hacia la educación y el conocimiento. Aunque no siempre podían acceder a escuelas formales, se aseguraban de que sus hijos aprendieran a leer y escribir, lo cual era esencial para preservar sus tradiciones y estudiar los textos sagrados. Hoy en día, este aprecio por la educación persiste en muchas familias de los Altos de Jalisco, donde el aprendizaje y el respeto por la historia son valores fundamentales.

Finalmente, la integración de las costumbres sefarditas en la cultura de los Altos de Jalisco ha dejado un legado duradero. A lo largo de los siglos, estas familias han transmitido una herencia única, que se percibe en las costumbres, la gastronomía, la arquitectura y los valores de la región. Aunque muchas de estas prácticas se han adaptado y transformado, la esencia de la cultura sefardita sigue viva. Los Altos de Jalisco, con su mezcla de tradiciones locales y herencias extranjeras, representan un ejemplo de cómo la identidad sefardita encontró un hogar y prosperó en el corazón de México.

Referencias

1) Benbassa, E., & Rodrigue, A. (2000). *Sephardi Jewry: A History of the Judeo-Spanish Community, 14th-20th Centuries.* University of California Press.

2) Gitlitz, D. M. (2002). *Secrecy and Deceit: The Religion of the Crypto-Jews.* University of New Mexico Press.

3) Liebman, S. B. (1970). *The Jews in New Spain: Faith, Flame, and the Inquisition.* University of Miami Press.

4) Klor, S. (2008). *De la expulsión a la diáspora: Judíos sefardíes en América Latina.* Editorial Biblos.

5) Hordes, S. W. (2005). *To the End of the Earth: A History of the Crypto-Jews of New Mexico.* Columbia University Press.

6) León, I. (2018). "El legado sefardita en la cultura mexicana." *Revista de Estudios Históricos de América Latina,* 12(3), 65-78.

7) Benveniste, E. (1999). *La identidad sefardita: cultura, religión y herencia.* Fondo de Cultura Económica.

Resumen

Aunque la presencia de judíos sefarditas en Los Altos de Jalisco fue limitada, varias familias conversas dejaron su huella en la región. Los linajes de Pedro Pacho, Hernando de Maluenda, los Álvarez de Toledo, Marcos Alonso de la Garza, Blanca Núñez y otros contribuyeron significativamente a la historia y genealogía de Los Altos de Jalisco y Nueva Galicia. A pesar de las dificultades que enfrentaron debido a la persecución religiosa, estas familias lograron integrarse en la sociedad colonial y dejaron un legado duradero en México.

A continuación, algunas de las familias sefarditas que se han logrado identificar, y de quienes hay descendencia en Los Altos de Jalisco y el resto de Nueva Galicia:

Nombre / Familia	Lugar de Origen	Algunas familias descendientes	Lugar con mayor descendencia en México
Álvarez de Toledo, Aldonza	Toledo, España	De Alba, Cervantes, Estrada, Villaseñor	Los Altos, Michoacán, Nueva Galicia
Arias Dávila, Diego	Ávila, España	Arias, Orozco, Padilla	Aguascalientes, Los Altos, Nueva Galicia
Arias de Saavedra, Juan	Alcalá de Guadaira, España	De Alba, Cervantes, Estrada, Villaseñor	Los Altos, Michoacán, Nueva Galicia
Caballero, Álvaro		Caballero, Escobedo, Illescas, López de Heredia	Los Altos, Nueva Galicia, Zacatecas
De Barrios, Andrés	Sevilla, España	Campoy, Estrada, Niño, Saavedra	Cd de México, Los Altos, Nueva Galicia, Sonora
De Carbajal, Antonio	Zamora, España	Betanzos, Carbajal, Cervantes, Velasco	Chihuahua, Michoacán, Nueva Galicia
De Cervantes y Saavedra, Diego	Sevilla, España	Cervantes, Villaseñor	Los Altos, Michoacán, Nueva Galicia
De Illescas y Jerez, Rodrigo	Sevilla, España	Caballero, Escobedo, Illescas, López de Heredia	Los Altos, Nueva Galicia, Zacatecas
De la Caballería, Catalina	Ciudad Real, España	Estrada, Saavedra, Vázquez Sermeño	Aguascalientes, Los Altos, Nueva Galicia
De la Garza y del Arcón, Marcos Alonso	Lepe, España	Cantú, De la Garza, González, Treviño	Nueva Galicia, Nuevo León, Zacatecas
De Luna	Ciudad Real, España	Estrada, Saavedra, Vázquez Sermeño	Aguascalientes, Los Altos, Nueva Galicia
De Maluenda, Hernando	Burgos, España	Cadena, Rangel Peguero, Romo de Vivar	Aguascalientes, Los Altos, Nueva Galicia, Zacatecas
De Orozco, Gerónimo	Sevilla, España	Agüero, Asencio, Carbajal, Tello de Orozco,	Aguascalientes, Los Altos, Michoacán, Nueva Galicia
De Salazar, Catalina	Granada, España	Cadena, Rangel Peguero, Romo de Vivar	Aguascalientes, Los Altos, Nueva Galicia, Zacatecas
De Santaella, Francisco	Sevilla, España	Anaya, González, Lupiana, Romero	Los Altos, Michoacán, Nueva Galicia
De Toledo, Pedro	Toledo, España	Alcocer, Flores, Padilla, Reynoso, Temiño, Vargas	Todo México
Díaz de Alcocer, Hernando	Alcalá de Henares, España	Alcocer, Flores, Padilla, Reynoso, Temiño, Vargas	Todo México
Fernández de Guadalupe, Juan	Granada, España	Cadena, Rangel Peguero, Romo de Vivar	Aguascalientes, Los Altos, Nueva Galicia, Zacatecas

Flores de Guevara, Mayor	Ciudad Real, España	De Alba, Cervantes, Estrada, Villaseñor	Los Altos, Michoacán, Nueva Galicia
Gedaliah ibn Yahya, Yonat bat	Llerena, España	Alcocer, Flores, Padilla, Reynoso, Temiño, Vargas	Yucatán, Nueva España, Nueva Galicia
Gil de Lara, María	Palos de la Frontera, España	Ornelas, Sánchez, Sermeño, Vázquez,	Aguascalientes, Los Altos, Nueva Galicia
González de San Llorente, Osanta	Oñate, España	Arias, Avella, Cetina, Contreras	Yucatán, Nueva España, Nueva Galicia
Gutiérrez, Min	Ciudad Real, España	Estrada, Saavedra, Vázquez Sermeño	Aguascalientes, Los Altos, Nueva Galicia
Ha-Nasi, Joseph	Ciudad Real, España	Estrada, Saavedra, Vázquez Sermeño	Aguascalientes, Los Altos, Nueva Galicia
López de la Cuadra, Juana	Jaén, España	González, López, Nava, Muñoz de Nava	Aguascalientes, Los Altos, Nueva Galicia
Navarro de Sosa, Juan	Avilés, España	González, Martínez, Navarro, Rodríguez, Sosa	Coahuila, Nueva Galicia, Nuevo León
Núñez, Blanca	Toledo, España	Alcocer, Flores, Padilla, Reynoso, Temiño, Vargas	Todo México
Núñez de Toledo, Pedro	Toledo, España	Álvarez, Arias, Hurtado, Mendoza, Toledo	Nueva España
Pacho, Pedro*	Fregenal, España	Barba, Flores, Mota, Padilla, Reynoso, Martin	Los Altos, Nueva Galicia, Zacatecas
Partidor, Alonso Martin	Carmona, España	Cuevas, Rangel, Sandoval	Ciudad de México, Nueva España
Pérez de Oñate, María	Vitoria, España	Díaz, Oñate, Ordaz, Saldívar	Ciudad de México, Nueva Galicia, Zacatecas
Temiño de Alcocer, Diego	Sevilla, España	Alcocer, Flores, Padilla, Reynoso, Temiño, Vargas	Todo México
Treviño de Sobremonte, Tomás	Medina de Rioseco, España	Treviño	Michoacán, Nueva España
Vera, Santiago	Sevilla, España	De la Mota, Padilla, Saldívar, Vera	Cd de México, Los Altos, Nueva Galicia, Zacatecas

Biografías

Pedro Pacho

Pedro Pacho fue un sefardita originario de Fregenal, España, cuya vida es un ejemplo de la experiencia de los judíos conversos que emigraron al Nuevo Mundo durante la época colonial. Como muchos de sus contemporáneos, **Pedro Pacho** provenía de una familia que había sido forzada a convertirse al cristianismo durante la expulsión de los judíos de España en 1492. A pesar de haber adoptado el cristianismo, los conversos como Pedro a menudo continuaban manteniendo en secreto algunas de sus tradiciones y costumbres judías, tratando de evitar la persecución de la Inquisición. Su vida en América, sin embargo, fue una búsqueda constante de nuevas oportunidades en tierras alejadas de la vigilancia más estricta del Viejo Mundo.

En el contexto de Nueva España, **Pedro Pacho** se estableció en la región de Nueva Galicia, en lo que hoy es el centro-norte de México, particularmente en áreas como Los Altos de Jalisco y Zacatecas. Allí, como otros conversos sefarditas, Pacho encontró una oportunidad para prosperar en el ámbito económico, a menudo vinculándose con actividades comerciales y agrícolas. Su capacidad para integrarse en la sociedad colonial, a pesar de las restricciones impuestas por la Inquisición, fue clave para su éxito. Durante este período, muchos conversos enfrentaban una doble vida, pública como cristianos, pero privada con una profunda conexión a sus raíces judías.

Pedro Pacho se casó con María Ana Temiño de Velasco, también de origen sefardita. Los Temiño de Velasco eran otra familia converso notable que había emigrado desde España a América buscando oportunidades económicas y una vida lejos de las persecuciones religiosas. El matrimonio entre **Pedro Pacho** y **María Ana Temiño de Velasco** fortaleció la conexión entre dos linajes sefarditas en el Nuevo Mundo, lo cual no era inusual entre los conversos, quienes a menudo se casaban entre sí para preservar su identidad y crear redes familiares de apoyo y colaboración. Juntos, formaron parte de la estructura social de los colonizadores españoles, contribuyendo al crecimiento económico de la región a través de su trabajo en la agricultura y el comercio.

A pesar de los desafíos, la familia de **Pedro Pacho** logró establecerse y prosperar en Nueva Galicia, dejando una importante descendencia que se integró plenamente en la sociedad colonial. Familias con apellidos asociados a Pacho, como los Reynoso, Padilla y Flores, se extendieron por diversas partes de México, particularmente en Los Altos de Jalisco y Zacatecas. Aunque sus orígenes judíos fueron en gran parte ocultados o asimilados por la conversión al cristianismo, la influencia de su legado sefardita permaneció latente en las generaciones posteriores.

El legado de **Pedro Pacho** y **María Ana Temiño de Velasco** es un testimonio de la resiliencia de los sefarditas conversos en el Nuevo Mundo. A pesar de la presión para abandonar su identidad judía, estos individuos y sus descendientes lograron prosperar y formar parte de la sociedad novohispana. La historia de Pedro Pacho es un reflejo de la compleja interacción entre la supervivencia cultural, la adaptación y la búsqueda de nuevas oportunidades en un contexto colonial que presentaba riesgos y promesas por igual.

Marcos Alonso De la Garza y del Arcón

Marcos Alonso de la Garza y del Arcón representa una figura paradigmática en la historia de la colonización de México, cuyo legado va más allá de su papel como uno de los primeros colonizadores de Nuevo León. Su probable ascendencia sefardita añade una dimensión compleja y fascinante a su biografía, conectándolo con la historia de los judíos conversos en España, quienes, ante las persecuciones, encontraron en el Nuevo Mundo una posibilidad de libertad y prosperidad. Este análisis explora no solo el contexto histórico en el que Garza se desarrolló, sino también el impacto cultural y genealógico de su posible origen sefardita y su rol en la sociedad colonial.

Contexto Histórico y Ascendencia Sefardita

Marcos Alonso de la Garza y del Arcón nació alrededor de 1560 en Lepe, en la provincia de Huelva, España, en un momento en el que las leyes contra los judíos conversos o "cristianos nuevos" eran severas y omnipresentes. Tras la expulsión de los judíos de España en 1492, muchos decidieron convertirse al cristianismo para permanecer en la península ibérica, formando un grupo social marginalizado que vivía bajo la constante sospecha de la Inquisición. La sociedad española del siglo XVI estaba marcada por prejuicios profundos hacia los conversos, alimentados por la idea de "pureza de sangre", lo cual limitaba las oportunidades de los descendientes de judíos. Este contexto empujó a muchos conversos, incluyendo presumiblemente a Marcos Alonso de la Garza y su familia, a buscar una nueva vida en las Américas, donde las restricciones eran menos severas y la vigilancia de la Inquisición, aunque presente, era más laxa en áreas periféricas como el noreste de México.

El apellido Garza es uno de los identificados en los registros de familias judías conversas en España. De hecho, los estudios genealógicos y la investigación histórica de autores como Richard G. Santos y David T. Raphael sugieren que los Garza, junto con otras familias conversas, participaron en la colonización de Nuevo León bajo el liderazgo del gobernador **Luis de Carvajal y de la Cueva**, quien también tenía antecedentes sefarditas. Carvajal incentivó la inmigración de conversos a las zonas fronterizas del virreinato de Nueva España, permitiéndoles integrarse en la sociedad y ejercer profesiones vetadas en la metrópoli. Sin embargo, esta aparente libertad no estuvo exenta de riesgos, ya que Carvajal y varios de sus familiares fueron eventualmente detenidos por la Inquisición debido a sus antecedentes y prácticas religiosas, lo que revela las limitaciones y tensiones de esta tolerancia en los márgenes del imperio español.

Marcos Alonso de la Garza en Nuevo León

Marcos Alonso de la Garza se estableció en Nuevo León alrededor de 1591, formando parte de una de las primeras oleadas de colonizadores españoles que llegaron a la región. En su papel como uno de los principales colaboradores de Carvajal, **De la Garza** no solo contribuyó al establecimiento de comunidades en Monterrey y Saltillo, sino que también participó en las interacciones complejas con las poblaciones indígenas locales, ya fuera a través de alianzas o mediante estrategias de pacificación. La presencia de estos primeros colonos fue fundamental para asegurar la permanencia de la corona española en el noreste de México y ampliar los límites del imperio hacia el norte.

El rol de De la Garza en la comunidad colonial fue notable. A diferencia de los nobles peninsulares, los colonizadores como **Marcos Alonso** en el Nuevo Mundo podían ascender socialmente y adquirir tierras y títulos que habrían sido inaccesibles en España. Esto le permitió convertirse en un miembro respetado y en un antepasado de muchas de las familias prominentes de la región. A través de su matrimonio con **Juana de Treviño**, **De la Garza** se unió a otra familia importante, consolidando así una red de influencia que sus descendientes mantendrían por generaciones.

Sin embargo, es importante destacar que su probable origen sefardita pudo haber condicionado también sus interacciones sociales y políticas, tanto en el virreinato como en el contexto local. A pesar de su conversión y lealtad al cristianismo, los conversos eran a menudo mirados con desconfianza y sospecha, siendo la religión un tema delicado en la sociedad colonial. En el caso de los Garza, parece haber habido un esfuerzo consciente por integrarse en la sociedad católica y garantizar la lealtad a la corona española, pero manteniendo al mismo tiempo algunas prácticas y valores que se transmitieron en el ámbito privado y familiar.

Impacto Cultural y Legado Genealógico

La presencia de **Marcos Alonso de la Garza** y del Arcón en Nuevo León no solo dejó una huella en el ámbito de la colonización, sino que también contribuyó a la construcción de una identidad cultural y religiosa que perduró en el noreste de México. Los descendientes de **De la Garza**, como muchas otras familias de origen sefardita en el norte de México, formaron un grupo caracterizado por su cohesión y arraigo, reforzado por la memoria de una ascendencia compartida y las experiencias de persecución en la península ibérica. Esta herencia sefardita se refleja en tradiciones familiares, nombres y ciertos patrones matrimoniales que se mantuvieron en la región.

Historiadores como Israel Cavazos Garza y genealogistas han documentado ampliamente cómo el linaje de Garza se expandió por todo el noreste de México, convirtiéndose en uno de los más prominentes en el estado de Nuevo León y extendiéndose hacia Coahuila y el sur de Texas. Muchas familias notables en la región pueden trazar su ascendencia hasta **De la Garza**, lo que ha generado un interés particular por su biografía y sus posibles orígenes sefarditas. Además, su rol en la fundación de ciudades y comunidades contribuyó a consolidar una estructura social en la que sus descendientes continuaron ocupando roles de influencia y liderazgo.

La investigación de su linaje también ha sido fundamental para la comunidad judía de origen sefardita en América Latina, que busca reconectar con sus raíces ancestrales. La historia de los conversos sefarditas en el norte de México y Texas, donde la familia **De la Garza** desempeñó un papel tan importante, es un recordatorio de la diversidad étnica y cultural que ha caracterizado la historia mexicana desde sus inicios. El legado de **Marcos Alonso De la Garza**, entonces, no es solo el de un colonizador exitoso, sino también el de un representante de la resistencia y la adaptabilidad de los judíos sefarditas que, al asentarse en las Américas, contribuyeron a la diversidad cultural y religiosa de la región.

Marcos Alonso de la Garza y del Arcón ejemplifica la resiliencia de los judíos sefarditas y sus descendientes en una época marcada por la persecución y el exilio. Su historia y legado en Nuevo León ilustran cómo los conversos, en su intento por escapar de las restricciones de la Inquisición, contribuyeron significativamente al desarrollo de la región. La posibilidad de que **Marcos Alonso** tuviera una ascendencia sefardita es crucial para entender su vida y el impacto de su familia en la historia de México y, en particular, del noreste del país. Sus descendientes continuaron expandiendo su influencia, convirtiéndose en pilares de la sociedad colonial y poscolonial y dejando una herencia cultural y genealógica que perdura hasta el presente.

Luis de Carvajal y de la Cueva

Luis de Carvajal y de la Cueva fue una figura central en la historia de la colonización de México, particularmente en el noreste del país, donde lideró la fundación del **Nuevo Reino de León** a finales del siglo XVI. Carvajal es recordado tanto por su visión y determinación para expandir la frontera norte de la Nueva España como por su identidad sefardita y la tragedia que rodeó su vida y la de su familia debido a la Inquisición.

Contexto Familiar y Origen Sefardita

Nació en 1539 en Mogadouro, Portugal, en una familia de ascendencia judía sefardita. Como muchos judíos portugueses, su familia practicaba el cristianismo de manera pública, lo que les convertía en "cristianos nuevos" o "conversos" tras la expulsión de los judíos de la península ibérica en 1492 y la persecución en Portugal. La Inquisición miraba con sospecha a los conversos, ya que creía que algunos practicaban el judaísmo en secreto. Esta vigilancia y discriminación incentivaron a **Carvajal** y a muchos otros conversos a buscar una vida en el Nuevo Mundo, donde la Inquisición tenía menos presencia en las áreas periféricas.

Carvajal llegó a la Nueva España (México) en 1567, y su reputación como soldado y empresario pronto llamó la atención de las autoridades coloniales. Gracias a su capacidad y sus conexiones, obtuvo apoyo para liderar una misión de colonización en el noreste, donde los territorios no estaban plenamente dominados por la corona y se consideraban estratégicos para contrarrestar incursiones de tribus nómadas e incluso futuras amenazas de potencias europeas rivales como Inglaterra y Francia.

La Fundación del Nuevo Reino de León

En 1579, Carvajal obtuvo del rey Felipe II una capitulación que le otorgaba el derecho a colonizar y gobernar el **Nuevo Reino de León**, una vasta región que incluía lo que hoy son los estados de Nuevo León, Tamaulipas, Coahuila y partes del sur de Texas. A cambio, Carvajal se comprometió a fundar asentamientos y a llevar al menos 100 familias para establecerse en el territorio, además de cristianizar a las poblaciones indígenas.

Con este objetivo, **Carvajal** llevó a la región a colonos que en su mayoría eran conversos de origen sefardita, aprovechando la oportunidad para ofrecerles una vida en el Nuevo Mundo, lejos de la persecución inquisitorial. Fundó la ciudad de **Monterrey** y estableció otras poblaciones en el norte de México. Además de su rol en la expansión del territorio colonial, **Carvajal** incentivó la ganadería, la agricultura y el comercio, consolidando una economía local que contribuyó al desarrollo de la región.

La Inquisición y la Persecución de la Familia Carvajal

A pesar de sus logros, la vida de **Luis de Carvajal** y su familia fue profundamente marcada por la Inquisición. La comunidad de conversos que estableció en el Nuevo Reino de León atrajo la atención de las autoridades inquisitoriales en la Ciudad de México. En 1590, Carvajal fue acusado de judaizar, es decir, de practicar el judaísmo en secreto, junto con varios miembros de su familia. Aunque él mismo siempre negó ser judío practicante, los testimonios y las pruebas circunstanciales presentadas contra él lo llevaron a prisión.

Uno de los momentos más trágicos de su vida fue el arresto y tortura de su sobrino, **Luis de Carvajal, el Mozo**, quien confesó bajo tortura que su familia practicaba el judaísmo en secreto. Esta confesión llevó a la Inquisición a sentenciar a muerte a varios miembros de la familia Carvajal. En 1596, Luis de Carvajal el Mozo y otros familiares fueron quemados en un auto de fe en la Ciudad de México, un evento que dejó una profunda huella en la historia de los sefarditas en América.

Legado y Significado de Luis de Carvajal

Luis de Carvajal y de la Cueva representa tanto el potencial como las limitaciones de los conversos en la Nueva España. Su liderazgo en la colonización del norte de México fue significativo para el establecimiento de una presencia española en regiones remotas y estratégicas. Sin embargo, su vida y la persecución de su familia también revelan las dificultades y tragedias que enfrentaron los judíos conversos en el Nuevo Mundo.

A pesar de la represión que sufrió su familia, la contribución de **Carvajal** y de los sefarditas que migraron con él ayudó a establecer comunidades sólidas en el noreste de México, y su legado perdura en las numerosas familias descendientes de estos colonizadores. Su historia ha sido redescubierta en tiempos recientes y ha resonado entre las comunidades sefarditas en América Latina y en los Estados Unidos, donde los descendientes de estos colonos mantienen la memoria de sus raíces y de la resiliencia de sus ancestros.

Referencias

1) **Liebman, Seymour B**. *The Jews in New Spain: Faith, Flame, and the Inquisition*. University of Miami Press, 1970.

2) **Gitlitz, David M**. *Secrecy and Deceit: The Religion of the Crypto-Jews*. University of New Mexico Press, 2002.

3) **Hordes, Stanley M.** *To the End of the Earth: A History of the Crypto-Jews of New Mexico*. Columbia University Press, 2005.

4) **Katz, Friedrich**. *The Ancient Roots of Anti-Semitism in Mexico*. University of California Press, 1992.

5) **Weinberg, David.** *Jewish Identities in Mexico: Cultural and Historical Perspectives*. Brandeis University Press, 2010.

6) **Fernández Álvarez, Manuel.** *Los Conversos en México: La Historia de los Judíos que Llegaron con los Conquistadores*. Fondo de Cultura Económica, 1996.

7) **Greenleaf, Richard E.** *The Mexican Inquisition of the Sixteenth Century*. University of New Mexico Press, 1969.

8) **Gitlitz, David M.** *Secrecy and Deceit: The Religion of the Crypto-Jews*. University of New Mexico Press, 2002.

9) **Katz, Friedrich.** *The Ancient Roots of Anti-Semitism in Mexico*. University of California Press, 1992.

10) **Villanueva de Garza, Lilia E.** Los Garza en el noreste de México y sur de Texas. Monterrey: Editorial Castillo, 2000.

11) **Raphael, David T.** The Conquistadors and Crypto-Jews of Monterrey. San Antonio: Western States Jewish History Association, 2001.

12) **Santos, Richard G**. Silent Heritage: The Sephardim and the Colonization of the Spanish North Frontier. San Antonio: New Sepharad Press, 2000.

13) **Archivo General de la Nación (México)**. Diversos documentos coloniales, incluyendo registros de la Inquisición y encomiendas

Índice de Apellidos y Linajes de los Participantes

Otras Referencias

A lo largo de este libro, he utilizado una variedad de fuentes que me han permitido profundizar en el fascinante campo de la genealogía genética. Las plataformas y recursos que se citan a continuación han sido esenciales para la obtención de datos genealógicos, información genética y herramientas de investigación que han dado forma a los hallazgos presentados en esta obra. Cada una de estas fuentes ofrece un enfoque único y complementario para la investigación genealógica, ya sea a través de la documentación histórica, bases de datos genéticas o análisis de ADN.

Ancestry es una de las plataformas más populares del mundo para la investigación genealógica. Con millones de registros históricos y datos de ADN, ha permitido a los usuarios descubrir sus raíces familiares y conectarse con parientes desconocidos. Ancestry ha sido una herramienta clave para acceder a registros de censos, actas de nacimiento, matrimonio, defunción, y otros documentos vitales que ayudan a construir el árbol genealógico.

Eupedia ofrece análisis profundos sobre la historia genética de Europa. Con una amplia colección de artículos y recursos sobre genética poblacional, Eupedia ha sido útil para entender los patrones migratorios y la dispersión de los haplogrupos a lo largo de los siglos.

FamilySearch Operado por la Iglesia de Jesucristo de los Santos de los Últimos Días, FamilySearch es una base de datos gratuita que ofrece millones de registros de todo el mundo. Es una de las plataformas genealógicas más amplias y accesibles, y ha sido fundamental para la investigación genealógica histórica, proporcionando acceso a documentos escaneados y registros vitales.

FTDNA Family Tree DNA es una de las plataformas más importantes para pruebas de ADN genealógico. Ofrece análisis detallados del ADN mitocondrial, del cromosoma Y y de ADN autosómico, lo que permite a los usuarios rastrear tanto linajes paternos como maternos. Esta plataforma ha sido crucial en la investigación de linajes profundos y en la identificación de haplogrupos.

ISOGG La Sociedad Internacional de Genealogía Genética es un recurso fundamental para quienes investigan la genealogía a través del ADN. ISOGG mantiene actualizados los árboles filogenéticos del cromosoma Y y otros recursos educativos que han sido esenciales para el entendimiento y la interpretación de los resultados de pruebas genéticas.

https://www.ncbi.nlm.nih.gov/ El NCBI alberga una vasta colección de recursos y estudios genéticos, incluyendo la base de datos GenBank, que es esencial para la investigación en biología molecular y genética. A través del NCBI, he podido acceder a estudios científicos relevantes sobre la genética de poblaciones, así como al conocimiento más actualizado sobre las variantes genéticas y sus implicaciones en la genealogía.

https://www.smgf.org/ La Fundación Sorenson de Genealogía Molecular fue una de las pioneras en la investigación del ADN y la genealogía. Aunque su base de datos ya no está disponible públicamente, desempeñó un papel crucial en el avance de la genealogía genética, especialmente en la investigación del cromosoma Y, lo que permitió a muchas personas rastrear su linaje paterno a través de generaciones.

Wikipedia Aunque Wikipedia no es una fuente primaria en sí misma, ha sido una herramienta útil para obtener resúmenes y antecedentes sobre temas históricos y genéticos. Sus artículos suelen proporcionar enlaces a fuentes más profundas y acreditadas, lo que facilita la investigación adicional.

YFull es un servicio especializado que ofrece análisis detallados de los resultados del ADN del cromosoma Y. Ha sido una herramienta valiosa para el análisis de linajes profundos y la asignación precisa de haplogrupos. Además, YFull permite comparar datos de ADN a nivel global, ayudando a los investigadores a rastrear con mayor precisión sus linajes paternos en el contexto de la historia genética mundial.

Ysearch fue una base de datos pública donde los usuarios podían cargar y comparar sus resultados de pruebas de ADN del cromosoma Y. Aunque ya no está activa, Ysearch desempeñó un papel fundamental en los primeros esfuerzos por comparar perfiles genéticos en todo el mundo, permitiendo conexiones genealógicas basadas en el linaje paterno.

Biografía del Autor

Ricardo Rodríguez Camarena nació en 1971 en Los Ángeles, California, y actualmente vive en Jalisco, tierra natal de sus padres y abuelos, donde la serenidad del entorno refleja su profunda conexión con la historia y la herencia de sus antepasados. Genealogista, investigador y contador de profesión, Ricardo ha entrelazado su vida con la búsqueda de algo más grande que él mismo: la verdad ancestral, la esencia espiritual que fluye a través del linaje humano.

Criado en el seno de una familia alteña que, aunque físicamente separada de su tierra natal, nunca perdió el hilo que los conectaba con su origen. Aunque su vida comenzó en Estados Unidos, Ricardo siempre ha sentido que su verdadera esencia reside en las praderas y montes de Los Altos de Jalisco, la tierra de sus ancestros. En lo más profundo de su ser, hay una voz que constantemente lo llama hacia esos paisajes, hacia ese legado ancestral que, como una corriente subterránea, alimenta su identidad más auténtica. Para Ricardo, ser mexicano no es simplemente una etiqueta nacional, sino una conexión sagrada con el sacrificio, la lucha y el amor que sus antepasados vertieron en la tierra que los vio nacer.

El hecho de haber nacido en Estados Unidos le ha brindado una perspectiva única. Ha vivido en una intersección cultural que le permitió apreciar y comprender diversas formas de vida, pero esta experiencia también avivó su necesidad de regresar espiritualmente a sus raíces. Cada vez que escuchaba las historias de sus abuelos sobre Los Altos de Jalisco, cada vez que veía en sus ojos la nostalgia y el orgullo, entendía que ese lugar no era solo geografía, sino historia viva. Cada monte, cada rincón de esos valles alberga los ecos de los esfuerzos de generaciones pasadas, personas que vivieron y murieron con la esperanza de dejar un futuro mejor para sus descendientes. Ricardo siente que es parte de ese futuro prometido, el heredero de los sueños y las luchas de aquellos que caminaron antes que él.

Ser alteño es, para Ricardo, una responsabilidad profunda. Es ser parte de una cadena ininterrumpida de vida que ha sobrevivido a los embates del tiempo, a la adversidad y al sacrificio. Los Altos no son solo una región, sino un testamento del poder del esfuerzo colectivo, del espíritu indomable que define a su gente. Esa tierra está impregnada de las historias de hombres y mujeres que cultivaron no solo la tierra, sino también valores como el honor, la lealtad y la perseverancia. Esos valores corren por las venas de Ricardo, como un río de memoria que lo conecta con el pasado y lo impulsa hacia el futuro. Cada logro que alcanza, cada paso que da está guiado por el deseo de honrar ese legado inquebrantable.

Su formación académica en Contaduría y Administración de Empresas en Estados Unidos, junto con su base en Sistemas Computacionales adquirida en México, le otorgó las herramientas para navegar con precisión y rigor en el mundo de los datos. Sin embargo, detrás de las cifras y los análisis, Ricardo descubrió que su verdadero propósito estaba arraigado en una búsqueda más íntima y trascendental. Para él, la genealogía no es simplemente una ciencia que estudia la ascendencia familiar, sino una exploración de la identidad espiritual y existencial del ser humano.

La genealogía es su misión de vida, una vocación que lo conecta con las profundidades de su ser y con las almas de quienes lo precedieron. Ricardo no solo investiga nombres y fechas; él busca las historias no contadas, los sacrificios invisibles que dieron forma a su existencia y a la de todos. Al honrar a sus padres, abuelos y ancestros, reconoce el poder invisible que nos une a través del tiempo, revelando que la identidad no es solo lo que vemos en el presente, sino lo que llevamos dentro, forjado por generaciones que vivieron, amaron y lucharon antes que nosotros.

Este primer libro es el fruto de años de reflexión y dedicación, y representa más que una obra de investigación. Es un manifiesto espiritual que invita a cada lector a mirar profundamente dentro de sí mismo y reconocer que conocer nuestros orígenes es, en última instancia, conocer quiénes somos. A través de la genética, no solo heredamos rasgos físicos, sino también el eco de decisiones, sufrimientos y sueños que, en su acumulación, crearon la vida que hoy vivimos. Para Ricardo, cada descubrimiento genealógico es un portal que conecta el pasado con el presente, una verdad revelada que nos recuerda que no estamos aislados, sino entrelazados con la vasta red de nuestros ancestros.

Más allá de las hojas de los árboles genealógicos, su búsqueda es una meditación sobre el tiempo y la existencia. Con cada capítulo de este libro, Ricardo aspira a que sus lectores despierten a la realidad de que sus vidas no son solo el resultado de actos individuales, sino la culminación de un flujo ininterrumpido de historia humana. A través de este entendimiento, espera que cada lector encuentre paz, propósito y una mayor apreciación por el sacrificio y la resiliencia de aquellos que los precedieron.

Esta aventura continuará...

Ricardo Rodríguez de Hijar y De Camarena

"*Alteño Soy*" es una obra escrita por **Ricardo Rodríguez Camarena**, quien, con profunda admiración y respeto, ha recopilado y documentado las historias, tradiciones y valores que forman parte de la esencia de Los Altos de Jalisco. Este libro es un testimonio de la cultura alteña, un reflejo de su identidad única, forjada a través de generaciones que han cultivado con orgullo sus costumbres, su idioma y su modo de vida.

El proceso de creación de "*Alteño Soy*" ha sido un recorrido por las memorias y vivencias que conforman la identidad alteña. La investigación y recopilación de relatos fue realizada de manera meticulosa, buscando capturar la autenticidad de los protagonistas y el contexto histórico que los rodea. Cada capítulo ha sido elaborado con esmero, y cada palabra, cuidadosamente seleccionada, pretende rendir homenaje a los hombres y mujeres que, con su esfuerzo y dedicación, han dado forma a la región.

Esta obra ha sido registrada bajo las leyes de derechos de autor, asegurando que su contenido, original y exclusivo, conserve la integridad con la que fue concebido. A quienes lean "*Alteño Soy*" se les invita a valorar el esfuerzo que yace detrás de cada historia y a unirse al autor en el compromiso de mantener viva la herencia cultural alteña.

Alteño Soy es un tributo al alma de Los Altos de Jalisco, una región rica en historia, tradición y orgullo, y su publicación es un esfuerzo por preservar y difundir su legado para futuras generaciones.

Genearcas de Nueva Galicia:

Alteño Soy

Orígenes Genéticos de las Familias de Los Altos de Jalisco,

Tomo II: ADN-mt Mitocondrial y ADN-at Autosómico

Tradiciones, Costumbres y Herencia Alteña

Disponible en 2025

www.genearcas.com/alteno-soy/

rodriguez@genearcas.com

Made in the USA
Coppell, TX
19 November 2024

40554663R10175